浙江省金融学会重点研究课题获奖文集2017

浙江省金融学会　编

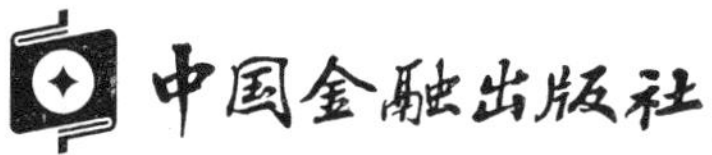

责任编辑：张智慧　赵晨子
责任校对：刘　明
责任印制：程　颖

图书在版编目（CIP）数据

浙江省金融学会重点研究课题获奖文集.2017/浙江省金融学会编.—北京：中国金融出版社，2018.12

ISBN 978-7-5049-9713-5

Ⅰ.①浙…　Ⅱ.①浙…　Ⅲ.①金融—中国—2017—文集
Ⅳ.①F832-53

中国版本图书馆CIP数据核字（2018）第198518号

浙江省金融学会重点研究课题获奖文集　2017
Zhejiangsheng Jinrong Xuehui Zhongdian Yanjiu Keti Huojiang Wenji 2017

出版
发行　中国金融出版社

社址　北京市丰台区益泽路2号
市场开发部　（010）63266347，63805472，63439533（传真）
网 上 书 店　http://www.chinafph.com
　　　　　　（010）63286832，63365686（传真）
读者服务部　（010）66070833，62568380
邮编　100071
经销　新华书店
印刷　保利达印务有限公司
尺寸　169毫米×239毫米
印张　25.5
字数　486千
版次　2018年12月第1版
印次　2018年12月第1次印刷
定价　69.00元
ISBN 978-7-5049-9713-5

序　言

新时代，新思想，新征程。

党的十八大以来，以习近平同志为核心的党中央从全局和战略的高度提出了金融改革发展的新任务和新要求，逐步形成以服务实体经济、深化改革发展和防范金融风险为三大主线的新时代金融调控、金融监管和金融发展思想，为指导新时代金融改革发展奠定了理论基础和政策依据。

2017 年，在一系列金融发展新思想、新理念的指导下，浙江省金融发展呈现稳中有进的良好态势，各项金融指标稳居全国前列，较好地发挥了金融要素的支撑保障作用；聚焦聚力服务供给侧结构性改革，加快推进“脱虚向实”、回归本源，积极促进全省经济新旧动能转换、推动高质量发展；扎实开展各类风险专项治理，稳步推进破产重整、市场化债转股等工作，有力推动了资产质量的持续好转；大力推进利率市场化、区域金融改革等向纵深发展，更好地服务于全省经济高质量发展。

新的时代需要形成新的认识，新的实践需要总结新的经验，并用于指导实践，引领未来。为此，浙江省金融学会积极发挥“浙江金融智库”的影响力和号召力，组织发动会员单位开展重点课题研究。2017 年共完成重点课题研究 82 项，其中既有理论探讨类课题，也有政策研究类课题，还有实务操作类课题，选题内容十分丰富，涉及金融支持经济高质量发展、金融去杠杆、区域金融改革、普惠金融发展、金融机构风险防控、“两链”风险防范、不良资产处置等各类主题。经浙江省金融学会重点研究课题评审小组评定，共评选出一等奖 10 项，二等奖 14 项，三等奖 24 项，优秀奖 34 项。为进一步推动成果转化，扩大政策影响力，我们将获得一等奖和部分二等奖的课题成果结集成册并公开出版。由于篇幅有限，多数课题篇幅被压缩，但每一篇课题成果的质量和完整性并未受到影响。

感谢各会员单位一直以来对浙江省金融学会工作的大力支持，这些课题成果无疑都是各会员单位集体智慧的结晶。当然，我们也清醒地认识到课题研究还存在诸多不足之处，未来在拓展研究视野、创新研究方法、加强研究应用和提升成果转化等方面还有待进一步提升，也真诚地期待读者对相关课题研究成果提出批评指正，共同推动学会经济金融理论和政策研究水平再上新台阶。

浙江省金融学会会长　殷兴山

2018 年 5 月

目　录

绩效考核、银行行为变化与金融杠杆

中国人民银行杭州中心支行课题组*

一、引言

随着我国供给侧结构性改革的持续深入，金融高杠杆问题逐渐成为关注的焦点。金融杠杆率的持续上升，一方面会导致作为其镜像的企业杠杆率高企，且资金过多配置于限制性行业和部门，另一方面也会增大金融机构财务报表的内在脆弱性，使得潜在的金融风险问题更为突出。在政策基调转向金融风险防控的背景下，金融监管部门密集出台各种相关措施，不断加大金融去杠杆的政策力度。

从传统经济金融关系的理论来看，银行承担着融资中介的职能，其业务本源在于与实体经济共生共荣。特别是我国以间接融资为主导的金融体系中，银行杠杆率的变动，以及银行资产负债规模的扩张速度应该和经济增速在趋势上保持一致，随着经济周期的波动而相应变化。然而与发达国家金融杠杆顺周期调整现象不同的是，改革开放以来，无论是区域层面，还是全国整体层面，银行业资产规模一直处于上升通道，特别是近些年来，在宏观经济增速下行背景下，加之稳健货币政策实施、合意贷款规模控制、银行监管政策趋严等紧约束条件下，银行仍有悖“常理”，千方百计通过业务“创新”规避金融监管约束，资产规模仍然保持快速扩张，与经济增长速度形成较为明显的反差，使得银行杠杆不断放大（见图1、图2）。

当前我国银行业杠杆率高企的原因非常复杂，是个综合性很强的问题，既与利率市场化背景下日趋激烈的业务竞争压力有关，也与前期相对宽松货币政策环境下商业银行资产扩张的惯性作用有关，同时还有协调不足、标准不一、覆盖不全等监管体制局限的原因。但是这种持续性逆周期的资产规模扩张和银行杠杆增长还有着更为微观的内在动因，作为经营风险的银行业，本质上是通过杠杆撬动负债和资产，获取利差和规模的集合收益，达到风险平衡下的效益实现，因此，对效益和风险偏好的失衡与否是决定银行杠杆偏离与否的重要因素。作为体现效益和风险偏好的内部管理体制，银行考核激励机制通过影响分

---

* 课题主持人：殷兴山

课题组成员：王去非　易振华　项燕彪　周怡

支机构间的资源竞争、员工薪酬分配和选拔晋升机会，在不同层面上均主导着银行的经营行为，是影响银行资产负债行为及杠杆率变化的重要内生变量。

我们观察到，伴随着我国银行业的快速发展，配套的绩效考核体系虽然不断的丰富和完善，但仍然存在着一些长期性的痼疾，使得银行的经营行为常常产生异化。如考核的效益导向和规模情结使得银行容易片面追求利润和市场份额，在资金运筹上忽视风险和效益的平衡；考核周期与业务风险持续时期的不一致又会导致短期激励过度，长期激励不足，造成资产负债业务过分注重短期效益，牺牲长期利益。在欠科学、不合理的考核体系激励下，银行围绕规模扩张展开激烈竞争，资产负债行为势必扭曲，催生了“不合理”的杠杆变化趋势。有鉴于此，本文通过区域银行机构调查数据，系统梳理提炼银行绩效考核普遍性特征和问题，并尝试将绩效考核体系的特征性因素及其对经营行为的影响和作用渠道纳入银行资产负债配置分析的理论分析框架，深入探索绩效考核、资产负债行为与银行杠杆及风险水平之间的关系，并用经验数据进行实证检验，从更为微观的角度寻找金融杠杆变化背后的内在动因。

全文共分为七个部分。除了引言外，第二部分是文献综述，介绍了从不同角度研究金融杠杆的相关文献。第三部分是商业银行绩效考核现状，通过调查数据分析，系统梳理提炼银行绩效考核普遍性特征和问题。第四部分是棘轮效应分析，运用实证数据检验了绩效考核棘轮效应及其对银行风险承担的影响。第五和第六部分是结构效应分析，从理论和实证两个方面深入考察了绩效考核、资产负债行为与金融杠杆、风险水平之间的关系和作用渠道。第七部分是主要结论与政策启示。

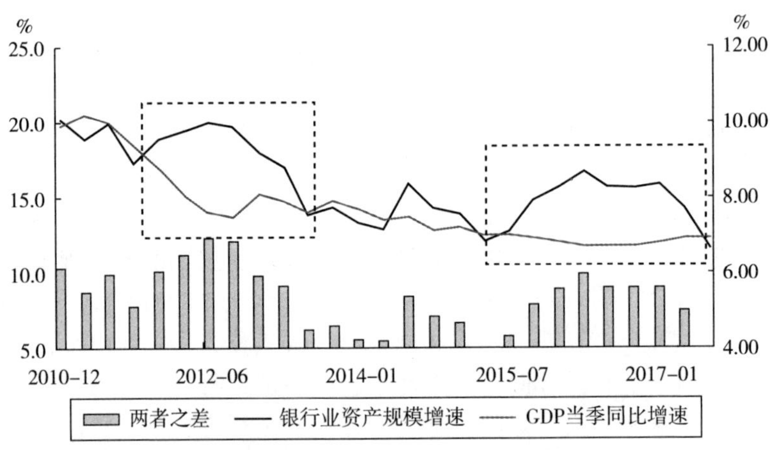

图 1　我国银行体系资产与 GDP 增速

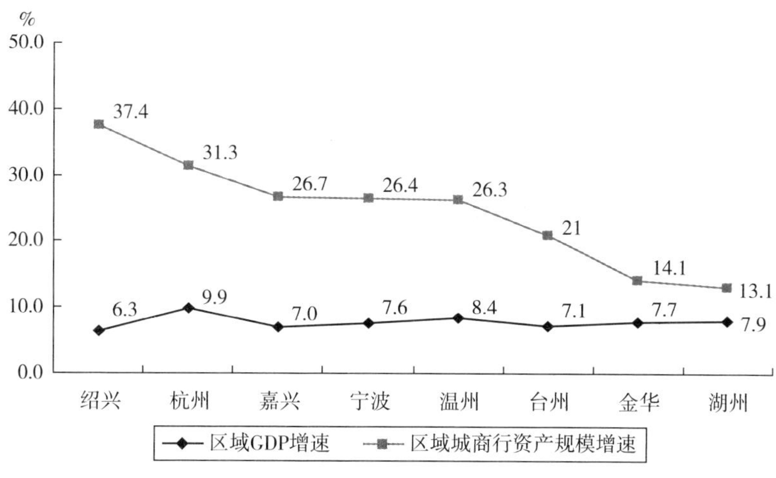

图 2　地区 GDP 及城商行资产规模增速

二、文献综述

从对现有文献的梳理来看，自 2008 年国际金融危机之后，对于银行信用过度扩张及金融杠杆问题的讨论逐渐成为金融研究领域的热点。早期焦点主要集中在银行高杠杆行为的风险、以及金融去杠杆的影响等方面，Hildebrand（2008）认为过度的高杠杆放大了其对金融体系的冲击，是导致银行和金融体系更加脆弱的重要因素。在此之后，学者们的相关研究逐渐聚焦于探索银行杠杆高企的原因和相应的化解之策。结合本文的研究内容，我们主要从以下几个方面对已有的相关文献进行综述。

（一）关于银行资产扩张及金融杠杆波动的成因研究

对于银行资产扩张以及金融杠杆波动的成因，主流的观点主要是基于金融体系的顺周期性来展开的。Bhattacharya 等（2011）认为，由于在繁荣时期，银行会不断加大其信贷杠杆比率，同时大量投资于高风险的资产组合，从而导致长期繁荣之后的金融杠杆高企，对金融体系的稳定性造成显著性的破坏。Adrian 和 Shin（2010）认为银行应对资产价格与风险度量变化而采取的积极的资产负债表管理方式是引起银行杠杆顺周期行为的主要原因。Dewally 和 Shao（2013）分析批发融资市场（Wholesale Funding）影响银行杠杆的变化时得到，虽然批发融资市场在银行“去杠杆”时起到至关重要的作用，但也增加了银行杠杆对经济周期变化的敏感程度。Valencia（2014）基于动态银行模型的分析结果表明，银行部门顺周期行为所导致的过度杠杆化会恶化正常的风险约束，并最终导致过度的风险承担和系统性的金融不稳定。Athanasoglou 等（2014）从银行层面总结造成顺周期行为的原因，包括偏离有效市场假说、宏观经济政策、信用评级、风险价值的使用和银行的薪酬激励计划等在内的多个方面。

（二）关于国内银行业持续加杠杆的现象研究

对于近年来我国经济增速放缓背景下以银行业为代表的金融体系持续加杠杆的“逆周期”现象，国内学者的分析主要基于银行逐利性的视角展开：娄鹏飞（2017）认为，我国金融领域高杠杆形成的深层次原因包括金融机构的规模偏好、注重短期业绩以及存在跨市场套利空间等。廖岷和郭晓夏（2017）认为商业银行规模扩张下的异化创新业务和模式，存在着高复杂性、高杠杆率、低透明度、流动性错配等问题，加大了金融体系的脆弱性。曾刚（2017）基于我国商业银行杠杆变化趋势的分析，指出银行业传统盈利模式受限促使其通过加快规模扩张来以量补价，并将重心转向高杠杆的同业业务，以维持利润的高增长。项后军等（2015）通过建立面板联立方程模型研究了我国商业银行高杠杆现象，认为是前期经济高增长下银行顺周期加杠杆的惯性使然，但杠杆顺周期行为在不同类型银行之间存在差异，国有商业银行的杠杆顺周期行为并不十分明显，而较小规模的商业银行则强于平均水平。

（三）关于绩效考核对银行行为的影响机制研究

部分学者尝试将银行绩效考核及其对银行经营行为的影响作为分析视角，来探讨货币政策、金融稳定等宏观金融问题的微观作用机制。唐意舟等（2008）基于“商业银行绩效考核机制—商业银行信贷行为—货币政策传导”这一分析逻辑，从银行绩效考核的角度来论证中国货币政策传导的银行信贷渠道的存在，估算和解释了商业银行绩效考核机制对信贷增长以及货币政策传导的影响。权俊良和叶文辉（2014）从现行商业银行考核机制出发，运用“公有地悲剧”模型分析了银行行为选择对货币政策传导的影响效应，并提出强化对商业银行考核机制的监督管理，以减少银行的“集体非理性”行为，进而提高货币政策传导的有效性。贾拓（2013）从阐述中央银行维护金融稳定与开展监测评估重要性及必然性入手，对银行绩效考核机制和演化，以及绩效考核对银行行为及金融稳定的影响机制进行深入分析，探讨了商业银行在绩效考核机制方面的不足。

总体来看，上述文献从多个视角分析和探讨了银行资产扩张及杠杆波动的背后成因，以及绩效考核及其对银行行为的影响机制，这些分析视角和逻辑给了我们很好的启示。但国外文献的研究大多侧重于从银行顺周期行为的角度解读高杠杆，分析相应的金融风险；而国内文献主要聚焦于金融环境变化以及银行逐利共性特征的分析，即使关注到绩效考核与银行行为关系时，主要还是从货币政策传导、金融稳定维护等宏观视角研究绩效考核的优化之策。本文的创新之处在于：从更为微观的银行主体内在动因视角，将银行绩效考核激励特征及其影响效应纳入资产负债行为分析的理论框架，结合基于样本银行调查问卷和相关信息采集数据的实证分析，系统性梳理分析银行绩效考核、资产负债行为及杠杆率变化之间的关系和传导渠道。

三、商业银行绩效考核现状：基于区域银行调查问卷的分析

绩效考核作为一种重要的内部管理手段，是决定商业银行经营行为和竞争能力的关键因素。近年来，我国商业银行在绩效考核体系建设方面做了大量的工作，逐渐形成了各具特点的绩效考评制度和考核体系。本文通过调查问卷及调查表的形式，对区域银行机构绩效考核情况进行深入的调查分析。结果显示，随着金融行业的快速发展，银行内部绩效考核体系日臻丰富完善，但也存在一些不足和可改进之处，有些是新生问题，有些是长期痼疾，在银行竞争日趋激烈，宏观环境复杂多变等因素共同作用下，银行资产负债行为产生了一定程度的扭曲和异化，催生了“不合理”的杠杆变化趋势，提升了整体的金融风险水平。

（一）考核机制偏重于短期业绩的结果考核

考核机制仍偏重于短期业绩的结果考核，未能充分体现中长期的发展规划。从当前发展趋势来看，银行的绩效考核体制逐渐从盈利能力考核逐步向以价值管理为核心的综合效益考核转变，后者相对来讲更加注重长短期效益的平衡。但是，从问卷调查的实际情况来看，无论是在考核方法上，还是在考核指标的设计方面，商业银行的绩效考核仍过于注重短期的经营业绩考核，而忽视中长期综合效益的考核。一方面，在对一级分行绩效考核的方法上（见图3），受调查银行中53.3%的银行仍采用关键业绩指标法，仅有18.5%的银行选择更加全面、更注重成长发展的平衡计分卡考核法；而在受调查的城商行、农商行等中小银行中，上述问题更加突出，56.6%的银行采用关键业绩指标法，仅有10.5%的银行选择平衡计分卡考核法。另一方面，在考核指标体系的设计上，仍以财务指标为主，注重结果考核，对于体现长远发展的非财务性指标重视不够，未能有效地引导未来绩效。调查数据显示，受调查的银行中，41.3%的银行认为当前绩效考核存在的最主要问题是量化指标偏多，过程考核不足；绩效考核在财务指标占分行考核比重方面，24.1%的银行将其设置在50%以上，而62.7%的银行将财务指标的比重设置在30%以上。这种财务性指标考核导向容易诱发分行的短期行为，致使其过多注重短期业务增长指标和短期效益考核指标。

（二）考核体系存在“重业绩轻风险”倾向

考核体系存在较为明显的“重业绩轻风险”倾向，未能合理兼顾效益和风险。调查结果显示，受调查的银行中，97.8%的银行认为，绩效考核在近几年

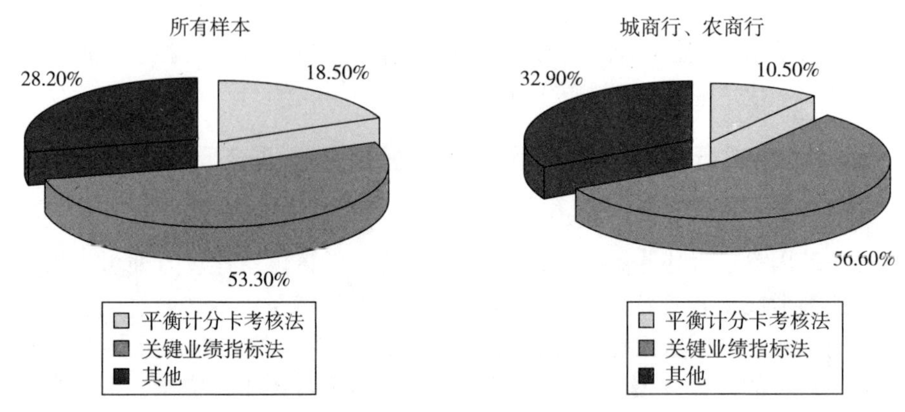

图3 商业银行一级分行绩效考核方法选择

银行规模的快速扩张过程中，起到了重要的正向激励作用，同时，又有 72.4% 的银行认为，银行在绩效考核上对于风险指标的忽视，以及风险指标结构设计的不合理，是导致银行体系风险上升的重要因素。具体来看，根据问卷调查结果显示，商业银行的考核指标体系基本涵盖风险管理、经营绩效、发展转型、合规经营和社会责任等五大类指标，但就考核重点来看，普遍侧重经营绩效，对合规经营类以及风险管理类指标的考核力度不够。依据银监会关于《银行业金融机构绩效考评监管指引》的相关要求，银行业金融机构在绩效考核中应当突出合规经营和风险管理的重要性，该两类指标的权重应当明显高于其他类指标。但从问卷调查的结果来看（见图 4），受调查银行中 78.5% 的银行对合规经营和风险管理这两类指标的整体考核权重在 40% 以下，31.4% 的银行将这两类指标的整体权重设置在 20% 以下；进一步，根据不同类型银行来看，相对于大型银行，城商行、农商行等中小银行在考核中“重业绩轻风险”的倾向更为突出，数据显示，受调查的城商行、农商行等区域性中小银行中，80.4% 的银行对合规经营和风险管理这两类指标的整体考核权重在 40% 以下，而 36.1% 的银行将两者的整体权重设置在 20% 以下。

（三）考核目标设定的机制仍欠完善

从结果看，考核目标设定机制仍欠完善，尤其是中小银行，其考核目标的变动趋势，具有较为明显的“逆周期”特点。考核目标设定的科学性与灵活性，是绩效考核成败的关键环节。分行是商业银行业务的载体与绩效考核目标的承担者，总行对分行的考核目标既要保证一定的进取性，又需要结合实际情况，以保证考核目标具有一定的可操作性。从问卷调查的情况来看，全国性商业银行相对于城商行、农商行等中小银行，在对其分行考核目标设定的机制方面更为合理完善，而城商行、农商行在考核目标设定方面欠缺灵活性，考核目标存

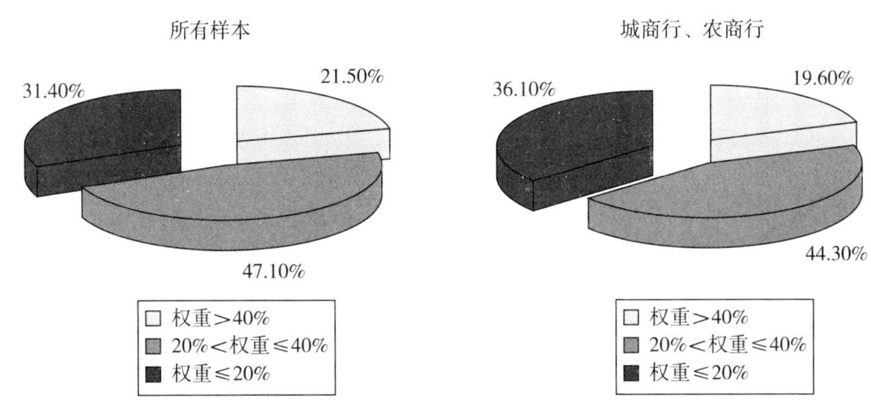

图4　合规及风险管理类指标权重设置

在较为明显的“增长惯性”。调查数据显示，受调查银行中，56.3%的全国性银行在绩效考核方面建立了比较完善的考核目标重检调整机制；而在城商行和农商行中，只有48.7%的银行建立了比较完善的考核目标重检调整机制，51.3%的银行按年制定和调整考核目标，而在过程中不再对考核目标进行调整。在年度考核目标的设定上，73.3%的全国性银行能够依据当年的实际经济形势和金融需求来制定考核目标；而在城商行和农商行中，仅有47.4%的银行能够结合实际经济形势和金融需求来制定考核目标，52.6%的银行更多依据的是上一年的考核目标及实际完成情况来进行相应的调整。从年度利润值考核目标的变化趋势来看（见图5），总体上，城商行和农商行的利润考核目标值始终处于同比增长的状态，显示出较为明显的“逆周期”特点，相比之下，全国性银行的考核目标值变化趋势，则呈现“先增后减”的态势，较为符合宏观经济周期的运行趋势。

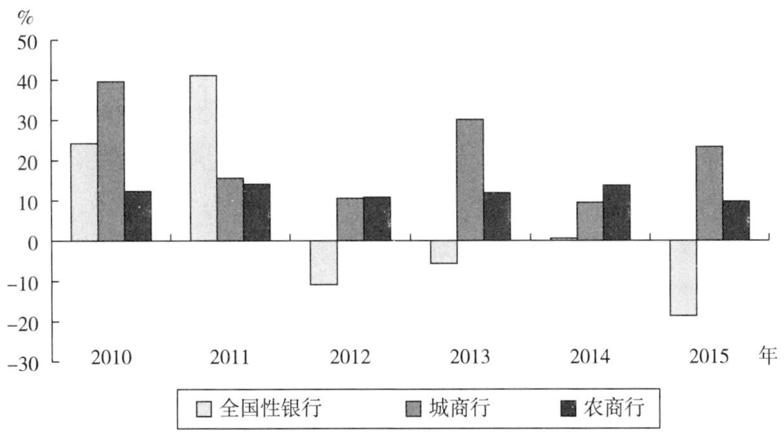

图5　不同类型银行利润目标增幅平均值的变化趋势

（四）考核结果运用的方式有待改进

绩效考核结果的运用往往与被考核对象个体的切身利益紧密相关，尤其是在薪酬分配和职务升降方面，对银行员工有着很强的激励约束作用，因此，其设计的合理性及有效性，在很大程度上决定了银行员工行为导向，以及机构整体的风险偏好。从问卷调查的结果来看，商业银行在员工薪酬分配方面，过于注重绩效考核结果对于薪酬的决定作用以及绩效薪酬期限分配的不合理性，容易诱发个体及机构的短视行为，加剧银行经营行为的短期化。调查数据显示，在绩效薪酬占薪酬总额的比重方面，受调查银行中，76.3%的银行将高级管理人员绩效薪酬比重设置在60%以上，且有49.4%的银行将一般员工的绩效薪酬比重也设置在60%以上；而在城商行、农商行等中小银行中，分别有77.4%和55.8%的银行将高级管理人员和一般员工的绩效薪酬比重设置在60%以上。同时，在绩效薪酬期限分配方面，绩效薪酬中采用延期支付的比重普遍较低（见图6）：受调查银行中，88.9%的银行将高级管理人员及风险重要岗位员工绩效薪酬延期支付占比设置在40%以下，37.8%的银行甚至将该比重设置在30%以下；在城商行、农商行等中小银行中，分别有89.2%和35.1%的银行将高级管理人员及风险重要岗位员工绩效薪酬延期支付的占比设置在40%和30%以下。

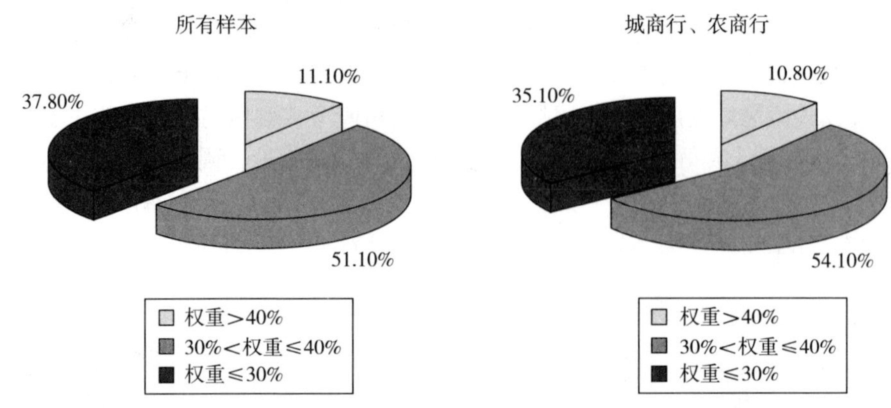

图6　高级管理人员及风险重要岗位员工绩效薪酬延期支付占比

从上面商业银行调查数据的分析可以发现，当前银行绩效考核体系所反映出的注重短期化、重业绩轻风险、对于考核目标设定的“非理性”特征，以及绩效薪酬的短期激励，很大程度上决定了绩效考核的效益导向和规模情结，促使银行及分支行机构片面地追求利润和市场份额，在资金运筹上忽视风险和效益的平衡。基于这一现实背景和分析逻辑，本文接下来将从总量层面和结构层面两个视角，深入分析绩效考核对于银行行为及相应金融杠杆变化和风险承担的作用机制。具体来讲，总量层面，量化考察绩效考核对于银行持续扩张行为的影响程度，即绩效考核棘轮效应的检验，以及由此引致的风险水平的变化；结构层面，系统性地分析绩效考核驱使下银行为追求短期效益最大化而产生的经营行为变化，以及相应的金融杠杆扭曲。

四、绩效考核棘轮效应及其对银行风险水平的影响机制分析

棘轮效应来自于 Berliner（1957）对于计划经济时代依据本期业绩决定下期计划生产指标的配给模式的状态描述①。近些年来，银行机构普遍实行快速扩张的经营策略，片面强调银行的外延扩张和业绩增长速度，运用各种绩效考核办法激励内部业务部门、分支机构追求规模，揽存扩贷，基数递增，业绩指标犹如前进中的“棘轮”一样难以逆转。基于此，我们接下来运用棘轮效应理论和相关实证方法来分析商业银行持续甚至“逆周期”扩张的资产负债行为及相应的风险承担。

（一）银行绩效考核棘轮效应存在性检验

考虑一个两阶段的绩效考核问题，即银行的管理层根据第一阶段分支行的业绩来制定下一阶段的考核目标，记 A 为业绩考核目标，y 为分支行完成的实际业绩，则有：

$$A_2 = A_1 + \alpha(y_1 - A_1), \alpha > 0 \tag{4.1}$$

当第一阶段实际完成业绩高于考核目标时，银行管理层认为上一阶段的考核目标偏低，则会在下一阶段提高业绩考核的目标，考核目标会随着实际业绩的提高而不断提升，这种现象即为棘轮效应。参数 α 反映了棘轮效应的强弱，其值越大，表明下一阶段考核目标受到上一阶段完成情况的影响越大，棘轮效应越强。借鉴 Weitzman（1980）、Leone 和 Rock（2002）的方法，构建验证商业银行绩效考核的棘轮效应检验模型：

$$\frac{A_{i,t+1} - A_{i,t}}{A_{i,t}} = \alpha_{i,t} + \lambda_+ \frac{(y_{i,t} - A_{i,t})}{A_{i,t}} + \lambda_- \frac{D_{i,t}(y_{i,t} - A_{i,t})}{A_{i,t}} + \delta GRW_{i,t} + \varepsilon_{i,t} \tag{4.2}$$

其中，$A_{i,t+1}$和 $A_{i,t}$分别是第 $t+1$ 年和第 t 年的利润考核目标值；$y_{i,t}$是第 t 年的实际利润，$(y_{i,t} - A_{i,t}) / A_{i,t}$为棘轮效应；在有此效应之际，$(y_{i,t} - A_{i,t}) / A_{i,t}$发生改变则会造成 $(A_{i,t} - A_{i,t}) / A_{i,t}$发生改变。故而按照相应定义，$(A_{i,t} - A_{i,t}) / A_{i,t}$理解成棘轮效应的结果，$(y_{i,t} - A_{i,t}) / A_{i,t}$是棘轮效应的原因。$D_{i,t}$是虚拟变量，如果 $y_{i,t} < A_{i,t}$，则 $D_{i,t}$取值为 1，反之，$D_{i,t}$取值为 0。$GRW_{i,t}$指 t 年银行资产

① 在计划经济体制下，企业的年度生产指标根据上年的实际生产不断调整，这种年度目标随实际业绩上升而不断向上调整的趋向被称为“棘轮效应”。

增长率。λ_+是正向棘轮效应，即超额完成考核目标后的棘轮效应；λ_-是负向棘轮效应，即未完成考核目标后的棘轮效应。

本文以区域银行业机构2010—2016年的考核及经营状况作为考察对象，来检验商业银行绩效考核棘轮效应的存在性。根据调查所获得数据的完整性，剔除利润考核目标值缺失的银行，最终选取了36家银行业机构（包括全国性商业银行一级分行6家，省内城商行9家、农商行21家），共252个样本观测值。在检验过程中，除了对样本总体进行检验之外，根据银行业机构的类别，分别对全国性商业银行一级分行、省内城商行、农商行这三类银行业机构进行绩效考核棘轮效应的存在性检验，以进行横向比较分析。实证结果如表1所示。

表1　棘轮效应存在性检验结果①

变量	预期符号	模型1	模型2	模型3	模型4
$(y_{i,t}-A_{i,t})/A_{i,t}$	+	0.703***	0.635***	1.033***	0.809***
$D_{i,t}(y_{i,t}-A_{i,t})/A_{i,t}$	-	-0.516***	-0.501**	-0.749***	-0.694***
$GRW_{i,t}$	+	0.267**	0.064***	0.098**	0.106**
Constant	/	0.072**	-0.007**	0.090***	0.064***
Observations	/	185	35	45	105
Ad R - Square	/	0.679	0.527	0.720	0.608
Hausman test	/	18.181	19.652	25.226	18.224
Method	/	固定效应	固定效应	固定效应	固定效应

注：***、**和*分别表示在1%、5%和10%的水平上显著。

根据Hausman检验的结果，均采用固定效应模型作为面板数据的分析模型，从拟合结果来看，模型系数均通过了显著性检验，且模型的拟合度整体较好，关键变量参数估计结果的符号也符合预期。具体来看，无论是全样本的检验结果，还是分类检验结果，模型中系数λ_+均为正，且有$\lambda_+ + \lambda_- > 0$，说明商业银行的绩效考核存在棘轮效应，且正向棘轮效应显著大于负向棘轮效应。进一步，横向比较来看，模型3中系数λ_+及$\lambda_+ + \lambda_-$的绝对值最大，模型4次之，而模型2中的相应参数取值较小，这在一定程度上反映出，相较于全国性商业银行，以城商行、农商行为代表的小型银行在绩效考核方面，棘轮效应更为突出。

（二）绩效考核棘轮效应对银行风险水平影响的理论分析

为考察绩效考核棘轮效应对于银行风险承担的影响机制，首先构建关于业绩考核与风险承担的跨期效用函数。记σ为银行分支机构风险承担水平，由于

① 其中，模型1代表全样本的实证分析，模型2代表全国性商业银行一级分行，模型3代表浙江省内城商行，模型4代表浙江省内农商行。

风险与收益的正相关性，其决定了分支机构的实际业绩，即实际业绩可以写成风险承担水平的函数：

$$y = y(\sigma), y' > 0 \tag{4.3}$$

一方面，分支机构的效用函数受到业绩完成情况的影响，这部分效用为 $u(y-A)$，有 $u'>0$，$u''<0$，即实际业绩超出考核目标越多，相应的激励所带来的效用越高，但是，其也具有边际效用递减的属性；另一方面，分支行的效用函数又受到其风险承担水平的影响，风险承担水平越高，效用越低，由此，记分支行的效用函数为：

$$U = u(y - A) - \frac{1}{2}\gamma\sigma^2, \gamma > 0 \tag{4.4}$$

其中，参数γ反映了分支行对于风险的偏好，其值越大，表明分支行对于风险的厌恶程度更高，在一定程度上说明其相对保守。综上所述，可以得到分支行基于风险承担水平 σ_1、σ_2的跨期效用函数最优化模型：

$$max\{u(y_1 - A_1) - \frac{1}{2}\gamma\sigma_1^2 + \beta[u(y_2 - A_2) - \frac{1}{2}\gamma\sigma_2^2]\} \tag{4.5}$$

其中，$A_2 = A_1 + \alpha(y_1 - A_1)$，参数 β 为贴现因子，反映了分支行追求短期效用的程度，其值越小，说明分支行更加注重短期效用，而忽视长期效用。求解上述最优化问题，可以得到一阶条件：

$$\sigma_1 \frac{y'_1}{\gamma}[u'(y_1 - A_1) - \alpha\beta u'(y_2 - A_2)] \tag{4.6}$$

$$\sigma_2 = \frac{y'_2}{\gamma}[u'(y_2 - A_2)] \tag{4.7}$$

依据上述一阶条件，可以分析分支行绩效考核的棘轮效应对于其风险承担水平的影响，以及分支行在风险偏好、短期逐利性方面的表现对于上述影响的作用机制。具体来看：

对于第一阶段的风险承担水平 σ_1，求其关于棘轮效应 α 的导数，即有

$$\frac{d\sigma_1}{d\alpha} = \frac{y'_1}{\gamma}[-\beta u'(y_2 - A_2) + \alpha\beta u''(y_2 - A_2)(y_1 - A_1)] \tag{4.8}$$

可以发现（见图7左半部分），当 $y_1 - A_1 > 0$，即在第一阶段实际业绩达到及超过考核目标的情况下，有$\frac{d\sigma_1}{d\alpha}<0$，这意味着第一阶段分支行的风险承担水平与棘轮效应呈反向关系，即棘轮效应越强，分支行在第一阶段选择的风险承担水平越低，这是因为第一阶段的业绩会影响到第二阶段的业绩考核目标，分支行通过第一阶段故意压低业绩水平，来提升第二阶段的效用水平，从而使整体的效用水平上升。此外，参数 β 越小，则$\frac{d\sigma_1}{d\alpha}$的绝对值越小，意味着若分支行

对于效用的追求越趋于短期化，则棘轮效应对于第一阶段风险承担水平的负向效应越弱；同时，参数 γ 越大，则$\frac{d\sigma_1}{d\alpha}$的绝对值越小，意味着分支行若越保守、对于风险越厌恶，则棘轮效应对于第一阶段风险承担水平的负向效应越弱。

对于第二阶段的风险承担水平 σ_2，求其关于棘轮效应 α 的导数，即有

$$\frac{d\sigma_2}{d\alpha} = -\frac{y'_2}{\gamma}[u''(y_2 - A_2)](y_1 - A_1) \tag{4.9}$$

可以发现（见图 7 右半部分），当 $y_1 - A_1 > 0$，即在第一阶段实际业绩达到及超过考核目标的情况下，有$\frac{d\sigma_2}{d\alpha} > 0$，这意味着第二阶段分支行的风险承担水平与棘轮效应呈正向关系，即棘轮效应越强，分支行在第二阶段选择的风险承担水平越高，这是由于棘轮效应的存在会导致第二阶段的考核目标会随着业绩的提升而提高，分支行为实现业绩考核目标，不得不增加对高风险资产的配置，以谋求高收益，最终使得风险承担有所上升。此外，参数 γ 越大，则$\frac{d\sigma_2}{d\alpha}$的绝对值越小，意味着分支行若越保守、对于风险越厌恶，则棘轮效应对于第二阶段风险承担水平的正向效应越弱，相反地，若分支行较为激进，风险偏好较高，则棘轮效应对于第二阶段风险承担水平的正向效应更强。

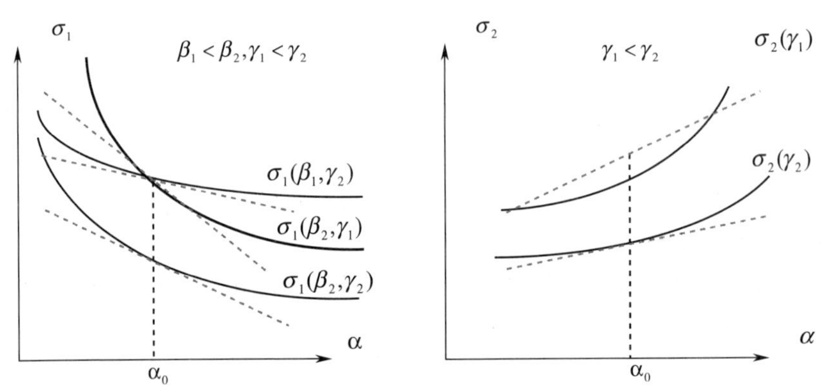

图 7　商业银行绩效考核棘轮效应与风险承担影响机制

综合上述分析，可以看到，商业银行分支行经营行为的风险承担水平受到其绩效考核棘轮效应影响主要来自于两个方面，一方面，在考核的初期，分支行可能会故意压低业绩，以获取下一阶段高业绩增长所带来的绩效考核效用；另一方面，随着业绩的提升，棘轮效应的存在使得考核目标不断攀升，分支行为达到考核目标，其经营行为的风险承担水平会随之不断提升。整体上，由于银行往往过度逐利且存在短视行为，加之内部控制机制趋于完善，相较于考核

初期的负向效应，棘轮效应对于分支行风险承担的正向效应将更加显著，即绩效考核的棘轮效应加剧了商业银行的风险状况。

（三）绩效考核棘轮效应对银行风险水平影响的实证检验

在理论分析的基础上，本文建立面板数据回归模型，来进一步论证绩效考核的棘轮效应对于商业银行风险承担的正向效应。模型的解释变量选择银行绩效考核机制所表现出的棘轮效应，被解释变量选择衡量银行风险承担的指标。考虑到银行经营行为到风险的形成具有一定的时滞，采取变量滞后一期的方法，具体模型设定如下：

$$Risk_{i,t} = C + a_1 RE_{i,t-1} + \sum_j a_{2,j} X_{ji,t-1} + \varepsilon_{i,t} \qquad (4.10)$$

其中，变量 $Risk_{i,t}$ 代表第 t 年银行风险承担水平，变量 $RE_{i,t-1}$ 代表第 $t-1$ 年银行绩效考核的棘轮效应，变量 $X_{ji,t-1}$ 为影响银行风险承担水平的控制变量。对于变量 $Risk_{i,t}$，从已有的文献来看，其代理指标主要有风险加权资产比率（风险加权资产/总资产）、不良贷款率等，相比较而言，风险加权资产比率对于风险的刻画更为全面，因此本文选择其作为银行风险承担的代理变量；对于棘轮效应 $RE_{i,t-1}$，沿用前文棘轮效应存在性检验模型中的考核目标增长率，即 $(A_{i,t}-A_{i,t-1})/A_{i,t-1}$；对于控制变量的选择，选取资本充足率（$CAR$）、资产收益率（$ROA$）、资产增长率（$GRW$）作为控制变量。其中，资本充足率通常用于反映银行自身抵御风险的能力；资产收益率体现了银行的盈利能力，也在一定程度上反映出其对风险的偏好程度；资产增长率往往与商业银行发展阶段、发展战略等密切相关，也会对其资产配置特征及风控水平产生影响。依据数据的可得性①，本文选取省内城商行 9 家、农商行 21 家 2010—2016 年的数据进行实证分析，相关变量的描述性统计如表 2 所示。

表 2　　模型涉及变量的统计性描述

变量	样本量	均值	标准差	最小值	最大值
$Risk_{i,t}$	150	0.600	0.069	0.445	0.813
$RE_{i,t-1}$	150	0.134	0.398	−0.657	3.167
CAD	150	0.133	0.019	0.103	0.199
ROA	150	0.013	0.004	0.001	0.024
GRW	150	0.184	0.077	−0.013	0.566

实证过程中，结合 F 检验和 Hausman 检验，选择个体固定效应模型来进行

① 由于全国性商业银行的一级分行缺乏资本充足率等数据，因此这部分实证仅选取浙江省内城商行、农商行作为研究样本。

面板数据分析，模型的估计结果如表 3 所示。从模型拟合结果来看，整体拟合效果较好，各个变量的系数也均通过了显著性检验，且变量系数符号也符合预期，具体来看：绩效考核的棘轮效应与商业银行的风险承担水平之间存在显著的正向关系，说明随着考核目标的持续强化，促使银行风险承担水平的不断提升，加剧了商业银行的风险状况；控制变量中，资本充足率与银行风险承担之间存在显著的负向关系，意味着资产充足率越高，银行的风险承担越低，这与预期相符；资产收益率与银行风险承担存在显著的正向关系，说明银行为追求利润，可能存在提升风险偏好的倾向；资产规模增速与银行风险承担存在显著的正向关系，意味着银行在逆周期的持续扩张过程中，其风险承担水平也相应地不断提升。

表 3　　商业银行绩效考核棘轮效应与风险承担的实证分析结果

变量	系数估计值	t 值	P 值
C	0. 524 ***	12. 285	0. 000
$RE_{i,t-1}$	0. 067 ***	7. 088	0. 000
CAR	-0. 001 **	5. 336	0. 001
ROA	4. 005 *	1. 128	0. 062
GRW	0. 078 **	3. 762	0. 034
R - squared = 0. 692		Adjusted R - squared = 0. 634	
D - W = 1. 792		F - statistic = 0. 000	

注：***、** 和 * 分别表示在 1%、5% 和 10% 的水平上显著。

五、绩效考核、银行资产负债行为与金融杠杆的理论分析

在上一节中，我们主要从总量的角度考察了银行绩效考核棘轮效应存在性及其与银行风险水平的关系问题，缺乏对银行绩效考核棘轮效应对银行资产负债行为从总量影响到微观结构效应的深入描述。本文接下来从结构效应的角度，通过构建理论分析模型，提出理论分析命题，并通过银行调研样本数据进行相应的实证检验，考察银行绩效考核特征对银行资产负债结构变动，以及银行规模、杠杆率和流动性风险的影响渠道及效果。

（一）基础模型：实体部门与银行部门

参照 Fagnart 等（1999）、Abel 和 Eberly（2002），在理论分析中，我们引入两类经济主体，分别是资金中介者 B（银行部门），资本需求者 j（企业）。资本需求者包含两类：信贷流入规模限制性企业 S（房地产及政府融资平台企业）、一般性企业 P。

1. 企业最优投资及资本需求

代表性企业 j 投入要素为资本 K 和劳动 L，记企业 j 在 t 时的生产函数为：F_j（$U_{j,t}K_{j,t},L_{j,t}$）。其中 $U_{j,t}$ 为企业 j 在 t 时的产能利用率。企业选择投资以调整资本存量，从而最大化预期净利润的贴现值（企业价值）：

$$V_{j,t} = \max_{I_{j,t+s}} E_t[\int_0^{\infty} e^{-rs}\{F_j(U_{j,t+s},K_{j,t+s},L_{j,t+s}) - \omega_{t+s}L_{j,t+s} - c(I_{j,t+s},K_{j,t+s})\}ds] \tag{5.1}$$

约束函数为：

$$dK_{j,t} = (I_{j,t} - \delta K_{j,t})dt \tag{5.2}$$

其中，$I_{j,t}$ 为企业 j 在 t 时的投资，δ 为其资本折旧率；$\omega_{t+s}L_{j,t+s}$ 为企业工资成本；$c(I_{j,t+s},K_{j,t+s})$ 为企业投资引致的成本①。根据式（5.1）、式（5.2），求动态优化问题，可推得企业 j 最优投资为：

$$I_{j,t}^{*} = \frac{1}{\eta}(q_{j,t} + \phi(U_{j,t} - 1) - r_{j,t}^{B})K_{j,t} \tag{5.3}$$

由于 $\eta>0$，由式（5.3）可知，企业 j 最优投资 $I_{j,t}^{*}$ 为 $r_{j,t}^{B}$ 的减函数，$q_{j,t}$、$U_{j,t}-1$ 的增函数，其经济学含义为：在其他经济变量不变的情况下，企业 j 的资本边际产出越大，资本（投资）需求越大；企业的融资成本越低，资本需求越大。

2. 银行绩效考核及效用函数

银行业金融机构为落实监管要求和实现自身发展战略，通过建立内部考评指标、设定考评标准，对考评对象在特定期间的经营成果、风险状况及内控管理进行综合评价，并根据评价结果对内部机构、部门和个人进行相应的激励与约束。代表性银行 i 的目标函数设置为最大化完成各项考核目标：

$$E_i = \max_{\pi,\theta,\lambda,np} U\left(\phi_{\pi}\left(\frac{\pi}{\pi^{*}}\right) + \phi_{\theta}\left(\frac{\theta}{\theta^{*}}\right) + \phi_{\lambda}\left(\frac{\lambda}{\lambda^{*}}\right) - \phi_{np}\left(\frac{np}{np^{*}}\right)\right) \tag{5.4}$$

其中：

$$\pi = \sum I_i - \sum C_i + I_{ni} - C_{ni} - C_{np} \tag{5.5}$$

$$\theta = (\sum \delta_i A_i)/E \tag{5.6}$$

$$L = \sum A_{li}/\sum D_{li} \tag{5.7}$$

$$E_{np} = \mu L(np) \tag{5.8}$$

π^{*}、θ^{*}、λ^{*}、np^{*} 分别为银行利润 π、资本充足率 θ、流动性 λ 与不良贷款率 np 的考核目标值，$\phi_i(i = \pi,\theta,\lambda,np)$ 是考核指标相应的考核权重（$\sum_i \phi_i = 1$）

① 主要包括：融资成本 $r_j^B I_{j,t}$，调整成本为（$\eta/2$）（$I_{j,t}/K_{j,t}$）$^2K_{j,t}$，闲置成本为 ϕ（$1-U_{j,t}$）$I_{j,t}$。因此企业投资总成本为：c（$I_{j,t}$，$K_{j,t}$）$=r_j^B I_{j,t}+$（$\eta/2$）（$I_{j,t}/K_{j,t}$）$^2K_{j,t}+\phi$（$1-U_{j,t}$）$I_{j,t}$。

（外生变量），效用函数满足 $U'>0U''<0$。式（5.5）为银行的利润函数，其中 I_i 为生息资产的利息收入，C_i 为付息负债的利息支出，I_{ni} 为非利息收入，C_{ni} 为非利息支出，C_{np} 为银行拨备。式（5.6）为银行资本充足率函数，$\sum\delta_i A_i$ 为银行加权风险资产，E 为银行权益资本。式（5.7）为银行流动性比率函数，$\sum A_{li}$ 为流动性资产，$\sum D_{li}$ 为流动性负债。式（5.8）为银行拨备函数。由式(5.3）至式（5.8）易推得，银行利润 π 为 ϕ_π、π^* 的增函数，ϕ_θ、θ^*、ϕ_λ、λ^* 的减函数。

（二）绩效考核、利差变化与资产规模变化特征

设定 t_0 时刻经济处于均衡状态，央行存款基准利率为 $r_d^{t_0}$，限制性企业和一般性企业的贷款需求分别为 $LE_s^{t_o}$、$LE_p^{t_0}$。为进一步分析利润考核对银行行为的影响，我们将银行利润函数式（5.5）扩展为：

$$\pi = \sum\left(\frac{I_i}{A_i}A_i\right)_i - \sum\left(\frac{C_i}{D_i}D_i\right) + I_{ni} - C_{ni} - C_{np} \tag{5.9}$$

其中，I_i/A_i 为银行各项资产的收益率 R_i（即 $I_i/A_i = R_i$），C_i/D_i 为银行各项负债的付息率 r_i（即 $C_i/D_i = r_i$）。A_i 为银行各项生息资产的规模，D_i 为银行各项付息负债的规模。银行利润 π 为平均利差（$R_i - r_i$）、银行生息资产规模 A_i（$A_i = \sum A_i$）的增函数，为分析方便，我们将银行利润简写为：$\pi = (R_i - r_i)\sum A_i$。

1. 经济上行，利差变动与资产规模变化

t_0 期，限制性行业企业和一般性企业的贷款利率为 $R_{t_0}(S)$、$R_{t_0}(P)(R_{t_0}(S) = R_{t_0}(P) = R^{t_0})$。银行在 t_0 期的利润为 $\pi_{t_0} = (R^{t_0} - r_d^{t_0})A_{t_0}$，其中,$A_{t_0} = LE_s^{t_0} + LE_p^{t_0} = LE_{j,t_0}$。假设 t_1 期，经济进入上行周期，企业资本边际回报 $q_{j,t}$ 升高，由式（5.3）可知企业最优投资将从 I_{j,t_0}^* 上升至 I_{j,t_1}^*，引致企业融资需求从 LE_{j,t_0} 上升至 LE_{j,t_1}^*（对应最优投资 I_{j,t_1}^*）。在存款利率管制的条件下，银行在负债端利率 $t_0 - t_1$ 期间不会发生变化（$r_{d,t_1} = r_{d,t_0}$），由于 $LE_{j,t_1}^* > A_{t_0}$，融资利率上升至 R^{t_1}（$R^{t_1} > R^{t_0}$），相应 t_1 期银行的利润为 $\pi_{t_1} = (R^{t_0} - r_d^{t_0})A_t$，所以 t_1 期银行的利润增长率为：$g_{\pi,t_1} = \pi_{t_1}/\pi_{t_0} = (R^{t_1} - r_d^{t_1})A_{t_1}/(R^{t_0} - r_d^{t_0})A_{t_0}$，由于绩效考核棘轮效应的原因，$g_{\pi,t_1} = g_{\pi,t_1}^*$（即 $\pi_{t_1}^* = \pi_{t_0}g_{\pi,t}^*$），可推出银行资产规模的增长率为：

$$g_{A,t_1} = (g_{\pi,t}^*(R^{t_0} - r_d^{t_0}))/R^{t_1} - r_d^{t_1} \tag{5.10}$$

由于（$r_B^{t_0} - r_d^{t_o}$）/（$r_B^{t_1} - r_d^{t_1}$）< 1，所以 $g_{A,t_1} < g_{\pi,t_1} = g_{\pi,t_1}^*$，即银行资产规模的增长率小于利润的增长率。假设央行在 t_2 期实施紧缩性货币政策应对经济“过热”，提高基准利率至 $r_d^{t_2}$（$r_d^{t_2} > r_d^{t_1}$）。由于银行负债端成本的上升，其资产端的利率相应上升至 $R_B^{t_2}$（$R^{t_2} > R^{t_1}$），一般性企业融资需求从 $\hat{L}E_{p,t_1}^*$ 下降至 LE_{p,t_1}^*（引

致融资利率回降至 R^{t_2}）。t_2 期银行利润增长率为：$g_{\pi,t_2}=\pi_{t_2}/\pi_{t_1}=(R^{t_2}-r_d^{t_2})A_{t_2}/(R^{t_1}-r_d^{t_1})A_{t_1}$。同样由于绩效考核棘轮效应的原因使得 $g_{\pi,t_2}=g_{t_2}^{*}\geqslant g_{\pi,t_1}^{*}$，可推得银行资产规模的增长率为：

$$g_{A,t_2}=(g_{\pi,t_2}^{*}(R^{t_1}-r_d^{t_1}))/(R^{t_2}-r_d^{t_2}) \tag{5.11}$$

由于 $(R^{t_1}-r_d^{t_1})\ /\ (R^{t_2}-R_d^{t_2})\ >1$，所以 $g_{A,t_2}>g_{\pi,t_2}=g_{\pi,t_2}^{*}>g_{\pi,t_1}^{*}>g_{A,t_1}$，相应地，银行 t_2 期资产规模的增长率大于 t_2 期利润增长率，也大于在 t_1 期资产规模的增长率。即在经济上行时期，如果银行的利润目标保持不变，那么紧缩性的货币政策使得银行资产规模扩展得更快。

命题 1：在经济上行周期时，由于存贷利差扩大，银行资产规模随其利润考核强度的增加而增加，但扩张的速度小于其利润增长的速度。紧缩性货币政策下，银行利差缩小，银行资产规模扩张速度大于其利润增长速度。

2. 经济下行，利差变动与资产规模变化

t_3 时期，假设经济处于“下行”周期时，社会有效需求下降，企业最优投资将从 I_{j,t_2}^{*} 下降至 I_{j,t_3}^{*}，一般性企业削弱投资。货币政策未做调整前，央行的基准利率维持在 $r_d^{t_2}$（$r_d^{t_3}=r_d^{t_2}$），企业最优投资下降将引致融资需求从 LE_{j,t_0} 下降至 LE_{j,t_1}^{*}（对应最优投资 I_{j,t_1}^{*}），融资利率相应下降至 $r_B^{t_3}$（$r_B^{t_3}<r_B^{t_2}$）。则 t_3 期银行利润增长率为：$g_{\pi,t_3}=\pi_{t_3}/\pi_{t_2}=(R^{t_3}-r_d^{t_3})A_{t_3}/(R^{t_2}-r_d^{t_2})A_{t_2}$，同样由于绩效考核棘轮效应的原因，$g_{\pi,t_3}=g_{\pi,t_3}^{*}\geqslant g_{\pi,t_2}^{*}$。同上，银行资产规模的增长率为 $g_{A,t_3}=(g_{A,t_3}^{*}(R^{t_2}-r_d^{t_2}))/(R^{t_3}-r_d^{t_3})$，由于 $(R^{t_2}-r_d^{t_2})/(R^{t_3}-r_d^{t_3})>1$，可知 $g_{A,t_3}>g_{\pi,t_3}=g_{\pi,t_3}^{*}$，所以 t_3 期银行资产规模的增长率大于 t_3 期利润目标增长率。即在经济下行时期，如果银行的利润目标保持刚性，那么银行资产规模扩张的速度快于利润的增长。

假设央行在 t_4 时期开始实施扩张性货币政策应对经济“下行”，投放流动性使得基准利率降至 $r_d^{t_4}(r_d^{t_4}<r_d^{t_3})$。银行负债端成本下降，同时由于经济还未复苏，企业投资和相应的融资需求仍处于下降通道，考虑到银行在资产端的相互竞争，使得资产端的利率相应下降至 $R^{t_4}(R^{t_4}<R^{t_3})$，银行资产端和负债端的利差变为 $R^{t_4}-r_d^{t_4}$，不失一般性，$(R^{t_4}-r_d^{t_4})\leqslant(R^{t_3}-r_d^{t_3})$。$t_4$ 期银行的利润增长率为：$g_{\pi,t_4}=\pi_{t_4}/\pi_{t_3}=(R^{t_4}-r_d^{t_4})A_{t_4}/(R^{t_3}-r_d^{t_3})A_{t_3}$，同样由于绩效考核刚性的原因，$g_{\pi,t_4}=g_{\pi,t_4}^{*}\geqslant g_{\pi,t_3}$。由于 $(R^{t_4}-r_d^{t_4})\leqslant(R^{t_3}-r_d^{t_3})$，且 t_4 期银行资产规模增长率 $g_{A,t_4}=(g_{\pi,t_4}^{*}(R^{t_3}-r_d^{t_3}))/(R^{t_4}-r_d^{t_4})$，所以有 $g_{A,t_4}>g_{\pi,t_4}=g_{\pi,t_4}^{*}$。即在经济下行时期，如果银行的利润目标保持刚性，那么扩张性的货币政策使得银行资产规模扩展得更快。

命题 2：在经济下行周期中，存贷利差缩小，银行资产规模同样随其利润考核强度的增加而增加，如果银行利润考核目标存在刚性（棘轮效应），则银行资产规模扩张速度快于经济上行周期，扩张型货币政策进一步加速其扩张速度。

（三）资本约束下规模扩张、杠杆率与资产结构变化

接下来我们引入资本约束因素，进一步扩展模型分析。t 期银行权益资本数量为 E_t，风险加权资产数量为 A_t，$(E_t/A_t) = \theta_t \geqslant \theta_t^* \geqslant \theta_{mix,t}^*$，$\theta_t^*$ 为银行资本充足率目标函数，$\theta_{mix,t}^*$为金融管理部门的最低资本充足率要求。考虑权益资本因素，银行利润函数式（5.9）可改写为：

$$\pi = (R_i^t - r_{i,d}^t)E_tL_t + I_{ni} - C_{nt} - C_{np} \tag{5.12}$$

其中，L_t 为银行杠杆率①，$L_t = A_t/E_t$。上文分析表明，银行资产负债利差逐渐收窄，即（$R_i^t - r_{i,d}^t$）不断下降的情况下，银行利润考核目标刚性的原因导致银行基于既有净资本 E_t 可以短期内只能通过提高杠杆率 L_t，扩张负债和资产规模 A_t，以获取更多利润。随着传统信贷资产规模 $A_{L,t}$的扩张，资本约束 θ_t 增强，使得银行不断放松资本充足率目标函数 θ_t^*，当 $\theta_t^* = \theta_{mix,t}^*$，如果传统信贷资产规模 A_L 继续扩张，则银行权益资本必须相应提高。假设银行权益资本的补充的单位成本为 C（E），令 $\gamma = C(E)$，γ 为 E 的增函数，同时也为 $A_{L,t}$的增函数，γ 即为银行部门每单位资产配置需要付出的资本约束成本。在考虑银行资本约束成本之后，银行一般信贷资产的回报率下降为 $R-\gamma$。

接下来引入银行同业业务因素②。同业业务的一个重要特征是可以在一定程度上规避和削弱资本充足率 γ 等监管约束。假设 t 期银行同业融资的利率为 $r_{s,d}^t$，资产端配置长期类信贷资产，收益率为 R_s^t。同业业务的利差是 $q_s^r = R_s^t - r_{s,d}^t - s_i - \rho$，其中，$\rho = C(A_s)/A_s$ 为每单位类信贷资产 A_s 所承担的同业业务成本③；$s_i(s_i \geqslant 0)$ 为银行同业融资利息成本的增加，s_j 随银行 j 不同而不同，且相互独立，其分布函数为 G。当同业业务利差超过传统存贷业务利差时，即 $q_s^r \geqslant R - r_d - \gamma$（等价于 $s_j \leqslant s^*$，其中 $s^* = R^* - r_d^* - \rho - R + r_d + \gamma$）时，银行的一般存贷业务才会被转换为同业业务。因此 $G(s^*) = P(s_j \leqslant s^*)$（$G(s^*)$ 为 s^* 的增函数）为一般存贷业务被转换为同业融资的概率，即银行同业业务占所有业务的

① 根据银监会2015年1月30日公布的《商业银行杠杆率管理办法（修订）》，银行杠杆率的计算公式为：杠杆率 =（一级资本 - 一级资本扣减项）/调整后的表内外资产余额 ×100%，所以 L_t 为银监会定义杠杆率的倒数。

② 银行同业业务最初限于商业银行之间的拆借，以解决短期流动性问题。近年来，银行同业业务快速发展，同业业务不断发展变化，幻化出各种各样的交易科目，业务本质总体可以归纳为在负债端通过同业融资业务募集短期资金，进而在资产端通过同业投资向企业实施类信贷融资，从而银行长期信贷类资产得到扩张。

③ 由于同业业务运作复杂，交易对手多，存在一定过桥费用和利润分成，我们将其产生的费用统称为同业业务成本 C（A_s）。

比例。由于 $\partial G(s^*)/\partial\gamma > 0$，$\partial G(s^*)/\partial\rho < 0$，$\partial G(s^*)/\partial A > 0$，①，因此 $G(s^*)$ 为 γ、A 的增函数，ρ 的减函数。设定 $\rho = \rho_0$，当 $0 < \gamma < \rho_0$ 时，$G(s^*) = 0$，当 $\gamma > \rho$，银行同业业务规模比重 $G(s_1^*)$ 随着一般资本约束 γ 的增强而增加（见图8）。

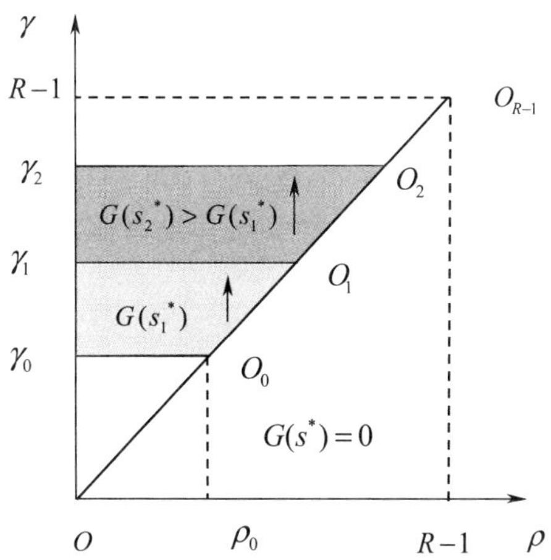

图8　资本约束、同业业务成本与同业业务规划

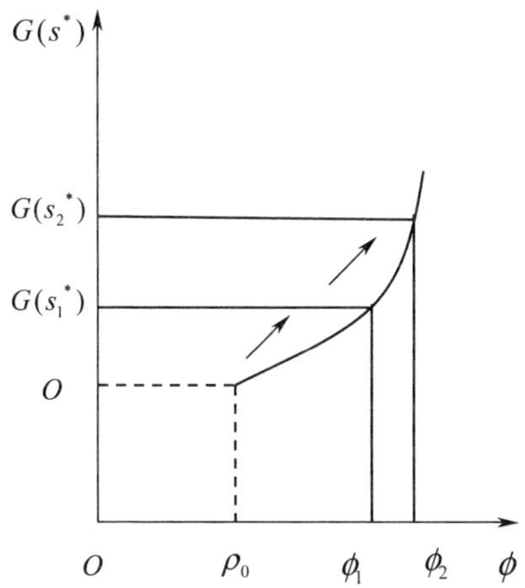

图9　绩效考核强度与同业业务规模

① $\partial s^*/\partial\gamma > 0, \partial s^*/\partial\rho < 0$。而 $\partial\gamma/\partial A > 0$，所以 $\partial s^*/\partial A > 0$。由于 $\partial G(s^*)/\partial s^* > 0$，所以：$\partial G(s^*)/\partial\gamma = (\partial G(s^*)/\partial s^*)(\partial s^*/\partial\gamma) > 0, \partial G(s^*)/\partial\rho = (\partial G(s^*)/\partial s^*)(\partial s^*/\partial\rho) < 0, \partial G(s^*)/\partial A = (\partial G(s^*)/\partial s^*)(\partial s^*/\partial A) > 0$。

命题3：银行资产负债结构中，同业业务的规模占比与银行绩效考核强度有关，同时也受到同业业务自身操作成本的影响。在同业业务操作成本固定的情况下，银行绩效考核强度越大，同业业务发展的规模也相应越大，相应的银行杠杆率水平越高。

（四）利差竞争，绩效考核与流动性风险水平变化

在绩效考核棘轮效应下，银行要保持利润持续增长，除了不断主动增加资产负债规模，还可以通过调整资产负债的期限结构扩大利差 R_A^l。一般情况下，中长期资产利率定价 R_A^l 高于短期资产 R_A^s，即（$R_A^l > R_A^s$），而短期负债利率定价 r_D^s 小于长期负债利率 r_D^l，即（$r_D^s < r_D^l$）。为分析方便，假设银行资产主要包括贷款 A_L 和同业投资 A_{IB}，$A_i = \phi_{i,A}^l A_i + (1 - \phi_{iA}^l) A_i (i = L, IB)$，其中 ϕ_{iA}^l 为长期资产占比；银行负债主要包括存款 D_D 和同业负债 D_{IB}，$D_i = \phi_{i,D}^l D_i + (1 - \phi_{i,D}^l) D_i (i = L, IB)$，其中 $\phi_{i,D}^l$ 为长期负债占比。考虑资产负债期限结构后的银行利润为：

$$\pi = \phi_{i,A}^l R_i^l A_i + (1 - \phi_{i,A}^l) R_i^s A_i - \phi_{i,D}^l r_i^l D_i - (1 - \phi_{i,D}^l) r_i^s D_i$$

由上式可知，$\partial\pi / \partial\phi_{i,A}^l = (R_i^l - R_i^s) A_i, \partial\pi / \partial\phi_{i,D}^l = (r_i^s - r_i^l) D_i$。由于 $R_i^l - R_i^s > 0, r_i^s - r_i^l < 0$，所以银行的利润函数 π 为长期资产占比 $\phi_{i,A}^l$ 的增函数，长期负债占比 $\phi_{i,D}^l$ 的减函数。由于银行流动性比率 $L_i = (1 - \phi_A^l) / (1 - \phi_D^l)$，所以利润函数 π 为其流动性比率 L_i 的减函数。其经济含义为，在银行资产规模没有发生变化的情况下，银行利润的增长需要增加资产端长期资产的比重 $\phi_{i,A}^l$，减少负债端长期负债的比重 $\phi_{i,D}^l$，同时放松对流动性比率 L_i 的考核目标值。

从银行异质性的角度来看，大小商业银行在资产端与负债端能力与激励存在不对称性，使得银行具有不同的资产负债规模扩张特征和相应的期限结构。大型商业银行基于网点数量与储户规模优势，吸储能力相对强于中小型商业银行，这就构成了大型商业银行与中小型商业银行被动负债能力的差距，中央银行使用短期流动性调节工具释放流动性，新型货币政策工具的流动性投放更偏向大型商业银行，形成了大型商业银行与中小型商业银行通过中央银行主动负债能力的差异化。

大型商业银行无论在主动负债还是被动端都拥有相对优势，然而中小型商业银行在资产端则更具活力，拥有比较优势，促使中小型商业银行采用同业负债的方式主动负债。大行购买中小银行发行的同业存单，大行资产端消耗超储，同业存单计入证券投资某一项下，资产负债表不变；中小银行负债端增加应付债券，资产端增加现金，中小银行实现扩表。由于中小银行负债端同业负债成本高于存款负债，在绩效考核棘轮效应压力下，更倾向于加大长期资产配置，进一步加剧流动性风险水平。

命题4：银行体系流动性风险水平受到绩效考核强度和同业业务规模的影响，当银行绩效考核强度较弱，同业业务规模占比较小时，一般不会产生流动

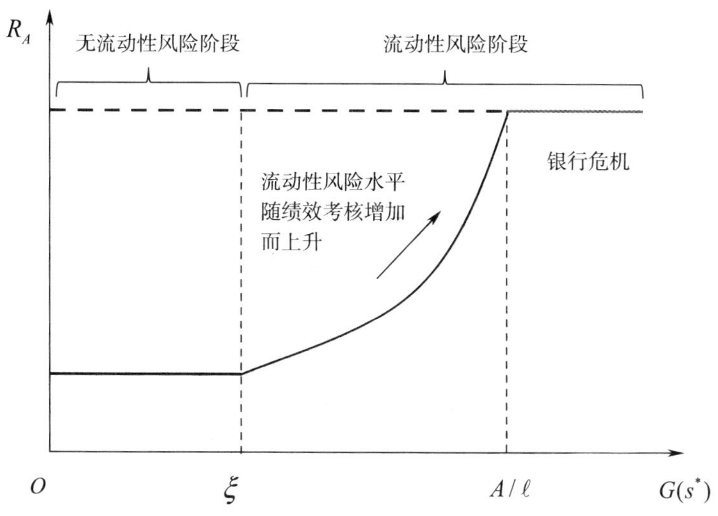

图 10 绩效考核强度与流动性风险水平

性风险。当绩效考核强度增强，以及同业业务规模比重相应的增加，银行流动性风险水平也随之提高，直至产生银行流动性危机。

六、银行绩效考核、行为与风险的实证分析

前面定性分析了绩效考核强度、银行资产负债规模及结构变化与杠杆率、流动性风险之间的关系，本文接下来通过构建计量模型，对上节理论分析提出的命题进行实证检验。本文实证研究思路为以下四个步骤：第一，实证模型设定和变量选取；第二，实证并检验银行资产规模和绩效考核、利差变动之间的关系，以及影响银行资产规模变化的其他因素；第三，实证并检验银行同业业务规模占比和绩效考核及资本约束之间的关系，以及影响银行同业业务的其他因素；第四，实证并检验银行杠杆率水平和绩效考核之间的关系，以及影响银行杠杆率水平变动的其他因素。

（一）实证模型设定和变量选取

根据上一节提出的研究假设，我们采用面板回归模型识别银行资产负债规模变化的主要影响因素、银行同业规模占比的影响因素和银行流动性风险水平的影响因素，建立如下面板回归模型：

$$TA_{it} = a_0 + \alpha_1 LC_{it} + \alpha_2 KH_{it} + \sum_{n=3}^{N} \alpha_j \prod {}^{1}_{nit-1} + \eta_{it} \tag{6.1}$$

$$TY_{it} = \beta_0 + \beta_1 JG_{it} + \beta_2 KH_{it} + \sum_{j=3}^{J} \beta_j \prod {}^{3}_{jit-1} + \eta_{it} \tag{6.2}$$

$$LD_{it} = \gamma_0 + \gamma_1 TY_{it} + \gamma_2 KG_{it} + \sum_{m=2}^{M} \gamma_j \prod {}^{4}_{mit-1} + \varepsilon_{it} \tag{6.3}$$

$$LA_{it} = \beta_0 + \beta_1 LC_{it} + \beta_2 TY_{it} + \beta_3 KH_{it} + \sum_{n=4}^{N} \beta_j \prod {}_{nit-1}^{2} + \eta_{it} \quad (6.4)$$

式（6.1）为考察银行资产规模变化影响因素的面板回归模型，式（6.2）为考察商业银行资产机构中同业业务规模影响因素的面板回归模型；式（6.3）为考察商业银行流动性风险影响因素的面板回归模型；式（6.4）为考察银行杠杆率影响因素的面板回归模型。其中，i 表示银行个体，t 表示观察年份。被解释变量中，TA_{it}表示银行资产变化（由银行期末总资产的同比增长率计算得出），变量 TY_{it}表示银行同业业务规模占比（由银行 i 在 t 期的同业资产与同业负债平均占比计算得出），变量 LD_{it}表示商业银行流动性水平（由银行流动性比率计算得出），变量 LA_{it}表示商业银行杠杆率水平（由银行杠杆率计算得出）。解释变量中，KH_{it}为商业银行绩效考核强度（包括经营绩效考核权重），JG_{it}为商业银行面临的资本约束，LC_{it}为商业银行资产负债业务利差（银行净息差）。$\prod^1$、$\prod^2$、$\prod^3$、$\prod^4$ 为四组面板回归模型中的控制变量。根据调查数据的完整性和全面性，本文选取 40 家区域商业银行机构作为研究样本，样本数据跨度为 2010—2016 年共 7 个年度数据，总样本量为 280。

对于控制变量，本文借鉴曾刚（2013）、彭建刚（2014）等人的研究，选取以下三类影响因素。一是商业银行内部因素，具体包括规模特征，以银行期末总资产额 GA_{it}表示；中间业务盈利能力，以银行非息收入占比 RO_{it}表示；信贷风险，以银行当期不良贷款率 NPL_{it}表示。二是外部宏观经济因素，具体包括通货膨胀水平，以消费者价格指数（CPI_t）表示；实体经济发展情况，以地区生产总值增长率（GDP_t）表示。三是货币政策因素，具体包括利率水平，以当期活期存款利率（RD_t）表示；货币增长速度，以基础货币同比增长（MO_{it}）表示。

（二）银行资产规模影响因素的实证结果和分析

因为本文式（6.1）主要考察的是银行规模与其绩效考核强度之间的关系，所以首先对银行资产业务利差 LC_{it}、绩效考核强度 KH_{it}与银行资产同比增速 TA_{it}进行回归，然后加入银行其他内部特征变量：银行期末总资产额 GA_{it}和中间业务盈利能力 RO_{it}，最后加入宏观经层面的时间序列数据 GPI_t、GDP_t 和货币政策层面的时间序列数据 RD_t、$M2_{it}$。第 1 ~ 3 步回归时，Hausman 检验值均小于其 0.05 的 $\chi^2_{0.05(n)}$值，所以模型均建立个体随机效应模型，回归结果见表 4。

回归结果 1、回归结果 2、回归结果 3 均支持本文的主要结论（命题 1 ~ 2），LC_{it}对 TA_{it}的解释系数为负数（$-1.6419 \sim -1.1729$），KH_{it}对 TA_{it}的解释系数为正数（$0.1520 \sim 0.3165$），即银行的资产负债利差越小，绩效考核强度越大时，其资产规模增速 TA_{it}越高，命题 2 得到了实证检验的支持。回归结果 2 ~ 3 进一步强化了回归结果 1。回归结果 3 显示，在选取的反映宏观经济运行情况的两个指标中，地区生产总值增长率（GDP_t）对银行资产规模增长影响不显著，说明银行资产规模的变化偏离宏观经济周期变化的影响。在货币政策因素中，货币增长速度 MO_{it}对流动性缺口具有显著的正向影响，货币增长速度越快，银行资产规模增长越快。

表 4　　银行资产规模影响因素模型计量方法与检验结果

解释变量	回归结果 1	回归结果 2	回归结果 3
C	0.218（6.232***）	0.134（1.199**）	0.370（9.570***）
LC	-1.641（-1.386**）	-1.395（-1.240*）	-1.172（0.844）
KH	0.288（1.237*）	0.316（2.555**）	0.152（1.185*）
RO		0.228（0.7564）	0.233（0.7639）
GA		0.012（0.216）	-0.032（-0.538）
GDP			-0.510（-7.190**）
CPI			0.209（6.543***）
$M2$			0.057（1.953**）
RD			-0.359（-0.468）
Adjust R - Squared	0.892	0.818	0.820
Hausman test	0.766	0.745	0.578
观测值	280	280	280
方法	个体随机效应	个体固定效应	个体固定效应

注：括号内为 t 统计量符号；***、** 和 * 分别表示参数通过 1%、5% 和 10% 以上的显著检验。

（三）银行同业业务占比影响因素的实证结果和分析

本文式（6.2）主要考察的是银行的同业业务规模占比与银行绩效考核强度之间的关系，所以我们首先对资本约束 JG_{it}、绩效考核强度 KH_{it}与银行同业业务结构占比 TY_{it}进行回归，同时加入银行其他内部特征变量：总资产的同比增长率 TA_{it}和银行不良贷款率 NPL_{it}，宏观经层面的时间序列数据：区域 GDP_t、CPI_t 和货币政策层面的时间序列数据：RD_t、$M2_{it}$。第一步回归时，Hausman 检验值小于其 0.05 的$\chi^2_{0.05(n)}$值，第二至第三步回归时，Hausman 检验值均大于其 0.05 的$\chi^2_{0.05(n)}$值，所以模型均建立个体随机效应模型，回归结果见表 5。

回归 1 显示，KH_{it}对 TY_{it}的解释系数为正数（0.0103），即银行的绩效考核强度越大，其同业业务规模占比越高，从而反映出银行绩效考核强度与银行同业业务规模占比之间的正向相关关系（命题 2 得证）。回归 1 同样显示，JG_{it}对 TY_{it}的解释系数为负数（-0.4552），即银行的资本充足率越低，其同业业务规模占比越高；而银行的资本充足率越低，越接近监管的最低资本要求，表明其受到的资本监管约束越强，从而反映出银行资本监管约束强度与银行同业业务规模占比之间的正相关关系。同时，回归 2 显示，银行内部因素中，资产增长率 TA_{it}和不良贷款率 NPL_{it}对银行同业业务占比产生了显著的正向影响，具体来看，商业银行资产增速越快，同业业务占比越高，反映出同业业务逐渐成为银行资产负债扩张的重要途径；银行不良贷款率越高，同业业务占比也相应越高，说明随着信贷风险水平的提高，银行倾向于相对收缩信贷业务，扩大被认为风险相对较小的银行同业业务，从而相对提高资本边际收益。从宏观经济和货币政策影响来看，地区经济增长速度 GDP_t 对银行同业业务规模具有显著的正向影响，而通胀水平 CPI_t、货币增长速度 $M2_{it}$ 以及存款基准利率水平 RD_t 对同业业务规模的影响不显著。

表 5　　银行同业业务规模影响因素模型计量方法与检验结果

解释变量	回归结果 1	回归结果 2	回归结果 3
C	0.454（12.502***）	0.416（14.418***）	0.367（2.659***）
JG	-0.455（-1.815**）	-0.529（-1.238*）	0.059（1.328*）
KH	0.010（1.450*）	0.051（1.302*）	-0.066（0.387）
NPL		0.277（1.725*）	0.089（1.891*）
TA		0.248（2.531***）	0.256（3.555***）
GDP			6.813（1.781*）
CPI			-2.953（-0.788）
M2			-3.722（-0.434）
RD			0.246（0.857）
Adjust R - Squared	0.749	0.766	0.730
Hausman test	3.35	6.016	7.68
观测值	280	280	280
方法	个体随机效应	个体固定效应	个体固定效应

注：括号内为 *t* 统计量符号；***、** 和 * 分别表示参数通过 1%、5% 和 10% 以上的显著检验。

（四）银行流动性风险影响因素的实证结果和分析

本文式（6.3）主要考察的是银行流动性风险水平与其绩效考核强度之间的关系，所以首先对 KH_{it}、TY_{it} 与 LD_{it} 进行回归，然后加入银行其他内部特征变量：银行期末总资产额 GA_{it} 和银行中间业务盈利能力 RO_{it}，最后加入宏观经层面的时间序列数据 GPI_t、GDP_t 和货币政策层面的时间序列数据 RD_t、$M2_{it}$。第一、第三步回归时，Hausman 检验值均小于其 0.05 的 $\chi^2_{0.05(n)}$ 值，所以模型建立个体随机效应模型，第二步回归时，Hausman 检验值均大于其 0.05 的 $\chi^2_{0.05(n)}$ 值，所以模型建立个体固定效应模型，回归结果见表 6。

回归结果 1~3 均支持本文的主要结论，KH_{it} 对 LD_{it} 的解释系数均为负数，即银行的绩效考核强度越大时，LD_{it} 越小，说明随着银行绩效考核强度的提高，银行流动性风险水平呈现扩大趋势（命题 4 得证）。TY_{it} 对 LD_{it} 的解释系数均为负数（-1.9745～-1.2486），即银行的同业业务规模占比 TY_{it} 越高时，LD_{it} 越小，说明随着银行同业业务占比的提高，银行流动性风险水平同样也呈现扩大趋势。命题 2 得到了实证检验的支持。回归结果 2～3 进一步强化了回归结果 1。回归结果 2 显示，银行内部因素中，资产增长率 TA_{it} 和利润率 ROA_{it} 等对银行流动性缺口率产生了显著的影响，具体来看，商业银行资产增速越快，盈利能力越高，同业业务占比越高，相应地，银行流动性越差。回归结果 3 显示，在选取的反映宏观经济运行情况的两个指标中，区域经济增速（GDP_t）对银行流动性风险水平具有显著的正向影响，说明经济增速越高，银行流动性状况越差；而通胀水平 CPI_t 对银行流动性的影响并不明显。回归结果 4 显示，在货币政策因素中，基础货币增长速度 MO_{it} 对流动性缺口具有显著的正向影响，货币增长速度越快，银行流动性越差，而存款利率水平 RD_t 对银行流动性的影响则不明显。

表 6　　银行流动性风险影响因素模型计量方法与检验结果

解释变量	回归结果 1	回归结果 2	回归结果 3
C	4.587（5.861***）	4.519（5.767***）	6.790（2.775***）
TY	-4.381（-1.339*）	-2.947（-1.209*）	-0.164（-1.107）
KH	-1.845（-2.080**）	-1.248（-2.275**）	-1.974（-2.210**）
ROA		-0.110（1.706）	-1.104（0.664）
TA		-0.151（-1.907*）	-1.582（-0.897）
GDP			-5.124（-1. 623*）
CPI			2.241（0.770）
M2			2.368（1.192）
RD			-4.939（-0.990）
Adjust R-Squared	0.699	0.639	0.618
Hausman test	4.732	10.016	0.933
观测值	280	280	280
方法	个体随机效应	个体固定效应	个体随机效应

注：括号内为 t 统计量符号；***、** 和 * 分别表示参数通过 1%、5% 和 10% 以上的显著检验。

（五）银行杠杆率水平影响因素的实证结果和分析

本文式（6.4）主要考察的是银行的杠杆率水平与银行绩效考核强度之间的关系，所以我们分别对 LC_{it}、TY_{it}、KH_{it} 与 LA_{it} 进行回归，同时加入银行其他内部特征变量、宏观经层面及货币政策层面的时间序列数据。第一至第二步回归时，Hausman 检验值显示模型需建立个体固定效应模型，第三步回归时需建立个体随机效应模型，回归结果见表 7。

回归 1 显示，LC_{it}对 LA_{it}的解释系数为负数（-1.9401 ~ -1.0860），TY_{it}对 TA_{it}的解释系数为负数（-1.87154 ~ -0.26791），KH_{it}对 TA_{it}的解释系数同样也为负数（-0.4531 ~ -1.1122）即银行的资产负债利差越小，同业业务占比越高，绩效考核强度越大时，其杠杆率水平越高（即 TA_{it}越小），命题 2 得到了实证检验的支持。同时，银行内部因素中，资产增长率 TA_{it}和利润率 ROA_{it}对银行杠杆率产生了显著的正向影响，具体来看，商业银行资产增速越快，银行盈利能力越强时，银行杠杆率水平越高（TA_{it}越小）。从宏观经济和货币政策影响来看，地区经济增速 GDP_t 对银行杠杆率水平具有显著的负向影响，货币增长速度 $M2_t$ 对银行杠杆率水平具有显著的正向影响，而通胀水平 CPI_t 及存款基准利率水平 RD_t 对杠杆率水平的影响不显著。

表 7 银行杠杆率影响因素模型计量方法与检验结果

解释变量	回归结果 1	回归结果 2	回归结果 3
C	6.781（5.511***）	7.815（6.150***）	8.709（3.563***）
LC	-1.118（-1.759*）	-1.086（-1.717*）	-1.940（-1.426*）
KH	-1.112（-1.717*）	-0.597（-1.611*）	-0.453（-0.531）
TY	-1.871（-1.179）	-0.245（-1.774*）	-0.267（-1.536*）
ROA		-0.134（-0.079）	-0.279（-1.810*）
GA		-1.915（-1.902*）	0.757（1.389*）
GDP			3.456（1.779*）
CPI			-2.225（-0.969）
M2			-3.647（-1.585*）
RD			-1.500（-0.358）
Adjust R - Squared	0.596	0.930	0.646
Hausman test	8.061	13.259	4.902
观测值	280	280	280
方法	个体固定效应	个体固定效应	个体随机效应

注：括号内为 *t* 统计量符号；*** 、** 和 * 分别表示参数通过 1%、5% 和 10% 以上的显著检验。

七、主要结论与政策启示

本文基于样本银行调查问卷和相关信息采集数据，深入分析了银行机构的绩效考核操作实践情况和问题，在此基础上，将银行绩效考核激励特征及其影响效应纳入资产负债行为分析的理论框架，结合面板数据回归模型的实证分析，从总量效应和结构效应两个维度深入研究了绩效考核棘轮效应、资产负债行为变化与银行杠杆及风险水平之间的关系，从银行绩效考核及其对银行资产负债行为影响的角度探索了金融杠杆变化背后的微观内在动因。根据本文的分析与研究，可以得到如下主要结论。

第一，基于区域银行机构调查数据的分析结果来看，绩效考核仍过于注重短期的经营业绩考核，而忽视中长期综合效益的考核；考核体系存在较为明显的“重业绩轻风险”倾向，未能合理兼顾效益和风险；考核目标设定机制仍欠完善，尤其是中小银行，其考核目标的变动趋势，具有较为明显的“逆周期”特点；薪酬分配过于注重绩效考核结果的决定作用，以及绩效薪酬期限分配的不合理性进一步加剧了银行经营行为的短期化。

第二，商业银行的绩效考核存在明显的棘轮效应，即绩效考核目标随着实际业绩的提高而不断提升，其中正向棘轮效应显著大于负向棘轮效应；以城商行、农商行为代表的中小银行绩效考核棘轮效应更为突出。绩效考核的棘轮效应与商业银行的风险水平之间存在显著的正向关系，即随着考核目标的持续强化，银行风险水平不断提升。

第三，银行绩效考核棘轮效应促使银行资产负债规模不断增长，特别是经济从上行周期转入下行周期过程中，由于银行资产负债两端利差的缩小，银行资产规模随其绩效考核强度的增加而不断扩张，且扩张速度快于其利润增长速度，从而引致金融杠杆率水平的持续高企，产生银行资产负债规模和金融杠杆逆周期扩张的现象。

第四，银行资产负债结构中，同业业务逐渐成为商业银行资产负债扩张和盈利能力提升的重要途径，在传统资产负债业务监管约束下，银行绩效考核强度越大，同业业务发展的规模也相应越大；在价格竞争导致利差不断压低的情形下，随着绩效考核强度的提高，银行更倾向于吸收短期性负债，配置长期性资产以提高既有资产负债规模的利润增长目标，银行资产负债期限错配加剧，流动性风险水平相应提高。

本文基于调查问卷的分析与相关理论实证研究，从绩效考核的内部微观视角来认识和解释商业银行存在的规模情结与“逆周期”的加杠杆行为，所得的研究结果对于商业银行完善绩效考核机制、实现稳健经营，以及金融监管部门加强监管与引导、规范商业银行经营行为，防范和化解金融高杠杆都具有一定的参考意义。

从商业银行完善绩效考核的角度来看，应强化绩效考核的科学性与合理性，建立兼顾价值导向、规模增长、紧扣风险的科学合理的绩效考核指标体系，利用信息化系统从规模考核过渡到 FTP 利润考核和 EVA 考核；在指标设置方面，坚守“风险、合规”两条基本生存底线，突出风险类和合规类指标的重要性，同时，统筹兼顾长期战略与短期目标，适当增加过程性指标，将过程管理以合理的方式计入经济绩效考核体系当中；在考核目标设置及调整方面，建立科学、全面、动态的预算体系，根据全国或区域经济发展实际、实体经济有效需求及行业竞争形势合理设定考核目标，并及时捕捉市场变化，对预算及考核指标进行适时的调整优化，以提升考核机制的灵活性。

从金融监管部门加强监管与引导的角度来看，有效防范和化解金融杠杆不仅仅是着重于完善金融监管手段，加大金融监管强度，扩展金融业务监管范围，弥补金融监管缺位空白等外部制约，更需要关注金融杠杆扩张过程中银行等金融机构微观内在的驱动因素。通过加强对商业银行绩效考核体系的分析和评价，通过窗口指导、审慎监管会议、风险提示、监管意见书等形式加以完善，让监管机构的外控深入金融机构“内”心，引导机构自发、自觉、自醒地建立科学、合理、有效的绩效考核体系，推动机构内控的完善和详尽，从而以提升业务能力、风控能力等作为机构目标，而不是借助监管缺位来实现套利。同时，加强微观审慎的机构监管与宏观审慎的功能性监管配合，避免监管真空和多重监管现象，并逐渐向监管机制多元化转变，实现国家专门监管机制、银行内控机制及自律机制的齐头并举，从而外部消除套利空间，内部抑制无序扩张意愿，为有效防范和化解金融杠杆提供良好的内外部环境。

参考文献

[1] 贾拓．银行业绩效考核机制对金融稳定的影响研究 [D]．硕士学位论文，南京理工大学，2013.

[2] 廖岷，郭晓夏．我国商业银行异化创新业务风险分析及监管建议 [J]．国际金融研究，2017（4）．

[3] 娄飞鹏．金融领域高杠杆的深层次成因与去杠杆建议 [J]．西南金融，2017（6）．

[4] 权俊良，叶文辉．商业银行考核机制对其行为选择及货币政策传导的影响 [J]．金融纵横，2014（7）．

[5] 唐意舟，熊波，宋军．商业银行绩效考核、信贷冲动与货币政策传导 [J]．金融参考，2008（3）．

[6] 王思杨．商业银行 EVA 管理与绩效考核探讨 [J]．福建质量管理，2016（5）．

[7] 肖文玲．我国国有商业银行总分行激励约束机制研究 [D]．博士学位论文，山东大学，2010.

[8] 徐传平．杠杆率管理框架，理论与应用 [D]．博士学位论文，中国人民大学，2016.

[9] 曾刚．商业银行杠杆变化趋势 [J]．中国金融，2017（11）．

[10] 张慧．商业银行考核激励机制比较研究 [D]．硕士专业学位论文，

宁波大学，2014.

[11] Berliner J. S. , *Factory and manager in the Soviet Union*, 1957, Cambridge, MA: Harvard University Press.

[12] Bhattacharya, S. , Goodhart, C. , Tsomocos, D. , A. Vardoulakis, "Minsky's Financial Instability Hypothesis and the Leverage Cycle", *LSE Financial Markets Group Paper Series Special Paper*, 2011, No. 202.

[13] Cuerpo, C. , I. Drumond, J. Lendvai, P. Pontuch and R. Raciborski, "Indebtedness, Deleveraging Dynamics and Macroeconomic Adjustment", *European Economy, Economic Papers*, 2013, No. 477.

[14] Hildebrand, P. M. : "Is Basel Ⅱ Enough? The Benefits of A Leverage Ratio", *Financial Markets Group Lecture*, 2008.

[15] Leone A. J. and Rock S. , "Empirical Tests of Budget Ratcheting and its Effect on Managers' Discretionary Accrual Choices", *Journal of Accounting and Economics*, 2002, Vol. 33, No. 1: 43 - 67.

[16] Valencia, F. , "Monetary Policy, Bank Leverage, and Financial Stability", *Journal of Economic Dynamics and Control*, 2014, 47: 20 - 38.

[17] Weitzman M. L. , "The Ratchet Principle and Performance Incentives", *The Bell Journal of Economics*, 1980, Vol. 11, No. 1: 302 - 308.

金融机构间流动性风险传导与防控

——基于证券基金经营机构视角的研究

中国证券监督管理委员会浙江监管局课题组*

近年来，我国金融市场高速发展，各类金融机构业务创新、业务交叉、业务合作的势头迅猛，金融机构各类资产管理规模迅速扩大，引发金融市场整体流动性宽裕，且在货币市场和资本市场之间、商业银行和非银金融机构之间频繁转移，导致不同金融市场、金融机构之间存在流动性风险因传导而迅速扩大的隐患，比较容易引发系统性的流动性风险。现有的金融监管实践中，央行作为管控金融市场流动性源头的监管部门，通过落实调总量、降杠杆等政策措施来防控系统流动性风险。银监会、证监会、保监会三大金融监管部门在分业监管架构下，各自负责商业银行和非银金融机构流动性风险防控。从近几年发生的多次严重的流动性风险事件来看，上述金融监管体系在有效防控金融市场系统流动性风险方面，仍存在不少薄弱环节。金融机构发生流动性风险好比是“心肌梗死”，一家资产远大于负债的金融机构也只能破产，进而又会引发金融机构间系统流动性风险，最终危及金融市场的整体稳定。近期，“一行三会一局”发布了《关于规范金融机构资产管理业务的指导意见（征求意见稿）》，其中净值化、期限错配和限制分级产品，或将对理财规模和非标产品产生重大冲击。银监会发布《商业银行流动性风险管理办法（修订征求意见稿）》，再次对商业银行表内资金的来源和运用做出限制。可以预见，未来一段时期系统流动性将维持紧平衡，这不仅对银行体系是挑战，对处于金融资金链下游的非银金融机构更是关乎生死存亡的严峻挑战。

习近平总书记在党的十九大报告中指出“健全金融监管体系，守住不发生系统性金融风险的底线”。当前，金融机构间因风险传导而引发系统流动性风险的防控工作，是防控金融风险最紧迫的任务。为此，课题组认真总结流动性及其背后的内涵，深入分析金融机构间出现流动性风险的原因及传导路径等，并通过剖析近年典型的金融机构间流动性风险事件，提出一些建设性的建议，以期更加及时、有效防控金融机构间系统流动性风险，牢牢守住不发生系统性金

* 课题主持人：王宗成
课题组成员：余津津　张锦铭　孔　伟　胡亦盛　田蓓蓓　楼耀尧

融风险的底线。

一、金融机构间流动性风险的形成

（一）关于流动性的界定

目前，流动性作为经济学专业术语被广泛应用，但市场各方尚未就其含义达成一致观点。我们参照部分文献中的定义，从金融机构的角度将流动性理解为：金融机构将其现有财富转换为商品、服务或其他资产的能力。我们认为，流动性的背后主要包含几层内涵。

1. 交易流动性

流动性首先是一个“流动”的概念（如资金流），即在金融体系中不受阻碍的流动，重点是中央银行、商业银行、非银金融机构以及各个市场间的流动，该流动主要依靠金融体系的交易功能来维系运转，金融机构通过交易紧密联系，形成了交易流动性。对于某类资产或市场，金融机构可以在短期内，以不影响价格的方式，低成本的交易，便可以认为该类资产或市场的交易流动性良好。

2. 融资流动性

流动性还是一个“能力”的概念，即实现这些流动的能力，实践中，可以理解为金融机构及时解决各类债务的能力。金融机构杠杆经营的特性，决定了其解决各类债务仅仅依靠现金资产是不够的，很大程度上需要金融系统的融资功能来满足其关键时点的流动性需求，因此，融资流动性是金融机构以合理成本及时获得融资的能力。

3. 系统流动性

正常情况下，央行、商业银行以及非银金融机构依托交易关系，使流动性在金融机构间和各类金融市场间通畅的流动，形成良好的交易流动性满足金融机构的日常流动性需求。当市场稳定且有效时，融资流动性依靠融资来源的可得性，金融机构选择融资成本最低的融资流动性来满足突发流动性需求。在这样的环境下，交易流动性与融资流动性形成良性循环，拥有足够的流动性来平滑掉特殊的流动性冲击，保证金融系统稳健运行。

（二）单一金融机构的流动性风险及其原因

目前，在我国银行、证券和保险[①]等金融行业中将流动性风险定义为金融机构无法以合理成本及时获得充足资金，以偿付到期债务、履行其他支付义务和满足正常业务开展的资金需求的风险。参照该定义，并结合上述对流动性的理

① 《商业银行流动性风险管理办法（试行）》《公开募集开放式证券投资基金流动性风险管理规定》《证券公司流动性风险管理指引》和《保险公司偿付能力监管规则 12 号》等。

解，我们认为金融机构一旦出现突发流动性需求，会动用一切手段多形式、多举措获取资金，但最终的落脚点无外乎交易渠道和融资渠道。交易和融资分别对应交易流动性和融资流动性，从而延伸出交易流动性风险、融资流动性风险和系统流动性风险。值得一提的是，各类流动性风险有所区别但相互联系、共同作用，尤其是交易流动性风险与融资流动性风险在危机时期会出现恶性循环。

1. 交易流动性风险

交易流动性风险是指在购买或出售资产的过程中，资产价格发生不利变动的风险。交易流动性风险可能源于资产本身交易流动性不足或市场崩溃导致市场价格剧烈波动等因素，导致在不影响资产价格且低交易成本的情况下难以达成交易。一般来说，从市场的深度、紧度和弹性等三个维度可以反映交易流动性：当市场足够深时，进行大批量交易不会影响价格；当市场紧时，成交价格不会与市场中间价产生偏离；当市场有弹性时，价格波动及订单的不匹配会迅速地被市场参与者调整。

2. 融资流动性风险

融资流动性风险是指金融机构在不影响日常经营或财务状况的情况下，无法有效满足资金需求的风险。融资流动性风险可能源于金融机构的信用状况或整体金融环境恶化等因素，导致无法及时获得足够的现金流来改变公司的困境。一般来说，融资流动性风险又可分为两大类，一类是结构性流动性风险，也叫错配型流动性风险，源于资产负债错配，金融机构到期义务超出到期资产；另一类是或有流动性风险，金融机构缺乏足够的资金应对突发和未预期的义务。

单一金融机构发生流动性风险的原因主要是：金融机构在经营过程中，执行错误的投资策略（比如资管公司利用自有资本投资的债券、资管产品出现风险）、遭遇市场行情巨变（引发资产价格大幅波动）等因素，加上自身风险管理体系不健全，出现流动性短缺后，通过交易、融资无法供给充足的流动性，引发流动性风险。金融机构流动性风险的产生可能源于自身流动性方面的问题，也可能由于应对市场风险、信用风险和操作风险时的处置不当造成，而且各类风险与流动性风险并不是孤立存在的，往往互相交错，形成恶性循环后产生更大的流动性风险。从微观个体出发，金融机构流动性风险向上传导，形成市场层面或是宏观层面的流动性危机，处置不当就将爆发系统流动性风险。

（三）金融机构间的系统流动性风险及其原因

系统流动性风险区别于微观个体的交易流动性风险和融资流动性风险，属于金融机构间宏观层面的风险。它是指当某一金融机构的交易流动性风险与融资流动性风险互相作用，形成流动性螺旋，并由于信息不对称和不完全市场的存在，不稳定的流动性螺旋会在金融机构间和市场间进行扩散，进一步引发连锁反应，出现广义流动性干涸，导致金融系统中的交易功能、融资功能甚至是支付功能难以有效发挥，出现流动性黑洞现象，对金融机构和市场产生巨大危害。

1. 系统流动性风险与市场风险、信用风险互相作用成为系统性金融风险

作为金融机构，采取杠杆经营、短借长投、期限错配、信用套利是很平常的事，也是金融机构应该具备的经营风险的能力。但由于内部或外部因素，导致出现交易流动性风险或融资流动性风险，一旦未及时处理，金融机构往往还将面临市场风险、信用风险的叠加作用，直接关系金融机构的生存（对金融机构而言，各种风险的最终表现将是极端的流动性风险）。从宏观上看，由个体金融机构的流动性风险传导至行业和市场层面的流动性风险后，往往与宏观的市场风险、信用风险和操作风险等传染叠加后成为系统流动性风险，极易出现金融市场的系统性风险，极大地威胁着市场的稳定。

2. 系统流动性风险演变为金融危机甚至是经济危机

金融体系出现系统性风险后，交易、融资甚至支付功能都将大幅受损，系统流动性风险经过自我强化后，很容易出现金融危机。因为金融系统中的交易、融资和支付功能在实体部门中发挥着不可或缺的作用，而金融危机的显著特点往往是某种或多种资产价格大幅缩水，加上金融机构和投资者的风险偏好出现大幅下降，实体部门的交易流动性和融资流动性也将出现短缺，并且两者相互加强，脆弱的实体部门又会消极地影响金融部门，系统性风险越发增大，金融危机自然就演变为经济危机，对实体经济造成灾难性打击。

引发金融机构间系统流动性风险的原因主要有以下几个方面。

一是中央银行管控流动性。央行通过与金融体系的各种交易投放基础货币，为金融体系（尤其是银行机构）乃至实体经济提供宏观层面的交易流动性。银行机构则通过交易和融资功能，发挥货币乘数效应，为金融体系和实体经济派生充沛的流动性，推动各类市场的稳健运转。鉴于我国银行业主导地位明显，一直占我国金融业总资产的90%左右，近年来银行业表内发展受限对非银行业的发展起到了极大的推动作用，即银行资金流入信托、证券、基金等非银机构（从银行的资产端到非银的负债端），为非银机构提供了充沛的流动性支持。客观来看，中央银行是流动性之源，中央银行及其货币政策将直接影响流动性，一旦中央银行长期维持从紧的货币政策，银行机构、非银机构以及整个金融体系的流动性趋于紧缩，系统流动性风险自然增强。

二是刚性兑付加剧流动性危机。我国金融体系尚不成熟，在刚性兑付背景下，集聚了大量系统流动性风险。我们认为，刚性兑付主要集中在两个层面：第一个层面是非银机构对银行机构的刚性兑付。由于我国银行业在金融的主导地位，非银机构的流动性很大程度上依赖于银行机构。非银机构为银行提供通道业务，但鉴于行业地位以及违约后果，本该由银行机构承担的风险转嫁到提

供通道业务的非银机构上，导致非银机构集聚大量风险。第二个层面是非银机构对投资者的刚性兑付。以信托为例，刚性兑付仍然是信托行业的潜规则。目前，信托资产规模已经超过20万亿元，但信托机构为维护自身及行业利益，尽一切手段维护刚性兑付，风险持续集聚。客观来看，我国由于刚性兑付人为降低了违约风险，导致信用风险向流动性风险转换并使流动性需求增加，但由于我国融资结构以债权融资为主，流动性需求增加会使信用风险趋于上升并催生“信用风险—刚性兑付—流动性需求”螺旋，集聚更大的系统流动性风险。

三是大量流动性从银行向非银机构转移。近年来，商业银行资金推动了证券公司、信托公司、基金公司等非银金融机构的业务发展，在经济上行的宏观经济环境下，对银行和非银机构来说是双赢的局面。2016年末，银行部门对非银机构部门净债权规模为10.8万亿元，较2015年末增加8.7万亿元；非银机构部门对银行部门的负债为26.53万亿元，较2015年末增加8.9万亿元，增幅高达50.24%，连续三年增幅高于50%。可见，大量资金由银行机构流入非银机构，非银机构债务大幅增长且高位运行，而非银机构为了追求高收益倾向于一方面依靠高风险高收益资产以提升信用风险溢价水平，另一方面依靠资产负债期限错配以提升流动性风险溢价水平。可以说，非银机构将迅速扩张的流动性通过加杠杆、加久期、加风险来提高收益，而非银机构的业务同质化较为严重，导致不同非银机构受同类业务影响较大，即出现个体流动性风险后极易在非银机构间传染。特别是部分由非银机构主导开发的跨市场、交叉性、结构化资管产品，杠杆高、嵌套多、链条长、影响面广，对市场波动更为敏感、承受力更弱，交叉传染更加迅速，流动性风险的负反馈机制显著增强，稍有不利事件发生，比如债券违约、货币政策预期调整、在季末年末等银行机构监管考核关键时点，非银机构的流动性可能在极短时间内由充裕转为不足，容易诱发流动性“踩踏事件”，导致发生系统流动性风险。

二、金融机构间流动性风险的传导

近年来频发的流动性风险事件，使得金融机构尤其是非银金融机构格外重视流动性风险管理。当央行开始管控流动性并对商业银行进行宏观审慎考核，当资管新规和商业银行流动性风险管理办法新规处于公开征求意见，金融机构尤其是商业银行获得了未来将从严监管资管业务、非标业务和同业业务的信号，商业银行随之降资金杠杆、收缩流动性，处于金融产业链下游的证券公司、信托公司、基金公司等非银金融机构的流动性压力迅速加大，风险管理形势日趋严峻。在此背景下，站在防控金融机构整体流动性风险的角度，我们需要进一步研究流动性风险如何在金融机构间（主要是非银金融机构间）进行传导，如何会形成系统流动性风险。

（一）流动性风险传导的载体

无论交易流动性风险还是融资流动性风险，单一金融机构发生流动性危机后，流动性风险在金融机构间进行传导的载体，是金融机构间开展的有关投、融资业务活动。这些业务活动，或是不同金融机构在金融市场上进行对手方交易；或是不同金融机构基于业务特性和专长，有的提供或募集资金，有的负责投融资管理，相互合作开展有关投、融资业务。我们把这些业务活动分为对手方交易和机构间合作两大类。

1. 对手方交易

即不同金融机构直接作为交易对手方，进行证券、基金及金融衍生品交易活动。按照交易场所和对象不同，又可分为场内交易和场外交易。场内交易的金融产品包括上市交易的股票、基金、公司债券，以及金融期货、期权等衍生品。场外交易的金融产品主要是协议交易的各类场外期权合约、互换合约等衍生品。在证券交易所及新三板，主要是证券公司、基金公司及其资管子公司、管理的资管计划等相互进行对手方交易。在银行间、证券机构间等场外市场，主要是商业银行、信托公司、证券公司、基金公司及其资管子公司、管理的资管计划等相互进行对手方交易。

2. 机构间合作

（1）委托投资。通常是商业银行将其管理的资金以自身的名义委托证券公司、基金公司进行证券投资。由于委托方为银行资金，出于安全性的考虑，投资对象主要是各类债券以及货币市场工具。具体委托方式上，有商业银行向基金公司定制货币基金、债券型基金，也有商业银行出资认购信托公司发行的信托计划，同时委托证券公司担任实际负责投资的投资顾问机构。

（2）证券代持。通常是两家金融机构约定，由受托方机构代委托方机构进行特定股票或债券的投资并持有相应期限，由委托方承担全部投资损益，并向受托代持方支付相应投资资金的融资及管理费用。代持交易模式在金融机构间的债券交易中普遍存在。委托方利用代持交易，实现加大投资杠杆、突破表内投资规模限制等目的。

（3）结构化资管。通常由证券公司、基金公司及其资管子公司作为管理人发行结构化的资管计划，由商业银行提供资金认购资管计划的优先级份额，由劣后方投资者认购资管计划的劣后级份额。结构化资管的投资范围可以是证券交易所二级市场投资，也可以是场外的股权、债权、实业项目等非标资产。劣后方投资者利用结构化资管，实现向优先资金融资加大投资杠杆的目的。

（4）质押式融资。包括股票质押融资和股票、债券质押式回购交易。股票质押融资是由商业银行为质押人提供上市公司股票质押贷款。股票质押式回购，是由证券公司为质押人办理上市公司股票质押融资，同时约定在质押到期后质押人进行回购了结交易。证券公司为质押人提供的资金可以是自有资金或是通过融资活动借入的资金，也可以是通过资管计划等募集的客户资金。债券质押式回购，通常是指不同金融机构在银行间市场或证券交易所进行债券质押式回购交易。股票质押融资或是质押式回购交易的期限一般比较长，金融机构从事这项业务以融资方的角色为主。债券质押式回购交易的期限通常较短，且有 1 天、7 天、14 天等多个符合交易传统的期限。质押式回购交易能够盘活存量资产，活跃金融机构间的交易。金融机构开展质押式回购交易的目的是加大投资杠杆，获取更高收益。

（5）协议回购。是指在证券交易所固定收益综合平台开展的特定回购交易业务。主要由证券公司、基金公司及其资管子公司以自有资金、管理的资管计划等，通过机构间非集中的自主协议约定，进行非公开债券的协议回购交易。这类回购交易同样可以促进非公开债券的交易活跃度。金融机构从事这类交易的目的是加大投资杠杆，获取更高收益。

（二）流动性风险传导的路径

在对手方交易中，流动性风险的传导路径是：交易集中度高的核心交易机构发生交易流动性或融资流动性风险→抛售交易资产引发资产价格下跌/去融资杠杆引发机构间流动性收缩→对手方机构发生交易流动性风险或融资流动性风险→更多交易机构被动抛售交易资产或去融资杠杆→可能引发机构间系统流动性风险。

在委托投资、证券代持中，流动性风险的传导路径是：商业银行因中央银行宏观审慎考核、理财资金规范等监管要求大幅撤回委外投资资金→证券公司、基金公司等投资管理机构因“刚性兑付”或流动性管理而集中卖出债券等交易资产→债券价格大幅下跌/交易杠杆迅速下降→更多交易机构被动抛售交易资产或去交易杠杆→可能引发机构间系统流动性风险。

在结构化资管中，流动性风险的传导路径是：结构化资管计划在证券市场投资或其他非标投资中发生较大损失→商业银行优先级资金要求“刚性兑付”→劣后投资者面临追加资金担保或交易资产平仓压力→证券公司、基金公司等投资管理机构集中风控并卖出交易资产→资产价格大幅下跌/交易杠杆迅速下降→更多交易机构被动抛售交易资产或去交易杠杆→可能引发机构间系统流动性风险。

在质押融资、回购交易中，流动性风险的传导路径是：交易集中度高的核心交易机构在质押融资、回购交易中发生较严重的交易违约风险→对手方机构不愿再与其进行回购交易→该交易机构流动性管理压力加大→抛售交易资产引发资产价格下跌/去融资杠杆引发机构间流动性收缩→更多机构被动抛售交易资产或去融资杠杆→引发更多机构回购交易违约→可能引发机构间系统流动性风险。

（三）流动性风险传导的速度及影响

除了传导载体和路径之外，流动性风险在金融机构间传导的速度及其放大效应直接关系到是否最终形成系统流动性风险。流动性风险的传导速度与以下因素有关：一是金融机构在机构间业务合作中的核心程度，二是金融机构在流动性链条中的重要地位，三是同类金融机构从事相关业务活动或交易有关资产的集中度，四是金融机构快速应对和处置风险的能力。换而言之，核心金融机构或主要交易商机构，由于其交易业务集中度高、风险敞口大，一旦发生流动性危机且没有及时妥善应对，很容易引起相关机构间流动性风险的扩散，从而进一步放大流动性风险。

此外，当金融市场整体处于流动性紧张时，同类金融机构的预期效应和交易行为的“羊群效应”，也是瞬间放大流动性风险的重要因素。在金融降杠杆背景下，处于金融产业链上游的银行金融机构倾向于降低风险偏好、降低交易杠杆、抛售交易资产，进一步加剧全市场交易流动性紧缺。证券公司、信托公司、基金公司等非银机构受预期效应和“羊群效应”的影响，其类似的交易行为和流动性管控措施会进一步放大风险效应，加重系统流动性风险预期，甚至最终形成崩溃与恐慌的普遍性预期。对于这一点，美国次贷危机就有深刻的教训：次级贷款大量违约只是导火索，市场的信任危机则引发了机构的资产流动性缺失。甚至可以说，贝尔斯登之所以在极短时间内迅速崩盘，并不是因为它真的需要崩盘，而仅仅是因为人们怀疑它可能要崩盘。

三、金融机构间流动性风险事件剖析

（一）货币基金流动性风险事件

2016 年 12 月 14 日，某基金公司旗下货币基金传出面临数百亿元巨额赎回而出现“爆仓”① 的消息后，债券市场再续跌势，流动性危机凸显。当日，国内某大型公募旗下货币基金“爆仓”，该公司即刻提供 6 亿元现金弥补亏损。随后，公募行业旗下拥有大型货币基金的公司“人人自危”，比如华夏、易方达、博时、天弘、南方、兴业全球等 12 家基金公司均向相关媒体进行了辟谣，称未出现数百亿元规模的巨额货币基金赎回。2016 年 11 月 29 日至 12 月 20 日，16 个工作日 10 年国债收益率快速上行 52 个基点。12 月 21 日开始，央行持续通过公开市场操作投放流动性，资金面紧张有所缓解，收益率明显下行。

总的来看，该货币基金流动性风险的传导路径为：商业银行因央行宏观审慎考核、理财资金规范等监管要求大幅撤回委外投资资金→多数基金公司通过

---

① 所谓货币基金出现“爆仓”，一是指货币基金收益为负，二是指货币基金无法应对赎回。

集中卖出存单、债券等流动性较好资产获取流动性→存单收益率上升/债券价格大幅下跌/交易杠杆迅速下降→货币基金净值下跌→银行继续赎回货币基金，购买存单→基金公司持续集中抛售资产获取流动性→引发基金公司间系统流动性风险。

具体来看，2016 年 11 月以来货币基金出现巨额赎回。近年来，商业银行向基金公司定制基金的业务得到快速发展，商业银行将大量资金储备在定制债券基金和货币基金中。在临近 2016 年末且国内流动性极为紧张的情况下，商业银行多数选择赎回货币基金，保护自身流动性。而且 2016 年底在银行业监管要求去空转、降杠杆和对银行实行 MPA 考核的大背景下，商业银行迫切需要提高自身备付要求而开始大量赎回货币基金。货币基金通过获取融资流动性来满足投资者的赎回需求，开始出售大额存单、债券等流动性较好的资产，短期巨额的抛售导致存单利率上行，而当存单利率上行超越货币基金收益后，资金的天性决定涌入收益率更高的投资渠道，银行已经不再拘泥于只为备付而赎回货币基金，而是采用套利策略，赎回货币基金、购买存单，即“存单利率高—银行赎回货币基金去买存单—货币基金抛售存单—导致存单利率更高—银行继续加大赎回”。如此一来，短期利率高企，主要体现在几个月的品种上而不是在几天的回购市场中，资金利率恶性循环高涨，进而引发了长期债券也出现了调整。在这一方面，由于货币基金的收益率基本上是盯住短期的市场基准利率而变动的，因此货币基金收益率的变化对资金面非常敏感，加之货币基金的投资标的中，到期时间为一年期以内的短期债券以及其他短融券比例很高，因此对短期债券市场的收益率冲击很大，并通过短期债市的收益率传导到长期债券市场，引起流动性较差的长期债市的进一步波动，进而对债券一级市场发行以及二级市场交易均造成影响，尤其是债券二级市场，由于就绝大部分机构都采用增强型（即加杠杆）的投资方式，当债券价格暴跌时，风险敞口很大。此外，货币基金采用摊余成本法①的估值方式一定程度上推升踩踏与连锁反应。2016 年第四季度，货币基金遭遇 1 576. 73 亿份净赎回，资金大幅流出，申购比为 -3. 36%。

（二）“股灾”中千股跌停与流动性危机

从 2014 年 6 月 13 日至 2015 年 6 月 12 日，上证指数上涨了 155. 67%。2015 年 6 月 15 日至 7 月 9 日，股票市场出现异常波动，上证指数在 18 个交易日内暴跌 1 803 点，最大跌幅近 35%；8 月 18 日至 8 月 26 日，大盘再度暴跌，上证指数在 7 个交易日内暴跌 1 155 点，最大跌幅约 29%。而且，从 6 月 15 日至 8 月 26 日，共计 52 个交易日，其中有 21 个交易日指数大幅下跌或暴跌，有 17 次千

① 这一估值方法是指基金价值以资产组合买入成本列示，按票面利率或商定利率每日计提利息，并考虑其买入时的溢价与折价在其剩余期限内平均摊销。

股跌停，其中更有数次逾 2 000 只个股跌停，出现严重的系统流动性风险。

总的来看，该流动性危机的传导路径为：股市杠杆率过高，集聚大量风险→监管部门行政化去杠杆→各金融机构、投资者抛售交易资产引发资产价格下跌/去融资杠杆引发机构间流动性收缩→对手方机构发生交易流动性风险或融资流动性风险→市场悲观情绪蔓延→更多交易机构被动抛售交易资产或去融资杠杆→引发系统流动性风险。

具体来看，背离宏观经济基本面和上市公司基本面的环境下，我国股票市场出现大幅上涨。客观来看，2014 年以来的股票市场成为继房地产之后国内唯一的一块高收益资产，财富效应明显，导致各路资金通过各种渠道转化为杠杆资金进入股市：一是通过结构化信托产品进入股市，其规模大约在 1.18 万亿~1.33 万亿元；二是通过基金子公司或证券公司资管产品进入股市，其规模大约为5 500亿~6 000 亿元；三是通过两融收益权转让、股票质押回购、收益凭证等业务间接入市，其规模约 1.3 万亿元。2015 年 6 月，杠杆资金规模巨大、风险集聚的背景下，监管层采取行政化手段强制去杠杆，导致杠杆资金出现硬着陆，引发市场出现悲观预期，形成了短期挤兑的恶性循环，出现系统流动性风险。当时，全市场不到 3 000 家上市公司，最严重的时候出现 2 000 多家公司跌停，近 1 000 家公司停牌，发生了重大的流动性危机。市场一旦未能及时有效得到流动性支持，投资者悲观预期不能及时得到缓解，将导致股票市场上的股票持续无法出售，基金公司没有赎回的资金来源，面临崩盘风险。而股票市场上许多对应股票的信托集合计划或者投资计划都涉及银行理财资金，如果继续下跌，资金继续斩仓，信托公司将无法归还银行的理财资金、面临崩盘。股票市场处于没有流动性状态，投资者开始从债券市场进行抛售，利率体系面临被冲垮风险。若任由流动性危机蔓延下去，整个金融体系都将受到冲击。得益于中央银行、中国证监会和有关部委密切配合，陆续出台了系列举措，包括引导资金入市、限制减持、降低交易成本等措施，保障了最终救市行动取得成功。

（三）国海证券“萝卜章”事件

2016 年 12 月 13 日，国海证券发生债券风险事件，公司原员工张杨等人，以国海证券名义在外开展债券代持交易，未了结合约金额约 200 亿元，涉及金融机构 20 余家，在监管层及时处置、国海证券认可 165 亿元的债券交易协议之后，一场足以引发对非银金融机构信任危机、进而严重威胁债券交易流动性的事件得以成功化解。

总的来看，国海证券“萝卜章”事件造成的流动性风险传导路径为：债券市场暴跌，部分金融机构代持交易出现亏损→国海证券曝“萝卜章”事件→“代持交易”是否有效产生纠纷，悲观预期开始蔓延→银行与非银机构层面出现信任危机→非银机构难以通过银行的融资和交易获取流动性→非银机构不计成本抛售债券→债券价格大幅下跌/交易杠杆迅速下降→非银机构间可能出现系统流动性风险。

具体来看，国海证券“萝卜章”事件系国海证券前员工张杨、郭亮等人伪造公章，以此和其他机构进行了“债券代持”交易（通过代持交易，债券持有方通过支付代持方代持期间的资金使用费，保留了债券实质所有权相关的风险和报酬，代持方获得了代持期间让渡资金使用权费用。代持重要作用是放大投资杠杆，一次代持获得资金后，再购买新的债券，再委托代持，如此循环）。但随后，由于“萝卜章”事发，加之当期债券市场暴跌，针对此前“代持交易”是否有效产生纠纷，就此在国海证券和其他代持机构间酝酿。客观来看，这批代持债券的亏损仅10亿元左右，对于债券市场来说微乎其微，但“代持交易”是否有效引起的连锁反应及市场影响是巨大的。国海证券“萝卜章”事件发生后，市场上已经在行业层面出现银行机构对非银金融机构的不信任，比如银行机构暂停为非银金融机构报价，担心其他非银金融机构效仿国海证券，在其场外达成交易后不履约；为债券做市商们（银行机构为主）一时间暂停正常的交易过券，不再为交易流动性提供便利。在市场利率单边急速上行的极端市场环境，叠加交易对手信任危机，做市商全面提高交易对手风控，又再次强化了危机的演化，市场一时间交易陷入急冻状态。在报价缺失和正常的交易过券等功能弱化的背景下，个体非银金融机构在债券市场的交易功能严重削弱，面临的交易流动性风险与融资流动性风险进一步扩大。可以说，如果机构间不信任的苗头进一步发展，银行机构与非银金融机构间的信用危机全面爆发，整个债券代持交易链条上的机构就会如“树倒猢狲散”般，争先恐后从可能的危机中脱身，产生挤兑效应，出现整个债券市场在短期内高强度的去杠杆事件，多数非银金融机构都将出现交易流动性风险和融资流动性风险，进而引发债券市场的系统流动性风险，并通过金融机构间的投融资业务活动向跨行业、跨市场传导流动性风险。得益于央行、证监会和地方政府的及时介入，成功处置并抑制了危机扩散，2017年1月19日，国海证券公告称国海已与全部涉事机构完成协商①。事实证明，国海事件的预期确定后，历经连日暴跌，当日中国债市回稳，5年期、10年期国债期货分别收升1.09%、1.57%，5年期国债更一度涨停。

（四）券商资管协议回购业务流动性失控

2016年12月19日，某券商资管公司出现融资资金缺口3.69亿元，未能按

① 国海承担全部35.90亿元信用债；利率债中，国海买断87.30亿元，其余面值44.60亿元部分由涉事机构继续持有，其投资收益与资金成本差额由双方共担；个别涉事机构2016年12月20前处置的债券，形成实际损失按比例分担，国海分担损失共计约0.56亿元。国海已与24家机构签订了相关协议，1家机构自行承担。

时完成到期回购交易，20 日出现融资资金缺口 21.4 亿元。20 日晚，在监管部门现场督导下，其证券母公司通过向商业银行紧急筹集资金提供流动性支持，最终保障了 21 日上午所有回购交易得以顺利完成。

总的来看，该流动性失控的传导路径是：某一机构在回购交易中出现交易违约风险→对手方机构不愿再与其进行回购交易→该交易机构流动性管理压力加大，通过母公司融资弥补前日资金缺口→因悲观预期，其更多对手方机构不愿再与其进行回购交易→该交易机构流动性缺口进一步扩大。一旦处理不及时，可能引发更多机构回购交易违约，进一步引发机构间系统流动性风险。

具体来看，该证券资管子公司在 19 日出现所管理的 18 只资管计划在上海证券交易所固定收益证券综合电子平台进行协议回购交易中，出现偿还回购融资资金缺口 3.69 亿元，涉及交易对手方 12 家非银金融机构；直到 12 月 20 日下午，该证券资管子公司在母公司支持下，才将上述回购融资资金偿付给交易对手方，但在完成当日交易过程中，又出现了更多交易对手不愿再与其进行回购交易，最终导致其管理的 37 只资管计划因回购交易链条断裂而出现流动性风险，在当日固收平台收盘时合计出现 21.4 亿元回购融资资金缺口，再次无法按期履约且涉及交易对手机构增加到 19 家。客观来看，由于该证券资管子公司自身风控意识薄弱、应对措施不当等因素，导致其出现流动性需求后，未能在约定交易时间内通过交易和融资获得流动性支持，从而出现流动性风险。而且该证券资管子公司出现流动性风险的客观事实通过各种渠道传播至交易对手方，导致 12 月 20 日更多的交易对手方不愿与其开展回购交易，其面临的交易流动性风险进一步增大。实践中，交易所固收平台回购交易参与主体为非银金融机构，非银金融机构的抗流动性风险能力相对较弱，而且交易所协议回购市场的深度和广度相对不足，各非银金融机构间融资链高度关联且交织成网状，一旦其中一个节点（某一非银金融机构）遭遇无法化解的流动性风险，流动性风险马上通过网状的交易关系迅速传播，如果不及时处置，很容易演变成交易所固收平台整体回购交易的流动性风险。得益于监管部门及时介入，其母公司在 20 日下午提供 3.69 亿元、20 日晚上提供 21.4 亿元流动性支持，帮助其在 21 日上午完成全部逾期交易，其流动性风险基本得以化解。

此外，2017 年 9 月证监会发布《公开募集开放式证券投资基金流动性风险管理规定》（证监会公告〔2017〕第 12 号），并于 10 月 1 日起施行。该管理规定对货币市场基金的投资范围、估值方法、持有人集中度等作出了严格的特别规定，使得货币基金彻底退出了交易所非公募债的回购交易。因为商业银行本身不参与协议回购交易，而是通过认购基金公司发行的货币基金，进而为交易所固收平台协议回购交易提供流动性。可见，货币基金是协议回购交易的重要流动性提供者。当货币基金受到流动性风险管理新规而退出固收平台协议回购交易后，立即对交易所固收平台整体流动性带来重大影响。从统计数据来看，10 月以来交易所固收平台非公开债协议回购余额环比下降近 30%，流动性大幅趋紧。

四、金融机构间系统流动性风险的防控

当前及今后一个时期，要进一步落实“把防控金融风险放到更加重要的位置”的要求，切实防范、及时稳妥处置金融机构间系统流动性风险，需要监管部门、自律组织、金融行业共同构建强有力的流动性风险防控体系。

（一）中央银行应当加强对金融体系整体流动性的宏观审慎管理

1. 加强对金融机构间合作开展资管业务的统一管控

如前文所述，资管业务使得各类金融机构、市场之间的耦合性加强，成为流动性风险传染的重要影响因素。而且由于资管业务规模巨大，同质化严重，抗流动性风险能力较差，由个体流动性风险转变为系统流动性风险的概率极大。客观来看，资管业务产业链涉及多类金融机构，分别由多个监管部门监管，容易造成监管空白和监管套利，因此建议按照即将出台的《关于规范金融机构资产管理业务的指导意见》有关规定，由央行从严把关资管业务总体流动性风险，各相关监管部门加强各自行业的流动性风险管控。

2. 做好流动性在跨金融市场、跨金融行业间转移的监测监控，促进对系统流动性风险的识别和预警

实践中，强化央行对经济金融形势的研判，将经济金融基本面数据、各类资产价格数据等纳入监测，并通过研究设立针对跨市场、跨行业的流动性监测指标，密切跟踪监测系统流动性。同时，对于敏感的会计工作日、报表日、清算日以及政策变更等敏感时点，容易发生资产需求量大、利率上升等引发流动性风险的触发因素，需要重点予以关注、监测，并制定专门的管控措施。只有在上述工作的基础上，才能在出现流动性风险后，快速找到风险源头，掌握风险传染的途径，进而采取有效应对举措。

3. 相机抉择管控好金融体系流动性源头，及时稳定金融体系对整体流动性的预期

央行作为流动性源头，正常情况下，需要根据经济的内生需求将系统流动性限定在一定程度，使其既能维持经济运行，也不会对资产价格产生较大的冲击。当出现流动性危机时，由于市场信心与预期的改变就会引发调整行为，进而加剧风险传染，需要相机抉择，是否通过舆论引导、正面发声和投放流动性等方式及时稳定金融体系对整体流动性的预期。

4. 牵头建立跨金融市场、跨金融监管部门的流动性风险应急处置方案

系统流动性风险发生后，流动性链条的跨市场、跨行业和跨部门特征明显，

必须依靠在金融稳定委员会的领导下，由央行牵头建立流动性风险应急处置方案，明确各部门的分工和职责，不留监管空白，共同形成处置合力，快速、及时、有效应对流动性风险。

（二）金融监管部门应当加强对管辖范围内市场和机构间系统流动性风险防控

1. 做好相关金融交易流动性风险监控与管理

一方面，银行间市场、证券交易所、证券机构间市场等市场作为我国重要的金融市场组成部分，相互间形成了流动性通畅流动的良性循环。另一方面，一旦出现流动性危机，也将成为互相传染的链条。因此，金融监管部门需要加强对市场和机构间流动性风险的监测，以便及时掌握各市场和机构间整体流动性、杠杆率的异常变化，并及时启动相应措施予以管控。

2. 加强对相关金融机构从事特定业务活动的监管

各金融监管机构应加强对于系统流动性风险管理的顶层设计，以宏观的视野来看待金融业务活动，在业务核准及日常监管中，重点关注金融机构的整体资产负债情况，加强对流动性风险的分析研判，而不仅仅关注于单一指标是否达标。对于金融机构的集中对手方交易、委托投资、证券代持、回购融资等业务，尤其是具有跨市场、交叉性、结构化、杠杆高、嵌套多、链条长等特征的业务，监管部门更要重点关注业务活动的关键环节和关键指标，及时完善复杂产品的交易管理制度，便于监管部门和金融机构可以清晰地掌握流动性风险敞口情况，更好地应对流动性风险。

3. 牵头制订相关金融市场、金融机构流动性风险管理规范和应急处置方案

需要监管部门从防范流动性风险的角度出发，联合金融机构、交易市场和行业协会，结合金融市场发展实践，持续推动完善流动性风险管理规范。比如银监会发布的《商业银行流动性风险管理办法（修订征求意见稿）》，新增了三个流动性考核指标，从而保证优质流动性资产的充足率，建议其他金融监管部门针对各自行业特性，研究适合各自行业、机构的流动性考核指标，提高流动性风险管理能力。同时，监管部门内部需要构建流动性风险应急处置方案，综合研判，对于从个体流动性风险容易引发系统流动性风险的苗头事件，果断及时出手，遏制可能出现的恶性蔓延和扩散。

（三）交易场所、行业协会应当加强对市场和机构防控流动性风险的自律监管

1. 银行间市场、证券交易所等交易场所应当持续监测、有效管控好市场和机构的交易杠杆率，做好流动性风险压力测试

交易场所、行业协会具备贴近市场、贴近行业机构和了解交易情况的先天优势，可以对资产价格、资金价格、资金流动等影响流动性的因素进行多层次

的监测，一旦出现异常即刻启动预警机制。同时，交易场所、行业协会可以通过设立一些专门的指标，开展市场层面的流动性监测与研究，在此基础上，做好流动性风险压力测试。

2. 各金融机构的行业协会应当加强对机构合规展业、诚信交易、防控风险的自律管理

一个行业或一个市场的稳健发展仅仅依靠行政监管是不够的，需要自律组织在监管机构和行业市场之间发挥桥梁和纽带作用，对其会员进行自律监管。一方面，需要各类自律组织督促会员机构合规展业、诚信交易，切实降低由于操作风险、法律风险等引发的流动性风险。另一方面，需要各类自律组织时常督促提醒会员机构重视流动性风险，降低流动性风险发生的概率。更为重要的是，交易场所、行业协会可以组织会员机构，互通有无，尽可能消除因信息不对称在行业或市场间造成的流动性风险传导。

3. 各自建立流动性风险应急处置的具体方案

金融机构流动性风险往往从微观个体向上传导，形成某一行业或市场的流动性风险，因此，交易场所、行业协会应当从市场层面或行业层面出发，形成完整的流动性风险应急处置方案，明确组织领导和责任分工，联合对应监管部门开展应急处置工作。

（四）金融机构应当落实流动性风险防控的主体责任

1. 加强金融机构流动性风险管理机制建设

一方面，充分认识流动性风险的危害，从公司治理结构、薪酬构成等方面鼓励管理层稳健经营，引导金融机构自上而下建立稳健经营的流动性风险文化。另一方面，完善流动性风险管理的制度，严格落实全面风险管理要求，把流动性风险防控作为重点，落实到所有业务条线和子公司，不留盲区和死角。同时，完善流动性风险管理的内部流程，结合新的经济金融形势，定时更新完善流动性风险管理机制建设。

2. 建立流动性风险持续监测、压力测试和预警机制

加强对资产负债表各因素以及内部结构的分析，不断进行趋势分析与压力测试。对流动性与资产价格保持高度敏感性，设置种种情形对公司抗流动性风险能力进行分析，并采取积极的管理措施。同时，结合公司实际情况建立流动性预警机制，一旦出现流动性预警，除自身采取自救措施外，还需要及时报告监管部门。此外，保持对宏观经济的敏感性，研判经济形势，根据经济周期的阶段积极调整流动性管理策略。

3. 制订流动性风险应急处置的具体方案

金融机构结合自身业务展业情况、资本实力、交易地位等因素，全面梳理面临的流动性风险隐患，制定完善的流动性风险应急处置预案，包括但不限于

流动性风险应急处置领导小组成员及责任分工、流动性风险出现后1个小时内需要开展的工作、提供流动性支持的内部融资与外部融资方案、流动性风险对现有交易或合作业务的影响等。

个人征信信息主体权益保护问题研究

中国人民银行杭州中心支行课题组*

一、研究背景

（一）党中央将个人信息主体权益保护工作提升至新高度

党的十八大以来，党中央、国务院高度重视个人信息主体权益保护工作，连续出台多部法律法规保障公民个人信息安全。全国人大常委会于2012年通过了《关于加强网络信息保护的决定》，2013年修订了《消费者权益保护法》，2015年通过了《刑法修正案（九）》，2016年发布了《网络安全法》，2017年通过了《民法总则》，都对个人信息侵权行为制定了严格的法律责任条款。十九大更是对个人信息主体权益保护提出了新时代的更高要求。习近平总书记强调："要提升人民的幸福感和安全感"。征信信息与金融交易挂钩，具有重大的商业价值，直接关系人民对美好生活的追求。大量的个人征信信息泄露事件有可能会引发人民对自身生命和财产安全的担忧，甚至有可能引发社会性群体事件。

2017年第五次全国金融工作会议上，习近平总书记明确要求："防止发生系统性金融风险是金融工作的根本性任务，也是金融工作的永恒主题。要把主动防范化解系统性金融风险放在更加重要的位置"。海量的征信信息暴露在信息犯罪分子的攻击之下，必然发生大面积恶性信息泄露事件并衍生出后续的金融犯罪链条，这本身就会对国家金融安全造成巨大冲击，构成系统性风险的一部分。全国金融工作会议上特别强调要"强化个人隐私、涉密信息数据保护"。

当前，对个人信息安全和权益保护的高标准、强监管、严要求正在全国上下形成共识，因此，加强征信信息安全管理，维护个人信息主体权益，已成为新时代征信工作的一项迫切任务。

（二）个人信息主体侵权事件高发在全世界引发高度关注

当前征信机构的信息安全形势严峻，已经形成了全球性的问题。比如，征信监管体制较为先进的美国，最近也发生了征信信息泄露的重大事件。2017年

---

* 课题主持人：徐子福
课题组成员：费宪进　郭舒萍　朱秋琪　易振华　游碧芙

9 月，美国个人征信机构艾克飞遭遇网络黑客攻击，约 1.46 亿美国人的身份信息、20.9 万消费者的信用卡信息、18.20 万含消费者身份标识的纠纷文件等信息遭到泄露，造成的影响和损失不可估量。同样发生在美国，2017 年 10 月，雅虎母公司威瑞森发布声明，所有 30 亿雅虎用户的个人信息被泄露。2016 年 5 月，一名俄罗斯黑客盗取了包括 3 300 万个微软邮箱、2 400 万个谷歌邮箱的 2.7 亿条电子邮箱信息。韩国、俄罗斯等邻近国家，同样也是信息化犯罪的受害者。2014 年 1 月，韩国三家信用卡公司 1 亿多条信息被泄露。2016 年 9 月，俄罗斯著名门户网站 Rambler.ru 的 9 810 万条账号信息发生泄露。

国内个人信息保护的形势也同样不容乐观。比如，以“山东徐玉玉”案件为代表，个人信息泄露、倒卖和违规使用乱象丛生，不仅严重侵害个人信息主体合法权益，而且多起案件危及了信息主体的生命和财产安全。从金融信用信息基础数据库（以下简称“征信系统”）运营、使用情况来看，商业银行等接入机构在利润最大化的导向下，对征信合规工作的重视程度普遍不够，工作人员的风险意识、合规意识和责任意识较差。公安机关在破获侵犯公民个人信息案件过程中，发现相当一部分案件涉及内部人员作案。如 2015 年，某金融机构个别人员参与倒卖个人征信信息，被公安机关依法刑事拘留。

在数据化、网络化犯罪手段的冲击下，个人信息保护成为世界各国共同面对的棘手问题，因此，寻求新的、更加科学的保护思路与模式成为各国共同面临的难题。

（三）征信快速发展对个人信息主体权益保护提出新要求

数据的收集、整理和应用是征信行业的基石，缺少自由流动的数据，征信在防范信用风险、降低交易成本、改善金融生态等方面的积极作用可能无法充分地显现。但是，随着大数据、云计算等数字技术的迅猛发展，个人信息正在被大规模电子化、数字化和产业化应用，个人信息采集的广度和深度不断拓展，信息流动日益突破地域和行业限制。在互联网、大数据背景下，无处不在的信息数据收集、传输给个人信息主体的信息安全、权益保护带来了巨大的挑战。比如，个人信息主体对采集了自身哪些信息、这些信息储存在哪里、如何进行后续加工和提供给哪些主体使用等并不知情；又如，有些数据从表面上看起来比较零乱、分散，但是经由大数据处理后就可以追溯到特定的个人信息主体。此外，不排除一些市场机构出于逐利的目的，存在违法买卖数据、危害信息主体权益的动机。商业化应用所需的数据自由流动和信息主体权益保护两者之间，本身就是辩证统一的关系。如何平衡征信业务创新发展与信息主体权益保护之间的关系，已经成为当前亟须解决的重要课题，也对个人信息主体权益保护提出了更高的要求。

二、我国个人征信信息主体权益保护的现状

（一）个人征信信息主体权益内涵

一般情况下，个人信息主体对其个人信息拥有支配的权利，具体包括个人信息控制权、个人信息使用权、个人信息收益权和个人信息救济权。控制权具体包括公开、知悉、更正、删除、封锁等权利。公开权是指信息主体对个人信息决定是否公开、如何公开、何时公开的权利。知悉权是指信息主体了解信息利用者的有关信息及利用目的等内容的权利。更正权是信息主体发现其个人信息有错误、遗漏或过时而请求信息利用者更正、补充的权利。删除权是指信息主体决定或请求信息利用者对其个人信息清除而不得使用的权利。封锁权是指信息主体请求信息利用者停止使用其个人信息的权利。使用权具体体现为查询权、证明权、展示权等。查询权是指信息主体向信息利用者查阅、询问、复制有关本人信息的权利。证明权是指信息主体出于特定目的，信息利用者为其出具特定证明的权利。展示权是指信息主体将其个人信息亲自或请求信息利用者向第三方出示，以达到验证目的的权利。收益权是指信息主体通过许可他人使用、转让其个人信息而收取一定报酬的权利。救济权是指信息主体在上述权利受到侵害时，可通过行政复议、行政诉讼或民事诉讼等方式予以解决。

在征信领域，信息共享需要信息主体对自身权益作出一定让渡，因此，各个国家会通过法律的形式赋予信息主体一定的权利，知情权、同意权、救济权、信息安全权、重建记录权等五项权利就构成了对个人征信信息主体全方位的保护。

知情权是指信息主体有权在征信业务中知悉自身信息被采集和使用的情况，包括内容、用途、使用者及使用目的等，一般包括被告知权和查询权。被告知权是指个人信息主体有权被告知关于其自身数据采集、处理和使用的情况；查询权是指个人信息主体有权以较低成本获知自身信用报告。

同意权是指个人信息主体有权决定自身信息采集、存储、加工、传播、使用的范围和途径。信息主体的同意权包括信息采集同意权和信息使用同意权，表现为：信息提供者、征信机构在收集、存储；征信机构在加工、对外提供；信息使用者在使用、对外提供信用信息时，应事先取得信息主体的授权或同意。

救济权包括异议权、投诉权和诉讼权。异议权指个人信息主体认为征信机构采集、保存、提供的信息存在错误、遗漏，对自己的信用记录中反映的信息持否定或者不同意见，有权要求征信机构对存疑信息进行调查及更正；投诉权是指个人信息主体认为征信机构、信息提供者、信息使用者侵害其合法权益，从而向征信业监督管理部门进行申诉，要求对方停止侵害，维护其合法权益的行为，是法律赋予信息主体的一项行政救济手段；诉讼权是指个人信息主体认

为征信机构、信息提供者、信息使用者在征信过程中侵害其权益时，或认为征信业监督管理部门行政执法不当的，可向司法机关提起诉讼，诉讼权包括两个方面的内容：一是惩戒违反法律义务的主体，二是纠正侵害行为并对受损的权利主体给予补偿。

信息安全权是指个人信息主体有权要求其信息不受他人非法知悉、利用和公开，具体包括三个方面的内容：一是个人信息主体可以自主决定其信息的被收集程度；二是个人信息主体有权自主决定允许或不允许第三人知悉和利用其信息；三是当个人信息被不当泄露或被侵害时，个人信息主体有权寻求司法救济。征信信息安全权的核心，是个人信息主体对其信息享有的不受非法侵害的权利。

重建记录权一般针对不良信息而言，是指个人信息主体有权要求删除超过保存期限的个人不良信息。征信在减少交易主体之间信息不对称的同时，也重在构建“守信激励、失信惩戒”的信用机制，因此需要为负面信息设定保存期限，给予信息主体重建信用记录、修复自身信用的机会，避免长时间存在的负面信息成为一直影响个人信用交易的“污点”。

（二）法律制度关于个人征信信息主体权益保护的规定

1. 个人信息主体权益保护立法概述

随着信息化社会的深入发展，涉及公民、法人和其他组织的信息安全事件频发，党中央、国务院和国家立法、司法部门等高度重视信息主体权益保护，特别是公民个人信息安全保护工作。全国人大常委会于 2012 年 12 月 28 日通过了《关于加强网络信息保护的决定》，将“个人信息保护”从各部门法或部门规章中的零散规定首次提升到单独的行政法规层面，是我国公民个人信息保护法律体系的重大突破。从 2013 年修订的《消费者权益保护法》到 2016 年发布的《网络安全法》，对经营者、网络运营者收集、使用个人信息做出类似规定，主要体现在：一是收集、使用公民个人信息，应遵循合法、正当、必要的原则；二是收集、使用公民个人信息，须取得信息主体同意；三是要明示收集、使用的目的、方式和范围，并公开收集、使用的规则；四是不得收集与自身提供服务无关的公民个人信息；五是收集、使用者要按照规定或约定处理公民个人信息，并确保公民个人信息安全；六是信息主体可以就自身信息的收集、使用情况提出异议。从 2015 年通过的《刑法修正案（九）》到 2017 年最高人民法院、最高人民检察院公布的《关于办理侵犯公民个人信息刑事案件适用法律若干问题的解释》，将“出售、非法提供公民个人信息罪和非法获取公民个人信息罪”两项罪名整合为“侵犯公民个人信息罪”，扩大了犯罪主体范围、加重了违法行为定刑，并明确了公民信息侵权行为“情节严重”的标准和适用罚则，以及单位和相关责任人将承担的刑事责任。2017 年，全国人大通过的《民法总则》中规定了“自然人的个人信息受法律保护”，并明确了“任何组织和个人需要获取他人个人信息的，应当依法取得并确保信息安全，不得非法收集、使用、加工、传输他人个人信息，不得非法买卖、提供或者公开他人个人信息”，这是我国关于个人信息保护的最高法则。

其他法律法规对于个人信息主体权益保护的规定相对分散，例如《宪法》规定“公民的通讯自由和通讯秘密受法律保护”；《侵权责任法》规定“侵害民事权益，应当依照本法承担侵权责任。本法所称民事权益，包括生命权、健康权、姓名权、名誉权、荣誉权、肖像权、隐私权、婚姻自主权、监护权、所有权、用益物权、担保物权、著作权、专利权、商标专用权、发现权、股权、继承权等人身、财产权益”。《未成年人保护法》《预防未成年人犯罪法》中也略有涉及未成年人个人信息的保护问题。此外，《刑事诉讼法》《行政诉讼法》《律师法》《商业银行法》《证券法》《保险法》和《政府信息公开条例》等均或多或少提及个人信息主体权益保护，主要关注点在于履职或业务开展中对所收集或接触到的个人信息的保护。

2. 征信法律制度关于个人信息主体权益保护的规定

《征信业管理条例》是专门针对征信行业的立法，自 2013 年 3 月 15 日起实施。《征信业管理条例》始终注重加强个人信息主体权益保护，47 个条款中有将近一半直接涉及个人信息保护，确立了征信业务活动所遵循的制度规范，明确了个人信息主体享有的五项基本权利，规范了信息采集和使用，对征信机构、信息提供者和信息使用者的义务做出了规定，并明确了相关法律责任。在此基础上，中国人民银行作为国务院征信业监督管理部门，不断深化征信监管法律制度建设，相继发布了《征信机构信息安全规范》《金融信用信息基础数据库用户管理规范》等行业标准，以及《征信机构管理办法》《企业征信机构备案管理办法》等配套制度，细化了《征信业管理条例》对于个人信息主体权益保护的相关规定，为保障个人信用信息安全夯实了基础。

在信息采集方面，《征信业管理条例》第十四条规定“禁止征信机构采集个人的宗教信仰、基因、指纹、血型、疾病和病史信息以及法律、行政法规规定禁止采集的其他个人信息。征信机构不得采集个人的收入、存款、有价证券、商业保险、不动产的信息和纳税数额信息。但是，征信机构明确告知信息主体提供该信息可能产生的不利后果，并取得其书面同意的除外”，明确了禁止采集和限制采集的个人信息的范围。禁止采集的信息是与个人信用无关的隐私信息，对此类信息绝对禁止采集。限制采集的信息，如财产信息，如果采集，需要告知个人不良后果并取得书面同意。第十三条规定“采集个人信息应当经信息主体本人同意，未经本人同意不得采集”，第二十九条规定“从事信贷业务的机构向金融信用信息基础数据库或者其他主体提供信贷信息，应当事先取得信息主体的书面同意”，保障了个人对自身信息被采集的同意权。第十五条规定“信息提供者向征信机构提供个人不良信息，应当事先告知信息主体本人”，能够让信息主体及时了解自身不良信息，发现问题并及时纠正，减少不良信息给信息主体造成的不良影响。

在信息保存方面，《征信业管理条例》第十六条规定“征信机构对个人不良信息的保存期限，自不良行为或者事件终止之日起为5年；超过5年的，应当予以删除”，目的是让有不良信息的个人，通过修复自身信用行为，积极履约、还款，提高信用意识，从而获得重建信用的机会。

在信息提供方面，《征信业管理条例》第十八条规定“向征信机构查询个人信息的，应当取得信息主体本人的书面同意并约定用途。但是，法律规定可以不经同意查询的除外。征信机构不得违反前款规定提供个人信息”。第二十八条规定“金融信用信息基础数据库为信息主体和取得信息主体本人书面同意的信息使用者提供查询服务”，保障了个人对自身信息被查询的同意权。

在信息使用方面，《征信业管理条例》第二十条规定“信息使用者应当按照与个人信息主体约定的用途使用个人信息，不得用作约定以外的用途，不得未经个人信息主体同意向第三方提供”，规范了个人信息的用途，防止了信息外泄的风险。

在信息安全方面，《征信业管理条例》第二十三条规定“征信机构应当按照国务院征信业监督管理部门的规定，建立健全和严格执行保障信息安全的规章制度，并采取有效技术措施保障信息安全。经营个人征信业务的征信机构应当对其工作人员查询个人信息的权限和程序作出明确规定，对工作人员查询个人信息的情况进行登记，如实记载查询工作人员的姓名，查询的时间、内容及用途。工作人员不得违反规定的权限和程序查询信息，不得泄露工作中获取的信息”。《征信机构管理办法》第三十条规定“征信机构应当按照国家信息安全保护等级测评标准，对信用信息系统的安全情况进行测评。征信机构信用信息系统安全保护等级为二级的，应当每两年进行测评；信用信息系统安全保护等级为三级以及以上的，应当每年进行测评”。上述规定均要求征信机构在信用信息采集、保存、整理、加工和对外提供过程中建立健全内部管理制度，积极采取有效措施维护系统信息安全，完善内部风险控制和操作处理流程，防止工作人员违规查询，对外泄露信息。

在信息主体查询方面，《征信业管理条例》第十七条规定“信息主体可以向征信机构查询自身信息。个人信息主体有权每年两次免费获取本人的信用报告”，保障了个人对于征信机构掌握的自身信用信息享有的知情权，了解征信机构采集的信息是否有不良信息，所有信息是否准确、完整、及时，是否存在违规查询的情况等。

在信息主体救济方面，《征信业管理条例》第二十五条规定“信息主体认为征信机构采集、保存、提供的信息存在错误、遗漏的，有权向征信机构或者信息提供者提出异议，要求更正。征信机构或者信息提供者收到异议，应当按照国务院征信业监督管理部门的规定对相关信息作出存在异议的标注，自收到异议之日起20日内进行核查和处理，并将结果书面答复异议人。经核查，确认相关信息确有错误、遗漏的，信息提供者、征信机构应当予以更正；确认不存在错误、遗漏的，应当取消异议标注；经核查仍不能确认的，对核查情况和异议内容应当予以记载”，通过建立信息纠错机制保障信用信息准确，防止错误信息对信息主体带来的不良影响。同时，在操作上，还规定了“异议标注”“个人声明”这两个保护信息主体合法权益的有效手段。“异议标注”是要求征信机构和信息报送机构通过对异议信息及时进行标注，提示信息使用者被标注的信息存在异议，让信息使用者充分考虑信息存在错误或遗漏的可能，以便对信息主体进行更为全面的了解。“个人声明”为信息主体提供了一个对异议结果仍不满意的自我解释方式，从而为信息使用者提供更多的信息参考。第二十六条规定“信息主体认为征信机构或者信息提供者、信息使用者侵害其合法权益的，可以向所在地的国务院征信业监督管理部门派出机构投诉或直接向人民法院起诉”，规定了信息主体可以行使行政救济权和司法救济权，使得自身相关权利得到实现或者使自身受到的伤害、损失能得到补救，对各种侵权行为进行制止、警示。

（三）监管部门对个人征信信息主体权益保护的措施

为切实保护个人征信信息主体合法权益，近年来，人民银行将征信合规管理作为工作的重中之重，采取现场、非现场各种手段规范各类征信市场参与主体的行为，保障信息主体尤其是个人信息主体的合法权益。

一是建立健全征信监管长效机制。为切实防范个人征信信息泄露、维护个人信息主体合法权益，人民银行先后印发了《中国人民银行关于加强征信合规管理工作的通知》《中国人民银行办公厅关于加强征信系统查询用户信息管理的通知》等文件，要求商业银行等征信系统接入机构、人民银行分支机构征信查询网点全面开展征信合规管理工作，加强征信合规教育、完善操作系统功能，建立健全征信内控制度、责任追究制度、自查自纠制度等。人民银行各分支行结合地区特点，主动作为，探索建立了一些行之有效的机制和方法。以浙江省为例，建立了接入机构接入征信系统辅导制度、征信信息安全管理自律承诺制度、征信从业人员岗前培训考试制度、征信业务日常风险监测报告制度和征信违规责任追究通报制度等，全面防范信息泄露风险。

二是不断加大征信现场检查力度。近年来，面对日益严峻的信息安全保护形势，人民银行征信现场检查的广度、深度、强度都有明显提升。从全国情况来看，人民银行不断提高覆盖范围、丰富机构类型，并持续加大违规行为处罚力度，充分发挥监管效力，有效树立监管权威。2016 年，检查家数较 2014 年提高了 53.1%，处罚家数是 2014 年的 3.5 倍。同时，对发生严重信息泄露案件的接入机构采取严厉的惩戒措施，起到了较好的震慑效果。从浙江情况来看，2016 年，检查家数与处罚金额较 2014 年分别提高了 2.4%、17.2%，特别是对个人的处罚覆盖面大大超过往年。

三是持续强化征信非现场监管。近年来，随着征信系统覆盖范围的逐步拓宽，征信合规监管半径不断扩大，人民银行通过不断加强非现场监管，有效提升征信监管效率，切实防范征信信息泄露，保障个人信息主体权益。以浙江省为例，首先，指导辖内接入机构完善征信合规管理、责任追究、风险监测、档案管理等内控制度并及时报备，并对接入机构自查自纠情况开展现场抽查；其次，认真实施异常查询监测预警机制，按照“接入机构自查为主、人行现场核查为辅”的思路，实现异常查询 100% 核实，并严格落实异常用户阻断机制，全面防范非法查询；再次，按季度召开金融机构季度例会，传达合规管理要求，通报违规典型案例，并按期下发征信违规案例汇编，要求征信从业人员进行学习，强化合规意识和安全意识；最后，严格实施接入机构征信数据量化考评，并按季度对数据质量结果予以通报，形成威慑力和示范性，持续提升征信系统的数据质量。

三、我国个人征信信息主体权益保护存在的问题

我国的征信市场主要由征信系统和市场化征信机构组成，其中，征信系统的风险主要存在于使用端，即接入机构；而市场化征信机构作为专门从事信用信息采集、保存、加工、提供的专业化机构，其风险存在于各个业务环节。

（一）征信系统接入机构存在的风险和问题

接入机构在征信系统应用过程中，除了存在未授权查询、查询早于授权、授权不规范等问题外，超用途使用、个人信息泄露等问题逐渐暴露，信息安全隐患较多。

1. 违规查询个人征信信息

在网络贷款或网上申请信用卡业务中，商业银行、互联网金融公司缺乏与客户的面签环节，容易造成因客户身份欺诈造成违规查询被盗身份客户个人征信信息，甚至连带产生许多非本人贷款或信用卡诈骗的情况。例如，在网上申请信用卡业务中，部分商业银行在审核申请人信用状况时，未采取任何申请人身份识别措施，仅凭申请人在网上填写的基本信息先行查询个人信用报告，给不法分子利用他人信息冒名申办信用卡业务留下了漏洞。若办理成功，可能会发生透支等诈骗行为；若办理不成功，短期内频繁的查询记录也会对个人信用状况造成负面影响，侵犯了个人信息主体的同意权甚至财产权。虽然部分机构

也设置了人脸识别、关联银行卡账户等身份核验手段，通过电子授权方式来获取客户的征信查询授权。但是，针对什么是符合《电子签名法》要求的电子授权，相关制度并没有做出详细规定。

2. 个人信息超范围使用

一些互联网金融公司在制定查询授权书时采用了非常宽泛的授权，存在个人信息超范围使用的隐患。如某机构个人信用报告查询授权书明确“信息主体本人不可撤销地授权查询机构向中央银行数据库查询及使用个人信息”，此外还同意“被授权机构及其合作机构有权采集、保存、整理、加工、使用其在本次贷款相关业务中通过合法途径取得本人个人信息并依法对外提供”，将信息使用范围扩大到本人信贷业务之外，并向不特定的第三方提供，属于明显越权使用个人信息，侵犯了个人信息主体权益的知情权、同意权和信息安全权。另外，部分消费信贷业务还有商业银行代办的公积金贷款，存在被授权机构与查询机构不一致的情形，即客户在申请贷款时签订的个人信用报告查询授权书的对象与在信用报告上显示的实际查询机构不一致，侵犯了个人信息主体的知情权、同意权。

3. 个人征信信息泄露案件频发

近来，征信系统接入机构工作人员向外部人员出售信用报告、查询账号或因内部管理不善被外部人员盗取账号，批量违规查询、买卖个人信用报告的事件在一些地方和领域呈现多发态势，严重侵犯了个人信息主体的知情权、同意权和信息安全权。例如，2016 年 8 月，广西来宾警方破获某金融机构员工倒卖信用报告案件，9 000 余份信用报告被多次转卖，最远卖到内蒙古的小贷公司，价格从每份 10 元涨到 70 元。又如，2016 年 5 月，公安部督办的“5・26 信用信息侵权案”中，某金融机构见习客户经理将查询用户高价出售给他人实施盗查。此外，网络贷款业务虽在信贷审批上手续简单、便捷，但因客户首先向在互联网、手机平台上的线上机构申请，再由实际贷款机构进行审批和发放，这样客户的个人信息会经历多次流转，容易造成个人信息泄露的风险。

（二）市场化征信机构存在的风险和问题

互联网的发展、大数据的兴起，给市场化征信机构的发展带来新的机遇，市场创新层出不穷，同时侵权行为也屡见不鲜，个人征信信息主体的权益保护面临更多的挑战。

1. 信息采集方面

（1）信息采集范围过于宽泛

在互联网、大数据背景下，征信机构面临的信息成千上万、千变万化，对于哪些信息属于信用信息、哪些信息能够采集、哪些信息不能采集没有可参考的标准。在这样的环境下，市场化机构抱着“可采尽采”的原则，极大化地扩大采集信息的范围。这样的做法主要存在以下问题：一是市场化机构采集了大量的与个人信用无关或相关性较弱的信息，偏离了征信业务本质，产品和服务有失公平，不能体现信息主体的信用状况。如某些机构采集了大量的财产、消费和人脉等信息，但是与个人信用强相关的债务信息比重不高。二是市场化机构采集的一些数据项对信息主体划分等级，引发公平性问题，不宜作为衡量信息主体信用水平的标准。如某些机构采集了“学校类型”“职业类型”“是否为公务员”等信息，容易对公众造成将信息主体划分为三六九等的印象。三是市场化机构除了与信息提供者之间建立稳定的信息采集机制外，有些还从各种互联网平台爬取个人社交和行为信息，且认为网上爬取的数据都是公开的数据，采集这些数据不涉及违规和侵权。但是，这些信息经过深入挖掘、分析，能够刻画出信息主体的多方面特征，其中有可能涉及个人禁止采集或限制采集的信息，侵犯个人信息主体的知情权、同意权和隐私权。

（2）存在“一揽子”授权、无意识授权、捆绑授权等问题

在信息采集环节上，市场化机构通常采用在有关协议中增加格式条款的方式，由信息主体在安装某项应用程序或使用某项服务时通过勾选同意复选框授权。这样的做法主要存在以下问题：一是存在“一揽子”授权、一次性授权，授权实质上作用不强。如某些机构出于自身采集信息便利，将授权条款描述为“您授权我们可以从合法保存有您信息的第三方，采集及处理您的各类信息，同时为避免反复确认导致的不便，您同意第三方可直接向我们提供您的信息而不需要您再次授权”等类似说法，在信息主体开通业务时一次性取得采集信息的授权。在取得如此宽泛的类似授权后，市场化机构名义上有权向任何持有个人信息的第三方机构采集信息，甚至包括以后与信息主体发生业务往来的所有机构，但是，信息主体实际上并不知晓该机构通过哪些渠道采集了自身哪些信息，侵犯了个人信息主体的知情权、同意权。二是提示作用不明显，容易造成无意识授权。市场化机构的相关授权条款大多通过手机 APP 页面展示，字体本身很小，也没有作出足以引起信息主体注意的提示，个人信息主体往往不知不觉间勾选同意复选框进行了授权。三是存在捆绑授权的可能。在实际操作中，市场化机构可能通过信息提供者取得信息主体的同意，与同意采集是享受征信服务的前提不同的是，信息主体是否同意信息提供者向该机构提供信息与信息提供者的业务本身无关。

（3）采集信息的合法性和准确性无法保障

市场化机构向为数众多的信息提供者采集各类信息，对于信息的合法性和准确性往往把控不够严谨，主要体现在两个方面：一方面，涉嫌采集高利贷等非法信息。虽然市场化机构向信息提供者采集信息时，双方普遍会签订合作协议对各自的权利和义务进行明确，但是实际操作中市场化机构无法对信息提供

者日常经营的合法性进行把控，有可能采集到不合法的信息。以互联网借贷平台为例，互联网借贷平台是征信机构外部数据主要来源之一，但是互联网借贷市场秩序混乱、良莠不齐，不排除存在发放高利贷等违规行为。市场化机构采集了这些高利贷信息，并凭借其对信息主体信用状况进行评价，有失公正性，而且可能会沦为这些高利贷公司催讨贷款的工具，也损害了信息主体的权益。另一方面，采集二手或多手信息。在互联网、大数据背景下，征信机构采集信息的方式不断丰富，范围更加广泛，某一信息或数据可能被二次甚至多次采集或提供，但是《征信业管理条例》并没有对征信机构是否可以采集二手或多手信息进行明确规定。在实际操作中，信息采集的链条过长，不仅容易产生信息泄露风险，并且由于市场化机构对信息的真正源头不了解，因而信息的合法性和准确性也难以保障。

（4）不良信息告知义务未有效落实

《征信业管理条例》第十五条第一款规定，信息提供者向征信机构提供个人不良信息，应当事先告知信息主体本人。而且不良信息告知义务应是按项告知，即每产生一项不良信息，在提供之前都要以电话、信函或者短信等形式告知个人信息主体。当信息主体得知其不良信息被提供给征信机构时，信息主体往往会积极地履行义务，避免再次形成不良信息。目前，市场化机构大多会通过签订协议的形式约定信息提供者在提供不良信息前告知信息主体，但无法确认信息提供者是否严格执行了该约定。

2. 信息保存加工方面

（1）信用评分模型有失准确

目前，市场化机构的主要展业形式是基于海量数据和复杂模型，生成信用评分类产品并对外提供。这样的做法主要存在以下问题：一是部分模型变量准确性、完整性不够。如某些机构信用评分模型中的个别指标项，为综合信息主体某些信息计算得出的概率性指标，本身准确性难以保证，再运用到模型中得出信用评分，相当于是用一个概率计算另一个概率，准确性将进一步降低。另外，大部分市场化征信机构的数据来源有限，部分变量的缺失度较大。二是模型本身是一个“黑匣子”，对于它的质量把控相对困难。当信息主体认为分数不准确，并对信用模型提起异议时，征信机构无法作出有效的异议答复。

（2）不良信息过期删除未能有效落实

《征信业管理条例》第十六条规定，征信机构对个人不良信息的保存期限，自不良行为或者事件终止之日起为 5 年；超过 5 年的，应当予以删除。实践中，市场化机构对满 5 年的不良信息大多采取不在信用报告中展示或不加入信用评价模型的处理手段，可能因为技术处理存在困难等原因并没有将满 5 年的不良信息从数据库中删除，严格意义上不符合征信监管要求，未能有效维护信息主体的信用记录重建权。

（3）不良信息说明无从添加

《征信业管理条例》第十五条第二款规定，在不良信息保存期限内，信息主体可以对不良信息作出说明，征信机构应当予以记载。信息主体对不良信息需要说明，很重要的一种情形就是信息主体对不良信息存在异议，征信机构不认可且不同意修改的情况，通过记载这些说明，使之得到信息使用者更多的理解。但是，大多数市场化机构均没有提供添加不良信息说明的渠道，在一定程度上侵犯了信息主体的异议权。

3. 信息提供使用方面

（1）将信息用于非信用场景

目前，市场化机构产品和服务的应用场景中金融场景占比较少，大部分为生活、社交等场景，与信用无关或信用相关性较弱，信息使用者大多出于联合惩戒的目的使用相关征信产品和服务。并且目前市场化机构的产品较为单一，“一分走天下”成为普遍现象。但是，不同的信息主体在不同的领域信用表现不尽相同，“一分走天下”会造成对信息主体的不公平待遇，例如某信息主体可能在涉及资金金额不大的生活领域信用表现良好，但在金融领域却屡屡违约，反之则相反。

（2）存在“一次性”授权、多头授权以及“一托多”授权等问题

在信息使用方面，市场化机构普遍比较谨慎，信息使用者需要通过向信息主体发出授权请求，信息主体做出同意授权的行为后，信息使用者方能查询信息主体的信息。应该说市场化机构在查询、使用环节还是采取了比较严密的措施来保障个人信息主体信息安全，但也存在一定的问题：一是存在“一次性”授权。在信息主体授权期间，信息使用者无论是否与信息主体发生信用交易或发生几次信用交易，均可随意查询信息主体信息，无须信息主体重复授权，查询触发时无任何提示，容易引发信息使用者超用途使用，甚至泄露。二是存在多头授权以及“一托多”授权。如在某些先使用后付费的应用场景中，信息主体若通过第三方支付平台进行付费，则将同时授权服务提供商和第三方支付平台查询其信用信息，但是，在此场景中，第三方支付平台并无合理用途和理由查询其信用信息。又如某些C2C（个人与个人）交易平台，平台取得信息主体授权后将信息提供给平台上的用户使用，包括现存的和后续加入的用户，但是实际上真正与信息主体发生交易、使用信息主体信息的平台用户并未获得信息主体授权。

（3）信息使用者存在道德风险

目前，虽然市场化机构在大多数情况下采取的是直接获得信息主体授权的方式，但也不排除通过信息使用者获得信息主体授权的情况。如市场化机构与

商业银行等机构进行合作时，商业银行通常是通过将授权条款嵌入业务合同的方式，在信息主体申请银行贷款等业务时取得授权。虽然市场化机构和商业银行会以协议形式来明确双方的权利义务，但是对于商业银行有无违规操作，市场化机构并不能掌控，依然存在损害信息主体权益的风险。此外，信息使用者是否按约定用途使用、有无向第三方提供，市场化机构不得而知，一定程度上存在个人信用信息泄露的风险。

4. 信息主体查询、异议方面

（1）信用报告免费查询未有效落实

当前，市场化机构大多提供的是信用评分类的征信产品，其可能的原因有基础数据不完整、与信用关联性不强或担心信息外泄等。尽管如此，带来的问题是，信息主体无法得知自己哪些信息被采集和使用于征信产品，信息主体的知情权无法得到有效保障。目前，市场化机构大多仅供查询构成信用评分的各个维度的表现情况，并未提供具体信息的查询，或者查询渠道较为隐蔽、查询流程较为复杂等，造成信息主体实际上难以获取自身具体信息的问题。

（2）信息主体异议渠道不畅

因信息查询渠道不畅，信息主体无法得知自身信息是否存在差错，并有效行使异议。虽然个别机构提供了较为详细的负面信息以供信息主体查询并提出异议，但是异议申请仍然非常有限。另外，受信息提供者信息化水平和信息主体权益保护意识差异的影响，市场化机构在进行异议处理时，往往会碰到原数据丢失、信息提供者核实存在技术困难或主观不配合等问题，从而影响了异议处理的进度和效果。虽然《征信业管理条例》规定信息主体可以直接向信息提供者提出异议，但对于信息提供者未按照规定对异议信息进行核查和处理的行为未规定具体罚则，造成实际操作中信息主体的异议权更加难以有效落实。

四、国外个人征信信息主体权益保护方面的经验

发达国家征信市场已有 100 多年的发展历程，在个人信息主体权益保护方面建立了较为完整的法律保障体系，积累了丰富的实践经验。同时，新兴市场国家经过二十年的快速发展，在明晰信息采集的目的、范围、来源，处理信息的规则、流程，以及信息主体享有的权利等方面出台了一系列法律制度进行规范，促进个人信息主体权益保护工作。

（一）关于信息采集

一是本人同意原则。美国采用的是“默示同意”的模式，如信息主体未在合理期限内对征信机构的行为提出异议就视为同意。相对地，欧盟更侧重于信息主体的权益保护，规定采集个人信息必须得到本人同意，以体现本人对自身数据的控制权。韩国除赋予个人同意权外，还规定个人有撤销同意的权利。另

外，还有部分国家实行“强制征信”体制，强调征信的公共性，一般以告知形式替代本人同意。二是相关、必要和最小原则。大部分国家规定原则上只能采集与判断信用风险相关的信息，主要包括身份信息、信贷信息、公共信息等三类。欧盟对个人信息采集实行限制性原则，要求采集的信息与采集的目的必须是相关、必要且最小的。对于个人隐私或敏感信息，各国一般不允许采集，如韩国规定征信业务禁止采集个人政治思想、宗教信仰和其他与信用无关的私生活信息。三是科学、准确原则。为确保信息的及时、准确和完整，美国信用局协会（ACR）制定了标准的数据采集格式和统一的数据报告格式，对需要采集的信息字段进行规范。同时，在美国消费者数据行业协会（CDIA）的指导下，征信机构联合制定了《数据报送资源指南》，对信用交易数据报送的原则、范围和标准进行了规定。

（二）关于信息保存加工

一是数据质量原则。美国《公平信用报告法》立法目的之一就是为了确保信用报告的准确性和公平性。信用信息的准确性将直接影响金融系统的安全和稳定，因此规定征信机构在数据处理过程中要建立严密的数据质量保障机制。二是安全保护原则。世界银行《征信通用原则》指出，征信机构应从逻辑安全、物理安全、管理安全等方面采取措施保障数据安全，建立数据安全多维防护体系，尽量消除安全漏洞，及时响应安全事件，降低安全事故带来的影响。三是负面信息期限限制原则。限定负面信息保存期限是各国通用的做法，体现了个人有重建信用的权利。《征信通用原则》建议负面信息保存3~5年，美国《公平信用报告法》则规定不得披露超过10年的破产信息或超过7年的民事诉讼、民事判决、缴纳欠税滞纳金、被追收或被冲销坏账等负面记录。

（三）关于信息提供使用

一是用途限制原则。信用信息主要应用于信用风险决策与管理在各国基本达成共识，如韩国规定个人信用信息只能在决定是否与信息主体发生或维持金融交易或商业交易时应用。有些国家的应用范围虽然相对较宽但也非常明确，如美国的《公平信用报告法》规定，个人信用信息合法的使用目的包括受法院的命令或联邦大陪审团的传票要求、受消费者本人书面委托、应消费者申请进行授信或账户审查或账户催收等；英国规定征信业务除了可以用于信用风险评估以外，还可以应用于反欺诈、反洗钱、债务催收、租房等活动。二是本人同意原则。本人同意是防范信息滥用的重要手段，特别是随着征信信息在非信贷领域（如租房、雇佣）应用的逐步拓展，这种同意显得更加必要。如美国《公平信用报告法》虽然规定信用报告用于个人获得某种资格时不用获取授权即可以查询，但用于就业等拓展性目的时必须获取书面同意。三是责任担当原则。相对于机构而言，个人处于一个弱势的地位，个人信息主体权益保护的责任应由征信机构、信息提供者和信息使用者等共同承担。各国的实践也是如此，在各国征信业监管框架下或者个人数据保护相关法律约束下，征信活动中的参与各方如违反关于信息采集、信息查询、数据质量和异议处理的有关规定，需要承担法律责任。

（四）关于信息主体查询、异议

一是免费查询权。各国法律一般都规定本人有权查询自己的信用报告，征信机构有义务以消费者能够理解的形式提供便捷的查询。如美国《公平和准确信用交易法》规定，消费者有权每年从征信机构免费获取本人信用报告，有权知道过去一年内谁查过自己的信用报告。二是对本人可能造成不利影响的知情权。在征信活动中，对于可能对消费者造成不利影响的情况，也需要让消费者知晓。如在美国，信用报告被用于做出对个人不利决定时（如拒绝贷款、提高利率或拒绝雇佣等）需通知消费者，并提供信用报告副本。韩国、中国香港也有类似规定。三是异议权和纠错权。各国在征信立法中均对异议处理做出了详尽的规定，具体包括：其一是规定异议处理时限。在美国，征信机构接收异议后 30 天内要对异议信息进行核实，如 30 天未果则要将异议信息删除。其二是对异议信息进行标注。在异议处理过程中，征信机构需要对异议信息进行标注，提示信息使用者该信息存在异议并处于调查过程中，便于信息使用者全面了解信息主体的情况。其三是添加本人声明。对于经核实仍然存在争议的问题，信息主体可以在信用报告中添加本人声明，注明本人的相关解释。此外，由于错误数据在删除前可能已经被一些机构查阅过，为了最大限度地维护信息主体的利益，在美国，征信机构要对查看过错误信息的机构予以通知，在错误数据被更正后，免费向所有查看过该错误信息的机构提供一份信用报告。四是建立信用修复机制。美国有大量专业化的信用修复机构为客户提供流程化、专业化个人信用修复服务，包括针对信用报告中存在的错误信息，指导客户向相关机构提出异议并修改；根据信用报告中存在的不良信息，对客户提出告诫以及解决方案，引导信用记录向良好状态发展。

表 1　　发达国家个人征信信息主体权益保护原则比较

国家		美国		欧盟		日本	韩国	新加坡
基本环节	原则内涵	1970 年《公平信用报告法》	美国联邦贸易委员会 2000 年报告	1995 年《欧盟指令》	2016 年《欧盟条例》	2015 年《个人信息保护法》	2012 年《个人信息保护法》	2012 年《个人信息保护法》
信息采集	信息采集本人授权			√	√		√	
	对信息系统存在知情	√	√	√	√	√	√	√

续表

国家		美国		欧盟		日本	韩国	新加坡
基本环节	原则内涵	1970 年《公平信用报告法》	美国联邦贸易委员会2000 年报告	1995 年《欧盟指令》	2016 年《欧盟条例》	2015 年《个人信息保护法》	2012 年《个人信息保护法》	2012 年《个人信息保护法》
信息采集	哪些信息被采集知情	√	√	√	√	√	√	√
	如何收集知情		√	√	√	√	√	√
	采集必要、最少信息				√		√	
信息保存加工	机构要保持数据质量			√	√	√	√	√
	保障数据安全	√	√	√	√	√	√	√
	匿名化处理				√	√		
信息使用	信息使用本人授权			√	√		√	
	要在初始目的内使用	√				√	√	√
	二次使用要本人授权	√	√	√	√		√	
	如何使用知情	√	√	√	√	√	√	√
查询、异议	查阅本人信息	√	√	√	√	√	√	√
	可修改本人信息	√	√	√	√	√	√	√

就我国而言，法律法规对个人信息主体权益保护的规定基本涵盖了信息采集、保存、加工、使用、查询、异议等各个环节，但是在具体的内容上比较原则，缺少相应的配套制度进行细化。例如对信息采集仅明确了禁止和限制采集的信息，但对采集的具体范围，如何体现必要、最少原则等未有详细规定；又如对信息使用仅规定了要约定用途，但对用途的范围却未作要求，也未规定要在初始目的内使用等，导致在征信实践中存在诸多不确定，给市场中的某些机

构留下钻空子的机会，并最终形成风险。

五、加强我国个人征信信息主体权益保护的建议

通过分析发现，造成个人征信信息主体权益保护存在诸多问题，既有制度建设方面的原因，也有市场环境方面的原因，既有监管部门监管力度方面的因素，也有市场主体思想意识方面的因素。现结合国外个人征信信息主体权益保护方面的经验借鉴，提出如下意见建议。

（一）完善监管制度框架

1. 推动建立专门的个人信息主体权益保护机构

个人信息主体权益保护不仅限于征信活动，目前，个人信息主体权益受到侵害时，大多数人面临的主要困难是不清楚申请救济的主管部门，而各行政部门对于进行个人信息主体权益保护救济的职责不清，严重影响了个人信息主体救济权的实施。此外，我国作为互联网用户最多的国家，信息网络发展处于快速发展阶段，但还未形成有效的行业自律，因此需要政府的行政干预和法律限制。建议借鉴英国、澳大利亚等国家的经验，设立专门的机构对个人信息主体的合法权益进行保护。

2. 推动制定个人信用信息权益保护法

积极学习借鉴世界发达国家关于个人信用信息权益保护方面的法律法规，如美国《公平信用报告法》《隐私权法》，英国《数据保护法》以及德国《联邦数据保护法》等。我国应尽快制定并出台《个人信用信息保护法》，更有针对性地对信息主体的个人信用信息权益进行保护。不仅要明确正当合法的信息采集手段和渠道，还要明确涉及个人隐私和敏感信息能否作为征信对象和内容，更应明确信用信息主体对自身信息的知情权、异议权、同意权和重建权，以及信息主体权益被侵害时的诉讼权和索赔权。

3. 完善《征信业管理条例》配套法规制度体系

在《征信业管理条例》出台之后，征信监管部门不断深化征信法律制度建设，陆续出台了《征信机构管理办法》《企业征信机构备案管理办法》等系列配套制度。在此基础上，应对信用信息界定、征信机构认定、信息主体知情权及同意权实现方式、征信异议、投诉处理等方面做出进一步细化和规定，尽量减少制度漏洞，防止市场机构打擦边球，将个人信息主体权益工作进一步落到实处。

（二）引导优化市场结构

1. 推进征信机构发展

目前，我国对传统金融机构覆盖不到的“长尾客户”的征信服务供给较为不足，同时，互联网金融等领域的多头负债、过度放贷等问题也颇为突出。因

此，建议加快百行征信的组建，引导其通过自身渠道采集银行信贷和互金借贷等数据，探索建立与各数据服务商的合作，尽快接入市场各类数据源，与人民银行征信中心形成功能互补、错位发展的市场格局，以求实现对个人征信服务的全面覆盖。

2. 整顿征信市场秩序

针对目前征信市场鱼龙混杂，多数机构分不清到底从事的是个人征信业务，还是个人信息服务，建议在《征信业管理条例》的制度框架下，加强对市场上现有个人信息相关服务的业务模式及其合法性的研究，尤其是对什么是信用信息、什么是征信业务等问题的进一步研究和明确，以保障信息安全，保护信息主体合法权益。此外，按照“开正门、堵邪门”的主要工作思路，会同工商、公安等相关部门，严厉打击乱办征信、借征信名义虚假宣传、扰乱征信市场秩序的行为。

3. 优化信息采集环境

当前我国信息割裂、垄断现象比较严重，在一定程度上限制了征信机构征信业务的开展。因此，建议相关部门切实贯彻《政府信息公开条例》和《企业信用信息公示条例》的要求，建立健全本部门的信息目录、采集机制和信息系统，向征信机构开放使用。通过适当的政策手段，引导市场中的数据拥有者树立正确的数据开放意识，使征信机构能够高效、高质地采集数据，同时也能有效抑制信息黑市，保护信息主体合法权益。

（三）持续强化日常监管

1. 采集环节强调知情权

由于市场化征信机构采集个人信用信息缺少刚性手段，个人信息主体往往有趋利避害的心理，若采集的所有信息需逐项经个人信息主体同意，则容易造成个人信息主体仅同意采集正面信息而不同意采集负面信息，或者仅同意采集某一类信息而不同意采集另外一类信息的情形，如此个人征信业务便无法开展。因此建议在采集环节强调知情权，授权书需列明采集信息的来源、内容，并及时更新，确保信息主体知晓从哪些渠道采集了哪些信息，同时规定市场化机构在告知到位后，信息主体可选择同意或不同意，但不能选择性同意。

2. 查询环节强调同意权

查询环节是个人信用信息安全风险最为集中的环节，多数信息安全事件均发生在此环节，因此，无论是征信系统还是市场化征信机构在对外提供查询服务时，务必做到逐笔授权，且必须为“明示授权”，即征信系统接入机构、市场化征信机构必须在事前告知个人信息主体其信息将被谁使用、使用于何种目的以及使用的范围、期限等内容，个人信息主体必须在清楚知晓授权内容及后果的情况下主动采取行动做出同意的表示，简单的不作为并不构成同意。

3. 使用环节强调有限性

目前，市场上的机构常常利用“约定用途”“未经授权不得向第三方提供”钻空子，如商业银行将查得的个人信用报告用于非信贷业务风险管理用途；担保机构将查得的个人信用报告经授权提供给其合作机构；技术公司经个人授权取得个人用户名、密码查得个人信用报告，并提供给合作机构使用等。因此，建议进一步明确信息使用者使用个人信用信息的具体场景，不得一揽子约定或在约定时嵌套向第三方提供的授权，避免个人信用信息的多头使用。

（四）切实加强宣传教育和培训

1. 加大对广大社会公众的征信宣传力度

目前，我国个人信息主体对自身合法权益的保护意识不强，对相关政策、理论知识也了解较少。因此，建议尽快制定出台我国征信宣传教育规划，强化政府部门、人民银行、金融机构、征信机构之间的协调配合，形成征信宣传教育整体合力。充分依托新闻媒体、网络平台，丰富征信宣传教育渠道与内容，拓展征信宣传教育的时空维度，进一步提升国民信用意识。探索建立征信知识进校园长效机制，逐渐强化大中小学诚信教育的常态化。

2. 加大对征信从业人员的征信培训力度

建议定期开展针对征信监管人员尤其是基层监管人员的培训，提升其业务水平和技能，提高监管效率。广泛开展对接入机构特别是小微机构的培训，提升其合规意识和风险意识，严防征信违规查询风险，特别是征信信息泄露风险。对征信机构开展有针对性的培训，推动其在内部形成良好的合规文化，通过其在业务过程中设置更为严密的机制和手段来制约信息提供者和使用者，从而进一步保障个人信息主体权益。

参考文献

[1] 陈雨露．个人信息保护与征信业发展［J］．中国金融，2017（11）．

[2] 万存知．个人信息保护和个人征信监管［J］．中国金融，2017（11）．

[3] 万存知．征信体系的共性和个性［J］．中国金融，2017（1）．

[4] 万存知．信用的模糊与清晰［J］．金融博览，2017（11）．

[5] 中国人民银行征信管理局．现代征信学［M］．北京：中国金融出版社，2015.

[6] 万存知．金融隐私——征信制度国际比较［M］．北京：中国金融出版社，2009.

[7] 王晓明．征信体系构建制度选择与发展路径［M］．北京：中国金融出版社，2015.

[8] 高明．征信体系个人权益保护框架的国际比较研究［J］．征信，

2011 (4).

[9] 时明生. 大数据征信与个人信息主体权益保护问题研究 [J]. 征信, 2017 (5) .

[10] 卢智睿. 个人征信信息主体的维权途径研究 [J]. 南方金融, 2015 (10) .

[11] 刘红熠, 杨妮妮. 互联网征信背景下个人信息主体权利保护问题研究 [J]. 征信, 2016 (6) .

[12] 赵园园. 互联网征信中个人信息保护制度的审视与反思 [J]. 广东社会科学, 2017 (3) .

[13] 中国人民银行长沙中心支行课题组. 个人征信市场发展初期的监管研究 [J]. 武汉金融, 2017 (3) .

[14] 李真. 中国互联网征信发展与监管问题研究 [J]. 征信, 2015 (7) .

[15] 陈小林. 新形势下征信业发展与信息主体权益保护协调问题思考 [J]. 吉林金融研究, 2014 (11) .

房价泡沫与实体经济：促进还是抑制

——基于30个省市面板数据的实证

宁波市金融学会课题组*

一、引言

（一）选题背景

习近平总书记在党的十九大报告中强调“房子是用来住的，不是用来炒的”，表明房价过快上涨的负面影响已经引起了中国经济决策层的高度重视，中央政府明确表示了抑制房价过快上涨、防控金融风险的决心。事实上，不单是房地产市场价格，近年来金融资产价格普遍上涨，对实体经济造成了严重的负面影响。简单来讲，由于市场参与者预期各类金融资产的价格将会持续上涨，于是大量的资源要素更加持续地流入到房地产、金融部门，继续推高资产和资金的价格，并导致有效率的实体部门受到严重的挤出。通过简单的对比就能够比较清楚地揭示这种现象：一方面是各类资产的价格快速上涨。例如，2015 年股债市双牛，尤其是股票市场出现了异常波动，但随后以泡沫破灭而收场，2016 年房地产市场又接力成为投资的新热点，在此期间，一线城市房价同比增速最高突破 30%，中部地区的一些二线城市房价也出现了较大的涨幅。另一方面是实体经济持续表现疲弱。例如，代表实体经济价格的 PPI、CPI 指数并未出现同步上涨的情形，从经济增速来看，中国经济已经告别了高速增长的时期并转入中低速增长阶段。一系列的事实表明，中国经济正在经历着资产泡沫的时期，它不仅使得市场配置资源的效率降低，甚至也干扰了政府宏观调控的效果。例如，朱大鹏和陈鑫（2017）的研究就表明房价上涨降低了货币政策的有效性。

2016 年 7 月 26 日，中央政治局会议首次提出了要抑制资产泡沫。然而在一些关键性的问题尚未厘清之前，抑制资产泡沫的政策措施可能难以收到预期的效果。这是因为，资产泡沫对于实体经济而言未必是百害而无一利的，至少在学术研究领域，我们尚未得到明确而一致的结论。相反地，一些研究结论却暗示资产泡沫对于实体经济产生了有利的影响。例如，Farhi 和 Tirole（2012）的

---

* 课题主持人：朱文剑

课题组成员：周　豪　赵玲芳　何振亚　杨素霞　俞佳佳　陈　科　胡　杨

研究就表明，泡沫资产可以通过充当信贷抵押品，从而放松企业面临的信贷约束，并使得企业获得更多的外部融资，Martin 和 Ventura（2012）甚至认为资产泡沫有利于那些拥有较高生产率水平的企业获得更多外部融资。因此，当我们基于研究文献来梳理资产泡沫与实体经济之间的关系时，就会发现资产泡沫并不一定总是给实体经济带来负面影响。认识到这一点之后，重新审视中国经济中的“脱实向虚”现象，我们就能够知道，仅仅通过“抑制资产泡沫”并不能彻底解决问题，还有更多的细节需要通过研究进行了解，以便制定更加具有针对性的宏观政策。例如，资产泡沫在中国是普遍现象还是区域现象？资产泡沫对实体经济产生了怎样的影响？影响机制又是怎样的？在不同的地区，影响效应相同吗？金融市场在其中发挥了怎样的作用？这些问题都与抑制资产泡沫的政策实践密切相关。只有弄清楚这些关键性问题，才能够制定出更加有针对性的经济政策，才能够以更加准确、高效、平稳的方式实施挤泡沫过程，促进金融、房地产和实体经济之间良性循环发展。本文正是以这些关键问题为出发点，运用实证分析方法，试图对其做出科学的解答，并为当前的宏观调控、供给侧结构性改革提供有价值的政策建议。

（二）全文结构

全篇共有六个部分：第一部分是引言，主要介绍了本文研究的问题、研究的背景和意义，以及本文的创新点和不足之处；第二部分是文献综述，通过梳理文献，主要阐述了不完全的金融市场与资产泡沫产生的原因，以及资产泡沫对实体经济的双重影响效应，其中既有促进效应又有阻碍效应；第三部分是资产泡沫对实体经济的影响机理介绍，阐述了资产泡沫影响实体经济的路径，以及金融市场在其中发挥的作用；第四部分是全国 30 个城市房价泡沫的检验，以个人住房价格作为资产价格的代表，采用 PWY 方法对全国 30 个省会城市和直辖市的房价泡沫现象进行了检验；第五部分是房价泡沫对实体经济的影响实证，本文基于新古典经济增长理论构建了一个计量模型，来验证房价泡沫对实体经济产生的双重效应，并根据全样本和分地区检验的结果分别计算了房价泡沫对实体经济的总效应；第六部分是全文结论和政策建议。

（三）创新点和不足之处

本文的创新点主要有：（1）基于房价泡沫的投资“挤入”和“挤出”效应角度，考察房价泡沫对实体经济的影响。一旦认识到房价泡沫对实体部门存在着的双重效应，就会发现房价泡沫对实体经济的影响可能在不同地区、不同经济发展阶段存在差异。但在此之前，经济学者们较少关注到房价泡沫的双重效应，因此研究结论往往过于笼统，有时甚至是先入为主的。例如，周端明等（2016）基于多部门 DSGE 模型的研究，认为房地产业对实体经济具有掠夺效应，这种一概而论的结论显然具有局限性。（2）通过金融市场规模与投资“挤出效应”之间的联系，将金融市场纳入资产泡沫影响实体经济的机制当中。这样做的好处是，能够体现出金融监管部门在抑制房价泡沫过程中发挥的作用，进而提出政策建议。在此之前的相关研究并未给予金融市场足够的关注。（3）使用 PWY 方法对中国的房价泡沫进行检验。Phillips 等（2011）提出了一种右侧单位根检验方法，目前在国内的应用还比较少，本文发现该方法不仅能够较好地描述中国的房价泡沫现象，还便于将检验的结果用于构造计量模型变量，用于实证分析。

本文的不足之处主要是衡量金融市场规模的指标有待优化。受到数据可得性的限制，本文的金融市场的规模变量使用存贷款总量来衡量。但这显然忽略了表外融资、直接融资和影子银行融资的份额，由于这部分融资的规模十分巨大，这种忽略有可能低估金融市场在资产泡沫影响实体经济过程中发挥的作用。

二、文献综述

（一）资产泡沫产生的原因

对于资产泡沫，准确的表述应该是资产价格泡沫。价格泡沫指的是价格偏离了基本面的情形。斯蒂格利茨曾说，如果一种资产今天的价格高，只是因为投资者相信明天它的价格会上涨，而与经济的基本面没有关系，那么泡沫就存在了（Stiglitz，1990）。在人类经济发展的历史上，资产泡沫由来已久。记载最早的是 17 世纪的荷兰“郁金香泡沫”事件。此后，伴随着资本主义经济的发展，著名的资产泡沫事件从未淡出人们的视野。资产泡沫在本质上是一种定价扭曲，起源于金融市场的不完全性。在理想状态下，金融市场是完全的，意味着可以通过对应的金融工具及其组合在事前对未来的风险进行对冲。如此，所有的资产都能够得到正确的定价，便不会产生资产泡沫。但现实中有多种原因导致金融市场具有不完全性，这为资产泡沫的滋生提供了土壤。

第一个原因是金融市场上的隔代交易问题。由于未来的交易者还没有出生，因此隔代交易者之间不能发生交易，这样的金融市场是缺失的。Samuelson（1958）对跨际迭代模型（OLG）做出了开创性的研究，在此基础上，基于 OLG 模型讨论资产泡沫发生和演变的文献开始大量出现。其中，Tirole（1985）证明在理性预期假设下，资产泡沫只会在无穷限期模型中存在；而在有限期内，根据逆向归纳法，最后一期的交易者不会购买泡沫资产，从而倒数第二期的交易者也不会购买，依此类推，最终的均衡中就不会出现泡沫。因此，无穷限期是在理性预期中产生资产泡沫的关键条件。Allen 和 Gorton（1993）的研究进一步表明，如果投资者对于市场基本面的看法不一致，那么在离散且有限期的情况下，在理性预期的均衡中也会出现泡沫。在他们的模型中，泡沫的存在需满足三个必要条件：一是在泡沫发生期间，交易者拥有私人信息；二是交易者受到卖空限制①；三是交易者无法对市场情况达成共识。

第二个原因是金融市场上缺乏可用作抵押品的资产。在金融市场上存在信贷约束的前提下，可充当抵押品的资产就变得匮乏，其价格就会大幅上升，从而出现资产泡沫。信息问题和合约的实施问题都可能导致信贷约束。其中，信贷市场上的信息不对称可能导致逆向选择和道德风险，使得信贷市场上出现信贷约束，甚至是信贷配给（Stiglitz 和 Weiss，1981）。此外，合约的不完备性也会导致信贷约束。在这种情况下，如果有足够的抵押品，就可以放松企业面临的信贷约束，从而提高经济效率。Farhi 和 Tirole（2012）认为，信贷约束越严重，可充当抵押品的资产就越匮乏，资产泡沫越有必要也越容易产生。

第三个原因是金融市场上缺乏管理风险的金融工具。由于经济主体难以利用有效的金融工具为未来的不确定性进行保险和保值，导致经济主体不能够在不同的状态之间平滑自己的消费和产出。这会使得生产者放弃那些预期产出高但风险也高的项目，并对生产效率造成负面影响。此外，消费者也会因此更加偏好于持有较低风险的资产，如房地产，从而使这类资产的价格过高。Caballero 和 Krishnamurthy（2006）以及 Caballero 等（2008）的研究表明，在发展中国家，一方面存在金融市场不完全的情况，另一方面不健全的制度环境又放大了金融市场的不完全性。其中，发展中国家金融市场的不完全性的一个重要表现是金融资产匮乏，居民和企业缺乏可以充当抵押品和保值手段的资产。此时，房地产市场往往充当了抵押资产和可保值资产。一旦放松土地和房地产市场管制，资金就会纷纷流入这些市场制造泡沫。

（二）资产泡沫与实体经济的关系

在不完全的金融市场环境中，经济中的人均资本存量可能偏离稳态增长所需要的最优水平，此时实体部门的投资总量既可能表现为过多，也可能表现为过少。由于资产泡沫既可以“挤入”投资，也可以“挤出”投资，如果资产泡沫使得实体部门的投资总量正好处于最优水平，那么就能够促进实体经济的增长，反之就会阻碍实体经济的增长。

1. 资产泡沫促进实体经济增长。当经济中存在信贷约束的情况下，可用作抵押的金融资产匮乏，此时实体部门中有效率的项目得不到资金支持，因而投资总量是不足的。在这种情况下，泡沫资产作为抵押品，可以放松企业的信贷约束，促使企业获得更多的外部融资，即“挤入”投资，从而提高实体部门的经济效率，促进实体经济增长。Farhi 和 Tirole（2012）在跨期迭代模型的基础上引入企业信贷约束，通过考察内部流动性和外部流动性论证了资产泡沫“挤

① 在模型中，卖空限制起到了关键作用，因其使得悲观者的观点不能反映在价格上，价格只反映了乐观者的观点，从而使得价格过高。

入”和“挤出”投资的机制①：由于泡沫资产可以充当抵押品，因而受到信贷约束的企业会投资于泡沫资产，这会使得利率上升，外部流动性供给增加，此时非企业部门成为外部流动性的净供给方，资产从非企业部门转移到企业部门，从而“挤入”投资。Martin 和 Ventura（2012）进一步引入了企业异质性，通过分析资产泡沫对不同类型企业的影响，考察了资产泡沫对经济增长的作用，结果表明，对于那些生产率较高的企业，资产泡沫提高了他们拥有的抵押品的价格，并使其能够获得更多的融资，进而促进这些企业的投资。钟腾（2017）研究中国房地产抵押品价值变动对公司投融资决策的影响，结果发现抵押品效应是显著存在的，公司房地产抵押品价值每上升 1% 将引起总投资增加约 466.3 亿元。

在某些特定的情况下，资产泡沫也可以通过投资“挤出”效应促进实体经济增长，它指的是经济中的投资水平高于社会最优水平的情形。在理想状态下，经济要保持稳态增长，资本的边际产出等于人口的增长率，即“黄金律”，而在完全竞争的市场上，资本的边际产出又等于利率。因此，利率等于人口的增长率。但是，不完全的金融市场可能使利率低于人口的增长率，这意味着利率过低而投资过多，从而产生动态无效率问题（Diamond，1965）。在这种情况下，泡沫资产可以吸收一部分储蓄，提高利率，从而挤出一部分多余的投资，并使经济中的投资存量恢复到动态有效率的最优水平。

2. 资产泡沫阻碍实体经济增长。由于泡沫资产毕竟吸收了一部分储蓄，在总量上“挤出”了一部分投资，从而产生了投资“挤出效应”。在这种情况下，如果泡沫资产充当抵押品时放松企业信贷约束的作用（“挤入效应”）较小，那么资产泡沫的存在就会使得实体部门的总投资水平低于最优水平（Martin 和 Ventura，2012；Fahri 和 Tirole，2012）。因此，资产泡沫对资源配置的总效应就取决于“挤出效应”和“挤入效应”的相对大小。此外，资产泡沫对实体部门最为严重的影响是引起资金从实体经济部门流向过度繁荣的资本市场。此时，“挤出效应”占据主导地位，资产泡沫会吸引众多出于投机或资产保值动机的投资者，从而使经济中的生产性投资下降，造成实体部门萎缩，资源配置效率低下，最终导致实体经济增长乏力。放眼国际，日本在 20 世纪 80 年代所经历的情形正是如此，大量的民间资金被吸引到了房地产市场和股票市场制造泡沫，导致日本的实体经济部门遭受到严重的挤压，最终使得经济增长失去动力。

通过梳理相关文献，我们发现资产泡沫起源于金融市场的不完全性。并且资产泡沫对于实体经济的增长存在着双向的影响：既可以在动态无效率的情况

---

① 内部流动性指受到信贷约束的企业以未来的收益作抵押发行的证券；外部流动性是来自经济中其他部门的资产，包括泡沫资产。

下“挤出”投资，或是在企业受制于信贷约束而投资不足的情况下“挤入”投资，从而促进实体部门增长；又可能由于“挤出效应”过大而导致资金过度流入资本市场，从而阻碍实体部门增长。在此过程中，金融市场发挥着关键的作用，资产泡沫对实体经济影响机制，与金融市场信贷约束状况、金融资产的多样性、金融监管政策以及金融结构等密切相关。

三、资产泡沫对实体经济的影响机理

如图 1 所示，资产泡沫对实体经济的影响机制可简要概括为：资产泡沫同时通过“挤入效应”和“挤出效应”影响经济中实体部门的总投资，进而影响实体经济的总产出，其中“挤出效应”又与金融市场的规模正相关。

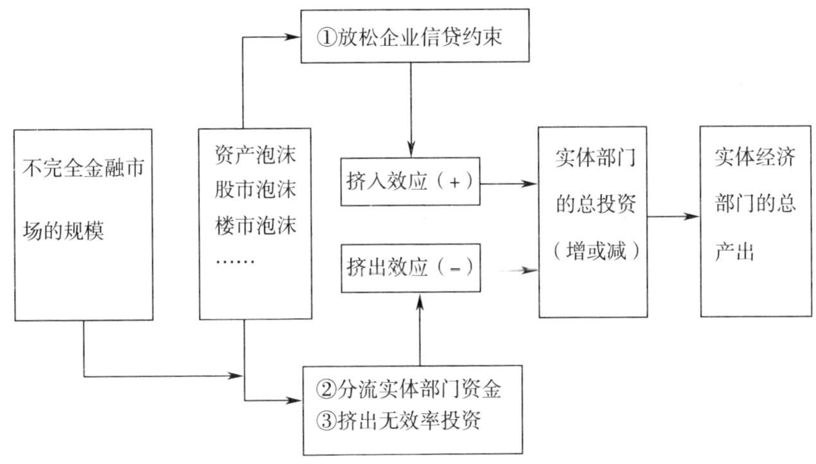

图 1　资产泡沫影响实体经济的路径图解

（一）挤入效应

通过投资“挤入效应”，资产泡沫使得实体部门的投资总量增加。根据新古典经济增长理论，一个经济体要保持稳态增长，对应需要一个最优的人均资本存量，也就是说，社会总投资必须保持在最优的水平。但是，在实际经济运行当中，投资往往偏离了最优水平。例如，经济中的总投资不足，低于保持稳态增长的必要水平的情形。金融市场上存在信贷约束通常是导致总投资不足的重要原因。具体来说，由于企业缺乏可以充当信贷抵押品的资产，导致其无法从金融体系中获得充足的融资，从而使得有效率的项目无法获得足够的资金支持，并制约实体部门经济增长。此时，泡沫资产作为一种抵押品资产，它可以放松企业的信贷约束，使得实体部门企业能够在金融市场上获得足够的融资，并将其投资于有效率的项目。这个过程使得社会资金流入到实体部门，表现为一种对实体部门的投资“挤入效应”。

（二）挤出效应

通过投资“挤出效应”，资产泡沫使得实体部门的投资总量减少。在任何情况下，泡沫资产都会吸收一部分储蓄，从而使社会资金流入到虚拟部门，表现为对实体部门的投资“挤出效应”，并且在“挤出效应”占据绝对主导地位的情况下，资产泡沫会使得社会资金大量地从实体部门向虚拟部门转移，造成实体部门的生产性投资下降，从而导致实体部门的产出下降。但是，在某些特定情况下，少量的投资挤出效应对实体部门是有利的。例如，人均资本存量高于保持稳态增长的最优水平，此时经济中往往充斥了大量的无效率投资，泡沫资产作为一种投资品，可以吸收一部分多余的储蓄，使得实体部门的总投资下降到最优水平，从而促使经济稳态增长。

（三）金融市场规模与总效应

实体部门总投资的变化取决于“挤出效应”和“挤入效应”的加总结果。其中，“挤入效应”的大小仅与企业面临的信贷约束有关，而企业的信贷约束水平又与其自身的资产状况有关，企业自身的资产状况又是一个外生变量，因此可以认为“挤出效应”的大小是外生给定的。钟腾（2017）的研究结论也支持以上判断，其认为抵押品效应与公司融资约束正相关，而与所在地区金融市场发展水平无明显关系。因此，当“挤入效应”外生给定的情况下，总效应就只取决于“挤出效应”的大小，而“挤出效应”的大小与金融市场的规模有关。

我们讨论的前提是金融市场具有不完全性①。例如，当金融市场上存在严重的过度创新、金融监管不足、风险管理工具缺乏等问题时，市场主体的投机行为就更加盛行，越容易产生资产泡沫，并且从实体经济部门吸引大量的资金，产生投资“挤出效应”。此时，投资“挤出效应”与金融市场的规模正相关。金融市场的规模越大，资产泡沫现象发生时，越倾向于做大泡沫资产的规模，从而导致泡沫资产对实体部门的资金分流效应越强烈，“挤出效应”越大。反之，区域金融市场的规模越小，资产泡沫现象发生时，泡沫资产的规模越有限，对实体部门的资金分流效应越弱，“挤出效应”越小。

四、全国30个城市的房价泡沫检验

金融资产的种类多样，至少要包括股票资产、债券资产和住房资产等。在实证研究中，经济学者们常使用股票资产作为金融资产的代理变量，来考察资产价格与消费、投资等宏观经济变量之间的关系②。本文选择住房资产作为金融

① 当然，这里讨论的前提是金融市场具有不完全性，因为完全的金融市场不会产生资产泡沫。

② 例如，Boone 等（1998），Ludwing 和 Slok（2002），吕江林和朱怀镇（2004），卢嘉瑞和朱亚杰（2006）等均是基于股票资产的价格来研究金融资产对宏观经济变量的效应。

资产的代表，理由有两个方面：一方面是住房市场具有区域特征，可近似视为相互独立的市场，符合本文面板数据的建模要求；另一方面是住房市场体量远远超过其他类型资产市场，对中国经济增长具有举足轻重的影响，可以作为典型代表。因此，下文将基于住房市场价格来对泡沫进行检验。

（一）PWY 检验方法介绍

Phillips，Wu 和 Yu（2011）提出了一种基于考察价格的爆炸性特征来识别泡沫的方法（以下简称 PWY），其本质上是一种右侧单位根检验方法。Phillips 等（2011a，2011b）分别对 PWY 检验方法进行了详细的论证和改进，最终使其适用于检测连续多个泡沫的情形。实践证明，PWY 方法在检验资产价格泡沫方面表现优异，具体如下：

用模型（1）描述价格序列 $\{P_t\}$ 的变化：

$$P_t = \mu + \rho p_{t-1} + \sum_{j=1}^{J} \varphi_j \Delta P_{t-1} + \varepsilon_t, \varepsilon_t \sim iid(0,\sigma^2) \tag{1}$$

显然，当上式中 $\rho > 1$ 时，价格 p_t 呈现出爆炸性上涨的过程。若将泡沫过程定义为价格爆炸性突变过程，那么泡沫存在性检验就等价于对 ρ 是否大于 1 进行检验。备选假设为 $\rho > 1$。检验步骤如下：

第一步，对于给定的样本序列 $\{P_t\}$（t = 1，…，T），利用部分样本 $\{P_t\}$（t = 1，…，[T，r_0]，$0 < r_0 < 1$）对模型（1）进行最小二乘估计[①]。第二步，逐渐增加样本量（此时样本量为 [Tr]，且 $r_0 < r < 1$，并对原模型进行递归最小二乘估计，由此得到一系列关于 ρ 的 t 统计量，记为 $ADF_0^{Tr} = \dfrac{\hat{\rho} - 1}{se(\hat{\rho}_r)}$。第三步，对 ADF_0^{Tr} 的上确界进行右侧单位根检验，若其大于右侧临界值，就拒绝原假设，并接受存在泡沫的备选假设[②]。在对一系列 ADF_0^{Tr} 统计量的检验中，当 ADF_0^{Tr} 统计量第一次大于临界值时，视为泡沫产生时点，再次小于临界值时，视为泡沫破灭时点，由此可得到从泡沫产生到破灭的时间段。

Phillips 等（2011b）进一步将该方法进行改进，以适用于考察连续多个泡沫的情形。主要的改进在于递归回归区间的变化：若将递归估计中子样本的起点记为 r_1，终点记为 r_2。此时，子样本的起点允许改变（$r_1 \in [0, r_2 - r_0]$），并且在每一个 r_1 的取值水平上，r_2 依次向前扩展（$r_2 \in [r_0, 1]$）[③]。

① [·] 表示取整数。

② 在 Phillips 的论文中，Sup ADF 检验的临界值通过 Monte – Carlo 仿真实验获取。

③ 在 sup ADF 检验中，子样本的起点 r_1 固定为 0 并保持不变，r_2 依次向前扩展（$r_2 \in [r_0, 1]$）。

（二）全国 30 个城市房价泡沫检验

1. 检验样本及数据来源。检验样本为全国 30 个省会城市或直辖市[①]，时间跨度为 2005 年 7 月至 2016 年 12 月，相关数据全部来源于 Wind 数据库，该数据库中提供了全国 70 个大中城市新建商品住宅价格指数月度数据，本文所使用的样本城市全部在列。

2. 检验过程。本文借鉴 PWY 方法对房价样本进行检验，考虑到在样本期间存在多个泡沫是可能的，因此采用 Phillips 等（2011b）改进后的方法。对于本文 30 个样本城市的房价指数时间序列 $\{p_{it}\}i=1,\cdots,30$，分别采用如下模型进行估计[②]：

$$P_{it} = \mu + \rho p_{it-1} + \varepsilon_{it} \tag{2}$$

考虑到要保证估计参数有一定的自由度，最小样本观测值设为 28 个（$r_0 \approx 0.2$）[③]。为了防止遗漏掉任何一个可能的泡沫，每递归一次，增加 1 个观测值。在一个子样本的递归回归结束后，重新选择下一个子样本起点[④]。等待每一轮的递归估计均告结束之后，可以得到一系列关于 p 的 t 统计量[⑤]。将 t 统计量与临界值相比较，根据前文介绍的规则，就可以得出房价泡沫的存在时段。临界值对照表取自 Phillips 等（2011b）的模拟结果[⑥]。

3. 检验结果和分析。图 2 为检测结果。我们将泡沫时段在各样本城市房价指数走势图中用灰色部分标示出来，可以看出 PWY 方法较好地捕捉到了价格爆炸性上涨过程。此外，我们从图 2 中很容易得出的结论是：房价泡沫在中国是一种普遍现象。

---

① 分别是：北京、天津、石家庄、太原、呼和浩特、沈阳、长春、哈尔滨、上海、南京、杭州、合肥、福州、南昌、济南、郑州、武汉、长沙、广州、南宁、海口、成都、贵阳、昆明、重庆、西安、兰州、西宁、银川和乌鲁木齐。

② 相较于模型（2），这里将滞后阶数设为 1 阶。

③ 由于样本数据区间为 2005 年 7 月至 2016 年 12 月，因此对于每一个样本来说，共有 138 个观测值。将最小样本比例设为 0.2，对应约为 28 个观测值。

④ 重新选择子样本起点的方法是，将前一个子样本起点向前推进 12 个观测值，然后开始下一轮递归估计。

⑤ 根据观测值总数和检测方法，最终一共得到了 560 个 t 统计量。

⑥ Phillips 等人的研究表明，统计量的临界值主要取决于最小子样本 r_0，而与样本总量无关。因此，本文将直接应用 Phillips 的临界值表，取 $r_0=0.2$ 时的临界值作为参考。

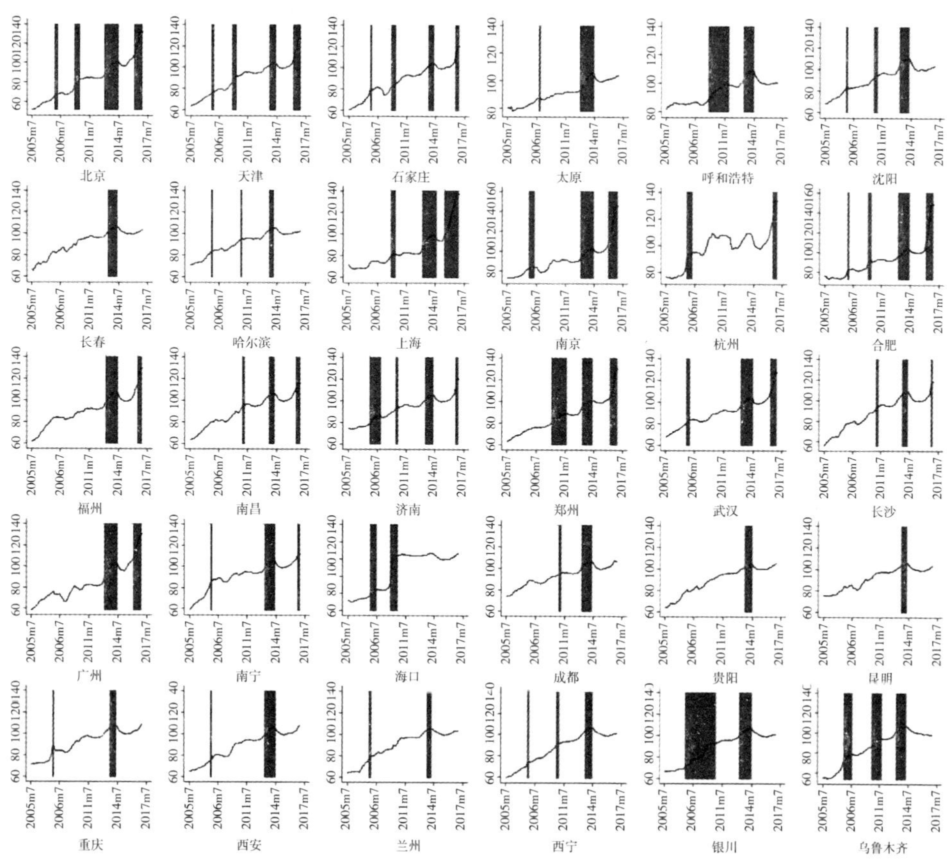

图2　样本城市房价指数与泡沫时段①

通过对检验结果进行简单的分析，还可以得出两点结论：

（1）中国的房价泡沫呈现出明显的区域特征。按照房价泡沫现象的突出程度排列，依次是东部地区、中部地区、西部地区、东北地区。从房价泡沫的时段数看，东部地区和中部地区在样本期间的平均房价泡沫时段数均为3.0个，西部地区平均为2.1个，东北地区平均为2.3个；从房价泡沫的存续时长来看，东部地区的在样本期间平均有10.1个月存在房价泡沫，中部地区平均有9.7个月存在房价泡沫，西部地区平均有7.8个月存在房价泡沫，东北地区平均有5.3个月存在房价泡沫。

① 图中自第一行左起，分别为：北京、天津、石家庄、太原、呼和浩特、沈阳、长春、哈尔滨、上海、南京、杭州、合肥、福州、南昌、济南、郑州、武汉、长沙、广州、南宁、海口、成都、贵阳、昆明、重庆、西安、兰州、西宁、银川和乌鲁木齐。

表1 各地区的平均泡沫时段和平均泡沫时长①

	东部地区	中部地区	西部地区	东北地区
平均泡沫时段（个）	3	3	2.1	2.3
平均泡沫时长（月）	10.1	9.7	7.8	5.3

（2）房价泡沫与实体经济增长率之间存在较弱的负相关性，但不同地区之间的差异较大。从全国范围看，二者之间的相关系数约为 -0.1。分地区看，东部地区房价泡沫与实体经济增长率之间的相关性最强，约为 -0.16，中部地区约为 -0.13，在西部地区和东北地区，房价泡沫和实体经济增长率之间的相关性较弱。由于房价泡沫对实体经济的影响机制比较复杂，单纯的相关性分析只能提供初步的判断。但至少可以看出，在东部和中部地区，房价泡沫对实体经济的影响更为显著。这说明，分地区进行实证分析是必要的。

表2 房价泡沫与实体经济增长率的相关系数

	全国	东部地区	中部地区	西部地区	东北地区
相关系数	-0.1	-0.16	-0.13	-0.01	-0.07

注：实体经济的增长率为第二产业总产值的增长率。

五、房价泡沫对实体经济的影响实证

（一）模型、变量及数据来源

1. 模型设定。基于新古典经济增长理论，建立如下计量模型：

$$\begin{aligned}\ln Y_{it} &= \ln A + \beta_1 \ln L_{it} + \beta_2 \ln K_{it} + \beta_3 \ln OPEN_{it} \\ &\quad + \beta_4 AB_{it} + \beta_5 \ln FMS_{it} + \beta_6 X_{it} + u_i + \varepsilon_{it}\end{aligned} \tag{3}$$

其中，Y 为经济总产出；A 为全要素生产率；L 为劳动要素投入；K 为资本要素投入；OPEN 为贸易开放度；AB 为房价泡沫；FMS 为金融市场规模；X 为房价泡沫与金融市场规模的交互项；u 为截距项；ε 为随机扰动项；β 为待估参数。

2. 变量定义。(1) 被解释变量为实体部门总产出，使用第二产业的总产值来替代。由于学术上对“实体经济”的概念尚未有明确、统一的界定，这导致不同的学者在实证研究中使用的代理变量非常不一致②。本文倾向于将虚拟经济

---

① 地区划分依据参照中国国家统计局官网：http：//www.stats.gov.cn。东部地区包括10个省（直辖市）：北京、天津、河北、上海、江苏、浙江、福建、山东、广东和海南；中部地区包括6个省：山西、安徽、江西、河南、湖北和湖南；西部地区包括11个省（自治区、直辖市）：内蒙古、广西、重庆、四川、贵州、云南、陕西、甘肃、青海、宁夏和新疆；东北地区包括3个省：辽宁、吉林和黑龙江。

② 例如，刘金全（2004）直接将实体经济产出等同于GDP；曹源芳（2008）使用工业增加值来表示实体经济；李强和徐康宁（2013）在GDP中剔除金融业和房地产业的产值作为实体经济的代表。

增加值的部分从国民经济总产出中剔除，并将剩余部分归为实体经济产出的做法。从产业层面来看，第一产业虽然属于实体经济的范畴，但一般来说农业属于劳动密集型行业，它与房价泡沫的关联性很小。第三产业中金融业和房地产业一般被认为不属于实体经济，应当将这部分进行剔除，但是大多数省份的金融业和房地产业增加值数据难以获取，导致在技术上难以实现将其剔除。因此，综合考虑多种因素之后，我们使用第二产业的产值作为实体部门的总产出。

（2）房价泡沫。在计量模型中，我们将房价泡沫设定为一个虚拟变量。根据本文第四节中对30个城市房价泡沫的检验，我们已经得到了每个样本城市的房价泡沫时段数据，将存在房价泡沫的季度标记为1，其余季度标记为0，就得到了一个关于房价泡沫的虚拟变量[①]，它是一个季度时间序列数据，记为：

$$AB_{it} = \begin{cases} 1, t \text{ 时期存在泡沫；} \\ 0, \text{其他} \end{cases}$$

（3）金融市场规模。Goldsmith（1969）、Mckinnon（1973）和Shaw（1973）等学者都认为，金融发展是经济增长的一个必要条件。因此，金融市场规模对于实体经济部门的总产出可能有积极影响。通常来讲，在衡量金融市场的规模时，需要考虑银行主导的间接融资市场，以及全国和区域性的直接融资市场，甚至是游离在正规金融体系之外的影子银行市场，它们都对房价泡沫的挤出效应产生影响。但是，综合考虑多种因素，本文最终选择以间接融资市场规模来代表，具体采用“存贷款总量”指标进行衡量[②]。一是因为全国各地区的影子银行规模数据难以获取；二是因为全国性的直接融资市场不适用于面板数据分析；三是中国的金融体系目前仍然是以银行主导的间接融资为主。

（4）其余控制变量。全要素生产率、劳动要素投入、资本要素投入和贸易开放度的定义分别为：①采用专利授权量衡量经济增长中的技术进步因素；②采用人口数量衡量经济增长中的劳动力投入因素；③采用固定资本投资额衡量经济增长中的资本投入因素；④采用进出口额占地区总产出的比重衡量经济增长中的对外开放因素。

3. 变量描述与数据来源。各变量的统计性描述如表3所示。

① 计量模型的数据样本为30个省（直辖市），假定省会城市的房价水平为该省的房价水平。省会城市集中了该省份最多的资本和劳动力资源，同时也是实体经济发展的重心，该假定在一定程度上是合理的。

② 社会融资规模指标虽然能够在一定程度上反映直接融资，理论上要优于存贷款总量指标，但是其数据时间长度不足，不能满足计量估计的需要。

表 3 **变量统计性描述**

变量	均值	标准差	最小值	最大值	观测值
实体部门总产出	7.08	1.09	3.12	9.20	1 440
全要素生产率	4.62	1.65	0	8.55	1 440
劳动要素投入	8.17	0.75	6.30	9.30	1 440
资本要素投入	7.86	1.42	2.48	10.87	1 440
贸易开放度	0.54	0.87	0.00	5.98	1 440
房价泡沫	0.18	0.39	0	1	1 440
金融市场规模	0.92	0.32	0.23	2.07	1 440

注：表中除房价泡沫外，其余变量均为取完对数之后的数值；为了消除季节因素，对部分数据进行了平滑处理。

对模型（3）的实证分析使用了全国30个省市的季度面板数据①，数据期间为2005—2016年，共12年，48个季度。其中，地区生产总值、存贷款额、商品住宅销售价格、专利授权量、人口数量、固定资本投资额、进出口额均直接取自于Wind数据库。房价泡沫、金融市场规模、贸易开放度指标则是由作者根据相关数据计算而得。

（二）模型检验的理论依据

在模型（3）中，为了直观地表现房价泡沫对实体经济增长的影响，在等式两边同时对房价泡沫变量求偏导数，可得：

$$\Phi_{it} = \frac{d\ln Y_{it}}{dAB_{it}} = \beta_4 + \beta_6 \times \ln FMS_{it} \tag{4}$$

利用式（4），可分别检验房价泡沫对实体经济的两种效应。

1. 检验“挤入效应”。参数 β_4 代表房价泡沫对实体部门的投资挤入效应，预期其符号为正。根据前文对影响机制的阐述，房价泡沫可通过向实体部门挤入投资，进而促进实体经济增长。在式（4）中，挤入效应对应参数 β_4 的符号和大小。若 β_4 的符号为正，即房价泡沫对实体经济增长具有促进作用，说明投资“挤入效应”是存在的，同时该参数值越大，挤入效应越大；反之，若 β_4 的符号为负，说明房价泡沫对实体经济增长是不利的，投资“挤入效应”不存在。

2. 检验“挤出效应”。参数 β_6 代表房价泡沫对实体部门的投资挤出效应，预期其符号为负。根据前文对影响机制的阐述，由于房价泡沫吸收了社会储蓄，从实体部门挤出了部分投资，进而阻碍实体经济增长，并且挤出效应与金融市场规模正相关。在式（4）中，挤出效应对应参数 β_6 的符号和大小，以及金融

① 30个样本省份包括：北京、天津、河北、上海、江苏、浙江、福建、山东、广东、海南、山西、安徽、江西、河南、湖北、湖南、内蒙古、广西、重庆、四川、贵州、云南、陕西、甘肃、青海、宁夏、新疆、辽宁、吉林和黑龙江。

市场规模 FMS_{it} 的大小。若 β_6 的符号为负，即房价泡沫对实体经济增长具有阻碍作用，说明“挤出效应”是存在的，该参数和金融市场规模越大，挤出效应越大。反之，若 β_6 的符号为正，说明本文所述的挤出效应不存在。

（三）检验1：全样本估计

表4　全样本估计结果

解释变量	（1）	（2）	（3）	（4）
资本要素投入	0.197***	0.194***	0.140***	0.139***
	（0.006）	（0.006）	（0.006）	（0.006）
劳动要素投入	0.660***	0.545***	−0.338***	−0.270**
	（0.146）	（0.145）	（0.125）	（0.125）
全要素生产率	0.257***	0.255***	0.002	0.005
	（0.008）	（0.008）	（0.012）	（0.012）
贸易开放度	0.074***	0.073***	0.116***	0.116***
	（0.024）	（0.023）	（0.019）	（0.019）
金融市场规模		0.618***	0.605***	0.606***
		（0.023）	（0.0230）	（0.0229）
房价泡沫			0.052***	0.554***
			（0.013）	（0.123）
交互项				−0.048***
				（0.012）
截距项	−0.930	0.0215	2.733***	2.158**
	（1.172）	（1.166）	（0.968）	（0.973）
个体固定效应	是	是	是	是
工具变量	否	是	是	是
观测值	1 437	1 408	1 408	1 408
R^2	0.810	0.869	0.871	0.872
样本数	30	30	30	30

注：***、** 和 * 分别表示1%、5%和10%的检验水平上显著。

估计结果如表4所示。其中，第（1）列是只有控制变量的情形，可以看出各控制变量的系数参数均十分显著，参数符号均符合预期，拟合优度也较高。在第（2）至第（4）列中，随着主要解释变量加入估计，各控制变量系数的符号、显著性基本未发生明显变化，拟合优度不断上升，说明模型十分稳定。此外，考虑到金融市场规模与实体部门产出之间可能存在双向影响，我们取金融市场规模的一阶滞后变量作为工具变量，使用面板工具变量法进行估计。接下来讨论第（4）列中包含了全部解释变量的情形，对房价泡沫的“挤入效应”和“挤出效应”进行验证，最后计算并分析其总效应。

1. “挤入效应”的验证。房价泡沫的“挤入效应”是存在的。在第（4）列中，房价泡沫的系数参数为 0.554，系数为正且在 1% 的检验水平上具有显著性，这说明在某季度，当经济中存在房价泡沫时，房价泡沫将促使当季度实体部门总产出提升约 0.6 个百分点。因此，房价泡沫促进了实体部门的总产出，说明“挤入效应”是存在的。

2. “挤出效应”的验证。房价泡沫的“挤出效应”是存在的。在第（4）列中，房价泡沫与金融市场规模交叉项的系数参数为 -0.048，系数为负且在 1% 的检验水平上具有显著性，说明在某季度，当经济中存在房价泡沫时，金融市场规模每提升 1 个百分点，房价泡沫将导致实体部门总产出下降约 0.05 个百分点。因此，房价泡沫通过金融市场对实体部门总产出发挥了阻碍作用，说明“挤出效应”是存在的。此外，金融市场规模的系数参数为 0.606，系数为正且在 1% 的检验水平上具有显著性，说明金融市场自身对实体部门总产出具有直接促进作用，该结果也符合预期。

3. 计算总效应。总效应为“挤入效应”与“挤出效应”的总和，反映了房价泡沫对实体经济的总体影响。根据公式（4），以及表 4 第（4）列中各系数参数的估计值，我们计算了 2005—2016 年各样本省市的年平均总效应。

（1）总效应为负值的情形。如图 3 所示，北京、上海、江苏、浙江、山东和广东共 6 个省市，房价泡沫的总效应为负，说明房价泡沫对实体经济表现为阻碍作用。此外，我们还发现总效应呈现出两个特点：其一，房价泡沫对实体经济的总效应经历了由正转负的过程。约在 2013 年之前，“挤出效应”小于“挤入效应”，总效应为正，在此之后“挤出效应”超过“挤入效应”，总效应为负。其二，房价泡沫对实体经济的阻碍作用呈逐渐加强趋势。这是因为，随着金融市场规模的扩张，房价泡沫的“挤出效应”不断扩大，在“挤入效应”保持不变的情况下，房价泡沫对实体部门总产出的负面效应不断扩大。

（2）总效应为正值的情形。如图 4 所示，除了东部 6 个省市以外，房价泡沫在其余 24 个省市的总效应均为正值，说明房价泡沫在这些地区对实体经济突出表现为促进作用。但是我们还发现，房价泡沫对实体经济的促进作用呈减弱趋势。以河南省为例，虽然在样本期间房价泡沫对实体经济的总效应持续为正，但是该效应正在逐年减弱，截至 2016 年，房价泡沫对实体经济的促进作用已经变得十分微弱。

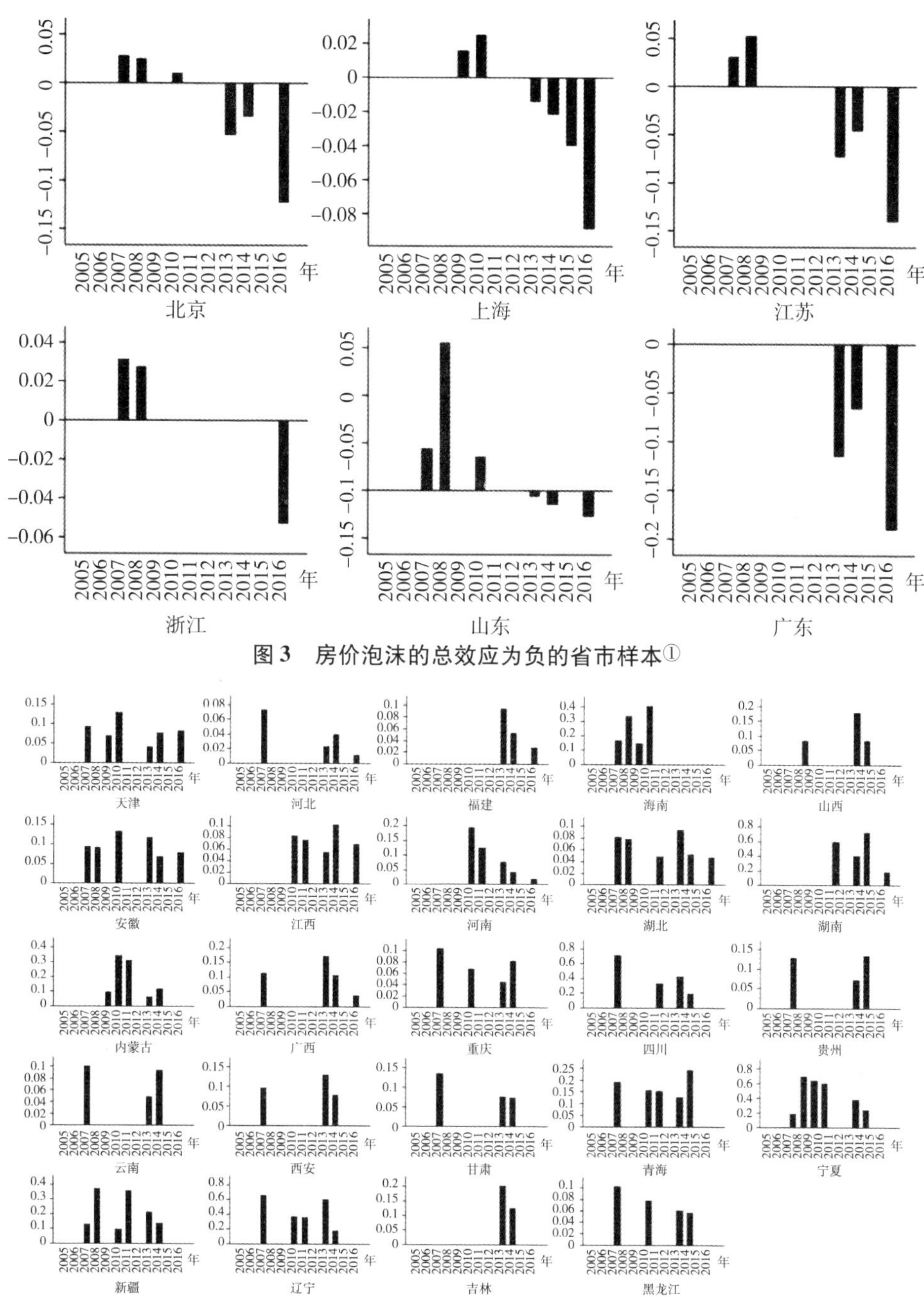

图 3　房价泡沫的总效应为负的省市样本①

图 4　房价泡沫的总效应为正的省市样本

① 图中纵轴为实体部门总产出的变化值，当年的总效应为各季度总效应的平均值。

（四）检验 2：分地区估计

对中国 30 个城市房价泡沫的分析结果显示，房价泡沫在东部、中部、西部和东北地区呈现出明显的差异性。此外，由于不同地区的金融市场规模、实体经济发展水平也存在较大的差距，因此有必要按照样本所属地区分类进行估计。同样地，参照中国国家统计局的地区划分方法，将 30 个省市样本进一步划分为东部地区、中部地区、西部地区和东北地区①，使用面板工具变量法再次对模型（3）进行估计。结果如表 5 所示，第（5）至第（8）列中分别是对东部地区、中部地区、西部地区和东北地区的估计结果。可以看出，控制变量的系数参数基本显著，参数符号基本符合预期，拟合优度均较高。

表 5 分地区估计结果

解释变量	(5)	(6)	(7)	(8)
	东部地区	中部地区	西部地区	东北地区
资本要素投入	0.140***	0.126***	0.152***	0.123***
	(0.008)	(0.014)	(0.009)	(0.017)
劳动要素投入	0.331***	-3.119***	-0.475	23.93***
	(0.120)	(0.842)	(0.342)	(3.842)
全要素生产率	0.035**	-0.019	0.019	0.048
	(0.015)	(0.030)	(0.018)	(0.072)
贸易开放度	0.145***	0.034	0.054**	0.206*
	(0.032)	(0.046)	(0.026)	(0.119)
金融市场规模	0.448***	0.775***	0.592***	0.332**
	(0.037)	(0.073)	(0.032)	(0.129)
房价泡沫	0.488***	1.312**	0.141	0.712
	(0.144)	(0.606)	(0.224)	(1.400)
交互项	-0.043***	-0.121**	-0.004	-0.062
	(0.013)	(0.057)	(0.023)	(0.134)
截距项	-1.334	25.54***	3.439	-192.7***
	(0.841)	(6.882)	(2.611)	(30.97)
个体固定效应	是	是	是	是

① 地区划分依据参照中国国家统计局官网：http://www.stats.gov.cn。在本文中，东部地区包括 10 个省（直辖市）：北京、天津、河北、上海、江苏、浙江、福建、山东、广东和海南；中部地区包括 6 个省：山西、安徽、江西、河南、湖北和湖南；西部地区包括 11 个省（自治区、直辖市）：内蒙古、广西、重庆、四川、贵州、云南、陕西、甘肃、青海、宁夏和新疆；东北地区包括 3 个省：辽宁、吉林和黑龙江。

续表

解释变量	(5)	(6)	(7)	(8)
	东部地区	中部地区	西部地区	东北地区
工具变量	是	是	是	是
观测值	470	282	515	141
R^2	0.916	0.888	0.902	0.749
样本数	10	6	11	3

注：*** 、** 和 * 分别表示1%、5%和10%的检验水平上显著。

1. “挤入效应”的验证。房价泡沫的“挤入效应”只存在于中国的东部地区和中部地区。依据房价泡沫的系数符号来判断：在第（5）、第（6）列中，房价泡沫的系数符号均显著为正，说明“挤入效应”在东部、中部地区是存在的，在第（7）、第（8）列中，房价泡沫的系数符号虽然为正，但缺乏统计显著性，说明“挤入效应”在西部、东北地区不存在。具体地，在东部地区，房价泡沫的系数为0.488，且在1%的检验水平上具有显著性，说明若经济中的某个季度存在房价泡沫，那么房价泡沫将会在当季度促使实体部门总产出提升约0.5个百分点。在中部地区，房价泡沫的系数为1.312，且在5%的检验水平上具有显著性，说明若经济中的某个季度存在房价泡沫，那么房价泡沫将会在当季度促使实体部门总产出提升约1.3个百分点。

2. “挤出效应”的验证。房价泡沫的“挤出效应”只存在于中国的东部地区和中部地区。依据资产泡沫与金融市场规模交叉项的系数符号来判断：在第（5）、第（6）列中，交叉项的系数均显著为负，说明“挤出效应”在东部、中部地区是存在的，在第（7）、第（8）列中，交叉项的系数虽然为负，但缺乏统计显著性，说明“挤出效应”在西部、东北地区不存在。具体地，在东部地区，房价泡沫与金融市场规模交叉项的系数为 -0.043，且在1%的检验水平上具有显著性，说明当经济中存在房价泡沫时，金融市场规模每提升1个百分点，房价泡沫将导致实体部门的总产出下降约0.04个百分点。在中部地区，房价泡沫与金融市场规模交叉项的系数为 -0.121，且在5%的检验水平上具有显著性，说明当经济中存在房价泡沫时，金融市场规模每提升1个百分点，房价泡沫将导致实体部门的总产出下降0.12个百分点。

3. 计算总效应。由于挤入效应和挤出效应只在东部、中部地区具有显著性，因此我们只需要计算东部、中部地区的总效应。

（1）东部地区的总效应。如图5所示，在其中7个省市，房价泡沫在对实体经济的总效应出现了负值，分别是：北京、河北、上海、江苏、浙江、山东和广东。相比较全样本的估计结果，房价泡沫对实体经济的负面效应更加突出。

一是出现负面效应的省市数量增加。例如，分地区估计后河北省在 2016 年出现了负的总效应。二是负面效应的规模扩大，总效应由正转负的时间所有提前。例如，北京市房价泡沫的总效应由正转负的时间提前到了 2010 年。

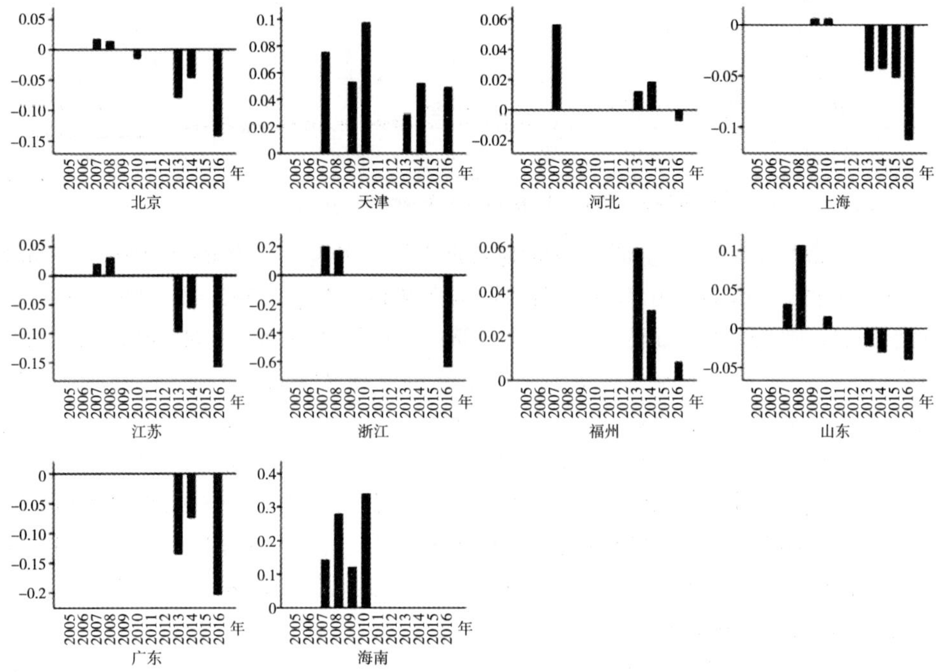

图 5 房价泡沫在东部地区的总效应

（2）中部地区的总效应。如图 6 所示，在其中 4 个省市，房价泡沫对实体经济的总效应出现负值，分别是：安徽、河南、湖北和湖南。相比较全样本的估计结果：一是出现负面效应的省市数量增加。在全样本的估计中，中部地区各省市未出现总效应为负的情况，但分地区估计后，共有 4 个省市出现了总效应为负的情况。二是房价泡沫对实体经济的促进效果减弱。以江西省为例，2016 年房价泡沫对实体经济的促进效应几乎为零。

（五）检验 3：稳健性检验

在之前的估计中，对于房价泡沫采用虚拟变量表示。然而这种做法可能会带来一些问题：一是对不同的泡沫程度不加以区分。使用虚拟变量来表示房价泡沫，其隐含的假设是，不同样本或相同样本不同时段的泡沫是完全相同的，但事实并不如此，不同样本或不同时期的泡沫在程度上显然有区别，对实体部门产出的影响程度也应当存在差异。二是无法在每一个时期内均反映出房价对实体经济的影响。在未检测到泡沫的时期，泡沫虚拟变量的值为零，此时在模

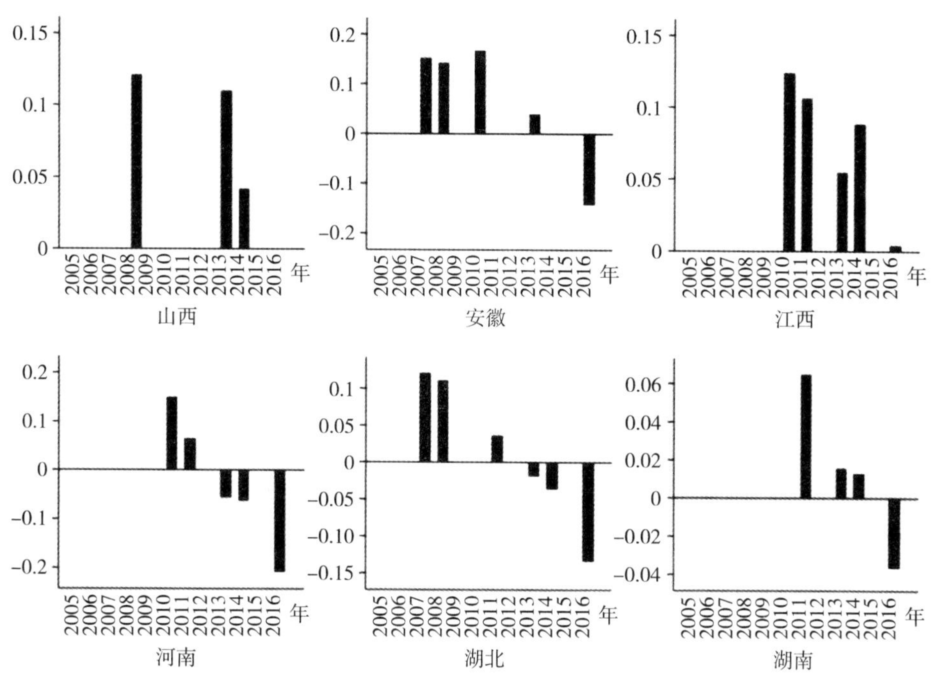

图6　房价泡沫在中部地区的总效应

型中无法反映出房价对实体经济的影响，但事实上房价对实体经济的影响在当期可能是存在的，从而导致遗漏解释变量的问题。以上两方面的问题可能导致模型参数的估计结果不准确。因此，为了避免这种情况出现，我们需要对模型进行稳健性检验。具体的做法是，使用房价指数代替房价泡沫虚拟变量，并对模型（3）重新进行估计，如果结论没有明显变化，就说明原来的估计结果是可靠的。

稳健性检验的结果如表6所示。其中，第（9）列是全样本估计的结果，第（10）至第（13）列是分地区的估计结果。分别将其与表4、表5中的估计结果相比较。首先，比较全样本估计的结果。如第（9）列所示，控制变量系数参数的符号、显著性较之前均未有明显变化，房价指数和交互项的系数符号也未发生变化，并且具有统计显著性，表明原来的结论仍然成立。其次，比较分地区的估计结果。在东部地区、中部地区和东北地区的估计结果中，各个解释变量的系数参数符号、显著性未发生明显变化，仍然保持了原来的结论。但是，如第（12）列所示，在西部地区的估计结果中，各个解释变量系数参数的显著性明显提升，尤其是主要解释变量的系数变得显著。其中，房价指数的系数参数显著为正，房价指数与金融市场规模交互项的系数参数显著为负，这说明在西部地区同样存在“挤入效应”和“挤出效应”，进一步加强了原来的结论。综上所述，将房价泡沫替换为房价指数，并对原模型重新进行估计之后，原有结论仍然成立，说明原来的估计结果是可靠的。

表 6 稳健性检验

解释变量	(9)	(10)	(11)	(12)	(13)
	全样本	东部地区	中部地区	西部地区	东北地区
资本要素投入	0.139 ***	0.139 ***	0.120 ***	0.152 ***	0.111 ***
	(0.006)	(0.008)	(0.013)	(0.009)	(0.017)
劳动要素投入	-0.263 **	** 0.354 ***	-3.193 ***	-0.893 ***	24.88 ***
	(0.133)	(0.121)	(0.763)	(0.344)	(7.141)
全要素生产率	0.014	0.037 **	-0.004	0.033 *	0.021
	(0.012)	(0.015)	(0.027)	(0.018)	(0.079)
贸易开放度	0.103 ***	0.079 **	-0.003	0.085 ***	0.033
	(0.019)	(0.038)	(0.043)	(0.029)	(0.126)
金融市场规模	1.180 ***	0.800 ***	5.022 ***	1.360 ***	4.219
	(0.121)	(0.116)	(0.653)	(0.476)	(5.145)
房价指数	1.704 ***	0.800 ***	10.56 ***	2.408 ***	9.918
	(0.271)	(0.266)	(1.509)	(0.834)	(9.722)
交互项	-0.146 ***	-0.082 ***	-0.983 ***	-0.199 **	-0.909
	(0.027)	(0.025)	(0.145)	(0.101)	(1.083)
截距项	-4.741 ***	-4.978 ***	-19.50 **	-2.822	-243.1 **
	(1.721)	(1.394)	(8.845)	(4.202)	(100.3)
个体固定效应	是	是	是	是	是
工具变量	是	是	是	是	是
观测值	1 408	470	282	515	141
R^2	0.875	0.916	0.905	0.906	0.779
样本数	30	10	6	11	3

注：*** 、** 和 * 分别表示 1%、5% 和 10% 的检验水平上显著。

六、结论及政策建议

（一）全文结论

本文采用 PWY 方法对全国 30 个城市的房价泡沫进行了检验，随后构造计量模型，并基于 30 个省市样本 2005—2016 年的季度面板数据，实证考察了房价泡沫与实体经济之间的关系。考虑到模型中金融市场规模与实体经济产出之间可能存在的双向影响，采用面板工具变量法加以控制。此外，由于各地区房价泡沫的特点不同，且经济金融的发展也存在不平衡的情况，这可能导致房价泡沫在不同的地区对实体经济的影响也可能是不同的，为了反映这种情况，本文在全样本估计之后，又对样本分地区进行了考察，最终得到了如下结论：

1. 房价泡沫在中国是普遍现象，但呈现出地域差异。根据全国 30 个城市的房价泡沫检验结果，并基于泡沫时段的个数和泡沫存续时长来比较，可发现中国东部、中部地区的房价泡沫现象最为严重，无论是泡沫时段数还是泡沫时长，都远高于其余地区，西部、东北地区的泡沫现象相对较弱。

2. 房价泡沫对实体经济的影响也呈现出地域差异。在中国的东部和中部地区，房价泡沫对实体经济有显著影响，但在西部和东北地区则无显著影响。分地区检验的结果表明，房价泡沫对实体部门的“挤入效应”和“挤出效应”只在东部、中部地区样本的检验中得到了验证，在西部和东北地区样本的检验中不具有统计显著性。

3. 刺激房价上涨不一定总能促使实体经济产出增加。分地区检验表明，房价泡沫在 16 个省市中对实体经济产生了显著影响。其中，在 11 个省市房价泡沫的总效应显著为负，分别是：北京、河北、上海、江苏、浙江、山东、广东、安徽、河南、湖北和湖南，其中 7 个属于东部地区，4 个属于中部地区。5 个省房价泡沫的总效应显著为正，分别是：天津、福州、海南、山西、江西。

4. 由于金融市场规模的负面作用，房价泡沫对实体经济的影响效应呈现由正转负的趋势。根据总效应的计算结果来看，在总效应为负的省市，例如北京、上海、广东等，房价泡沫对实体经济的负面效应呈现出逐渐扩大的趋势；同时，在总效应仍然为正的省市，例如福建省，房价泡沫对实体经济的促进效应呈现不断减小的趋势。这是由于金融市场规模的负面作用导致的，随着金融市场规模的扩大“挤出效应”逐渐增强，导致总效应的值不断减小，并在某一时刻由正转负。因此，可以预见的是，在房价泡沫仍然能够促进实体部门产出增长的省份，随着时间的推移，这种促进效应将会消失，取而代之的是对实体经济的阻碍效应。

（二）政策建议

1. 转变发展理念，科学合理地利用房地产对经济增长的促进作用。一是要认识到房地产对实体经济的危害性。尤其是在房价泡沫现象比较严重、实体产业比较发达的东部和中部地区，目前房价泡沫的“挤出效应”普遍占主导地位，此时应当摒弃依靠房地产业带动经济增长的发展思路。二是要合理利用房地产对经济增长的有利方面。尤其是在经济欠发达、工业基础相对薄弱的西部地区，由于房价泡沫对实体经济的危害尚不突出，甚至仍然能够促进实体经济发展，此时应当紧紧抓住推进城镇化建设的历史机遇，合理发挥房地产业对当地经济的有利方面。三是要认识到房地产经济模式的局限性。尽管在西部地区，房价泡沫对实体经济没有造成显著的危害，但从长远来看，随着经济发展重心向西转移，房价泡沫的负面效应将会逐渐显现，因此西部地区应当未雨绸缪，逐步减少对于房地产经济模式的依赖，为承接沿海地区的产业转移做好准备。

2. 结合当地实际，平稳有序地实施抑制房价泡沫的相关政策。一是要坚决遏制房价过快上涨的行为。按照“房子是用来住的，不是用来炒的”定位，在房价泡沫现象比较突出、对实体经济危害比较大的地区，在支持居民家庭合理自住购房的同时，坚决打击投机性交易，遏制炒房行为。二是要按照“分城施策”的原则出台抑制房价泡沫的具体措施。由于各地区的情况存在差异，房价泡沫的严重程度、金融市场的发达程度、实体经济行业的发展程度均不同，因此相关政策要有针对性。例如，在泡沫危害不显著的西部地区、东北地区，应该侧重于利用房地产行业的有利方面，不应实施与东部地区同样严格的政策，以减少对经济的负面冲击。三是要关注房地产行业与实体经济行业之间的关联性。建立实体行业、产业投资监测制度，并密切关注实体部门的投资与房价之间的关联情况，形成有效的预警机制，以便提高住房调控政策的针对性和及时性。

3. 加强金融监管，积极主动地发挥金融体系调配资源的功能。对于金融监管部门而言，一是要加强对个人住房信贷市场的监管。将现有的政策工具用好、用足，要在继续落实差别化住房信贷政策的同时，进一步加强对商业银行的窗口指导，督促商业银行强化审贷管理、杜绝消费贷款违规进入楼市等行为，控制个人住房贷款增速。二是严格做好流向房地产市场的资金管控。要配合地方政府落实好购地资金审查制度，加强对理财资金投资房地产领域的管控，同时加强对房地产开发企业融资行为的管控，例如，杜绝房地产开发企业“名股实债”、杠杆融资行为，对于囤房、炒作以及产生“地王”的房地产开发企业，要严格限制其开发贷款。三是提升货币政策和金融监管政策的地域差异性和针对性。在制定货币政策和金融监管政策时，应当根据不同区域的实际情况差异，体现出政策的针对性，以便充分利用房地产对实体经济的有利方面，同时最大限度地减少其不利方面。例如，在金融市场规模较大、实体经济比较发达的地区，相关政策应倾向于减轻企业融资约束、提高企业的信贷可得性、控制住房信贷规模等，以便降低房价泡沫产生的可能性、减少其危害性。在金融市场规模较小、实体经济欠发达的地区，相关政策应倾向于发挥金融市场促进实体经济的功能，例如发展普惠金融，推进金融扶贫等。

参考文献

[1] 曹源芳. 我国实体经济与虚拟经济的背离关系——基于 1998—2008 年数据的实证研究 [J]. 经济社会体制比较，2008 (6).

[2] 李青原，李江冰，江春，等．金融发展与地区实体经济资本配置效率——来自省级工业行业数据的证据［J］. 经济学（季刊），2013（2）．

[3] 李强，徐康宁．金融发展、实体经济与经济增长——基于省级面板数据的经验分析［J］. 上海经济研究，2013（9）．

[4] 刘金全．虚拟经济与实体经济之间关联性的计量检验［J］. 中国社会科学，2004（4）．

[5] 卢嘉瑞，朱亚杰．股市财富效应及其传导机制［J］. 经济评论，2006（6）．

[6] 吕林江，朱怀镇．中国股票市场对货币政策影响的实证分析［J］. 当代财经，2004（11）．

[7] 王永钦，高鑫，袁志刚，等．金融发展、房价泡沫与实体经济——一个文献综述［J］. 金融研究，2016（5）：191－206.

[8] 朱大鹏，陈鑫．房产价格、家庭财富再分配与货币政策有效性——基于动态随机一般均衡模型的分析［J］. 南方金融，2017（5）：18－36.

[9] 周端明，艾菲，胡小文．我国房地产业对实体经济的掠夺效应——基于多部门动态随机一般均衡的模拟分析［J］. 当代经济研究，2016（11）：62－72.

[10] 钟腾．房地产抵押品价值变动的实体经济效应［J］. 财经研究，2017，43（10）：55－56.

[11] Allen, F. and G. Gorton. 1993. "Churning Bubbles", Review of Economic Studies, 60 (4): 813－836.

[12] Caballero, R. J, 2006. "On the Macroeconomics of Asset Shortages", No. w12753. National Bureau of Economic Research.

[13] Caballero, R. J. , E. Farhi and P. O. Gourinchas, 2008. "Financial Crash, Commodity Prices and Global Imbalances", Brookings Papers on Economic Activity 2: 1－55.

[14] Diamond, P. A. . 1965. "National Debt in a Neoclassical Growth Model", American Economic Review, 55 (5): 1126－1150.

[15] Farhi, E. and J. Tirole. 2012. "Bubbly Liquidity", Review of Economic Studies, 79 (2): 678－706.

[16] Ludwig and Slok. 2002. Impact of Stock Prices and House Prices on Consumption in OECD Countries [R]. IMF Working Paper.

[17] Martin, A. and J. Ventura. 2012. "Economic Growth with Bubbles", American Economic Review, 102 (6): 3033－3058.

[18] Phillips P C B, Shi S , Yu J. , 2011a, Specification Sensitivity in Right－

Tailed Unit Root Testing for Explosive Behavior. Working Paper, Simkee Boon Institute for Financial Economics, Singapore Management University.

[19] Phillips P C B, Shi S , Yu J. , 2011b, Testing for Multiple Bubbles [J]. Social Science Electronic Publishing , 52.

[20] Stiglitz, J. E. . 1990. "Symposium on Bubbles", Journal of Economic Perspectives, 4 (2): 13 - 18.

[21] Stiglitz, J. E. and A. Weiss. 1981. "Credit Rationing in Markets with Imperfect Information", American Economic Review, 71 (3): 393 - 410.

[22] Tirole J. . 1985. "Asset Bubbles and Overlapping Generations", Econometrica, 53 (6): 1499 - 1528.

[23] J Shan, J Qi. Does Fiancial Development "Lead" Economic Growth? The case of China [J]. Annals of Economics & Finance, 2006, 7 (1): 197 - 216.

浙江自贸试验区建设发展策略及融资配套研究

国家开发银行浙江省分行课题组*

一、浙江自贸试验区建设基础分析

（一）浙江自贸试验区定位、目标及建设重点①

1. 定位与目标

浙江自贸试验区的战略定位是以制度创新为核心，以可复制可推广为基本要求，将自贸区建设成为东部地区重要海上开放门户示范区、国际大宗商品贸易自由化先导区和具有国际影响力的资源配置基地。

浙江自贸试验区的发展目标是经过三年左右有特色的改革探索，基本实现投资贸易便利、高端产业集聚、法治环境规范、金融服务完善、监管高效便捷、辐射带动作用突出，以油品为核心的大宗商品全球配置能力显著提升，对接国际标准初步建成自由贸易港区先行区。

2. 重点

一是建设国际海事服务基地。重点建设东北亚保税燃料油加注中心，大力发展国际海事高端服务业。

二是建设国际油品储运基地。重点完善油品储运基础设施，推进油品储运投资便利化，完善油品储备体系，加强油品储备国际合作。

三是建设国际石化基地。按照国家战略布局，在鱼山岛打造国际一流的石化产业基地，加快舟山民营绿色石化基地建设，形成国际一流的万亿级石化产业集群。

四是建设国际油品交易中心。开展原油、成品油、保税燃料油现货交易，条件成熟时开展与期货相关的业务。加快设立舟山国际原油保税交割中心，大力发展成品油内外贸分销网络和交易市场。

五是建设国际矿石中转基地。依托鼠浪湖岛、马迹山岛矿石中转码头，建设国际配矿贸易中心。依托中国（浙江）大宗商品交易中心，大力发展矿石现

---

* 课题主持人：刘　新

课题组成员：周　莉　彭　永　黄海亮　刘　健　陈方中　郑明海　刘志国　虞孔卡

① 本小节主要来源于《中国（浙江）自由贸易试验区建设实施方案》。

货交易和国际贸易，形成区域性的矿石信息中心和价格形成中心。

六是建设舟山航空产业园。在朱家尖岛布局建设舟山航空产业园，通过通用飞机总装组装、制造，对接国际航空产业转移，形成航空产业集群。开展飞机零部件制造维修业务试点，积极引进飞行驾驶培训、空中旅游观光、通用航空基地运营服务及相关科研机构，鼓励高端先进航空制造、零部件物流、研发设计及配套产业向自贸试验区集聚。

（二）浙江自贸试验区发展优劣势分析

2013 年 1 月，国务院正式批复了《浙江舟山群岛新区发展规划》，提出在条件成熟时探索建立舟山自由贸易园区，为浙江自贸区设立埋下伏笔。2017 年 3 月，《总体方案》获国务院批复，提出以制度创新为核心，以可复制可推广为基本要求，将浙江自贸试验区建设成为东部地区重要海上开放门户示范区、国际大宗商品贸易自由化先导区和具有国际影响力的资源配置基地。浙江自贸区虽然区域资源优势突出、政府组织优势凸显、新兴经济发展活跃以及特色产业优势明显，但同时也面临着现实基础薄弱、国际化水平不高以及可借鉴经验不足、金融支撑不足等问题。

（三）国内外自贸（试验）区建设经验借鉴

一是自贸区政策。无论国内外的自贸区，普遍强调贸易自由，明确是非关税区，实行“境内关外”政策无一例外建立了“一线放开，二线管住”制度，对列入禁运/管制清单外的商品免予惯常的海关监管，通关便利并减免园区货物与境外往来的关税及其他税。

二是自贸区立法。国外自由贸易区专门立法，有专门的条例，还有实施细则。制定专门法律及配套细则，为自由贸易区的设立（指定）、运营等提供法律保障。舟山发展自由贸易区，实行国际化发展、规范发展，需争取人大立法支持。

三是自贸区架构。美国对外贸易区实行“主区 + 辅区”的发展架构。国外其他自由贸易区在地理分布上，也是以“一区多片”架构发展的。这种多片区发展架构，有利于不同类型自由经济片区在地理上聚集，互联互通、互补发展。舟山具有岛屿多，开发面积分散的特点，以多片区的发展架构，能利用分散的土地，支持多种产业的多形态互补发展。

二、浙江自贸试验区重大项目资金供求平衡分析

本节将结合浙江自贸试验区重大项目投融资现状，重点测算浙江自贸试验区政府性投资项目建设资金的供需情况，为进一步进行系统性融资方案设计打下良好基础。

浙江自贸试验区重大项目按照不同投资领域，可分为产业类项目和重点工

程项目（主要为基础设施类项目）两大类。产业类项目投融资主要交由市场主体完成。重点工程类项目结合项目自身特点和属性，进行筛选，收益性较好的项目采用市场化运作方式，公益性较强的项目列入政府投资类项目。

（一）投融资需求分析

根据浙江自贸试验区《产业发展规划》，浙江自贸试验区拟实施重大项目44个，总投资3 725亿元，其中政府类项目总投资652亿元，资本金需求130亿元，融资需求522亿元。主要包含油品全产业链项目、新兴产业项目、支撑产业项目、集疏运体系、公共服务以及生态环保六大类。

表1　中国（浙江）自由贸易试验区重大项目表（实施类）　单位：亿元

序号	项目名称	项目个数	总投资	其中：地方政府性投资	资本金出资比例	资本金需求	融资需求
	合计	44	3 726	652	—	812	2 566
一	产业类项目	23	2 726			682	2 045
（一）	油品全产业链项目	11	2 167			542	1 625
1	油品储运业	3	265			66	199
2	大宗商品加工业	1	1 731			433	1 298
3	大宗商品贸易业	2	37			9	28
4	其他大宗商品项目	5	134			34	101
（二）	两大新兴产业项目	7	142	—	25%	36	107
1	航空产业	2	65			16	49
2	海洋高端装备产业	5	77			19	58
（三）	支撑产业项目	5	417			104	313
1	国际海事服务业	1	10			3	8
2	金融服务业	2	404			101	303
3	科技信息业	2	3			1	2
二	重点工程项目	21	1 000	652		130	522
（一）	集疏运体系	13	732	626		125	501
（二）	基础设施和公共配套	4	163	26	20%	5	21
（三）	生态环保	4	105	0		0	0

注：各领域资本金比例为在国务院最新要求基础上，结合调研情况进行适当调整所得。

（二）政府性投资资金供给能力分析

1. 资本金出资能力分析

（1）财务分析

近几年，舟山市财政总收入总体呈现缓慢稳步增长态势。主要呈现以下特点：一是国有土地出让金呈下降态势。自 2013 年开始，虽然土地市场回暖，但由于舟山属于以岛立市，建设用地有限，国有土地使用权出让金出现下降态势。二是近三年公共财政收入呈加速增长态势。近三年虽然国有土地使用权出让金出现下滑态势，但是由于补助收入增幅较大，所以从总量上来看，财政总收入与前两年相比仍呈增长态势，也说明浙江在举全省之力支持自贸区建设。

表 2　　舟山市财政状况统计表　　单位：万元

序号	科　　目	2011 年	2012 年	2013 年	2014 年	2015 年
1	本级财政总收入	1 498 145	1 288 319	1 669 338	1 610 109	1 874 882
2	地方综合财力	1 253 448	1 013 217	1 249 189	1 112 220	1 364 106

资料来源：地方财政报表，由于测算采用开行项目评审方法，未在表中将各细项全部列出。

（2）资本金出资能力

根据开行自有项目评审测算方法，通过对未来几年建设与债务支出的预测，扣减在建、拟建以及新增项目资本和利息支出后可以看出，未来几年舟山市每年有 60 亿元左右的资本金缺口，三年合计约 179 亿元，财政支出不能够满足未来几年实施类项目投资资本金需求。由于舟山是浙江的自贸区，因此，一是需要通过进一步加大省级财政补助、发行专项债券等创新方式补充资本金来源，二是结合地方财力，并根据项目综合评估合理安排项目建设顺序。

2. 政府融资能力分析

考虑将举全省之力加快推进舟山经济社会发展，以及重大项目的逐步实施落地，尤其是大石化、波音等项目对地方综合财力影响很大等因素对未来几年舟山地区地方综合财力进行预测，并结合开行评审方法对舟山市未来几年政府债务空间预测如表 3 所示。

表 3　　舟山市 2017—2019 年新增债务空间控制表　　单位：亿元

年份	2017	2018	2019	合计
新增债务空间	71	78	100	249

注：以上测算数据为静态新增债务空间，实际的新增债务空间需根据未来政府财政数据变化及政府债务增减情况每年进行动态调整。

经测算 2017—2019 年舟山财政新增债务空间约为 249 亿元，与政府投资项目总融资需求 522 亿元相比，尚有 273 亿元（522 - 249 = 273）缺口。一方面要依托已有市级平台，充分运用平台自有资源，承载一定的负债，并且通过资本注入等方式进一步做强平台，提升负债空间；另一方面可通过开展 PPP 等方式引入社会资本参与自贸区重点项目建设。

（三）政府性投资融资缺口平衡方案

本节主要针对政府类项目，结合当前项目融资的主要渠道和经验做法，进行融资方案设计。对于资本金缺口，可以通过专项债券、基金、企业上市等渠道解决；对于项目融资需求，除了通过贷款、发债（含政府债）等传统渠道满足以外，可以尝试通过 PPP、政府购买等方式引入社会资本，通过资产证券化、融资租赁等方式盘活存量资产，引入险资及社保资金等方式拓宽资金渠道等方式予以解决（见表4）。

1. 权益类融资

结合前两小节，未来三年，自贸区建设任务重，且公益和准公益类项目较多，需地方财政全力支持，为自贸区基础设施项目提供资本金，缺口部分通过其他渠道融资。资本金缺口部分的融资总需求约 179 亿元。假设 15% 的资本金通过专项债券解决，55% 通过其他基金解决，其余 30% 通过股权融资解决。

2. 债务类融资

（1）中长期贷款。按现有结构，银行中长期贷款如按 55% 占比预测，2017—2019 年自贸区基础设施中长期贷款需要约 287 亿元。

（2）债券（含政府债）。按现有结构，债券如按 30% 占比预测，2017—2019 年债券融资需要约 157 亿元。

（3）融资租赁。按现有结构，融资租赁如按 8% 占比预测，2017—2019 年融资租赁需要约 42 亿元。

（4）其他。预计 2017—2019 年，其他融资约占融资总需求的 7% 占比预测，2017—2019 年其他渠道融资需要约 37 亿元。

根据各融资渠道占比，结合融资总量，可以得到以下系统性融资方案。

表4　　政府性投资系统性融资方案设计　　单位：亿元、%

融资方式	2017 年	2018 年	2019 年	融资总量	融资占比
总投资	217	217	218		
①权益类融资					
专项债券	9	9	9	27	15
其他基金	32	33	33	98	55
其他股权融资	18	18	18	54	30
合计	59	60	60	179	100
②债务类融资					
中长期贷款	95	96	96	287	55
债券（含政府债）	52	52	53	157	30
融资租赁	14	14	14	42	8
其他	12	12	13	37	7
合计	173	174	176	522	100
融资合计	232	234	236	701	

三、浙江自贸试验区建设融资创新研究

从浙江在自贸区中的区位、特色及油品全产业链等重点出发，以服务浙江省推动自贸区建成国际自由贸易港区为总体目标，统筹分析浙江自贸试验区投融资的现状，测算浙江自贸试验区建设资金的供需情况。充分考虑《国务院关于加强地方政府性债务管理的意见》（以下简称 43 号文）《财政部关于坚决制止地方以政府购买服务名义违法违规融资的通知》（以下简称 87 号文）及原有地方融资平台的融资职能逐步剥离，地方政府债务的扩张受到限制等诸多瓶颈约束因素影响，重点围绕油品全产业链、新兴产业项目、支撑产业项目和重点工程项目等重点领域进行系统性融资方案设计。

（一）创新解决渠道

1. 资本金融资解决渠道

浙江自贸试验区政府主导的公益和准公益性项目资本金通常直接或者间接来源于财政出资，除此之外还可以通过发行专项金融债、设立自贸区投资基金、借助国企混改、推动平台上市、发行永续债、开展夹层投资、资管计划、IPO 等方式加以筹措。

2. 融资解决渠道

浙江自贸试验区建设融资需求巨大，除了通过传统信贷融资、债券融资等方式融资外，可以尝试通过 PPP 等方式引入社会资本，通过资产证券化、融资租赁等方式盘活存量资产，引入险资及社保资金等方式拓宽资金渠道等方式予以解决。

（二）各领域融资模式创新

根据“发展规划”重大项目（实施类）清单分析，总体上大致分为油品全产业链打造、新兴产业、支撑产业、重点工程项目四类，其中重点工程又包含集疏运体系、基础设施和公共配套、生态环保等三个领域。从产业类别看，产业类项目市场化程度大体较高，但也包含着大量的基础设施融资需求。重点工程类项目主要以政府投资建设为主，项目属性具有较强的相似性，为此我们将其统归为大范畴基础设施类项目。

1. 基础设施领域

“发展规划”基础设施建设项目主要包括：一是油品全产业链项目中油品储运项目、大宗商品项目等配套设施工程。二是新兴产业类项目中产业园区建设、机场改扩建工程等配套设施。三是支撑产业项目中如舟山千岛中央商务区等重大建设工程。四是重点工程项目。主要包括集疏运体系、基础设施、公共配套、生态环保。对全部重大项目，根据项目性质和投资回报率高低区分为：经营性

项目、准公益性项目和公益性项目①。

一般地把准公益性项目和公益性项目都看作政府主导项目，需要政府财政资金投入并引导社会资金进入这些项目。由于无法获得每个重大项目的投资回报率，只能从定义出发进行大致分类：中国（浙江）自由贸易试验区全部重大项目中，产业类重大项目以及基础设施项目中的石化、机场、输变电项目由于投资回报高，可以归入经营性项目；其他基础设施类重大项目通常完全没有收益，或者收益不足以满足投资还本付息要求，一般归为公益性或准公益性项目。下面重点分析基础设施领域中的公益性和准公益性项目的融资模式，经营性项目参照产业领域。

（1）项目主要特点

一是项目建设规模大、周期长，融资需求量大、贷款期限长。

二是项目自身没有收益，或有部分收益，但是收益不足以满足项目还本付息要求。项目通常具备间接增值收益。项目建设完成后，改善生活环境、增加人气，提升周边土地价值等。

三是项目建设以政府为主导。是政府向社会提供的纯公共产品或者准公共产品，项目建设的出资主体是完全或部分来自于政府财政投入。

（2）融资模式创新

对于公益性和准公益性项目，在信贷融资模式上目前运用较为广泛的主要有政府购买、PPP 以及资源捆绑模式等；在其他融资模式上比较实用的包括组合贷款模式、利益补偿模式、基金合作模式、融资租赁模式、债券融资模式、资产证券化融资模式等。

① 信贷融资模式

a. 政府购买模式

通过发挥市场机制的作用，将政府提供的一部分公共服务事项，按照公开招标公平竞争的形式，交由具备条件的社会主体承担，由政府根据服务的数量和质量与其签订合同并按合同支付费用。政府将购买服务资金逐年列入财政预算，并按协议要求向提供服务的实施主体支付，最长期限可达 25 年。此模式的还款来源于政府购买合同项下的采购资金，信用结构可采用资产抵押、股权质押、保证担保和应收账款质押等方式。该模式适用于政策重点支持棚改等公益

① 经营性项目是指投资回报较好，项目内部收益率超过商业银行长期贷款利率。正因为这类项目投资收益好，具有市场竞争力，对社会资金具有较强吸引力，因此完全能够通过市场化融资方式解决资金需求。准公益性项目是指项目能够盈利，但内部收益率未超过银行长期贷款利率，或者项目虽然亏损，但可以收回部分本金。具有一定的自然垄断性、建设周期长、投资回收期长、收益低的基础设施和部分基础工业建设项目，一般都属于准公益性项目。公益性项目是指项目投资无法收回，需增加投资才能维持项目正常运营。公益性项目通常包括国防科研、教育、生态环保、公共道路等领域。

类项目，具体操作如图 1 所示。

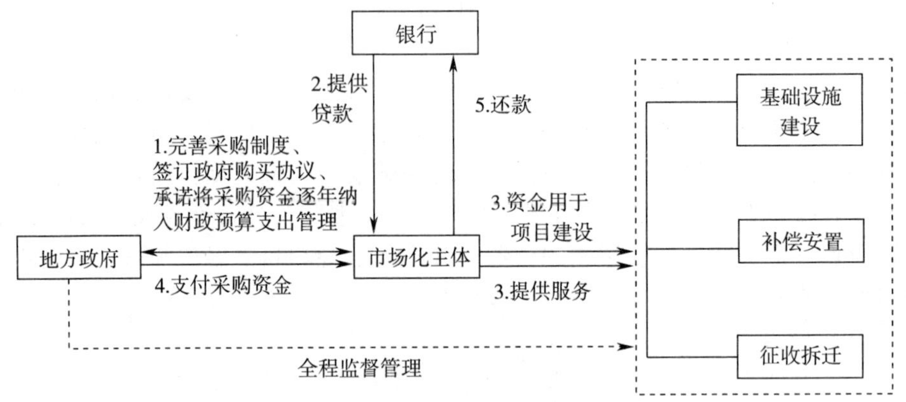

图 1　政府购买融资模式

b. PPP 模式

第一，公益性项目 PPP 融资模式。公益类项目无现金流，可选择政府类主体作为社会资本方开展 PPP 融资，政府通过 PPP 项目专项债券募集资金①、可行性缺口补助等作为还款来源。该模式用于纯公益性项目，具体包括水利中的排洪防涝、美丽县城和美丽乡村建设、城市环境绿化、生态林建设、生态环境保护、古建筑（古镇）保护利用等无收益项目，如双屿门航道工程。

第二，准公益性项目 PPP 融资模式。准公益性项目能产生一定的现金流，但是此类现金流不稳定，项目现金流与贷款本息偿还可能存在时间错配。该类项目可根据实际情况选择政府类或民营类主体作为社会资本开展 PPP 融资，还款来源除项目自身现金流外，政府通过 PPP 项目专项债券募集资金、可行性缺口补助等方式弥补项目还款资金不足。该模式适用于项目自身现金流不足的准公益性项目，如污水处理厂、垃圾处理厂等。如舟山大陆引水三期工程等。

第三，“公益性 + 准公益性项目组合” PPP 项目融资模式。公益性项目没有现金流，因此需要与有一定现金流的准公益项目打包为一个标的，采取 PPP 模式融资，政府通过可行性缺口补助方式弥补投资和运营资金缺口。同时，社会资本还可通过承接 PPP 项目施工，进一步增加综合收益。该模式适用于政府出资能力有限，社会资本出资、运营能力较强，具有一定收费来源并能形成还款现金流的组合项目，如环境污染治理与自来水收费相结合项目。

---

① 国家发改委办公厅印发《政府和社会资本合作（PPP）项目专项债券发行指引》的通知（发改办财金〔2017〕730 号）关于“发行 PPP 项目专项债券募集的资金，可用于 PPP 项目建设、运营，或者偿还已有直接用于项目建设的银行贷款”的规定，可积极探索运用政府和社会资本合作（PPP）项目专项债券募集资金作为还款来源。

c. 资源捆绑模式

将无收益项目与有收益项目进行捆绑，通过资源补偿解决纯公益性项目投融资需求，用高收益的资源项目补偿公益性项目的投资成本，从而鼓励、引导社会投资者参与该类基础设施项目投资。该模式主要适用于纯公益性但能与高收益性项目捆绑经营的项目。

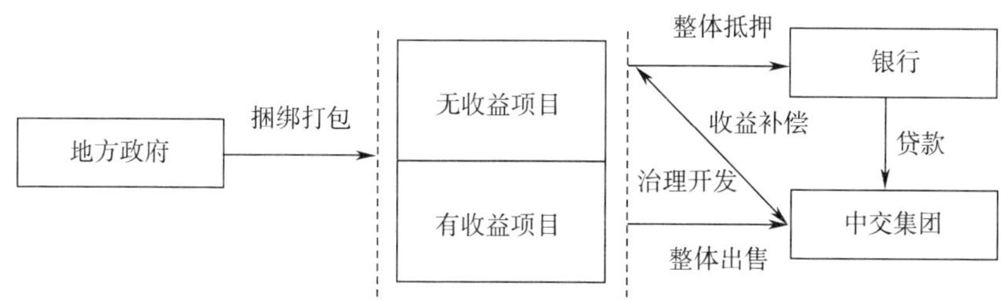

图2 资源捆绑融资模式

d. 组合贷款模式

组合贷款不属于银团贷款，不受参加行贷款条件必须一致的限制，在合规前提下，解决开行与商业机构棚改贷款期限利率双差异问题；也不同于背对背各自授信的“拼盘”贷款，可通过“融资安排协议”建立协调机制，统筹管理项目融资，有效管控总体风险。国家开发银行在项目中保持绝对多数贷款份额，通过决策表决权发挥主导作用。组合贷款能够适应新形势下客户和同业机构的需求，有利于深化同业合作，加强表内外协同，多层次、多渠道引导和撬动社会资金。

e. 公司融资模式

在实施公益性、准公益性项目建设的同时，由地方政府协调配套现金流充沛的经营性项目交由投融资主体运营，或划转部分经营性项目资产、赋予特许经营权等方式，加强其自身造血机能，并约定公司新增收益定向用于公益性项目还款，通过借款人公司现金流综合平衡实现“以丰补歉”。该模式主要适用于投融资主体财务状况好、运营能力强且能够获得地方政府政策支持的项目。

f. 集团企业市场化模式

推动有收益子项目与相关片区无收益子项目捆绑建设的运作模式。用高收益的资源项目补偿公益性项目的投资成本，从而鼓励、引导社会投资者参与该类基础设施项目投资。例如，自贸区政府可以考虑将舟山千岛中央商务区、舟山市小干二桥工程和舟山千岛中央商务区一期基础设施工程等进行捆绑，用土地出让收入等弥补基础设施工程建设的资金缺口，调动市场主体主动参与建设的积极性。该模式主要适用于能获得地方政府政策支持、有大型企业集团参与建设、通过项目开发能提升整个区块综合价值的项目（见图3）。如舟山千岛中央商务区一期基础设施工程、地下综合管廊工程、地下空间利用工程。

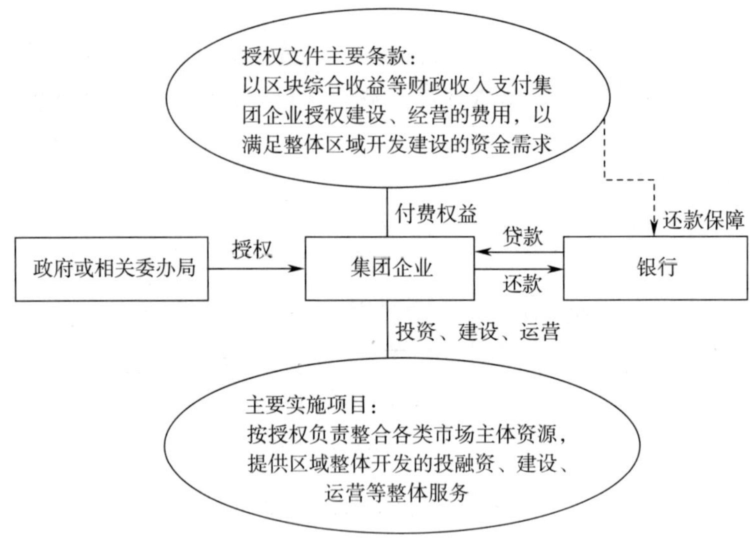

图3　集团企业市场化融资模式

②债贷基结合模式

在原有“债贷组合”模式基础上，引入国开城市建设发展基金，通过债券、贷款、股权基金三者结合，对募投项目资金来源、使用、偿还进行统筹管理。通过专项基金解决项目资本金缺口，通过银团贷款与债务融资工具结合解决债务性融资需求，多种金融工具的组合运用提高了项目融资的综合保障能力，有效满足项目的融资需求。该模式主要适用于资本金不足、融资需求巨大的国家重大项目。

③保险基金模式

推动险资进入重大项目建设，拓展新的基础设施融资渠道。险资投资可采取债权或股权计划的形式，推动资金投向自贸区土地储备和石化、航空产业园区开发项目，具体包括征地拆迁、市政配套和置换银行贷款等用途。该模式适用于项目周期长，有一定投资回报的建设项目（见图4）。

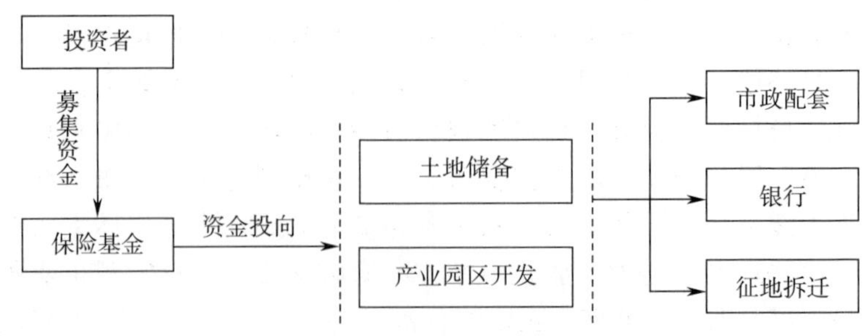

图4　引入保险资金模式

表 5　　公益性及准公益性项目融资模式对比分析

融资模式	特点	适用领域
政府购买	主要用于完全没有收益，其民间资本不愿意，不能够或者不准许进去的公益性项目	公益性
PPP	可用于公益性及准公益性领域，政府予以特许经营或者提供收益保障，吸引民间资本共同参与项目建设	公益性、准公益性
资源捆绑	通过将公益性或准公益性项目与经营性项目进行捆绑融资，有效提升项目综合收益，从而达到项目融资要求	公益性、准公益性
组合贷款	组合贷款不受参加行贷款条件必须一致的限制，解决政策性与商业贷款期限利率双差异问题，通过“融资安排协议”建立协调机制，统筹管理项目融资，有效管控总体风险	准公益性
公司融资模式	地方政府增加投融资主体的自身造血功能，并约定公司新增收益定向用于公益性项目还款，通过借款人公司现金流综合平衡实现“以丰补歉”	公益性、准公益性
集团企业市场化模式	通过将有收益子项目与相关片区无收益子项目捆绑建设，鼓励、引导社会投资者参与该类基础设施项目投资	公益性、准公益性
债贷基结合模式	“债贷基结合”创新融资模式在原有“债贷组合”基础上，引入国开城市建设发展基金，通过债券、贷款、股权基金三者结合，对募投项目资金来源、使用、偿还进行统筹管理。在目前新的经济形势和市场环境下，更有利于增强市场信心，支撑重大项目建设，防范债市违约	公益性、准公益性
保险基金模式	利用保险资金长期投资的特点，获取稳定的资金来源，发挥资金的杠杆和引导作用，放大资金功能，吸引民间资金共同参与基础设施建设	准公益性
融资租赁	可以盘活存量资产，缓解企业发展中的筹资压力，同时又能享受加速折旧带来的延迟纳税的好处	准公益性

2. 产业领域

(1) 融资创新思路

产业是浙江自贸试验区建设中最重要的一环。根据《中国（浙江）自由贸易试验区产业发展规划》目标要求，浙江自贸试验区将形成以油品全产业链为主导，以航空产业和海洋高端装备产业为重点，以国际海事服务、金融服务、科技信息为支撑的“123”产业体系。主要包含三大类，一是以国际石化产业基地、油品储运基地、油品交易中心、保税燃料油供应中心等资金密集型和技术密集型大型产业项目；二是以重大项目和重大平台建设为契机，重点培育发展航空产业和海洋高端装备产业；三是围绕油品全产业链以及两大新兴产业的发展需求，由此衍生的国际海事服务、金融服务、科技信息等三大产业。

针对产业融资中存在的直接融资比例较低、融资担保能力较弱、传统金融体系无法满足产业发展要求等问题，在进一步提升银行贷款供给总量、增强银行信贷融资保障能力的同时，亟须根据浙江自贸试验区产业投资项目特点、产业发展策略，按企业生命周期、风险收益特征、资产规模特征等差异，充分利用结构化融资、产业链融资等金融创新技术和灵活融资方式，充分利用股权融资、上市融资、债券融资等直接融资机制和资本市场平台，引进先进融资模式，大力推行“投贷联动”模式，创新多元化融资产品，有效拓展融资来源，改善企业的融资结构，促进浙江自贸试验区产业健康、可持续发展。

（2）融资模式创新

①大型生产企业

产业项目投资体量大，资金需求量巨大，支持浙江石油炼化一体化项目采用“政府引导＋贷款＋债券融资＋融资租赁”的融资方式，引入保险资金，并结合吸引外资技术入股。企业以其设备、土地、厂房或经常性资金账户提供抵押保单，还贷来源主要为经营收入。

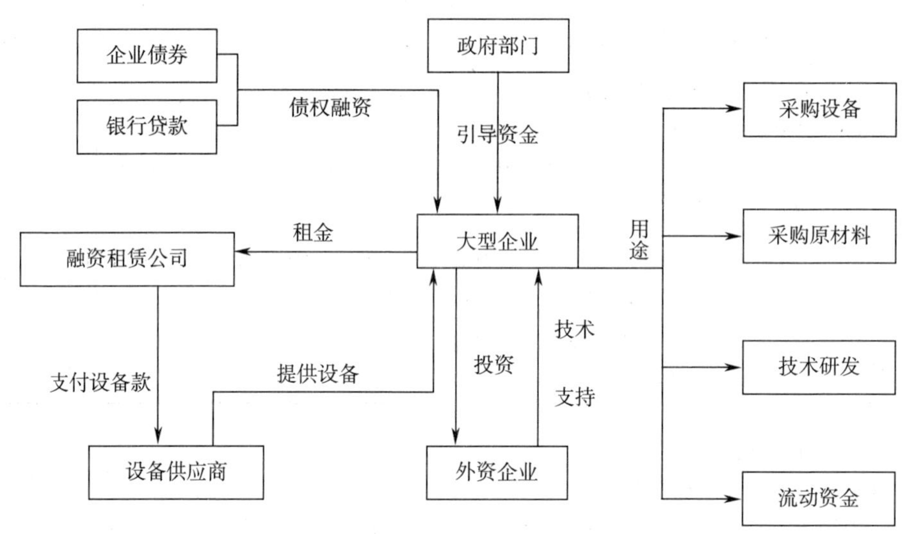

图5 大型企业融资解决方案

②“投贷联动”模式

大力推动“投贷联动”模式，整合多方资源，统一成立第三方的投贷平台，由平台下设产业投资基金，在放贷的同时优选资质良好的公司进行股权投资，通过第三方平台充分发挥风险分担和补偿作用、完善科技金融配套基础设施、加快发展新型科创企业产业链等方式，创造良好的科技金融生态。该模式适用于高科技小微、高成长性企业（见图6）。

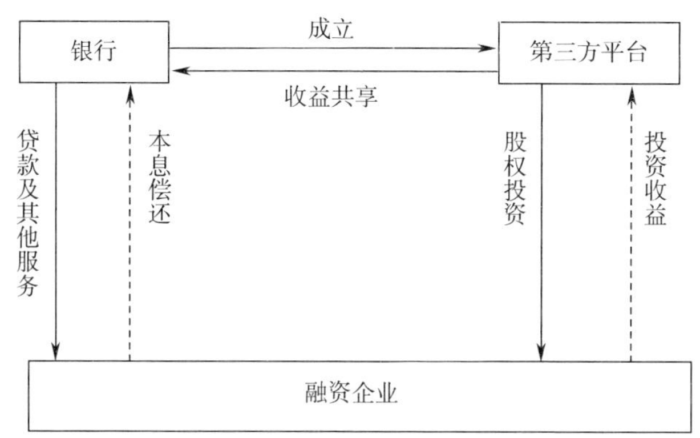

图6 “投贷联动”融资模式

③“龙头企业+园区建设+产业链建设”模式

由龙头企业代替政府，科学规划，专业布局，负责对园区基础设施和配套设施的统一建设、统一融资和统一还款，并自主选择入园的企业构建完善产业链，依托其重大项目带动效应，形成园区厂房出租、科研办公楼出租、产业专业配套服务等稳定现金流，实现园区的市场化运作，达到企业效益和园区整体效益的最大化。该模式适用于产业园区建设。

④供应链融资模式

在对产业链整体分析基础上，围绕产业链中的核心企业，通过应收账款质押、核心企业担保、票据融资、保理等方式，为产业链上下游企业提供组合融资的综合金融服务。这种模式不仅风险相对较低，而且有效缓解配套中小企业融资难、融资贵的问题，有利于提升整个产业链的市场竞争力。

⑤平台合作模式

推动有产业代表性的龙头企业作为统贷平台，通过平台融资支持其产业链配套上下游中小科创企业的发展，解决其融资瓶颈。充分整合舟山财政资金以及担保公司，以合作机构和平台为手段，以风险分担和补偿为保障，推动组织平台、融资平台、担保平台、信用促进会（信用平台）和公示平台等各类合作平台的组建，组织化、系统化批量支持舟山科技型中小企业。

⑥政府增信模式

充分运用地方政府财政资金以及政府资源等，以专项资金或风险准备金等方式积极参与中小企业贷款融资模式创新，通过共建多级风险分担机制为中小企业贷款融资予以增信。

⑦创投租赁模式

推动债权融资与股权融资的有机组合，租赁公司以租金和认股权作为投资回报，为处在初创期和成长期的企业提供租赁服务。结合中小高科技企业最具

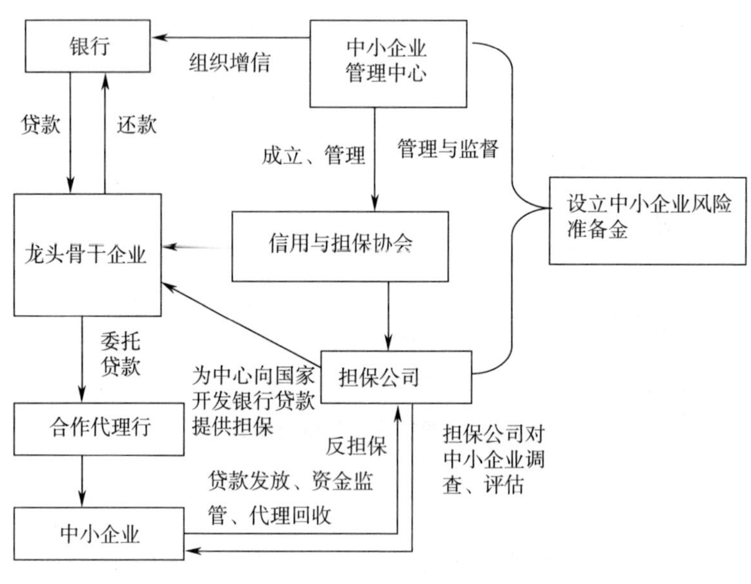

图 7　依托合作机构的中小企业融资模式

价值的股权，利用高成长对抗高风险，使用“创投 + 租赁”的形式，对科技型企业进行投资，具体采取认股权模式、租赁 + 股权模式和“创投 + 租赁”模式等类型，促进科技型企业发展，分享其高成长收益。

表 6　产业类项目融资模式对比分析

融资模式	特点	适用领域
大型生产企业	产业项目投资体量大，资金需求量巨大，支持浙江石油炼化一体化项目采用“政府引导 + 贷款 + 债券融资 + 融资租赁”的融资方式，引入保险资金，并结合吸引外资技术入股。企业以其设备、土地、厂房或经常性资金账户提供抵押保单，还贷来源主要为经营收入	资金密集型和技术密集型企业
“投贷联动”模式	整合多方资源，统一成立第三方的投贷平台，由平台下设产业投资基金，在放贷的同时优选资质良好的公司进行股权投资，通过第三方平台充分发挥风险分担和补偿作用、完善科技金融配套基础设施、加快发展新型科创企业产业链等方式，创造良好的科技金融生态	高科技小微、高成长性企业
“龙头企业 + 园区建设 + 产业链建设”模式	由龙头企业代替政府，科学规划，专业布局，负责对园区基础设施和配套设施的统一建设、统一融资和统一还款，并自主选择入园的企业构建完善产业链，依托其重大项目带动效应，形成园区厂房出租、科研办公楼出租、产业专业配套服务等稳定现金流，实现园区的市场化运作，达到企业效益和园区整体效益的最大化	产业园区建设

续表

融资模式	特点	适用领域
供应链融资模式	在对产业链整体分析基础上，围绕产业链中的核心企业，通过应收账款质押、核心企业担保、票据融资、保理等方式，为产业链上下游企业提供组合融资的综合金融服务	中小企业
平台合作模式	以产业代表性的龙头企业作为统贷平台，通过平台融资支持其产业链配套上下游中小科创企业的发展，解决其融资瓶颈	科技型中小企业
政府增信模式	运用地方政府财政资金以及政府资源等，以专项资金或风险准备金等方式积极参与中小企业贷款融资模式创新，通过共建多级风险分担机制为中小企业贷款融资予以增信	中小企业
创投租赁模式	通过债权融资与股权融资的有机组合，租赁公司以租金和认股权作为投资回报，为处在初创期和成长期的企业提供租赁服务。结合中小高科技企业最具价值的股权，利用高成长对抗高风险，使用“创投 + 租赁”的形式，对科技型企业进行投资，具体采取认股权模式、租赁 + 股权模式和“创投 + 租赁”模式等类型，促进科技型企业发展，分享其高成长收益	科技型中小企业

四、浙江自贸试验区发展的政策建议

充分挖掘舟山本土优势，联动浙江新经济，对标国际标准，积极争取将浙江自贸试验区建成有别于国内其他10个自贸区，有产业依托，对东亚一带具有较强辐射力和影响力的国际贸易自由港。充分利用舟山离岛和大宗商品交易优势，增强油品全产业链的金融属性，开展离岸贸易和离岸金融服务，稳步推进人民币国际化，接轨上海加强优势互补和资源联动，形成自由贸易港群，在“一线放开、区内自由”方面实行高水平的自由化便利化政策。

（一）对标新加坡，率先建设自由贸易港

由于舟山具有与新加坡类似的地理区位和港口岸线条件，两者都是政府主导，且在经济发展水平较低阶段设立自由贸易港可能遇到的风险较小，较易得以顺利发展。因此可重点对标新加坡，积极向国家争取建设具有更高自由度的自由贸易港，开展离岸贸易，并在此基础上，发展高端服务业，重点发展离岸金融业务。

1. 明确自由便利化港区的功能定位

浙江自贸试验区的战略定位是以制度创新为核心，以可复制可推广为基本要求，将自贸区建设成为东部地区重要海上开放门户示范区、国际大宗商品贸易自由化先导区和具有国际影响力的资源配置基地。在此基础上，自由贸易港

区的功能定位为实现港口更加自由化、便利化，实现货物、资金和人才的自由流动。在“一线放开、区内自由”方面实行高水平的自由化便利化政策，开展离岸贸易，并在此基础上，发展高端服务业，重点发展离岸金融业务。同时，主动对接上海自贸区，通过优势互补，形成有效产业分工和合作，实现错位发展。

2. 探索构建一区多片的港区架构

根据国外经验借鉴，最适合舟山自由贸易港区的发展架构是“一区多片”，舟山自由贸易港区可分为三大片区，分为舟山离岛片区、舟山岛北部片区和舟山岛南部片区。在综合保税区的基础上，拓展保税区的功能，进一步建设自由贸易港区，推动贸易自由化、便利化。一是建立综合性管委会。对多个片区实施统一管理，增进相互之间的协调。二是对应专业性的片区，需要建立专业化的园区开发与运营机构，发挥公司制优势，提高园区市场运作效率。三是加强区港联动。将保税区在政策、税收、海关监管等方面的优势与港口在航运、物流等方面的优势结合，推动港口自由化、便利化。

3. 推动贸易便利化制度和监管创新

一是对标国际最高水平，实施更高标准的“一线放开”、“二线安全高效管住”贸易监管制度。实现从货物管理转变为企业管理的监管理念，一线监管集中在对人的监管，口岸单位只做必要的检验检疫等，海关从批次监管模式转向采用集中、分类、电子化监管模式，实现区内人与货物的高效快捷流动。二是创新浙江自贸试验区港区监管机构，建立信息共享平台。在信息平台层面上，以国际贸易单一窗口为载体推进部门信息共享，借鉴新加坡经验，将港口信息系统、自贸区物流监控系统等纳入国际贸易单一窗口系统，为自由贸易港区提供平台支撑。三是完善政府扶持优惠政策。借鉴新加坡政策，进一步加大税收优惠力度，简化通关、燃油加注等配套手续，完善优化法律、保险、经纪以及外轮维修配套等一条龙海事服务，提升浙江自贸试验区的港口集疏运功能，进一步促进上下游高附加值产业链的发展。

4. 积极争取专项立法和政策支持

一是争取专项立法。积极向国家争取专项立法，为自由贸易区的设立（指定）、运营等提供法律保障。舟山发展自由贸易港区，实行国际化发展、规范发展，需争取人大立法支持。二是加大税收优惠。对离岸贸易、离岸金融采用低税率，对境外投资收益采用分期缴纳所得税等优惠政策，对区内符合条件的企业，征收低企业所得税。三是争取投资自由化的开放政策。实行准入前国民待遇政策、推行外商投资项目备案、建立符合国际惯例的外商投资管理制度、外国投资者权益保障机制等。四是争取免税岛政策。通过开设免税店，放宽免税商品数量和种类，制定合理免税政策以及加强价格监督等。

五是加大金融创新。放宽金融业务限制，逐步取消金融机构设立的准入条件，实行外汇管理区域改革试点，鼓励金融机构针对油品等大宗商品贸易进行金融创新以及完善金融服务配套业务，包括仓单质押模式推广、油品产业融资政府增信等。

表7　　自由贸易园区或自由贸易港区政策对比一览表

政策类别	国际自由贸易园区政策	自由贸易园区
1. 自贸区经济自由政策	实行货物的负面清单管理，其他货物往来一律自由	香港、新加坡、迪拜
	免征关税和其他税	香港、新加坡、迪拜
	实行投资的负面清单管理，其他的产业投资一律自由	上海、香港、新加坡、迪拜
	免征营业税、增值税、消费税等中间环节税	香港、新加坡、迪拜
2. 贸易便利化政策	实行贸易负面清单管理，其他贸易往来一律自由	香港、新加坡、迪拜
	只对汽车、烟酒等征收高额关税	新加坡
	无数额限制，免征关税与其他税	香港、新加坡
	经过批准可在港口区域进行加工或装配，免征关税	新加坡
	各种业务自由发展，离岸业务免中间环节税	香港、新加坡
3. 投资政策	外资可100%拥有企业，在港区内注册可在区外开展业务	迪拜
	免50年企业所得税（可再延长）	迪拜
	不限制雇佣外籍雇员，免征个人所得税	韩国
4. 金融创新与开放政策	金融业务不限制	迪拜
	金融机构设立不限制	香港、新加坡、迪拜
	外汇无管制	香港、新加坡、迪拜
	资本自由流动	香港、新加坡、迪拜
	免征利息税	迪拜
5. 放宽人员出入境（区）政策	通行证	韩国
	对146个国家免签证	香港
	提供员工住宿	韩国、迪拜
6. 实施海上自由政策	海岛海域一体化	新加坡
	允许航运企业在国外收入免税；允许船东融资贷款利率为4%	新加坡
	船舶自由通航	香港
	航运企业经营自由	香港

（二）增强金融属性，提升油品全产业链价值主导权

积极探索与自贸试验区相适应的账户管理体系，允许区内石油行业相关交易主体设立自由贸易账户。努力构建油品综合发展市场，合理使用衍生工具，重点开展油品全产业链金融等创新业务。

1. 创新油品贸易计价方式，探索账户管理体系

一是统筹协调国内外市场，实现内外贸易一体化发展。在国内油品贸易市场主要采用人民币计价结算的前提下，支持在自贸区内设立国际油品交易中心，开展本外币计价的国际油品贸易。二是积极探索人民币资本项目自由兑换。支持在区内开展外商投资资本金意愿结汇试点和跨国公司外汇资金集中运营管理试点，探索跨国公司企业双向人民币资金池试点，促进跨国油品贸易主体设立全球性资金管理中心。三是探索与自贸试验区相适应的账户管理体系。允许区内石油行业相关交易主体设立自由贸易账户，支持开展油品转口贸易与油品贸易离岸业务。

2. 构建油品综合发展市场，合理使用衍生工具

一是大力促进油品价格体系的合理化。推进开展油品期货交易，大力促进场外油品衍生品的发展，形成多层次的国际油品交易市场。二是努力加强规避金融风险的能力。积极防范金融衍生品的市场风险、信用风险、营运风险和法律风险，提升衍生金融工具的保值避险功能。

3. 促进油品全产业链金融创新，加大金融支持力度

一是鼓励金融机构开展油品金融创新业务。积极引导金融机构建立专业性的油品金融服务部门，以需求为导向，创新服务方式，从多个渠道为油品产业链上下游企业提供包括结算、融资、物流信息等全面金融服务。二是加大对油品全产业链的金融支持力度。鼓励金融机构增加油品产业链核心企业的授信额度，以提高产业链整体效益为目标，增强整条产业链竞争力。充分利用承兑汇票质押和理财产品质押等低风险业务，为石化企业提供贸易融资和保值增值等服务。

（三）依托大宗商品交易，推动人民币国际化

以稀土为突破口，完善舟山大宗商品市场交易体系，优化品种，逐步掌握国际大宗商品的定价权与话语权，以人民币回流为落脚点，逐步形成大宗商品人民币计价体系。

1. 以中国稀土为突破口，逐步掌握国际大宗商品定价权

一是发挥我国优势，完善“稀土—人民币”交易体系。利用舟山特有的政策、区位和仓储优势，设立亚太（舟山）稀土交易所，涵盖中重稀土交易，平衡南北不同区位、地理的诉求，通过出口稀土逐步实行用人民币进行定价。推动将稀土等我国具有优势且稀缺的大宗商品作为人民币定价的参照系，通过人民币定价稀土采掘、加工、交易，努力建立和完善稀土交易的政策、法规和稀有资源类法律体制。二是依托金融创新，逐步掌握国际大宗商品定价权。积极开发稀土金融衍生产品，扩大稀土市场交易量，逐步形成以舟山为核心的全球稀土交易、定价中心，逐渐主导国际稀土交易价格，推动人民币国际化。

2. 以品种优化为切入点，逐步确立大宗商品国际话语权

一是充分利用大宗商品贸易优势，增强大宗商品集疏运服务能力。重点探索大宗商品国际航运业与国际接轨的体制机制，提高航运服务能级，把浙江自贸试验区打造成国际大宗商品集疏运中心。二是完善大宗商品交易市场建设。依托中国（浙江）大宗商品交易中心，做大做强大宗商品现货交易，丰富大宗商品交易中心交易品种、扩大交易量。探索大宗商品期货交易，争取原油、燃料油、汽油等期货交易品种在舟山挂牌上市，形成大宗商品的“舟山价格”，把舟山建成在亚洲地区有影响力的大宗商品定价交易中心。

3. 以人民币回流为落脚点，逐步形成大宗商品人民币计价体系

一是大力发展大宗商品交易市场。优先发展现货交易，稳步发展中远期现货交易，鼓励市场竞争，充分实现大宗商品市场的价值发现功能，推动外币标准化的现货在舟山挂牌交易，创新开展本、外币多币种的跨境交易会员制保证金业务。二是探索发展原油期货交易市场。利用中国巨大的原油进口需求，推动原油进口使用人民币计价、结算，积极发行以人民币计价的原油期货合约，在场内实现人民币与黄金直接挂钩，推动形成原油—人民币计价体系。三是积极争取定向开放国内资本市场。通过试点，把商品贸易、石油贸易、大宗商品交易和国内资本市场的有效联通，满足外商保值增值的需求，形成人民币回流的良性循环。四是推动设立跨境双向人民币资金池。积极完善人民币跨境收付功能，满足自贸区企业对跨境人民币结算业务的需求，提升大型跨国集团对全球成员财务管控效率，提高资金的流动性和便利性，完善人民币回流机制。

（四）接轨上海自贸区，加大优势互补和资源联动

主动对接上海自贸区作为国际贸易平台的核心优势，通过优势互补，形成有效产业分工和合作，实现错位发展。

1. 推动大宗商品市场的错位发展与有效对接

一是挖掘舟山优势，建设多层次大宗商品市场体系。发挥舟山的港口资源和仓储优势，主动对接上海期货交易市场，通过建立价格信息联盟、整合配送资源以及实现联网交易等手段，促进期货与现货互动、场内与场外互通、线上与线下互应、境内与境外互联的多层次市场体系建设。二是推动大宗商品市场职能建设。充分发挥大宗商品市场的第三方和平台化职能，设计具有舟山特色的交易方式和运营体系，发展以保值和避险为主的金融化交易方向，建成舟山大宗商品保税交割库。

2. 推动金融领域的错位发展与有效对接

一是推动与上海金融领域的有效对接。依托上海作为国际金融中心的发展定位，加大力度引进国际金融机构，联通国外金融市场，推进国际金融、离岸金融发展。二是发展舟山特色金融，实现错位发展。积极发展与舟山海洋经济

相匹配的航运金融、融资租赁、海上保险等业态的海洋金融创新业务。

3. 推动重点产业的错位发展与有效对接

一是积极对接上海高端产业，实现产业升级。立足浙江自贸试验区的差异化和产业特色化定位，对接好上海国际化高端要素资源和消费等市场，推动舟山油品、海洋新兴以及海洋产品等产业的国际化程度和价值链提升。二是努力实现差异化竞争，谋求共同发展。积极推进自贸区与上海在科技创新、贸易、物流、人才、设施配套等领域的合作，实现资源共享、优势互补、差异竞争、共同发展。

（五）联动浙江新经济，实现创新发展和产业升级

充分依托浙江省大力发展大数据、物联网、云计算、人工智能等新经济的发展契机和优势，实现舟山大宗商品和产业的“工业化 + 信息化”的深度融合。

1. 推动大宗商品与“互联网 +”的联动

一是做精做细大宗商品交易服务模式。开发和深化大宗商品供应链在线管理应用服务，探索创新大宗商品交易服务模式，适时推出指数化产品，探索保税油、远洋船用燃料油等电子平台交易和仓单交割中跨境收支自由化。二是推动资源的有效整合，规范大宗商品流通秩序。通过与“互联网 +”联动，努力实现大宗商品信息良性循环和分享机制，促进大宗商品市场现货、远期、期货价格相互影响，相互协调，最终形成公允的“舟山指数”。

2. 推动海洋产业与“互联网 +”的联动

一是围绕舟山海洋经济，充分运用“互联网 +”。积极构建海洋环境监测、海洋资源开发、海洋运输等大数据，重点突破海洋卫星通信、船舶电子、海洋探测仪器等海洋电子产品的研发、设计、高端制造，努力打造海洋电子信息设备制造基地。二是围绕建设国际海事服务基地，合理使用“互联网 +”。积极构建航运服务数据，推动“互联网 + 船舶”等船舶交易市场和航运信息中心建设，形成产业动态和海事服务的权威数据，通过开放共享或者购买服务，推动大数据应用，努力打造国际航运服务中心。

3. 推动油品产业与“互联网 +”的联动

一是创建舟山“互联网 + 油品”特色示范区。构建油品撮合交易平台，建立油品信息互联共享机制，鼓励国内外油品需求和供应商跨界合作，积极打造互联网油品贸易分销网络。二是实现智能信息技术与油品产业的深度融合。利用现代信息技术，实现油品交易、储运数据的自动传输，推动油品配套设施的智能化，打造“智能舟山”。

（六）挖掘本土优势，实现特色发展和产业优化

围绕浙江自贸试验区优越的区位优势和政策优势，充分运用本土资源，结合国家“一带一路”战略，积极推动舟山作为海上丝绸之路新起点，实现特色发展。

1. 做优经济模式，促进人才资本集聚

一是发展总部经济。发挥品牌城市综合开发运营商优势，建设国际一流的中央商务区，引进国内大型企业集团和跨国公司总部落户舟山。二是发展会展经济。通过举办国际海洋经济论坛、国际油商大会等方式，吸引高端人才和资本集聚。

2. 做强支柱产业，实现产业结构优化

一是借力使力，推动产业链向下游辐射。在做深做实油品、天然气、铁矿石等大宗商品交易业务的基础上，通过江海联运体系进一步辐射长江沿江经济带，拓宽下游市场。二是推动资源整合，优化产业结构。加快培育海洋新兴产业，发展海洋工程装备制造业，积极整合科技资源，培育形成一批骨干企业集团。加快推进船舶过剩产能转型，集中力量发展特种船舶、高端游艇、国际邮轮等高技术、高附加值船舶。三是依靠高附加值产业，实现军民融合。依托波音总装基地向上下游延伸高附加值的产业链，打造大飞机的零部件制造基地以及总装、维修、检测等一条龙服务基地，并积极贯彻“军民融合”国家战略思路，探索推进航空产业基金设立、混合制龙头企业组建以及航空产业军民融合领导小组设立等，在更高层次推动浙江省航空高端制造业产业提升。

3. 做大特色产业，推动本土优势提升

一是树立普陀佛文化的国际品牌。打造舟山禅意小镇，依托普陀佛文化，提升舟山国际旅游品牌建设，促进舟山绿色发展。二是依托冷链物流，打造远洋渔业全产业链。建设和完善专业化、系统化的第三方冷链物流，推动远洋渔业全产业链的打造，辐射全国市场。三是努力提升产业附加值，拓宽产品市场。加强生物医药、海洋食品的研发和深加工，依托互联网供应链服务，积极拓宽国内外消费市场。

（七）争取政策突破，实现资源倾斜和差异发展

遵循国家整体政策和方针，结合浙江自贸试验区特色定位和现有资源禀赋，争取针对性强、操作性强、实效性强的顶层制度设计，实现差异化发展。

1. 引进高端稀缺人才

一是努力完善城市功能，打造宜居城市。进一步完善自贸区交通、医疗和教育等城市功能基础设施和保障体系，对标厦门、青岛打造宜居宜业城市环境。二是加大优惠力度，提升人才待遇。借鉴上海临港经验出台“双特”政策，为高端人才提供更加完备的创业和工作软环境，积极争取舟山成为第二批“住房租赁”试点城市，使得浙江自贸试验区能够真正做到“吸引人、留住人、用好人”。

2. 强化政府政策支持

一是积极整合现有资源。切实推进“舟山宁波一体化”建设，充分用好用足省海港集团等省属资源，以及两地资源、资本与项目的整合。二是努力实现

政策突破。积极争取舟山升格为副省级城市，切实提升浙江自贸试验区发展的经济社会管理权限，探索争取实现自贸区全域保税区功能，全面提升贸易自由化和便利化水平。

3. 强化差异资源倾斜

一是努力实现油品全产业链政策创新。继续争取放宽原油进口、成品油批发、保税燃料油供应、油品贸易交易等资质管理，探索研究和努力争取具备国际竞争力的油品全产业链发展税收政策、境外所得税收抵免税收政策、金融政策及监管政策。二是努力推进自贸区与全省在各个领域的合作。鼓励支持区外企业在浙江自贸试验区内设立分支机构，形成区外加工、区内贸易的高效运作模式。支持浙江自贸试验区内企业拓展服务功能和范围，到区外进行再投资或开展业务。

（八）做大融资平台，实现资源统筹和转型发展

充分发挥舟山四大投作为自贸区“资源整合平台、资产经营平台、资本运营平台”的积极作用，加快推进市场化转型，通过资源的整合和统筹再安排，促进平台公司形成自身稳定的经营收入，分领域、分板块打造服务于自贸区发展的国有投资及运营主体，构建形成既能有序分工，又能协同合作、相互增信的政府融资平台运营架构。

1. 推动设立舟山市国有资产经营集团公司

将四大投等融资平台资产划入集团公司，由集团负责制定整体发展战略，统筹协调子公司管理及运营。

2. 建立金融控股企业

打造拥有多种金融牌照的金融控股集团，重点负责或参与各类产业基金、城市发展基金、股权等运作和管理，构建金融服务产业链。

3. 创新可持续发展模式

统筹谋划“融资、建设、经营”协调发展，把握资金和项目的两个平衡（集团层面现金流平衡、项目层面基础设施建设投入与资源补偿平衡），规范融资平台公司融资，防控政府债务风险，探索可持续发展模式。

五、开发性金融支持举措及相关建议

（一）坚持规划先行，谋划顶层性设计

一是以规划合作为契机，共谋长远发展。加强与舟山市政府、自贸区管委会等政府主管部门的联系，积极参与自贸区相关专项规划投融资模式研究，及时了解行业政策研究前沿；发挥融智规划优势，对自贸区建设规划发展，特别是中长期发展战略、直接融资和间接融资发展计划、重点项目投融资方案以及未来区域发展前景等方面进行合作研究并提出合理化建议，积极协助自贸区管

委会做好顶层设计。二是以规划合作为平台，深化业务对接。将规划作为开发项目的桥头堡，建立双方定期项目协调和信息共享机制，形成一揽子项目滚动开发计划；加强项目全流程统一管理，推进项目从培育向成熟逐级转化和升级，以此推动实现规划带动下主动开发项目的新模式。三是以规划合作为抓手，强化定制服务。重点选择海投公司等融资主体，积极推动并参与其长远规划的编制，为其量身定制编制融资规划或融资方案，积极提供融资方案设计等融智咨询；有针对性地提出模式创新、平台建设、整合、转型等大思路，以及投融资体制机制创新的政策建议，并充分发挥开行综合优势，通过综合授信等方式给予一揽子融资支持，助推其做大做强。

（二）明确支持重点，形成一揽子合作

一是明确重点支持领域。按照“重点建设项目优先、四项审批完备项目优先、政府关心项目优先”的原则，加强与舟山政府的沟通，紧密围绕国家战略导向以及自贸区建设热点、难点和开行政策，围绕自贸区规划的重大项目、重大工程，把握重点发展领域布局，明确支持的重中之重项目，积极推进融资对接。二是争取信贷规模倾斜。充分考虑自贸区作为浙江新的经济增长点在关键时期的阶段性资金需求，争取总行给予相应的规模倾斜，保障试验区发展需求。三是强化政府高层会晤。将支持浙江自贸试验区建设作为分行与省政府年度高层联席会议的重要议题，通过高层会晤加强沟通、深化共识，探讨双方在自贸区建设中的合作空间，形成一揽子合作项目，并通过不定期碰头会等形式解决双方在合作中存在的问题。

（三）突出综合营销，提供多样化融资

一是发挥综合团队优势，协同配合形成系统融资合力。统筹组织行内规划、开发评审等各条业务线的骨干，打造从规划到开发评审直至发放的一条龙综合服务团队，以开行综合金融服务为支撑形成系统合力，从源头上抓住重大客户和项目。二是发挥综合融资优势，整合资源强化产品服务能力。用好开发银行中长期贷款以及“投贷”“债贷”“租贷”组合等模式试点等综合金融优势，帮助企业调整负债结构，缓解短期资金压力，支持企业通过发行企业债、票据等拓宽融资渠道，通过售后回租、融资租赁等产品帮助企业盘活存量资产，扩充资金来源，通过夹层投资以及专项建设债券，缓解企业资本金压力。三是发挥海外网络优势，搭建平台推动企业“走出去”。助力企业在“一带一路”战略中“走出去”。尤其是发挥国家开发银行海外工作组覆盖近 200 个国家和地区的优势，积极为企业牵线搭桥，搭建“走出去”平台，提供信息服务，促成合作。

（四）整合同业资源，提升多元化支持

一是推动银团合作。积极发挥国开行在浙江银团贷款协会中的组织协调优势，合理安排项目表内发放及受托业务工作量，以重大项目表内贷款发放带动受托业务及其他派生业务工作量增长。对贷款额度较大的项目，共同组建银团贷款，合力满足自贸区重大项目建设资金需求。二是推动保险合作。充分发挥保险资金的长期合作优势以及项目收益稳定的特点，积极推动与保险公司以及中国保险投资基金的合作。加大与保险资金的合作力度，利用国开行中长期项目和担保资源撬动保险资金投资自贸区建设项目，可以借鉴安徽等分行棚改经验，通过保险资产管理公司积极引入保险资金支持自贸区建设；创新合作方式，推动保险资金与国开行开展信托、信贷资产转让等表外业务，推动以项目资产支持计划等模式开展信贷资产转让业务；针对国开行拟贷款支持而资本金短缺项目，引导保险资金以入股方式介入，共同支持项目建设。

（五）争取政策突破，强化差异化支持

一是外部政策的突破。做好与政府主管部门沟通衔接，及时了解专项债最新政策动向，做好政策解读，加大宣介力度。继续深化推动停车场、“一带一路”等专项债业务，探索推进土地储备、城市建设等专项债试点，丰富专项债券品种。加强与省财政厅等主管部门的政策沟通，争取尽早放宽“本级融资主体不能作为社会资本参与 PPP 项目合作”的政策约束，加快推动 PPP 项目落地。主动协助自贸区政府争取将临港相关产业纳入“中国制造 2025”贴息范畴，并积极争取其他相关财政贴息。二是总行政策的争取。结合自贸区长远发展趋势，秉承“先予后取”的思路给予差异化政策，适当放宽“两率一比例”“地方财政承受能力”等约束，提升授信空间。对自贸区项目实行统一评审，通过大额承诺以及分批核准的方式，提升一揽子支持力度。对于纳入总分行规划的自贸区战略客户给予一揽子综合授信额度，稳定与客户的长期战略合作关系。在项目审批上，积极争取总行对于攸关自贸区发展的重大项目开通“绿色通道”给予优先受理和优先评审。三是分行政策的优化。结合地方建设重点和分行业务支持导向，对于自贸区重点项目予以规模倾斜，在融资总量上优先保障。积极加强与子公司协同，主动开展 IPO 辅导、并购、财务顾问等业务，并尽快形成可复制创新案例。配合地方政府推进融资平台市场化转型工作，主动做好融智咨询服务。

参考文献

[1]《中国（浙江）自由贸易试验区总体方案》，国务院，2017 年。

[2]《中国（浙江）自由贸易试验区建设实施方案》，国务院，2017 年。

[3]《浙江舟山群岛新区发展规划》，国务院，2013 年。

[4]《浙江海洋经济发展示范区规划》，国务院，2011 年。

[5]《浙江省国民经济和社会发展第十三个五年规划纲要》，浙江省政府，2017 年。

[6]《舟山江海联运服务中心建设方案》，浙江省政府，2016 年。

商业银行服务新经济的模式和路径研究

——以浙江区域为例

中国农业银行浙江省分行课题组*

当前，我国经济已由高速增长阶段转向高质量发展阶段，正处于转变发展方式、优化经济结构、转换增长动力的攻关期。新经济的崛起正在深刻地改变经济的形态、结构和层次，并倒逼商业银行加快经营理念、经营思路、商业模式、服务技术等的变革。然而，目前商业银行对什么是新经济、如何支持新经济等还缺乏系统研究，认知模糊、一叶障目等现象不一而足。为此，本文从新经济的概念和内涵梳理着手，以转型升级率先推进、互联网金融等发达的浙江为样本，通过分析其新经济孕育发展过程和金融需求，来找到商业银行有效服务新经济的模式、路径和方法，以供借鉴。

一、新经济的概念、内涵与特征

（一）新经济概念

20 世纪 90 年代中后期，美国经济经历了一场由信息通信技术革命（ICT）和全球化推动的深刻变革，高科技行业增长加速，取代传统行业成为经济增长的主导力量，经济持续快速发展、低失业率、低通货膨胀率并存，引发了国内外学者们对新商业周期的思考，新经济（New Economy）这一概念也随之诞生。一直以来，学界对于新经济的概念还没有统一的认识，但是大致可以分为以下几类。

1. 新经济是一种“一高两低”的经济发展阶段或经济模式

这一概念最早由 MJ mandel（1996）在《商业周刊》上提出。他认为，新经济是指在经济全球化背景下，由信息技术革命带动带领下实现的持续高增长、低通胀、低失业率的良性经济运行状态，拥有新的商业周期，基本特点是“一高两低”。在前者定义的基础上，Rudi Dombusch（1998）侧重讨论了周期消失的问题，他指出，只要政策得当，经济就可以摆脱商业循环成为新经济。J. Steven Landefild 和 Barbara M. Fraumeni（2001）同样基于当时的新经济现象理

---

* 课题主持人：冯建龙
课题组成员：滕　斌　朱子龙　陈宇洪　钟振法　章　江　吴居正　肖　斯　吴　静

解新经济，他们提出，目前的扩张是以史无前例的长时间、强劲的实际 GDP 和人均 GDP 增长、最高的生产率、更高的效益、更高的投资率、低通货膨胀、低失业率和收入更加公平为特征的。在当时国内的研究中，许多学者例如田飞（1998）等采用了类似的概念。但是，也有部分学者对于新经济可以跳出经济周期，摆脱通货膨胀持否定态度。Stephen B. Shepard（1997）、佟福全（1998）等认为新经济只是延缓了经济衰退的到来，降低了经济危机爆发的可能性，并不意味着经济周期已经消除，通货膨胀已经死亡。在后续的发展中，部分研究针对这一争论对新经济的内涵进行了修正，并与其他定义进行了融合，例如邵岩（2017）指出新经济是建立在信息技术革命和制度创新基础上的经济持续增长与低通货膨胀率、低失业率并存，经济周期的阶段性特征明显淡化的一种新的经济现象。

2. 新经济是信息经济、知识经济、网络经济的集合

在美国经济快速发展的当时，学术界在以上现象派新经济定义之外，也提出了不同的概念释义，有的认为新经济是信息经济。例如，Stephen B. Shepard（1997）将新经济界定为经济全球化和全球信息化背景下，由信息技术发展和应用带动的经济形态，并在"一高两低"之外进一步指出了新经济的其他三个表现：公司运营利润上涨、GDP 增长中高科技的贡献度比重上升、进出口之和占 GDP 的比例上升。Kevin Kelly（1997）在《新经济新规则》（*New Rules for the New Economy*）一书中也提出，新经济就是关于通讯的经济，是深深根植于无处不在网络的经济，"互联网思维"将颠覆整个经济规则，催生出新经济秩序。国内研究也有相似的观点。例如，王雯（2017）认为是信息通信技术的快速发展催生了新经济，新一轮技术浪潮进一步丰富了新经济的内容，使产业发展的新业态、新组织方式和新商业模式不断涌现，对产业政策带来了新的影响。

也有研究认为，新经济就是知识经济。1996 年，经济合作与发展组织（OECD）在《1996 年度科学、技术和产业展望》中将新型经济定义为"以知识为基础的经济"。1997 年，美国总统克林顿采用了知识经济和知识社会的概念，提出新经济形态的出现实质就是知识经济，面对新挑战，美国要采取新的发展战略。在当时国内的研究中，也有许多学者持有相同的观点。唐晓华（1998）、韩欣春（1999）都一致认为当时美国出现的新经济现象就是"知识经济"。肖勇（2003）提出，美国"新经济"现象的出现表明美国继 20 世纪 50 年代由工业经济进入信息经济后，又开始朝着知识经济转变，并从当时的新经济现象来看知识经济概念的产生与演绎。他指出，新经济实质就是"知识经济"。

还有学者认为，新经济就是网络经济。随着现代信息技术的运用与互联网建设的不断深入，电子商务、网上银行得到持续的发展，网上交易的实现也产生了客观的经济效益，于是网络经济提法开始兴起。萧琛（2000）认为，"知识

经济”和“信息经济”更多体现的只是经济内在驱动要素，并不能较好地同时反映出新经济在地缘空间上的突飞猛进，而“网络经济”的内涵是驱动要素“信息化”，外延是合作机制“全球化”，于是他将新经济命名为“网络经济”。

以上研究，将新经济认为是信息经济、知识经济或网络经济的其中一种，在学界存在争议，有部分学者认为这是片面的看法。例如，沈泽宁（1999）认为，新经济是信息经济的这一表述存在缺陷，无法解释新经济包括其他方面的高新技术和高科技产业，如新材料、新能源、宇航、生物工程等，因此，他进一步指出，应从信息经济和知识经济两个方面来理解新经济。华民（2001）认为，新经济是信息技术、因特网与知识创新的集合，是报酬递增的经济，其改变市场经济规则对现有的以新古典理论为基石的经济理论提出了挑战。曹玉廷、冯定忠（2011）基于对新经济的产业集群发展研究，提出新经济就是知识经济和网络经济的相互融合而引发的一种崭新的、高效的经济形态，它的核心是商品知识化和市场网络化，这也是新经济对旧经济构成冲击的根本原因。燕玉（2012）通过对新经济与传统经济的对比分析，将新经济定义为在现代信息技术的基础上、以知识为基本构成、以网络经济为主要内容的经济，这被认为是信息经济、知识经济和网络经济的有效结合。

3. 新经济是新常态下中国特色经济形态的重要组成部分

上面的第一类定义对新经济的解释主要是侧重在经济层面上，一般适用范围也仅限于美国；第二类定义虽然更为丰富，但是其研究时间稍早，其中较少加入对中国特色的理解。2016 年我国政府工作报告首次提出新经济概念后，国内研究开始从中国经济现状出发，进行了新经济概念的再思考。李君（2016）认为，20 世纪 90 年代的新经济概念是科技创新和金融制度创新共同作用的结果。中国新经济概念同样包括技术创新，也包括制度创新，并且是在历史经验总结的基础上，进一步丰富了制度层面的外延，涉及一、二、三产业。因此，要同时强调技术、创新、体制和机制的作用，才能形成新经济的格局。并且新经济概念在实践上是一个寻求新动能的尝试，而新动能的来源，不仅仅是指新技术、新产业，也包括传统技术和传统产业改造升级。来佳飞（2016）指出，由于受到第三次工业革命的影响，因此美国将当时的新经济概念界定为以信息技术为核心的经济现象。而当前我国推进的新经济发展已经深受第四次工业革命影响，其产业的发展方向和运行特征也有着深刻的时代烙印。从信息技术到人工智能，我国的新经济也已转变为以人工智能和绿色技术为核心，致力于实现经济社会可持续健康发展的经济现象。彭迪云（2017）认为，我国新常态下的新经济是一个多维度的经济范畴，与美国的经济现象有所区别。它是由知识经济、信息技术和制度创新催生，以新技术、新产业、新产品、新业态、新模式（“五新”）为标志，以信息经济、数字经济、绿色经济、共享经济和转型经济等为主要方向，广泛存在于一、二、三产业的经济形态，在本质上与供给侧结构性改革存在一致性。其中，“平台经济”是基础，“分享经济”是实质，“微经济”或“随经济”是土壤，三者紧密联系，构成新经济的基本形态。

（二）新经济的内涵

阿里研究院（2016）发布报告指出，如果说新经济的第一轮浪潮主要是由IT 技术所引发的经济革命，策源地是在美国；那么当下正在发生的，第二轮的新经济革命则是由 DT（数据处理技术）所推动，中国则有望成为举世瞩目的中心。基于对新经济概念的梳理，本文认为，相比较美国新经济，我国新经济的内涵更为丰富。

1. 范围广，涉及一、二、三产业

李克强总理在答《财经》杂志记者时指出，新经济不仅仅是指三产中的“互联网+”、物联网、云计算、电子商务等新兴产业和业态，也包括工业制造当中的智能制造、大规模的定制化生产等，还涉及第一产业中像有利于推进适度规模经营的家庭农场、股份合作制等，以及跨界融合的新技术、新产业和新经济活动。具体像 BAT、滴滴、摩拜单车等平台和共享企业，中车、比亚迪、华大基因等战略性新兴产业领域的企业，海尔、沈阳机床、万达等创新转型的传统企业，柔宇科技、光启科学、大疆等科技创新型企业，以及分答、丁香园、达安基因等商业模式创新企业等，都可纳入新经济范畴。彭迪云（2017）也在研究报告中指出，凡是与新技术、新产业、新要素、新产品、新服务、新零售、新制造、新金融、新能源、新材料、新业态、新模式等相关，并相互作用的经济都属于新经济，可见我国新经济范围之广。

2. 增长动力更加多元

经济新常态下，低端劳动力等传统资源禀赋优势不断降低，基于消费、投资以及出口的“三驾马车”驱动经济增长的效力正逐渐减弱。通过商业模式和业态的创新可以充分释放中国消费潜力，拉动新经济持续增长。而互联网创新、新兴技术革命，也可以为新经济带来要素升级、结构优化、制度变革和思维转换，引发全要素生产率的明显跃升，实现新动能的异军突起，有力推动新经济的兴起。

3. 侧重于供给层面

中国经济的命脉仍然在于制造业，新经济发展不仅可以将带来的新思维和新方法融入制造业，重塑整个产业链、供应链和价值链，为制造业增加新的活力，促进产业转型升级，也可以通过打破地域之间的界限、行业之间的壁垒，促进传统要素从过剩产业向新兴产业的流动和优化配置，改造提升传统动能，实现传统动能为新经济服务。

（三）新经济的特征

在新经济领域，农业、工业、服务业之间的界限越来越模糊，行业之间的跨界现象普遍存在，但一般都存在以下几类特征。

1. 高技术支撑

与传统经济产业以资本以及资源投入为主的粗放式增长相比，新经济的投入要素更多比例为科技、大数据、互联网等高新技术。而且我国的新经济产业升级既包括发展高新技术工业，也包括现有工业向更高技术水平的产业活动转移，是“基础广泛”的高技术升级，具有更高的全要素生产率。其中一种是突破旧“S形曲线”（加布里埃尔·塔尔德）的增长瓶颈，通过新技术改造提升旧“S形曲线”中的传统技术、传统动能、传统产业等适应经济增长的新要求，焕发新的增长活力；另一种是通过培育新技术、新产业、新模式、新业态，使其孕育成为新的经济动能，以创新驱动新的“S曲线”来实现新经济的快速增长。

2. 高人才投入

经济新常态下，随着市场出清的难度加大，资源投入的回报率逐步降低；伴随着我国人口红利逐步消失，劳动力供给也进一步减少。人力资本作为决定经济增长的重要因素，用高端人力资本来替代传统资源禀赋，可以实现用较少的物质资源达到同样的经济增长。相对于传统行业以低端人力资本投入为主，将技术进步内生化的新经济作为人力资本密集型企业，转向以高端人力资本投入为主。

3. 高成长潜力

新经济通常扩张的边际成本极低，客户效用能够随着用户增多而增加，因而能够摆脱传统经济的服务半径和管理边界约束，呈现一定的“边际效益递增”特征。新经济市场竞争中的领先者拥有“自我强化和自我实现”的巨大优势，留给后来者或者追随者的生存空间很小。比如我国第三方支付市场，前两名（支付宝和财付通）市场占比超过90%，第三名及以后公司的市场份额均不到2%。

4. 高附加产值

新时代背景下的新经济蕴含绿色经济的概念，因此，新经济本能地与传统经济采用成本领先的经济模式区别开来，进而向品质领先的低能耗、低污染、高附加值的可持续发展模式转变。

二、浙江新经济孕育成因分析

作为改革开放的前沿阵地，三十多年来，浙江经济走出了一段高速增长的奇迹，全省GDP从1978年的124亿元增长到2016年的46 485亿元，总量占全国的比重由1978年的3.4%上升至2016年的6.3%，人均GDP超过83 000元。

即使面对 2008 年和 2012 年经济周期两次合并调整考验，依然能够通过互联网 + 科技创新、产业转型升级实现凤凰涅槃。本文主要立足制度创新、技术进步、市场导向三个维度来分析浙江经济发展的阶段演变，表明浙江新经济的孕育和率先发展有其必然性。

（一）制度红利 + 现成技术应用 + 市场大容量的乡镇经济、民营经济大发展阶段

改革开放之前，由于在经济落后和严峻国际环境下建立起来的单一公有制和计划经济体制的弊病，阻碍了浙江生产力发展，人民生活水平长期徘徊，此时的浙江仍是一个经济总量小、增长慢、结构失衡的省份。

1978 年底召开的党的十一届三中全会，拉开了中国改革开放的帷幕，为浙江经济发展带来了制度红利。在“多轮驱动、多轨运行、多业并举”的方针指导下，浙江乡镇集体工业主动对接国内市场对日用工业品、衣着类等劳动密集型产品的大量需求，应用当时已经相对成熟、科技含量不算高的技术，轻纺工业、普通家用电器制造业、日用品工业相对重工行业迅速崛起，工业经济占比快速上升，产业资源配置不断优化，浙江独特的制造比较优势得以初步建立形成。另外，浙江省最早放开城乡市场，允许农民务工经商、长途贩运，使得日出而作、日落而息的农民从狭小的土地经营中走向二、三产业，从本地市场走向国内外大市场，开始了艰苦的创业历程。据统计，浙江省第一批个体私营企业的创业者中有 90% 来自农村。面对改革开放初期全国商品短缺，特别是农村商品供给严重不足、流通渠道不畅的现状，浙江积极发展专业市场，创造了“买全国、卖全国”的商机，为这些规模小、技术层次低、组织结构简单的企业提供了共享式销售平台和场所，成为浙江率先突破计划经济藩篱、走向市场经济的突破口。由此，大量劳动力密集型商品和具有较强互补性和替代性商品有了集中交易的载体，交易的集聚效应和规模效应不断凸显。不断发展的专业市场把成千上万的个体工商户、家庭企业连接在一起，形成内部细致的分工协作。“生产在一家一户，规模在千家万户”，通过优势企业带动中小企业发展，浙江逐步形成覆盖全国、辐射全球的商品营销网络，成为推动经济快速发展的内在动力。据统计，截至 1996 年底，全省有专业市场 4 388 个，年交易额达 2 545 亿元，其中年交易额超亿元的专业市场 286 个，并有 43 个被评为“全国文明市场”，个体私营经济已经成为浙江经济的主引擎。正是凭借着“想尽千方百计、用尽千言万语、踏尽千山万水、吃尽千辛万苦”的精神，这些农民创业者实现了自己从农民到企业家的“蜕变”。

乡镇工业的“异军突起”和专业市场的发展为“块状经济”起步打下了坚实的基础。同时，“块状经济”与各类特色的专业市场紧密结合，形成了群体化的规模优势。“块状经济”把分散在若干农户家庭和中小企业的潜在生产要素，

变成整体集聚性的现实生产要素，把一些局部的生产优势转化成综合的经济优势，使“块状经济”成为浙江最有活力、最富有带动力和辐射力的特色产业优势。

（二）制度创新+技术进步+市场成长的现代企业大发展阶段

随着改革开放的不断深入，乡镇集体企业产权模糊、政企不分、权责不明、激励不足等问题日益突出，原有的经营机制优势不断弱化。进入20世纪90年代以后，浙江省委、省政府在总结台州、温州等地创造的股份合作制经验的基础上，明确了产权可以量化到个人、职工可以参股、经营者和企业骨干可以持大股等政策，使一大批乡镇集体企业转变为产权明晰、机制灵活、具有内在创业冲动的新型市场主体，开放型、多元化的产权结构和现代法人治理结构逐步建立，开创了公有制实现形式多样化和多种经济成分共同发展的新局面，万向集团、横店集团等全国著名的大型民营商业集团由此诞生。另外，为适应市场需要，继续调整国有经济的布局和结构，浙江省开始加快国有企业改制，民间资本的替代和接纳成了国有资本退出的主要力量。1995—2002年，各类非公有制企业以多种方式参与了2 000多家国有企业的改制，实现了国有企业职工的身份置换和部分国有企业的产权置换。如温州德力西集团从1999年起先后兼并了杭州西子集团、乌鲁木齐宾馆和乌鲁木齐饭店等三家国有企业，在保证了国有资产在改革中保值增值同时，实现了集团的发展。非公有制经济的不断发展，快速积累了大量民间资本。为了促进和引导民间资本投资，浙江出台了多项政策，加快了投融资体制改革，创造出政府投资的“乘数效应”，民间投资逐步成为投资主体。2002年，以民间投资为主体的非国有投资完成2 317亿元，是1981年的126倍，年均增速27%，占全社会投资的比重达67%，位居全国之首，在浙江已形成“三分天下有其二”的局面。

块状经济的不断发展与民营化、市场化的不断推进，促使浙江形成了一批具有高度集聚特征和高度专业化的产业群。而简单化的技术运用所生产出来的同质化产品使集群内企业间的竞争非常激烈，迫使企业必须通过不断的技术创新来获取竞争优势。尽管浙江企业在技术创新方面的R&D投入比例较低，但通过直接引进、模仿发达国家的成熟技术设备，浙江经济实现了技术上的“跳跃”。例如，投资浙江的跨国公司大都提供了母公司比较先进的技术，而且有相当比例的跨国公司使用母公司的先进技术，有效填补了浙江省的技术空白。据浙江省统计局、浙江省对外贸易经济合作厅联合开展的一次问卷调查结果显示：2003年，在115家外商投资企业中，有74.0%的企业其主要技术直接使用母公司比较先进的技术，有47.1%的企业生产与母公司相同甚至更高档次的产品，有41.6%为先进技术。与此同时，集群内企业间的合作产生了面对面地观察与学习的便利性，一项技术创新很容易为其他企业所发现。通过对此项技术创新的消化、吸收与模仿，企业开始尝试在此基础之上进行技术改良，再一次导致了技术创新发生，并以此扩大自身的市场份额，推动了浙江经济的新一轮发展。

（三）制度优化+技术创新+市场倒逼的新经济孕育阶段

次贷危机以后，作为市场经济最为发达的地区之一，浙江先于全国感受到了经济波动带来的影响。前期高投资收益引发的资源向传统制造业等过度集中，产业低端、产能过剩、过度竞争等问题凸显，许多传统制造业利润从过去的高盈利迅速下降，走入了发展的死胡同。同时，低成本制造优势不断削弱，资源环境容量压力加大，国际贸易摩擦增多，浙江资源条件已经难以支撑两位数的粗放式高增长。2009 年浙江经济结束了连续 19 年的两位数增长，全年 GDP 增速为 8.9%，其中第一季度 GDP 增速仅为 3.4%。

在经济发展新常态下，为适应市场变化、提高全要素生产率，浙江破除以往的思维定式、速度期待和路径依赖，积极培育和发展新经济，再次率先破局，移动互联网、物联网、云计算、大数据技术等新技术集群呈现爆发式增长态势，成为经济发展的新动力。2016 年浙江省信息经济核心产业实现增加值 3 911 亿元，同比增长 15.9%，占 GDP 的 8.4%；网络零售额 10 307 亿元，占全国网络零售总额的近 20%，全省信息化发展指数在全国排名第三位。在“互联网+”的催化下，传统产业集群与互联网深度融合，形成了产业层次最高、产出效益最优的大产业聚集平台，实现了经济动能从生产驱动、投资驱动向创新驱动、需求驱动转变，科技创新成为产业转型的主要驱动力。2016 年，规模以上工业中，高新技术产业增加值同比增长 10.1%，对规模以上工业增长的贡献率达 68.5%，“两化”融合指数上升为第二位。另一方面，作为孕育了阿里巴巴、淘宝网等电子商务平台企业的热土，浙江充分发挥民营经济活跃、民营资本充沛、市场机制完善的发展环境优势，优化制度供给与服务方式，积极营造良好的创新创业生态环境，通过创建特色小镇等新的产业集聚平台和创业创新平台，吸引各类高端创业创新要素加速集聚。2016 年浙江共有 79 个特色小镇列入省级创建名单，51 个特色小镇列入培训名单；新增“国千”人才 105 人、“省千”人才 215 人；新增境内外上市公司 32 家、“新三板”挂牌企业 493 家，浙江私募基金管理人数量位居全国第四；海归系、浙大系、浙商系、阿里系等“新四军”成为新一代创业者。

在发展“互联网+”的同时，浙江也注重结合“绿色+”来破解“成长的烦恼”。近年来，浙江重拳出击治环境，坚决关停污染企业，淘汰落后产能，强势倒逼产业转型升级，不断推动产业运用高新技术、先进适用技术、新材料迈向中高端，逐步形成以资源集约和低耗、减排、高效为特征的内涵式新经济增长模式。2016 年，全省单位地区生产总值能耗比 2011 年下降了 21%，规模以上工业增加值能耗累计下降 23.7%，而规模以上工业增加值和利润总额比 2011 年分别上升了28.9%和40.3%。

三、浙江新经济类型及主要特征分析

依据发展驱动、价值创造、行业积聚等因素，本文将浙江的新经济大致分为四大类。

（一）由传统产业技术改造或升级形成的新经济业态

工业尤其是制造业仍是中国经济的命脉，而其中传统企业、中小企业又占大多数，不可能一夜之间被高新企业所替代，我们认为利用新技术、新模式改造提升后的传统产业，凝聚着科技革命的成果，包含着未来先进生产力的元素，是新经济的重要组成部分，是确保实体经济平稳发展、新旧动能渐式性转换的重要基础。从浙江的情况看，2016年，工业企业技术改造投资额占工业投资额的比例达到78.3%，全年有2 472项升级工业新产品通过鉴定，规模以上工业新产品产值达到23 861亿元，同比增长10.7%，新产品产值率①为34.3%，比上年同期提高2.1个百分点，对规模以上工业总产值的增长贡献率达94.2%。由传统产业技术改造或升级形成的新经济至少有以下几个特征：一是升级改造包括采取了新的材料、新的工艺或是生产线的数字化、网络化、自动化、智能化改造，以及采用智能车间、智能工厂等，而且涉及生产运营核心部件（分）的升级改造，比如核心用材、核心工艺、关键车间和生产线的换代升级，是质的提升，有的企业为了达到环保要求，上马一些净化设备，而没有对整个工艺和产品技术实质性改进，并不能算作新经济。二是技术改造能够大幅提升产品附加值，改造后往往会带来市场销售增长，甚至跃居行业领先水平。三是产品的消费属性和目标市场是稳定的、基本一致的，比如生产马桶就是马桶，不会跨越到其他东西，只不过从生产一般马桶变为智能马桶。

（二）互联网技术驱动下的新经济业态

作为全国首个提出打造信息经济大省的省份，近年来浙江信息经济蓬勃发展，涌现了一批以新一代新型技术为标志、“互联网+”为主要特点的信息技术标杆型企业，例如以阿里巴巴为代表的电子商务交易平台、以海康威视为代表的物联网服务商、以铜板街为代表的互联网金融平台等，形成了浙江信息经济的特色优势。截至2016年，规模以上信息经济核心产业规模已超万亿元，率先完成七大万亿级产业的发展目标。此类企业的主要特点有：一是数据和信息是企业的核心资源。有别于其他企业利用自身的资源和能力来建立竞争优势，这类企业的基础性资源来源于外部，其核心在于最大限度地挖掘“信息、流量、数据”的价值。二是产品长尾优势明显。得益于边际生产成本极低，企业更为

---

① 新产品产值率是指一定报告期内新产品产值占企业总产值的比率。

注重提升市场份额，通过实施多元化战略，不仅关注“二八法则”中重要的少数，也关注小众的大多数，从而实现利润的提升，例如淘宝上不仅出售畅销产品，也出售一些新奇的产品，实现消费者的个性化追求。三是外延可以持续扩展。采取“互联网+”的形式，可介入电商改造、物联网、金融等各个领域，可能会以中间商、APP 提供商、结算服务商、网络聚合商等多种形式存在。四是轻资产。企业的生产活动主要围绕知识和智力资本展开，通过模式创新实现市场细分、个性化定制以及差异化定价，而资产在互联网项目发展过程中起到的作用较轻，绝大部分企业办公用地均为租赁，传统的固定资产占比很少。

（三）高科技驱动下的新经济业态

在经济转型升级的过程中，浙江省一直将节能环保、新材料、新能源、生物医药等作为重点发展的战略性新兴产业，形成了杭州城西科创大走廊、未来科技城、滨江高新技术产业开发区、宁波杭州湾高性能新材料产业园等一批新经济平台，孕育了一大批高新技术企业。2016 年，浙江节能环保、新能源、新材料、生物医药等产业占战略性新兴产业投资比重超过 80%，全年产业增加值分别增长 7.4%、6.5%、5.1%、8.3%。这类企业主要特点有：一是商业模式和成长路径清晰，以研发和制造为主，但产品从开始研发到成品，都要经历烦琐的步骤，技术环节存在不确定性，盈利周期较长且前期资金投入较大。例如生物医药公司产品研发周期起码在 3～10 年，在这段时间内，需要大量资金持续投入，且没有任何产出。二是专利技术以及专利产品通常是技术上的重大突破或者创新，研发成功后能够轻松地进入市场，达到独占性和垄断性的效果，是企业的核心竞争力。三是投产前企业资产较少，一旦市场开发累积到一定程度，就会出现规模经济，伴随着资产的快速扩张，短期内就可以实现几倍、几十倍甚至成百上千倍的业绩增长，实现“创业—瞪羚—独角兽”的蜕变。

（四）服务现代化驱动下的新经济业态

浙江正走在高水平全面建成小康社会、建设“两富”“两美”现代化的重要时期，人民群众的生活服务需求日益增长，并且呈现多层次、多元化的趋势。在这种需求的驱动下，浙江围绕万亿级产业打造计划，养老、旅游、健康、时尚、文化、教育等新经济业态走在全国前列，形成了杭州动漫文化创意园、丽水东华绿谷养生养老城、余杭艺尚小镇等一批新平台。2016 年底，浙江文化、健康、旅游、时尚等产业增速分别为 13.1%、12.3%、12.7%、5.2%，现代服务业的引领支撑作用进一步显现。这类现代服务型企业主要特点为：一是产出的现代服务产品主要是无形的，一般体现为一种活动过程，具有不可储存性，并且生产与消费存在即时性，因此，除养老等产业需要固定的场所与设施外，大多数现代服务业具有轻资产的特点。二是多以知识资本、人力资本等作为主要投入的生产要素，着力于解决客户的问题，具有风险低、增值高的特性，例如旅游、影视等具有特定资产收费权，能产生稳定现金流。三是供给多是“量体裁衣”式的“定制化”生产，因而差异性极强、替代性较差，产业竞争容易呈现出垄断竞争的特征。

四、银行服务新经济存在的主要问题

（一）认知存在模糊

不少商业银行并未对新经济的概念、内涵和特征进行深入细致的研究，例如只是简单地把新经济等同于信息经济，或者仅仅将对象限定在科技型企业，导致在服务新经济的过程中思路不清晰、定位不准确，甚至有的认为服务新经济主要是风险投资公司的职能，银行在其中可以发挥的作用有限，缺乏把握新经济发展这一历史重大机遇的紧迫感、危机感。

（二）制度创新滞后

新经济企业在其整个成长链条中都存在较大金融需求特别是融资需求，但目前部分商业银行存在制度创新滞后、产品创新不足的问题，往往忽略新经济的阶段性特征，以及与传统经济的较大差别，主要还是基于传统企业的视角来设计风控体系与信贷体系，导致供给和需求无法匹配，例如不少银行过分注重担保体系，缺乏配套的信用产品，导致信用支持滞后；即使有些银行针对新经济企业推出了专项产品，但授信模型过于注重存量资本以及即时盈利能力等历史财务数据，往往忽视企业前期研发投入、专利数量等未来成长性指标，导致不少优质企业的授信额度理论值偏低。

（三）服务手段单一

一般来说，新经济企业融资需求存在多样化的特点，例如既有债权融资需求，又兼有股权融资、规范经营管理等其他方面需求。而大多数银行融资视野狭隘、融资渠道狭窄，仍然停留在传统银行的经营模式，仅仅盯住支付结算、存贷款等传统业务，“商行 + 投行”“股权 + 债权”“融资 + 融智 + 融信”等综合化的服务功能发挥不充分，难以有效介入新经济企业融资的“高端”领域。

（四）专业支持缺乏

新经济细分种类繁多，而且很多涉及高科技领域，商业银行现有的人才储备往往难以企及，学识、经验上也易受路径依赖影响。与科技部门、科研院校、创新实验室等专业机构也没有形成广泛合作，银行从业人员在前期尽职调查中往往缺乏外部技术指导和技术咨询，导致对介入的新经济行业特别是高新技术行业的技术水平、风险特征及发展前景等理解和掌握不充分、不深入，客观上抑制了对新经济的金融供给。

（五）风险补偿受限

虽然一方面不少地方政府通过成立专门的政策性担保公司、风险补偿基金等政府增信方式，着力解决新经济企业的担保难问题，但由于资金有限且选择标准参差不齐，覆盖面仍然有限。而另一方面，新经济企业的专利权、商标权等知识产权缺乏公允的价值评估体系，缺乏相对成熟、比较完善的产权交易市场，使得大部分商业银行在介入过程中仍然比较谨慎。

五、银行服务新经济的对策

（一）把握服务新经济的战略主动权

格利和 E. S. 肖在《金融结构和经济发展》中提出经济发展阶段越高，金融的作用越强，金融的发展是推动经济发展的动力和手段。因此，新经济发展既是一个经济问题，同时又是一个金融问题，而且金融要发挥更大作用。

1. 树立战略思维

服务新经济的发展既是服务供给侧结构性改革、服务实体经济转型升级的重要内容，也是自身可持续发展的需要。一方面，新经济代表着未来生产力的方向，是价值创造最丰盈、最有潜力的领域，只有与新经济共成长，金融才能找到方向，才能大有作为，如果不能顺应新经济的发展潮流，加快金融转型，仍在传统产业中打转，必将造成服务的空心化、发展的边缘化，成为“反噬食性”的巨大“黑洞”。另一方面，新经济发展是科技革命的结果，动力转换和技术迭代的速度会远远快于传统经济，商业银行的转型必须主动、快速、精准，要踏好每一个节奏，虽然这当中会遭受经济结构调整、新技术跨界竞争、团队知识更新脱节等多重冲击，但必须做好充分的思想准备，否则很可能不是一两个环节的落后，而是代际的差距。

2. 制定战略规划

在战略统筹上，要处理好商业银行整体发展战略与服务新经济战略的关系，确立发展的优先级，在人财物资源给予重点倾斜。在战略定位上，重点解决做什么、怎么做的问题，既要抓住核心关键，但也不是面面俱到，要体现一家行的经营特色、经营特长。在战略进取上，商业银行不是被动承受新经济和互联网金融企业等竞争对手的冲击，而是要充分运用自身的资产、网络、技术、信用、人才等优势，运用金融科技等手段掌握话语权，农业银行等国有大行更要在其中发挥好主力军、引导者、引领者的作用。在战略协同上，要发挥商业银行的集团优势，无论是分支行，还是跨业经营的子公司，都要围绕服务新经济制定具体的规划、方案和实施措施，强化战略聚焦。

3. 加强战略支撑

要加快构建与新经济发展和经济现代化相适应的金融服务体系，建议商业银行可成立新经济事业部、绿色金融事业部、科技金融事业部等形式来强化服务的组织架构，实行计划单独下达、资源单独匹配、利润单独考核。有条件的行，可成立新经济战略研究院，把新经济的外生性转化为金融理论和实践的内生性，把经营重点切换到新产业、新业态和新模式等新经济上来，切换到有关人的全面发展和幸福的行业上来。

（二）科学统筹服务的优先级

作为商业银行，收益和风险的平衡是确保可持续发展的关键，在服务新经济过程中，不是“眉毛胡子一把抓”，而是要兼顾资金实力、专业特长、风险偏好，有的放矢。从相对稳妥、渐进式的服务路径出发，重点可从以下几个方面优先推进：

1. 正在信息化智能化改造或者已经完成改造升级的制造业企业。当前传统产业尤其是制造业仍是实体经济的主体，支持传统产业改造提升不仅是稳定就业、确保经济平稳增长的重要基础，也是支持新经济、推动新旧动能转换的重要内容，是商业银行可持续发展的重要保障。这类企业除了流动资金贷款等日常性融资需求外，最主要的是技术改造和改造后再投产的资金需求，例如新征用土地，新建或扩建厂房、流水线，购置设备等，项目所需的融资金额大小、期限因企业不同，差异较大，但这类企业往往已经具备一定的规模，可以使用自己原有的资产进行融资担保，与商业银行之间也有长期合作基础。同时，经过改造后的新产品产值率往往大幅提升，市场前景广阔。因此，银行可以通过贷款、债券承销、融资租赁等多维度介入融资服务，尤其可重点关注装备制造、电气、仪器仪表等领域中与银行有合作基础、经营主业突出、法人信誉良好、技术升级后产品附加值明显提升、市场份额不断扩大的企业，以及具备核心基础零部件、先进基础工艺、关键材料和产业技术能力的细分制造行业“隐形冠军”。

2. 技术已成型开始量产的高科技企业。在高新技术的孵化阶段，由于风险大，在资金支持上更多是风投在唱主角。而随着研发的成功，产品一旦进入量产期，企业的技术风险、市场风险将大为降低。这时企业通常需要一次性投入大资金，用于购厂房、设备等。虽然该类企业经营主体资金来源有限，但大部分为海归和国内技术专家，有些甚至是“国千”“省千”人才，容易获得政府的政策支持和担保，而且投产后产值、利润将成倍增长，固定资产占比也会持续提高。因此，商业银行可以通过线上可循环信用贷款、专利权质押贷款、固定资产贷款、股权融资、投贷联动等方式进行服务，重点关注高新园区中新引进、新成立的各类高新技术企业，特别是新材料、新能源、生物医药、节能环保等前沿领域中拥有完全自主知识产权、符合国家产业政策、核心技术已取得实质性突破、行业壁垒较高、市场前景看好的企业。

3. 商业模式相对成熟的互联网信息技术企业。除了阿里、网易等少数大型互联网集团外，大部分为中小型互联网企业，资产以应收账款为主，固定资产很少，盈利来自于某个细分市场、长尾市场，往往以流量获胜，但许多财务制度不规范、不透明。对这类企业，重点要看是否已形成相对成熟的商业模式、现金流是否稳定，尽量通过 ERP 等系统的对接，实时获得财务数据，通过线上授信等方式进行融资。而且相对而言，互联网信息技术企业对银行融资的需求相对不旺盛，要重视做好结算支付、现金管理、财务顾问、上市辅导等一系列配套综合服务。重点关注商业模式清晰、细分领域市场占有率高、成长快速的电子商务平台和分享经济、人工智能等新业态，专业化强、位于价值链高端的大数据中心、云计算中心、工业智能服务平台、智能物流配送中心等“互联网+”基础设施。

4. 整体实力较强的产业园区和创业孵化平台。这类企业融资呈现总量大、时点集中的特点，通常具有政府背景，甚至很多由政府平台或国有企业直接出资，承担扶持符合国家政策导向产业的职能，具备一定的实物资产。除了政府主导的模式以外，还有个人创业团体模式，具有轻资产特点，大部分选择闲置厂房等资源进行定制改造，提供成本较低的场所；开发商主导模式，具有重资产特点，选择自建自营模式，拥有的自主权管理运营。对政府和开发商主导型的高新技术产业园区，商业银行在基础设施投入阶段就可以直接介入，并按照孵化的成果，从园区再转向园区内的高科技企业。可通过设立产业基金、投贷联动等方式加大支持，重点关注政府扶持、有国资背景、业务模式清晰、运作规范、实物资产充足的高新园区、特色小镇、双创示范基地中的建设和运营主体。

5. 符合消费升级方向的现代服务业客户。现代服务业客户众多，需要从行业前景、资产规模、盈利能力、负债水平、风险补偿等方面综合评估，可探索以经营性物业、特定资产收费权质押、影视集合放款等融资模式加以支持，除了传统的学校、医院等以外，重点关注基地+连锁的现代物流业企业，房地产+中高端医疗相配套的养老服务企业，具有自主创作能力、成长性良好、知识产权界定清晰的文化创意园区和企业、社会知名度较高、已形成稳定客户群体的旅游景区、城市休闲带、民宿、农家乐，以及个人消费信贷业务。

（三）找准服务介入的有效时机

新经济主体在不同发展阶段金融需求差异较大，银行要抓住关键时机，提升金融服务对接的成功率。

1. 开户阶段。开户是所有企业注册成立的必经环节，也是银行与企业开展后续合作的基础。银行可通过与工商、税务、招商等政府部门合作，批量获取各类开户企业信息，从源头上对接创业创新主体。

2. 股权融资阶段。风险投资、私募基金是不少新经济企业融资的主要渠道，但是经过一定的股权融资后，部分创始团队基于对自身企业发展前景的看好，不愿再继续稀释股份甚至要回购股份。银行可抓住这一时机，给企业匹配债权融资，既满足了企业的资金需求，也确保创始团队的控股权。

3. 投产阶段。对于生物医药、新材料等领域中研发周期长、不确定较大的企业，银行过早介入融资，容易形成风险，过晚介入，则容易失去合作机会。对于这类企业，可在关键技术获得实质性突破后（比如医药企业的产品已经通过临床试验和检测），及时跟进，抢占合作先机，支持企业正式投产经营。

4. 扩大产能阶段。为节约成本、提高资本利用率，一些新经济企业在初创阶段会采用租赁方式获得厂房和设备，但随着经营规模的扩大，后期会逐渐倾向于自建厂房或生产线。银行可抓住这一时机，为企业提供厂房贷等固定资产融资，支持企业进一步发展壮大。

5. IPO 阶段。针对企业上市前后募集资金存放、员工股权激励、股票质押、并购、理财等多元化需求，银行可逐个建立项目库，提供一揽子金融服务。

（四）注重信贷制度创新

信贷融资是新经济企业的核心需求，也是当前金融支持新经济的矛盾集中点。银行应着力加强制度供给创新，建立一套区别于传统客户的信贷体系，有效提升新经济金融服务的适配性和有效性。

1. 完善客户准入标准。新经济企业在发展初期往往专注于产品研发，实物资产少，且缺乏业绩记录和正现金流，无法达到银行的准入要求。对此，要突破传统根据企业现状判断贷款是否可行的局限性，淡化财务因素比重，尝试以“投资者的眼光评审企业”。我们认为，符合以下五个条件之一且无重大不利因素的企业，应予以准入：一是获得国家级或省级高新技术企业、集成电路设计企业、软件企业、技术先进性服务企业等荣誉资质的。二是核心技术人员为两院院士、“千人计划”或“万人计划”专家、“长江学者”等高层次人才的。三是获得软银、老虎基金、红杉资本、深创投、经纬中国、IDG 资本、今日资本等国内外著名风险投资入股的。四是核心技术已经获得权威认证的，比如药物生产线通过国家 GMP 认证的，药品获得国家药品生产批文或美国 FDA 认证的，医疗器械已获得注册证的等。五是依托国家科技重大专项、973 计划、863 计划、火炬计划等重大科技项目转化的成果。

2. 改进授信测算方法。授信是信贷融资中的一个重要环节，直接决定了企业可获得资金总量的大小。要跳出传统依赖企业财务数据、注册资本或担保物测算授信理论值的范式，探索根据企业预期收入等核定授信。我们认为，重点可参考三个指标：一是企业的风险投资估值。风险投资在入股前都会对拟投主体进行详细的尽职调查，得出企业的整体估值，并据此认购股份。对于这类企业，银行可根据前两轮平均估值的一定比例给予授信。二是企业的前期研发投入。生物医药、新材料等领域的高科技企业前期研发投入普遍较大，产品上市后研发投入成为企业的沉淀成本，并内化为发明专利等无形资产的价值，对于这类企业，银行可根据企业前期研发投入总额的一定折扣核定授信。三是企业已签订的优质采购订单金额。有些新经济企业虽然产品当期销量不大，但已经获得政府机构、大型国企、行业龙头企业的采购订单。由于这类订单的买方规模大、信用度好，能给企业未来一段时间带来较为确定的预期收入。对于这种情况，银行可根据企业获得的优质采购订单金额测算生产资金缺口，核定授信。

3. 有效突破知识产权质押模式。一方面，积极探索知识产权未来价值发现机制，对核心技术壁垒高、发展前景好、但缺乏固定资产的新经济企业，允许知识产权单独设押。试行无限责任累加信用制度，将知识产权质押、股权质押和法人连带责任保证有机结合，进一步保证贷款安全。另一方面，积极引导地方政府培育规范的知识产权评估、交易市场，加大知识产权登记和保护力度，丰富和完善知识产权质押贷款质权处置的实现途径。

4. 建立单独的信贷考评机制。一方面，建立差异化的新经济企业不良贷款责任认定机制，在未发生道德风险的前提下，对新经济企业的“三新”不良贷款责任追究从轻处理或予以免责，消除经营行业务营销人员的顾虑。另一方面，对新经济业务占比大的机构单独出台专项考核办法，设立差异化的 KPI 指标，并适度降低新经济客户的资本回报率要求。

（五）搭建 1 + N 新经济服务生态圈

银行在服务新经济的过程中不能唱“独角戏”，应通过信息共享、资源整合、渠道互换、平台互通等方式，加强与外部各类机构的合作，形成有效的推进合力。

1. 强化银政互动。加强与地方发改委、科技局、文创办、经信委、中小企业局等部门的合作，获取新经济客群的批量推荐机会。主动争取政府贴息、财政补贴、风险池基金、产业引导基金等财政扶持类政策，营造良好的金融服务环境。深化与政策性担保公司、政府性风险补偿基金等的合作，创新更多“政府增信 +”产品，通过利益共享、风险共担，探索商业可持续的发展模式。积极引导地方政府整合区域内工商、税务、质监、海关、环保等各类信用信息系统，完善新经济中小企业信用体系，提高新经济客户信用评价的全面性、有效性。

2. 加强与风投机构的联动。当前，各地风险投资蓬勃发展，不仅成为新经济的重要资金来源，也成为促进创新创业的高效催化剂。以杭州海创园区域为例，风投资金规模总额超过 1 700 亿元。对此，银行应有效嵌入风险投资机构的运作流程：一方面，要加快在客户及渠道推荐、匹配融资特别是风投基金托管方面的突破，探索风险可控的合作模式，为风投基金提供“募、投、管、退”一体化全周期服务，提升风投资本运作效率。另一方面，银行可借助风投渠道的专业判断及客户输出能力，将表内融资、风投资金投入相结合，打造“银投联贷”“选择权”“基金委托投资”“企业股权投资”“投融顾问”等“投贷联动”产品链，推进新经济金融服务从传统的间接融资业务，向新兴的直接融资业务转变，从服务成长、成熟型企业为主，向为客户的全生命周期提供服务转变，从持有资产，向管理资产转变。

3. 有机串联第三方中介服务机构。借助会计师事务所、律师事务所、资产评估公司第三方中介的专业资源优势，探索多方协作模式，既扩大客户的交叉营销面，又弥补银行在特定领域的服务短板或信息缺失。

4. 扩大外围智力支持网络。聘请第三方智库、科研院所、高校等行业专家组成决策委员会，及时掌握学界和业界的前沿动态焦点，精准把握各新经济领域的发展前景，为信贷投放决策提供支持。

（六）完善风险防控机制

1. 加强前瞻研究。针对不同领域新经济发展态势，加强行业细分研究，持续跟踪分析各个新经济领域的市场、技术、政策和风险状况，消除知识盲区，有效规避行业“黑天鹅”或“灰犀牛”。

2. 扩大预警范围。针对大量新经济企业跨行业、跨市场、跨区域活动的特点，改变原有仅注重信用和行业风险的管理模式，将技术创新、市值管理、资源整合、商业模式、政策变化等纳入预警模型。同时适当介入企业的产业链闭环和经营管理，实现从信贷风险为主向信贷、政策、技术等一揽子、综合化的风控转变。

3. 丰富数据来源。在企业提供财务报表、运营数据的基础上，开展工商、税务、电力、电信、物流、电商等多种渠道的信息采集，强化多信息的校验分析和逻辑判断。

4. 优化管控方法。顺应“互联网+”趋势，在信用评级、集中度管理、统一授信管理、行业限额等传统风控方法基础上，积极探索借助大数据分析、工业互联网、物联网、云计算等新手段对企业的经营过程和各项业务进行实时监控，实现从以往的经验为主向大数据支撑下的科学管控、精准管理转变。

5. 培养专业人才。针对战略性新兴产业、先进制造业、现代服务业等新经济重点发展领域，通过“外部引进+内外培养”两种方式，打造一支具有专业理论背景和行业从业经验的复合型人才队伍，提升对新经济企业的风险识别和控制能力，从源头上降低新经济业务的经营风险。

历史只会眷顾坚定者、奋进者、搏击者，而不会等待犹豫者、懈怠者、畏难者。商业银行服务好新经济是潮流所向、是使命担当、是发展必然，只要顺势而为，加快全面创新，不断提高金融服务效率和支持经济转型的能力，一定能够造就绚烂无比的新金融，成就经济现代化新征程。

参考文献

[1] 田飞. 美国政府与美国"新经济"[J]. 国际展望, 1998 (5): 11-13.

[2] 佟福全. 评美国"新经济"[J]. 国际经济评论, 1998 (5).

[3] 邵岩. 新经济下对健康产业分类问题的研究 [J]. 统计与咨询, 2017 (1): 25-27.

[4] 王雯. 新经济背景下产业政策的演进: 能力导向 [J]. 学习与探索, 2017 (4): 112-117.

[5] 唐晓华. 知识经济——新经济时代的到来 [J]. 科学学与科学技术管理, 1998 (9): 11-13.

[6] 韩欣春. 从"新经济"到"知识经济" [J]. 银行家, 1999 (8): 9-13.

[7] 肖勇. 从美国"新经济"现象看知识经济概念的产生与演绎 [J]. 现代情报, 2003, 23 (12): 218-219.

[8] 萧琛. 论美国的"新经济"和"新周期" [J]. 世界经济与政治, 2000 (4): 5-10.

[9] 沈泽宁. 新经济, 信息经济与知识经济 [J]. 经济论坛, 1999 (19): 38-38.

[10] 华民. 新经济、新规则和新制度 [J]. 世界经济, 2001 (3): 3-8.

[11] 曹玉廷, 冯定忠. 基于新经济的产业集群发展研究 [J]. 宁波大学学报 (人文版), 2011, 24 (2): 72-75.

[12] 燕玉. 关于新经济与传统经济的对比分析 [J]. 云南社会主义学院学报, 2012 (1): 266-267.

[13] 李君. 培育经济增长的"新动能"——对"新经济"概念的再思考 [J]. 商业时代, 2016 (10): 137-138.

[14] 来佳飞. 解构新经济 [J]. 浙江经济, 2016 (15).

[15] 彭迪云. 新常态下发展新经济与供给侧结构性改革的内在逻辑和政策建议 [J]. 企业经济, 2017 (4): 5-11.

[16] 阿里研究院. 新经济崛起 [M]. 北京: 机械工业出版社, 2016.

[17] Mandel M. The Triumph of The New Economy. [J]. *Business Week*, 1996 (30).

[18] Rudi Dombusch. Growth Forever [J]. *The Wall Street Journel*, 1998 (7).

[19] J. S L, Fraumeni B M. Measuring the New Economy [J]. *Bea Papers*. 2001, 81 (March): 224.

[20] Stephen B. Shepard. The New Economy: What It Really means [J]. http://www.businessweek, 1997-11-18.

[21] Kelly K. New rules for the new economy [J]. *Kevin Kelly New Rules Economics Networks*, 1997.

业务与科技交互视角下的商业银行数字化转型

浙商银行课题组*

一、引言

在当前新旧动能接续转换的关键时期，数字化技术在稳增长、促改革、调结构、惠民生中承担的角色越来越重要，在经济社会发展中的基础性、战略性、先导性地位越来越突出。在金融领域，各主要金融机构主动顺应数字化发展趋势，积极探索和应用数字化技术，取得了一系列丰硕成果。对于商业银行而言，数字化已成为其塑造竞争优势、获取市场价值、实现商业目标的重要推动力量。与此同时，如何在数字化转型过程中处理好业务与科技之间的关系这一深层次矛盾也越来越多地受到人们的关注。一方面，在现有架构下，商业银行的业务部门和科技部门之间尚不能有效结合，严重制约了科技对业务发展的支撑作用；另一方面，商业银行前中后台界限明显，科技部门作为中后台往往局限于满足前台业务部门的科技需求，难以真正发挥科技对业务创新的引领作用。本文基于业务和科技的交互视角，试图初步回答商业银行应如何开展数字化转型和如何在数字化转型过程中处理好业务与科技之间的关系这两大问题。

二、商业银行数字化转型的驱动因素

面对数字化带来的深远影响，国内各主要商业银行纷纷采取行动，利用各类数字化技术改造传统金融服务，推动业务转型，升级中后台管理，力图抢占数字化先机。例如，浙商银行依托区块链底层技术开发了移动数字汇票平台，解决了多方之间的互信问题，降低了交易成本，提高了工作效率；浦发银行手机银行在业内率先使用“云语音”和手机 SIM 盾两项数字化安全认证工具，进一步提高手机银行交易的安全性和便捷性，提升了移动金融服务能力；招商银行基于人工智能技术，推出了智能投顾平台“摩羯智投”，依托精准的算法模型为客户提供个性、智能的金融服务。

数字化之所以能够深入人心，并成为各主要商业银行的转型共识，其背后

---

* 课题主持人：刘晓春

课题组成员：杜　权　盛　南　周　坤

是由多股力量共同推动的，本文通过梳理将其归纳为内外两个方面。

（一）商业银行数字化转型的外部驱动因素

首先，科技革命所带来的挑战和机遇要求商业银行必须进行数字化转型。一方面，以互联网的兴起和普及为重要标志的新一轮科技革命彻底改变了人们的生活和企业的生产方式，对传统银行的经营管理和业务模式造成严峻挑战，迫使传统银行必须开展数字化重塑。另一方面，新兴技术的蓬勃发展对商业银行而言也蕴含着巨大的机遇。在金融领域，移动互联网将金融服务渗透到更多的生活场景；大数据技术通过对海量数据的分析挖掘，助力金融产品的精准营销；区块链技术以其独特的分布式记账方式可以帮助整个金融系统构建去中心化的交易市场与实时结算清算系统，极大地提升金融服务效率。

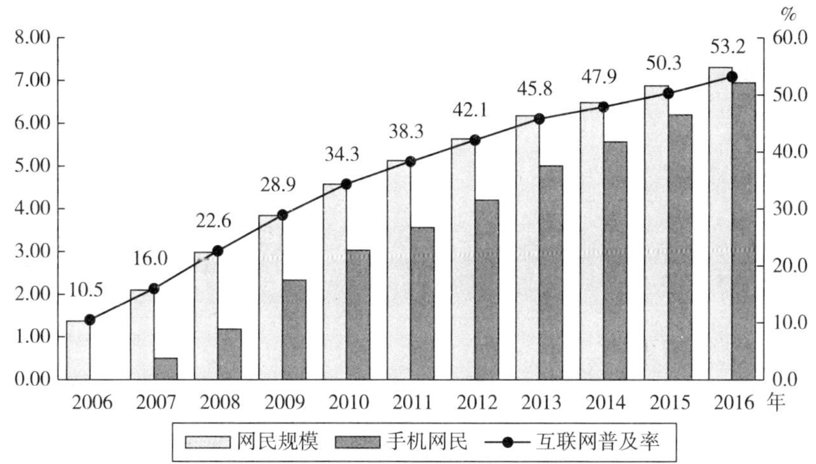

资料来源：中国互联网络发展状况统计报告。

图 1　2006—2016 年中国网民规模和互联网普及率

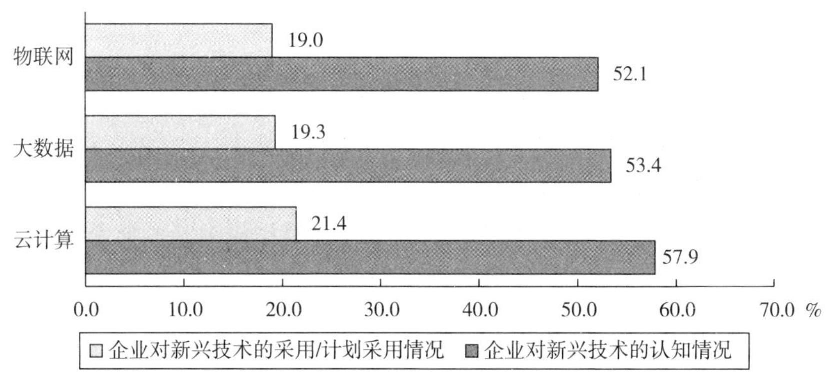

资料来源：中国互联网络发展状况统计报告。

图 2　2016 年中国企业对新兴技术的认知和应用情况

其次，国家战略为商业银行推进数字化转型创造了条件。为推动数字化技术的发展与应用，我国政府积极采取行动，在国家层面作出了一系列重大战略部署，极大地促进了各行各业生产经营模式的数字化变革，为银行开展数字化转型创造了有利条件。在金融领域，中国人民银行已表明要争取早日推出发行数字货币，为数字货币提供底层技术支撑的区块链技术很可能在金融行业正式开花结果；此外，中国银监会也发布了《中国银行业信息科技"十三五"发展规划监管指导意见（征求意见稿）》，明确要深化科技创新，推进互联网、大数据、云计算等数字化技术的应用。

	文件	内容
国家层面	《国务院关于印发新一代人工智能发展规划的通知》（国发〔2017〕35号）	抢抓人工智能发展的重大战略机遇，构筑我国人工智能发展的先发优势，加快建设创新型国家和世界科技强国。
	《国务院关于印发"十三五"国家信息化规划的通知》国发〔2016〕73号	到2020年，"数字中国"建设取得显著成效，信息化发展水平大幅跃升，信息化能力跻身国际前列，具有国际竞争力、安全可控的信息产业生态体系基本建立。
	《国务院关于印发促进大数据发展行动纲要的通知》国发〔2015〕50号	2017年底前形成跨部门数据资源共享共用格局；2018年底前建成国家政府数据统一开放平台。
	《国务院关于积极推进"互联网+"行动的指导意见》国发〔2015〕40号	到2018年，网络经济与实体经济协同互动的发展格局基本形成；到2025年，"互联网＋"新经济形态初步形成，"互联网＋"成为我国经济社会创新发展的重要驱动力量。
	《国务院关于促进云计算创新发展培育信息产业新业态的意见》国发〔2015〕5号	到2017年，我国云计算服务能力大幅提升，云计算数据中心区域布局初步优化，发展环境更加安全可靠。到2020年，云计算成为我国信息化重要形态和建设网络强国的重要支撑。
金融领域	《加强信息共享 促进产融合作行动方案》工信部联财〔2016〕83号	支持《中国制造2025》加快实施，促进工业稳增长调结构增效益。
	《中国金融业信息技术"十三五"发展规划》银发〔2017〕140号	主要发展目标：金融信息基础设施达到国际领先水平、信息技术持续驱动金融创新、金融业标准化战略全面深化实施、金融网络安全保障体系更加完善、金融信息技术治理能力显著提升。
	《中国银行业信息科技"十三五"发展规划监管指导意见（征求意见稿）》	积极面对新兴技术带来的机遇与挑战，主动开展架构转型，建立开放、弹性、高效、安全的新一代银行系统，为社会和公众提供更加丰富、安全和便捷的金融服务。

资料来源：中国政府网。

图 3　我国政府推动数字化技术发展与应用的相关文件

最后，来自金融科技公司的竞争迫使商业银行必须加快数字化转型步伐。在强势资本的支持下，金融科技公司正在充分利用移动互联网、大数据、云技术等新兴技术颠覆传统银行的业务模式。他们能够专注于银行业务的某一个环节，以客户体验为导向、以数据技术为驱动、以互联网低成本扩张为手段，拆解银行的价值链。

（二）商业银行数字化转型的内部驱动因素

首先，行业困境凸显，转型紧迫感扑面而来。伴随着我国社会经济发展新常态，银行业持续面临盈利增速放缓、息差收缩、不良贷款"双升"和资本充足率下降的压力。上述挑战和机遇要求商业银行因势而变、扬长避短，积极转变经营方式，在此背景下，各商业银行纷纷酝酿增长新动力，数字化转型成为共识。其次，数字时代银行科技系统面临多重挑战，难以满足未来业务发展需求。我国银行业现有科技系统普遍缺乏顶层设计，系统内“数据孤岛”林立。零散的科技架构和孤立的运行系统，与数字时代客户需求随时化、金融场景碎片化和业务数据海量化产生碰撞时，其结果可想而知：一方面，难以有效利用各类信息；另一方面，科技系统的维护成本也会居高不下。最后，银行必须追随客户脚步，迈入数字时代。未来银行的成功，有待于客户关系管理，不论公司金融、零售金融，都需要主动追随客户的脚步，才能建立与客户的持久关系。

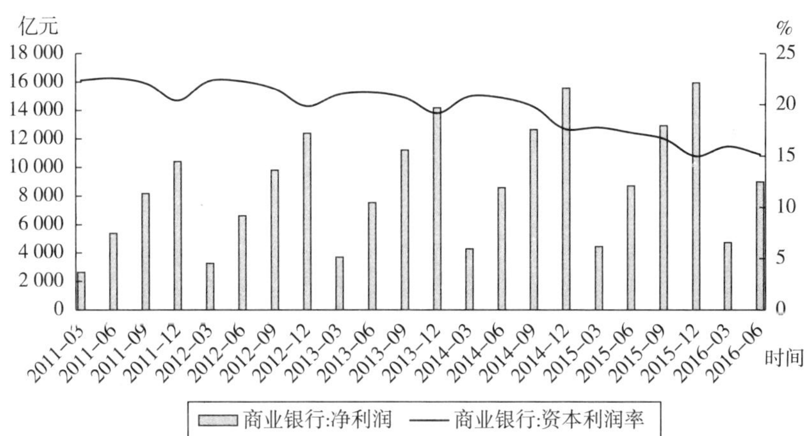

资料来源：Wind，浙商银行发展规划部。

图 4 商业银行利润增速放缓

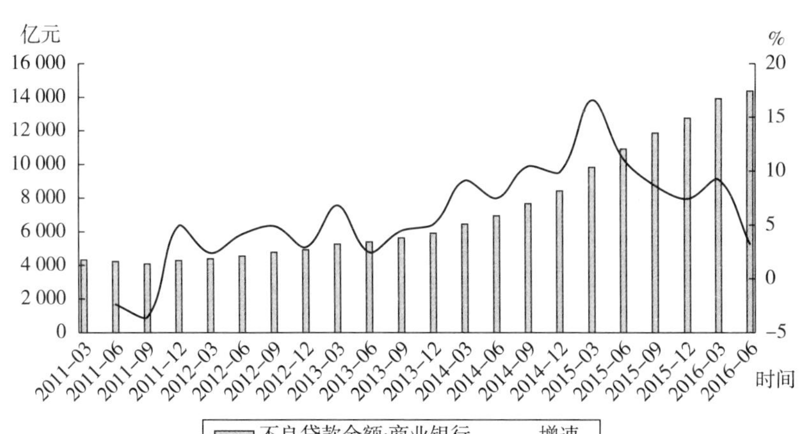

资料来源：Wind，浙商银行发展规划部。

图 5 商业银行不良贷款“双升”

三、商业银行数字化转型的交互框架

商业银行的数字化转型应该是一个逐步的、务实的进化过程，而非革命性的突变。如果忽略这样一个进化的过程，商业银行的数字化转型将会面临巨大的不确定性，但是一个系统的正确的顶层规划可以加速这一进化过程。商业银行数字化转型的成功有赖于符合自身市场定位与愿景的业务战略和把握技术发展与趋势的科技战略的紧密配合。

早在20世纪80年代，为解决企业信息化发展中业务与信息技术发展不协调的问题，约翰·扎科曼提出了企业架构理论，通过模型化、规范化的方式，搭建业务与信息基础设施建设的桥梁。伴随企业架构理论的发展，企业架构的相关方法被越来越多地运用于企业的战略规划中，目前国内对架构概念的认识也逐渐从朦胧走向清晰。本文借鉴了企业架构理论的相关思想，结合商业银行数字化转型的一些最新趋势，将商业银行的数字化转型具化为两个视角，即业务视角下的商业银行数字化转型和科技视角下的商业银行数字化转型，在架构层面努力为商业银行描绘出一幅未来数字化银行业务和科技互动的蓝图。在业务视角下，本文通过对现有银行业务分析将在银行发生的金融活动简化、提炼为四个概念进行描述，分别为：客户、产品和服务、渠道、支撑体系。在科技视角下，本文从应用架构、数据架构、科技架构和安全架构四个方面进行阐述。

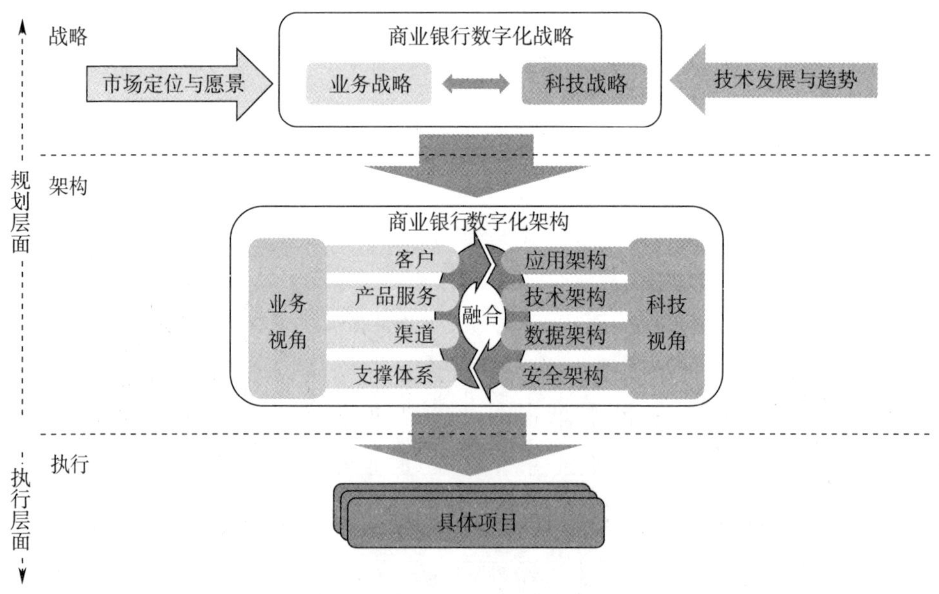

图 6　商业银行数字化转型的框架模型

四、业务视角下的商业银行数字化转型

商业银行在业务视角下应从客户、渠道、产品服务和支撑体系四个方面推进数字化转型。

（一）客户的智能化管理

客户的智能化管理旨在借助移动互联网、大数据和云计算等先进数字化手段，建立主动型客户关系管理，并在此基础上通过立体式客户接触与深入的客户洞察提供卓越的客户体验。首先，客户习惯和预期的改变，使得传统银行坐在网点中被动等待客户到来的模式已经难以维系，未来银行需要通过切入客户的生意或生活场景中去，将获客这一步骤前移。其次，随着客户需求复杂度的提升，客户在行为和偏好上变得更加多样化，仅靠资产等单一维度去理解客户已经远远不够，基于这样的细分做营销和产品设计容易“误伤一片”，会浪费不少的资源。而借助大数据和移动互联等新技术，在掌握全面完整客户数据的前提下，建立立体式的客户分层体系，可以帮助管理和营销人员站在更新视角、更深层次上思考问题。管理和营销人员思考业务的原点不再限定在客户本身，还包括客户的“钱从哪儿来，钱去哪儿了”，客户产业链的上游、下游，以及合作伙伴组成的生态圈。在此基础上开展营销行动的针对性、专业性更强。最后，借助大数据技术，商业银行也可以进行客户流失的预警，进而改进服务，挽留客户。根据美国市场营销学会顾客满意手册的统计数据表明，争取一个新用户成本是留住一个用户所需要成本的5倍。

（二）渠道的有机整合

随着新金融业态的快速崛起，银行渠道所承担的客户交互功能正越来越受到新技术的冲击和考验。渠道的有机整合是指在实体渠道转型和数字化渠道完善的基础上，多渠道有机整合。一方面，实体网点作为商业银行投入资源较多、较为昂贵的渠道资源，在当前新的环境下效能已大幅降低，转型迫在眉睫。基于成本控制和精细化管理的需求，未来的银行不会只是单一的大型、综合型网点形态，而将是不同网点形态的有机组合。另一方面，网上银行、移动银行和微信银行等数字化渠道在大幅降低商业银行运营成本的同时，为客户提供了便捷化、个性化的体验。面对互联网平台的步步紧逼，商业银行必须进一步推进数字化渠道的完善。依托各类场景打造各个方面的银行服务入口，拉近银行与客户间的距离，从而增强客户黏性；通过开发针对网上平台的专属产品，提供高效、便捷、简约、透明的金融产品，进而构建网络金融生态；借助社交平台丰富产品宣传和品牌传播渠道，来进一步提高宣传的针对性和有效性。

表 1 网点业态的典型组合

网点类型	服务对象	网点定位	网点配置
综合网点	服务所有客户群	大型或超大型的全功能网点，处理业务综合能力强，发挥品牌宣传作用	数量通常不多，一般建在人流量大、广告效应强的城市中心地段
专业网点	服务金融需求专业性要求较高的特殊客户群	小型网点，提供的产品和服务针对性强	通常布局在客户集中的地段
社交网点	服务青年群体	小型网点，把网点变成客户日常生活、社交，借此建立长期的客户关系的一部分	通常布局在青年社区、大学城、商业中心区等地段
便捷网点	服务关注效率的客户	小型网点，能够满足客户基本需求	通常布局在交通枢纽、大型购物中心等人流量大但需求非常简单的地段

多渠道的有机整合旨在明确每个渠道的“角色”，定义每个渠道的职能，进而提供无缝的客户体验。商业银行必须首先梳理各渠道在客户办理业务的各个阶段所发挥的作用；然后基于现实状态和客户预期状态的对比，发现现有渠道功能欠缺，并据此来对各渠道相应的功能、职责进行调整；最终，建立适应多渠道的组织架构和考核机制，将多渠道的有机整合落到实处。

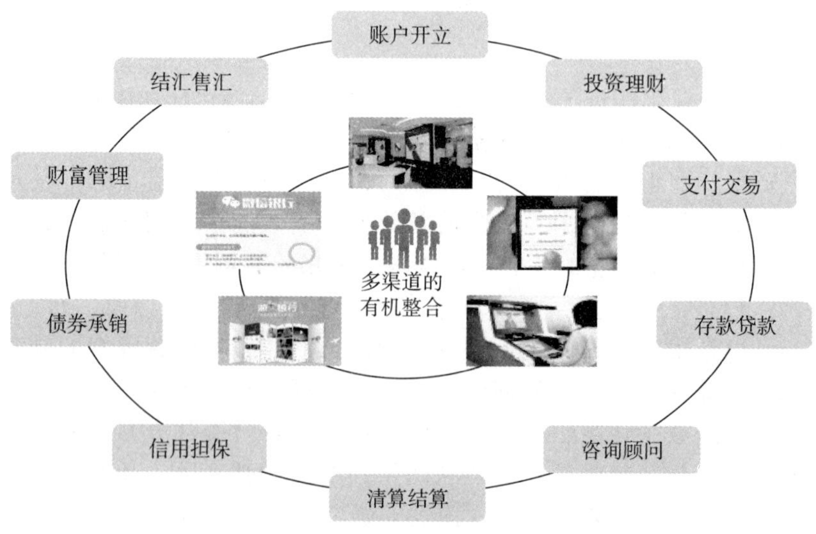

图 7 商业银行多渠道的有机整合

（三）产品和服务的场景化

随着移动互联时代的到来，为提升客户体验，企业会把一个产品融入特定场景里面，跟客户产生一些有温度、有交互的行为，使得这个产品具备不一样的特征。现实世界和虚拟世界的交错融合，使得任一场景关系都有可能转化为实际消费。就商业银行而言，场景才是赋予产品和服务全新价值的重要因素，只有将产品、场景和客户的需求三者紧密地结合起来，才能获得客户的真正认同。产品和服务的场景化考验的是商业银行真正践行“以客户为中心”的力度。商业银行首先应强化同各类生态系统的合作，从工作、休闲娱乐、交通出行等各个方面切入，加强对场景的布局；其次，要抓住场景之争的关键点，从心理学和社会学角度深入对客户的理解，找准链接客户最核心需求的主场景；最后，要借助数字化手段，结合具体的动态的场景，为客户推荐个性化的综合金融服务方案。

（四）支撑体系的能力进化

商业银行的数字化转型是一次全方位蜕变，其中支撑体系，包括组织机制、风险管控和人才队伍等，在转型过程中发挥着举足轻重的作用。数字化发展有赖于良好的组织设计，商业银行需要理顺组织架构，打破条线边界，聚焦特定问题，构建灵活应变的有机组织；数字化发展有赖于完备的风控制度，商业银行必须建立起与新技术、新业务、新模式相匹配的风险管理机制，加强新兴技术及量化模型应用，搭建全面的风险识别和覆盖体系；数字化发展有赖于核心人才，只有一流的人才才能提供一流的思想和技术，商业银行必须加大复合型人才和关键技术人才的引进、培养、储备，建立发展通道顺畅、岗位配置合理、层次结构优化的人才资源管理体系。

五、科技视角下的商业银行数字化转型

在科技视角下，商业银行可以从应用架构、数据架构、技术架构和安全架构四个方面开展数字化转型。

（一）要构建卓越体验的应用架构

应用架构是和业务有强烈映射关系的一个维度。当前，传统银行的应用系统普遍存在应用堆积、条线分割和风险管理分散等一系列问题。未来数字化银行的应用架构建设应以平台化、标准化、组件化为特征，建立企业级的应用组件和部门级的应用，打破部门系统割裂的魔咒，进而达成良好的用户体验。

（二）要构建高效融合的数据架构

当前商业银行已基本实现业务的电子化，数据大集中基本完成，数据治理也实行了很多年。但随着业务类型增加和业务规模增长，数据量呈爆炸式增长，对商业银行数据架构的建设提出了更高的要求。在数据的收集和存储方面，要

在有效控制成本的基础上实现多种数据格式的有机融合；在数据的分析和整合方面，需要通过大数据技术实现数据价值的呈现，让数据分析力量渗透到业务和管理的各个环节；在数据价值呈现方面，通过借助数据可视化工具，将经验、判断与数据分析结果进行相互印证、相互融合，使数据蜕变为智慧，进而为商业价值的创造提供指导。

（三）要构建自主开放的技术架构

技术架构是对应用架构的一个完整支撑。技术架构需将应用架构输入的建设需求转换为具体的技术需求点，并最终形成关键技术清单。传统商业银行的技术架构正在向开放架构和自主掌控转型，大数据、云技术和人工智能等是技术架构转型的主要内容。

（四）要构建规范弹性的安全架构

传统商业银行多面向的是可预测、高平稳性的实体金融场景，而未来数字化银行则还需面向传导快、高度不确定性的互联网虚拟场景，其安全架构必须既能确保现有业务的连续性，又能支持互联网创新商品的快速部署。一方面，要打造高性能可自愈的智能化弹性网络，全面提高系统可用性；另一方面，要严格软件开发的制度、规范和流程。

六、商业银行业务与科技的交互作用

面对信息技术与经济社会的交汇融合，商业银行过去那种“业务提需求，科技做开发，科技讲科技，业务讲业务，科技、业务泾渭分明”的模式已经难以为继，科技部门正逐步由业务部门的服务者转型成为业务合作伙伴和业务引领者，“业务和科技相互融合、深度合作”的模式将成为主流，这种融合与合作具体体现为三种交互作用。

（一）业务需求为科技开发提供原动力

面对业务需求的线上化、差异化和精细化，商业银行的科技力量已捉襟见肘，数字化能力亟待提升。综合考虑自身的资源禀赋和信息科技发展的基本趋势，商业银行需要通过自建、合作、合资等灵活手段，不断壮大自身科技实力，提升自身数字化能力，实现由科技追随者到科技引领者的转变。

表 2　主要商业银行（金融集团）科技子公司设立情况汇总

商业银行（金融集团）	科技子公司	设立目的
平安集团	平安科技（深圳）有限公司	向集团公司和集团下属子公司提供 IT 规划、开发和运营等 IT 服务。
招商银行	招银云创（深圳）信息技术有限公司	将招商银行 IT 系统 30 年稳定运行的成功经验和金融 IT 的成熟解决方案对金融同业开放，服务于社会。

续表

商业银行（金融集团）	科技子公司	设立目的
兴业银行	兴业数字金融服务（上海）股份有限公司	通过搭建平台、运营平台的方式持有信息资产，为中小银行、非银行业金融机构、中小企业提供金融信息云服务。
光大集团	光大云付互联网股份有限公司	搭建大数据平台，为集团、社会提供信息增值服务；提供更加便捷、优质的互联网服务；搭建投融资平台，延展集团成员金融服务半径。

资料来源：浙商银行发展规划部。

（二）科技力量可以支撑业务的发展

商业银行作为支付中介、信用中介和信息中介，不管是从手工作业到业务电子化的转变，还是从分散处理到全行数据集中的变迁，抑或是从传统柜面到移动互联网的扩展，每一次业务上的飞跃无一不是依靠科技变革的支撑，可以说中国银行业始终是先进科技应用受益者。针对业务发展的新模式、新形态、新内容，商业银行应对原有的科技架构进行梳理、简化、整合、优化，科技力量必须更加前置，更加深入地融入业务中，更加近距离地聆听客户心声，从而不断提升服务效率，全面优化客户体验。

（三）科技力量可以引领业务的创新

科技的飞速发展使业务创新有了更多的可能，过去很多受制于时间、空间和设备等的问题，现在已经不复存在。一方面，科技的变革拓宽了商业银行的服务对象和服务范围，使原本无法享受到金融服务的人群也能享受便捷的金融服务；另一方面，新兴技术的应用拓展了商业银行的服务深度和服务水平，使商业银行能够向普通大众提供个性、优质的金融服务。面对激烈的市场竞争，依托科技的引领作用，营造创新优势，对商业银行而言至关重要。商业银行应积极借鉴融合“开放、平等、协作、共享”的互联网精神，将互联网理念渗透到各项业务的各个环节，从而为业务创新提供源源不断的灵感，很多新业务就是在互联网思维下，科技人员与业务人员脑洞大开碰撞出来的结果。此外，商业银行还应建立敏捷创新机制，培育快速学习和改变的能力，围绕客户需求，加快产品创新和迭代速度，以更好地适应新兴技术的日新月异。

在商业银行的数字化征程中，只有将业务逻辑和技术逻辑较好地融合才能提升商业银行的核心竞争力，迅速应对高度不确定和快速变化的市场环境。

参考文献

［1］丁蔚．数字金融：商业银行的未来转型发展之路［J］．清华金融评论，2016（4）．

［2］何大勇，陈本强，刘冰冰．银行数字化转型：领导力、组织与人才嬗变［J］．银行家，2016（3）．

［3］黄鑫．数字化时代商业银行“智能化”的思考［J］．中国银行业，2017（3）．

［4］李克．华为：重塑 IT，助力银行数字化转型［J］．中国金融电脑，2016（10）．

［5］王雪玉．银行向数字化转型所面临的挑战［J］．金融科技时代，2014（11）．

［6］韦颜秋，黄旭，张炜．大数据时代商业银行数字化转型［J］．银行家，2017（2）．

“特色小镇”金融服务研究

——以浙江省为例

中国工商银行浙江省分行课题组*

近年来，特色小镇建设在全国方兴未艾，并得到了习近平总书记、李克强总理等多位党和国家领导人的批示①与肯定。2016 年 7 月，住建部、发改委、财政部联合发文，特色小镇上升为国家层面战略②，计划五年内在全国培育 1 000 个左右的特色小镇。其实，国内的特色小镇源于浙江、兴于浙江。其概念与内涵最早是 2014 年时任省长李强同志在考察杭州云栖小镇时提出的，并且率先开创了“非镇非区”③ 的全新模式，随之被迅速推广。本文拟从金融视角出发，并立足于浙江特色小镇的发展实践与现状，对特色小镇整体运营过程中的金融服务进行分析与研究。

一、文献综述

随着特色小镇上升为国家新型城市化建设的重要组成部分，国内众多学者从城市规划理论研究为肇始，着手对特色小镇的建设与发展进行了专题性研究，至今已形成了一定的理论成果。主要有以下几类。

（一）案例研究型

该类研究通常集中于国内特色小镇起步阶段，其主要是总结介绍国外著名小镇的成功案例和经验，并提出了国内特色小镇发展路径。如张银银和丁元（2016）细致梳理了国外成功小镇在区位、产业、功能、空间、经营等五个方面

---

* 课题主持人：戴春林

课题组成员：俞　栋　王晓暾　邱　韬

① 2015 年 11 月，习近平总书记对中央财经领导小组办公室有关浙江特色小镇调研报告做出了重要批示：“从浙江和其他一些地方的探索实践看，抓特色小镇、小城镇大有可为，对经济转型升级、新型城镇化建设都具有重要意义。”

② 2016 年 7 月 1 日，住房和城乡建设部、国家发展和改革委员会、财政部三个部门联合发布《关于开展特色小镇培育工作的通知》，提出到 2020 年，要在全国范围内培育 1 000 个左右各具特色、富有活力的休闲旅游、商贸物流、现代制造、教育科技、传统文化、美丽宜居等特色小镇，引领带动全国小镇建设。

③ 特色小镇既不是传统行政意义上的“镇”，也并非一般理解中的产业园区、开发区等概念，而是一种汇聚区域发展要素，融合“产、城、人、文”四位一体的全新创新、创业平台。

的特点，并总结出返乡创业、历史传承、名人带动、总部引领、新兴产业、历史事件六种发展路径，最后提出特色小镇发展过程中必须处理好长期与短期、政府与市场、个性与普适、数量与特色、动力与平台五大关系。傅超（2016）回顾了美国、英国和欧洲大陆三地成功特色小镇的发展经验与特色，并提出特色小镇的成功是当地产业基础、发展路径、政策机制和阶段策略四个方面共同作用、相互促进的结果。

（二）比照分析型

国内学界和业界在吸收国外特色小镇成功经验的基础上，结合实际提出了一套富有中国特色的小镇发展理论。作为国内特色小镇最早实践者，李强（2015）高度概括了国内小镇经济的主要特征，并创造性地提出了特色小镇建设中应当创新制度供给、加快要素融合、注重内涵提升等发展建议和方向。浙江省发展改革委（2016）进一步细化了省内特色小镇气质内涵、运作机制、制度供给、建设成效上的主要亮点，强调了其对于经济转型、产业升级、结构调整、干部培养四个方面的作用。仇保兴（2017）将复杂适应理论（CAS）引入特色小镇研究，并提出了评价体系的四原则、十标准。徐林（2017）指出特色小镇是我国新型城镇化建设的最新实践，是连接城乡的重要纽带促进大中城市和小城镇协调发展，并可进一步辐射带动新农村建设。

（三）总结反思型

鉴于浙江、江苏、贵州等特色小镇先发区域的已经取得了一定成效，并形成了一套建设经验。国内不少学者深入分析了上述地区特色小镇发展的模式类型、政策环境、产业特征等。苏斯彬和张旭亮（2016）以 79 个省级特色小镇为样本分析了浙江特色小镇建设成果，认为其有助推产业转型、加快资源集聚、鼓励创业创新等作用，下一步应当从人口导入、投资模式、功能设置、职能转变等四个层面进一步推进特色小镇建设。浙江省政府参事调研组（2016）、潘毅刚（2016）在总结浙江特色小镇建设成果的基础上，提出需要在运营、规划、体制、文化四个方面做进一步的创新探索。同时，对于特色小镇推进过程中暴露的诸多问题，国内学者也进行了深刻反思：陈建忠（2016）认为浙江特色小镇存在有效投资不大、要素集聚不足、生态形成不够、配套设施不齐四个问题，需要从产业特色、建设短板、政策环境三个方面加以改善。尹晓敏（2016）对于当前省内部分特色小镇建设过程中存在的规划混乱、产业割裂、层次偏低、政策落实滞后等问题进行了深入反思，并提出了相应解决思路。重庆市发展改革委（2016）针对当前特色小镇建造“一哄而上”的乱象提出其发展必须立足区域实际，强调“产、镇、人”互融，强化改革创新，提升资源整合层次。

（四）行业参与型

不少学者对于小镇建设和发展过程中涉及的行业进行了针对性分析。以金融业为例，其不仅是加快小镇建设进程、提升小镇服务能力的主要引擎，更是省内小镇产业发展的重要动力。聂正标和宋家宁（2016）指出金融资本介入可以引导小镇运营摆脱开发商主导的困境，尤其是通过资产证券化手段可以实现资本与运营的隔离，真正帮助其实现专业化、市场化运营。黄芳芳（2016）认为 PPP 融资模式可较好满足小镇建设融资需求其不仅可以解决特色小镇资金少、持续差等问题，而且可以实现政府与社会公众的风险共担，平衡社会资本收益与公共利益。王新汉和金秀芳（2016）也指出了民间资本参与小镇建设的重要性，并指出其可通过自身金融创新和经营活力，带动小镇经济持续发展。王晋和张庆丰（2017）总结了特色小镇融资的若干模式及各自内涵。

总体来看，当前国内学界、业界对于特色小镇相关特征、发展方向、政策需求等层面的研究分析已经取得了初步成果，并对后续实践产生了积极作用。然而，由于国内特色小镇建设尚处起步阶段，相关研究集中于方向型、框架型的宏观分析，对于具体细分领域的行业研究和需求分析仍处于探索阶段，有待进一步深入。以本文研究的金融领域为例，现有文献成果多数仍停留于特色小镇融资难、亟须拓展直接融资渠道等宏观结论，而对于其不同类型的特色小镇及其在不同阶段的金融需求、金融服务并未形成深入具体的认识与意见。故本文以期在这方面能够有所破题。

二、特色小镇建设国际经验及启示

现代意义上的特色小镇概念实际上是起源于西方国家的“舶来品”，欧美多国都已形成了完善的小镇发展模式并成功打造了一批全球知名的特色小镇，涵盖产业、人文、科技、现代服务等多个领域，成为世界各国在新型城市化建设过程中模仿和学习的对象。

（一）国外特色小镇发展模式

综观国外特色小镇发展模式主要有总部经济、资源集聚、新兴经济和文化积淀四类。

1. 总部经济模式

该类小镇通常为产业型小镇，拥有一家甚至多家跨国企业总部，借助“总部效应”，不仅奠定了该镇在相关领域的行业地位和品牌形象，而且有效带动了小镇经济发展和产业结构的调整，加快上下游企业及相关资源集聚，塑造了小镇的核心产业群。同时，随着就业人口大规模迁入，也进一步促进了当地高端服务业发展和小镇社区功能完善。如德国的赫尔佐根赫若拉赫小镇是德国纽伦堡大都市区内的小城镇，拥有数百年的手工业发展以及技术人才培养传统，从而孕育了包括体育用品制造商阿迪达斯、彪马以及汽车轴承制造商 IDC 和舍弗勒等多家大型国际化企业而闻名世界。

2. 资源集聚模式

该类小镇通常综合了政策、人才、资金、基建等多种发展要素优势帮助其完成生产资源的原始积累，为后续发展奠定基础。以美国格林威治基金小镇为例，该镇位于康涅狄格州西南部的长岛海峡，其成功不仅是得益于优越自然环境和毗邻纽约金融中心的区位优势，更重要的是康涅狄格州优惠的税收制度和完善的配套设施等社会环境因素吸引了最初的对冲基金从业者及周边人员如基金经理、交易员、大宗经纪商、银行家在此开展业务，从而完成了初始的人才积累和资本聚集。当前，已有 500 多家对冲基金落户该镇，管理资产规模超过 1 500亿美元。

3. 新兴产业模式

该类小镇大多抓住了金融、科技、信息等新兴产业的发展先机，进而塑造出本地区域特色，成为相关产业的行业高地。以美国硅谷为例，当地集中了 7 000多家高新科创企业，是全球科技创新最活跃的区域之一。硅谷的成功源于该地紧密的产学研结合以及活跃的金融创新：一方面，斯坦福大学、加州伯克利大学等周边高校为硅谷的创业公司持续输送高素质技术人员和经营管理者，同时也为其提供了完善的教育培训体系和沟通交流平台，使其能够长期领跑全球科创行业。另一方面，金融风投机构伴随当地创业文化逐步壮大，依据市场化规则为不同阶段、不同领域甚至是不同区域的创业公司配置资金，依托金融市场帮助创业者实时兑现价值，形成了可持续的创业激励。

4. 文化积淀模式

该类小镇与当地的名人资源、地域文化密切相关，是历史传承、生活方式、传统工艺、文化积累等各种有形、无形的文化资源共同催生的结果，其主要产业通常是文化旅游业。如位于意大利西北部的波托菲诺小镇，是欧洲贵族传统的度假胜地。其优美的自然环境以及深厚的历史底蕴吸引了全球各地的艺术家、金融家、政治家来此旅行度假，为小镇带来了丰富的客流。当地围绕海景风光、历史建筑和人文积累等旅游资源，将酒店、宾馆、酒吧、咖啡馆、面包店等旅游产业配套设施与小镇的艺术气息和休闲氛围融为一体。

（二）内在规律

尽管不同国家、不同类型的特色小镇其具体生成背景、发展路径和成功之道各有千秋，但都具有“四大共性”：其一，产业沉淀是基础。纵览全球知名小镇，都是在充分整合原有产业基础、人力资源、历史积累等生产要素的基础上打造本地支柱型产业和核心企业，是区域竞争优势的综合表现。其二，资源投入是关键。特色小镇的开发与建设虽是市场竞争的结果，但其健康发展离不开后续资源的持续投入。这其中既有在基础设施、民生工程等资产层面的有形投入，也包括税收优惠、奖惩政策以及融资机制等营商环境方面的无形投入。其三，金融服务是动力。特色小镇资产规模大、开发周期长，亟须跨界整合政府、企业、开发商、运营商、居民等多方资源。金融服务的介入不仅有助于厘清资产属性，明晰小镇预期收益，而且有助于发掘小镇内在价值，提升项目资产流动性，从而在更广的市场范围内调动更多的资金支持小镇的可持续发展。其四，生态环境是保障。特色小镇作为经济发展高级阶段的产物，与地区中心城市错位发展，在特色产业基础上应突出小镇社区功能属性，实现生产、生态、生活“三生合一”，绿色发展固然是其中的应有之义。

三、浙江特色小镇发展现状与前景

自2014年起步以来，浙江“小镇经济”已完成了从杭州一地到覆盖全省；从新兴产业主导到创新与传承并重的蜕变，并逐渐形成多层次、全方位、跨产业的特色小镇体系。

（一）浙江省已成为国内特色小镇建设的先行者

2015年1月，浙江省把“特色小镇”写入两会政府工作报告，并以“以新理念、新机制、新载体推进产业集聚、产业创新和产业升级”来描述特色小镇的作用与发展思路；4月起，省政府又先后出台了《关于加快特色小镇规划建设的指导意见》等一系列政策文件[①]支持特色小镇建设，开全国之先河。在政策引导和推动下，特色小镇建设全面启动。经过近三年时间建设，全省已有78个省级特色小镇（具体分类及名单见附表）[②]，总体发展势头强劲，入驻企业、财政贡献增长均逐年提升，且优于全省上年同期水平[③]。除此之外，全省还有200多个市级特色小镇。二者合计数量居全国之首，形成了覆盖全省11个地级市，依托八大万亿级产业[④]，兼顾茶叶、丝绸、黄酒、青瓷等历史经典产业、独特文化内涵和旅游功能的特色小镇体系。尤其是随着省内城市化建设提速和转型升级步伐加快，浙江省特色小镇的发展理念、模式和目标也正从“数量到质效、模仿到创新、短期到长远”的转变，推动科技型中小企业成长，加快高新技术企业培育。

---

① 例如《关于推进电子商务特色小镇创建工作的通知》（浙电商办〔2015〕6号）《关于加快推进特色小镇建设规划工作的指导意见》（浙建规〔2015〕83号）《浙江省特色小镇建成旅游景区的指导意见》（浙旅政法〔2015〕216号）《关于高质量加快推进特色小镇建设的通知》（浙政办发〔2016〕30号）等文件。

② 当前78个省级特色小镇中杭州19个（西湖艺创小镇为西湖区与中国美院、浙江音乐学院共建）、宁波6个、温州5个、嘉兴9个、湖州6个、绍兴6个（杭州湾花田小镇为上虞区与省农发集团共建）、金华6个、衢州5个、台州5个、丽水8个、舟山3个。

③ 2016年，78个省级特色小镇入驻企业1.9万户，入库税收160.7亿元，同比增长13.5%。

④ 即信息、环保、健康、旅游、时尚、金融、高端制造和文化八大产业。

（二）浙江省特色小镇发展态势良好

目前，已形成了以“特色产业 + 文化旅游”为核心，特色产业链、泛旅游生态圈和新型城镇化架构三大要素“三位一体”的发展路径，被誉为“浙江模式”，并涌现出玉皇山基金小镇、梦想小镇、云栖小镇等一批典型特色小镇。与国内其他省份相比，主要有以下两个特点。

1. 类别丰富

当前，根据浙江省特色小镇的发展导向和主导产业，可以分为高端产业型、现代服务型、科技创新型以及旅游文化型四大类，其具体特色如下。

（1）高端产业型。该类小镇以高端制造、航空、环保新能源、时尚等小镇为代表。产业型小镇大多脱胎于浙江省传统工业格局中的“块状经济”“园区经济”，通常是依托当地传统的主要制造业基础，对既有工业园区实行现代化改造和智能化升级，使之转型为有前景、有潜力的新型产业集群。同时，该类小镇还呈现出“总部经济”发展模式的特点，融合了产业平台的职能，围绕核心企业延伸产业价值链，加速当地相关产业的内部融合，变单一生产的低价值加工为融合设计研发、智能制造、体验推广协同发展的高价值创造，变传统的“大工厂”为现代的“新社区”。

（2）现代服务型。该类小镇以金融服务、健康养生、现代商贸等小镇为代表。其意在整合省内各地金改试验、跨境贸易等政策红利以及医疗条件、金融资源等整体社会环境优势，并结合市场需求有针对性地发展，重在发掘和融合区域政策、人才、资源三方优势，属于典型的“资源集聚”发展模式。应该说，这类小镇的设立不仅顺应了全省经济结构调整优化的总体趋势，而且也符合“一带一路”“金融强省”等发展方略以及金融改革、跨境贸易试验区等诸多改革创新措施的内在要求。

（3）科技创新型。该类小镇主要是以省内一批信息经济小镇为代表，在四类小镇中起步最早。信息经济作为“人脑 + 电脑”轻资产行业的典型代表，人才供给是小镇发展的基础与动力。所以，科技创新型小镇均是围绕省内知名科研院所、科创园区和科技企业设立，与美国硅谷等“新兴产业”模式的特色小镇发展思路一脉相承。这一发展模式不仅表现为紧密的产学研结合，围绕科技企业需求定向开发；而且形成了成熟的产融投结合模式，除了孵化器、天使投资、风投、私募等专业机构一应俱全外，投资并购过程中也不乏阿里巴巴、网易等互联网巨头。

（4）旅游文化型。该类小镇分为旅游文化和历史经典产业两类，在一定程度上借鉴和发展了国外“文化积淀”模式小镇的成功经验。其旨在发掘各地具有深厚文化沉淀，且经过重新改造包装后具有较强市场竞争力的景点和产业的内生价值，帮助当地培育全新的经济增长热点和题材。

2. 基础扎实

浙江省小镇经济的形成与发展是市场化机制下，以政府为引导、以企业为主体、社会各方共同参与的协同开发模式。这主要得益于"三大要素"的聚合(见图1)。

要素之一：特色产业链。特色产业是小镇的立足之本，故特色产业链是以当地特色的高端制造业或现代服务业集聚为原点。特色小镇需要把握产业趋势、瞄准产业前沿，重点吸引行业领军团队和企业入驻，打造相关产业的区域性，甚至是全国性的战略高地。在此基础上，逐步推动小镇经济结构顺产业链关联向自身上下游及周边行业延伸，最终形成涵盖上游研发、生产经营、下游应用以及物流运输、咨询培训、会议会展等周边行业的泛产业集群。

要素之二：泛旅游生态圈。文化旅游产业的发展既是浙江省特色小镇"文化旅游+"发展模式的内在要求，也是小镇内生态环境和谐发展的必然结果。泛旅游生态圈不仅可以在短期为小镇引来人口和客流，聚拢消费需求，深度挖掘区域旅游潜力；而且从在长期来看，能够全面整合地方文化、景区以及经典产业资源，拉动文创、娱乐、养老、健康等泛旅游、大健康行业发展，以全方位服务体验吸引游客，提升单位客流贡献度。

要素之三：新型城镇化架构。特色小镇的新兴产业和文化旅游发展对优秀团队、领军企业、前沿技术等高端要素的依赖度更高。因此，从长期来看，唯有进一步完善新型城镇化架构，围绕本地特色产业提升小镇基础建设和公共服务水平，推进区域"产城融合"，完成从"产业园"到"新社区"的转型，才能最大限度地吸引并留住人才、资金、技术、产业等各类高端发展要素，保持小镇可持续发展。

3. 浙江省特色小镇发展前景良好

截至2016年末，仅78个省级小镇投资规模已达1 200多亿元，其中更是不乏"百亿级"的重大项目①，集聚企业数量近2万家。根据省委省政府《关于坚定不移持续深入打好经济转型升级系列组合拳的若干意见》的部署，全省将重点培育100个左右的示范小镇和行业标杆小镇，2017年创建对象计划完成年度投资1 000亿元，三年创建期内计划累计投资3 000亿元。此外，根据建成运营小镇的经验，小镇总投资将达到前期创建投入的2~3倍，撬动的产业规模在10倍左右。同时，其未来作为全省创新高地、招商平台和产业指引的作用也将更加突出："小镇经济"不仅将继续作为全省有效投资的增长"热点"，为产业发展升级蕴蓄动能；而且还是区域经济的发展"引擎"，进一步汇聚改革发展要

① 如沃尔沃小镇建设投资规模已达153.5亿元，酷玩小镇建设投资规模也有110亿元，和合小镇招商投资规模也达到100亿元。

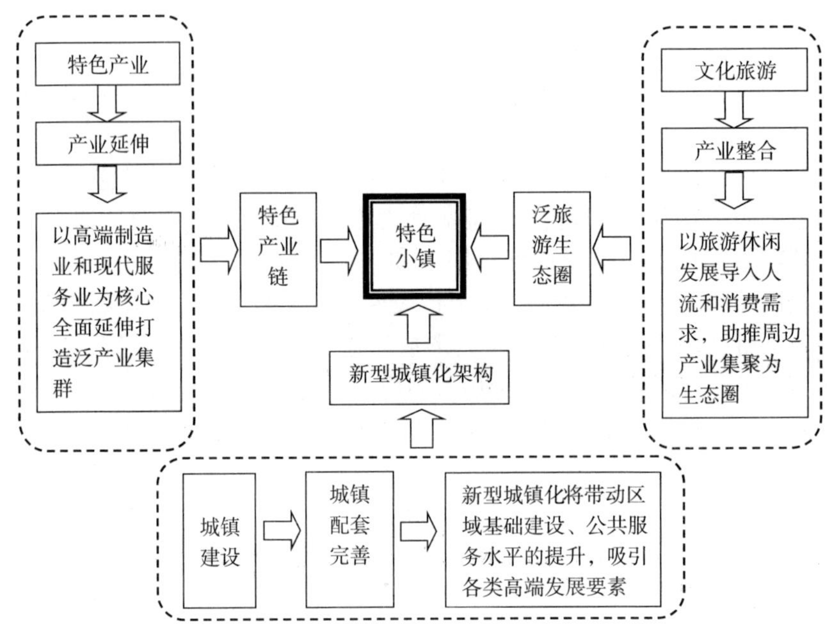

图 1　浙江省特色小镇发展模式解析

素，促进城乡一体化协调共进。

四、浙江省特色小镇金融需求分析

特色小镇发展与金融服务创新息息相关、互相促进。一方面，特色小镇发展过程中必然衍生出诸多金融需求，为金融行业创新与发展开辟了广阔空间；另一方面，金融创新又可以促进包括金融资源在内的多种要素优化配置，进而助推特色小镇发展。

（一）特色小镇发展阶段及分阶段金融需求分析

总体来看，特色小镇从开发到成熟通常需要经历起步期、发展期和成熟期三个阶段，各阶段包含不同的任务与内容（见图 2）。在具体落地执行中，特色小镇的各类金融需求通常与其所处的发展阶段密切相关，即不同的发展阶段，金融需求的侧重点也因主要任务变化而不尽相同。

1. 起步期：基础设施建设和种子资金需求量大。该阶段是特色小镇的规划设计时期，其主要包括小镇的顶层设计、发展战略、资本募集以及主体招募①等前期筹备工作。这一时期不仅奠定了特色小镇未来的战略方向、发展步骤、外

① 涉及特色小镇全部生命周期的开发商、投资商、服务商、运营商四大主体。

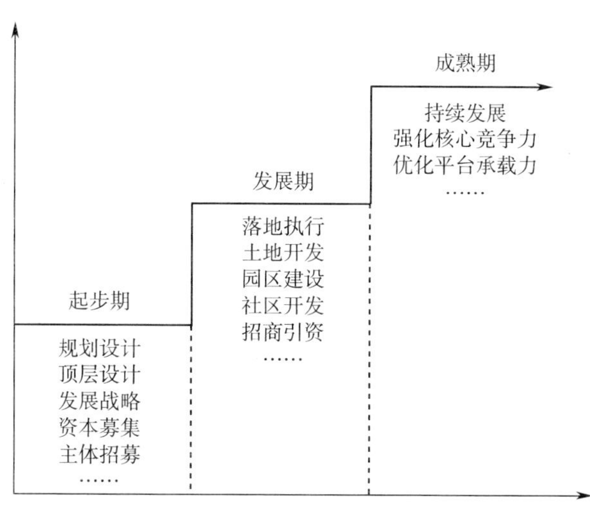

图 2　特色小镇不同发展阶段及内容

在形态等要素，而且涉及小镇种子资金①募集，直接关系到其能否顺利起步。然而，长期以来，国内城市化前期建设中大多依靠土地财政获取种子资金供给。相较而言，“大市场、小政府”是“浙江模式”的一条重要经验。浙江省的特色小镇建设始终坚持市场化运作机制，打破了城市新区或产业平台建设过程中政府大包大揽的“传统”，尤其是随着国家对政府融资平台的清理和规范，逐步剥离地方融资平台的政府类项目融资职能。起步期的特色小镇项目资金运转上一方面是土地财政模式难以为继的压力，另一方面则是项目预期不明的风险，普遍存在种子资金短缺的现象，在广大市级及以下的特色小镇项目更为常见。特色小镇起步阶段的金融需求重点在于项目本身的起步资金②，而弥补这一资金缺口并获得持续稳定的资金供给不仅需要政府层面的资金支持，更应注重提升社会资本参与热情。因此，本阶段亟须在全社会范围内拓展小镇融资基础、明晰社会投资渠道，广泛寻求金融机构、民间资本对于特色小镇投资，尤其是种子资金的投入，最终形成财政资金引导、社会资本参与的合作出资模式，从而最大限度地发挥财政资金的“杠杆”作用。

2. 发展期：主体企业金融服务需求升级。该阶段是特色小镇具体建设以及要素导入的落地执行时期，包含了土地开发、产业园区（旅游景区）建设、社

① 通常而言，特色小镇资金需求分为种子资金和配套资金两类，前者是小镇发展的“资本金”，除了依靠财政资金直接投入外主要通过基金、私募以及资产证券化等股权类融资渠道补充；而后者是小镇日常建设运营资金，资金来源相对灵活，通过直接融资和间接融资渠道获取的股权类和债权类资金均可使用。

② 据国开行预测，浙江重点建设的 70 多个特色小镇的融资需求就超过 5 000 亿元。

区开发、招商引资等多项内容，前期投入逐步转化为特色小镇的固定投资和无形价值。小镇在该阶段一方面要全面统筹种子资金、经营权、收费权等既有资源，综合运用 PPP（公私合作）、BOT（建设—运营—移交）、EPC（项目总包）等开发模式全面推进小镇土地、基建、园区（景区）、环境建设，强化小镇外在“硬实力”；另一方面则需要加快配套资金、人才团队、重点项目与领军企业四方面资源的导入，提升小镇内在“软实力”。因此，这一阶段中，小镇金融需求重点也逐步由项目种子资金募集转移至特色小镇及入驻企业的建设配套资金。该阶段中，小镇及当地企业的土地、房产、设备等不动产以及经营权、收费权等预期现金流为其争取银行信贷、金融租赁、债券等债权性质资金支持奠定了基础。

3. 成熟期：打造区域特色金融生态圈。该阶段是特色小镇进入常规运营的持续发展阶段，开始产生持续稳定的现金流回报。这一阶段小镇核心工作逐步从建设转向运营：一是强化核心竞争力，其主要是保持核心产业群的资源投放强度，具体包括战略优化、持续融资、入驻企业迭代等。二是优化平台承载力，以更好的运营水平和服务能力改善产业发展的内外环境，涵盖人才培育、宣传营销、管理提升等工作。因此，在该阶段中，特色小镇总体融资需求逐步趋缓，但金融需求不会就此止步。如浙江省特色小镇“产、城、人、文”融合的发展定位，以及打造融合产业、文化、社区三大功能的全新城镇化形态的发展要求，将使得特色小镇的金融服务需求更加丰富，金融应用场景更为多元。故成熟期的特色小镇金融需求不再局限于简单的投融资服务，而是需要银行等金融机构为其打造涵盖生产和生活的区域金融生态圈。与此同时，不同类型小镇的金融需求差异也开始显露，需要金融机构围绕本地特色场景提供更有针对性的金融产品和更具专属性的金融服务。如生产制造型小镇的企业对于资金结算管理、供应链金融、资本市场服务的需求较为迫切；现代服务型小镇及其入驻机构的需求侧重于金融交易、跨境金融、资金托管等服务；旅游文化型小镇则需要便捷支付、线下服务以及社区建设中的生活场景化金融的响应与支持。

（二）特色小镇金融服务探索

特色小镇的可持续发展离不开资金支持和金融服务，而金融机构的结构优化和经营转型也需要涉足新业态、引入新客户。自 2015 年人民银行杭州中心支行联合省特色小镇规划建设工作联席会议出台《关于金融支持浙江省特色小镇建设的指导意见》以来，各类金融机构在特色小镇的服务力度、合作深度、业务广度上均取得了显著进展。目前，浙江省特色小镇金融服务在国内处于相对较高水平，银证保基投等各种金融业态合作互促，贷股债租证等各类融资渠道竞相发展。在具体落地上，可根据机构性质分为政策性银行、商业银行以及其他金融机构三类。

1. 政策性银行

近年来，相关中央部委已与国家开发银行和农业发展银行签署了多项协议[①]，在全国层面上支持特色小镇建设。而浙江省作为国内特色小镇的领跑区域，也得到了两家政策性银行的重点支持。如国开行将浙江多个地区的特色小镇作为重点项目推进；农发行依托自身在城乡一体化建设中的支柱地位，重点支持省内特色小镇建设项目8个，投放信贷160余亿元，有效配合了地方财政资金投放，并引入农发行重点建设基金配套投资嘉善巧克力甜蜜小镇1.32亿元。应该说，政策性银行作为传导国家政策、沟通政府市场的金融机构，积极落实国家战略，全面支持特色小镇，充分体现了开发性金融长期投资、较低成本的特点，并可以借助自身项目开发经验和人才储备优势，通过银团贷款、委托贷款、专项信贷等方式引领商业银行及其他社会资金投向特色小镇。

2. 商业银行

在参与特色小镇的创建过程中，各家商业银行服务模式不尽相同。总体来看，综合化程度较高的大型商业银行通常采用全区域、全服务式的综合金融服务方案，涵盖信贷、基金、证券、发债、租赁等多种融资模式，资金投入"量大面广"，且融资价格优于多数商业化机构资金，但高于开发性资金。目前，多家大型商业银行在浙机构涉足特色小镇领域，如工商银行浙江省分行积极参与省内特色小镇重点项目，已审批通过贷款额度达80亿元。中小型商业银行则大多是根据自身经营格局，走特色化业务路线。其服务往往是深耕特定地区，围绕当地特色产业、核心企业提供针对性服务，如兴业银行发挥自身同业业务优势，承销义乌丝路小镇永续中期票据17亿元。地方商业银行如农商行、信用社等多根据小镇产业特色对本地农户实行定向授信。此外，各商业银行还进一步优化特色小镇的金融基础设施，线下渠道、支付环境不断提升，在省级特色小镇中共创建了"刷卡无障碍示范镇（街）"29个、"手机支付应用示范区"51个、"网上支付应用示范区"56个。

3. 其他金融机构

随着省内特色小镇建设的推进，券商、基金、金融租赁等机构以及私募等金融新业态也逐步参与其中，成为银行金融服务以外的重要补充。该类机构的金融服务以资本市场直接融资为主，其中券商主要提供发债、资产证券化以及证券资管等标准化程度较高的融资产品，具有一定的融资规模，主要解决小镇

---

① 如国家发改委与国开行的《关于开发性金融支持特色小（城）镇建设促进脱贫攻坚的意见》、住建部与国开行的《关于推进开发性金融支持小城镇建设的通知》、住建部与农发行的《关于推进政策性金融支持小城镇建设的通知》等。

建设及运营阶段的配套资金；基金则涵盖了政府主导基金、产业基金、专项基金[①]等多种服务，其产品设计、融资规模、期限和用途均相对灵活，是特色小镇的重要资金来源；私募等金融新业态则主要是为小镇起步阶段补充种子资金，并能在一定程度上解决小镇入驻企业，尤其初创企业的资金问题，但融资规模相对有限。

（三）现有金融服务中存在的问题

毋庸置疑，随着小镇经济建设的推进，金融服务中存在的问题与短板也不断显现，这其中除了有涉及操作、政策、流程的具体问题外，还有制约的根源性和长远性矛盾。归纳起来主要反映在融资、风控和渠道三个方面。

1. 融资上：商业模式不明确。当前，省内特色小镇“融资难”的问题较为普遍，其起步阶段和建设阶段市场化资金参与的深度和广度亟待提升，对于财政资金和开发性金融投入依赖程度较高。这一现象的根源在于多数特色小镇缺乏有竞争力的特色支柱产业，商业模式仍不明确。究其原因，一方面，特色小镇本身商业模式尚不成熟。其虽是强调产、城、人、文“四位一体”，但培育特色产业、创新商业模式始终是带动特色小镇建设的核心动力，缺乏核心产业支撑就没有稳定的现金流，小镇的持续融资能力也就无从谈起。因此，社会资金的投资潜力并未充分发挥，资金问题成为制约省内特色小镇发展的主要瓶颈[②]。另一方面，金融机构对于小镇商业模式的研究也有待深入。特色小镇作为国内城镇化建设的最新探索，单个小镇商业模式具有高度的个性化和鲜明的地域性，而商业银行、券商等金融机构金融服务同质化严重，既无可靠的分析方法评估其后续盈利空间，也无符合小镇商业模式的金融产品对接小镇金融需求。

2. 风控上：资金保障不完善。长期以来，国内城镇化建设始终由政府主导，而特色小镇“政府引导，市场运营”的发展思路使得民间资本成为其中的重要组成部分，甚至是运营主体。然而，特色小镇建设投入大、周期长，且开发区域大多位于城郊和县域地区，地方政府财力弱、合格抵押物少、资产流动性低，与传统大中城市产业开发模式截然不同，本地层面的信用状况通常难以满足金融机构风控要求。尤其是部分小镇开发过程中仍以开发商为主导，已经出现了“房地产化”的倾向，其在金融服务上也未跳出“地产金融”的定式。同时，除了少数核心企业，省内特色小镇内入驻企业仍以中小企业为主，尤其是在新兴

---

① 中国银行浙江省分行发起设立了中银特色小镇建设基金，是国内首只以特色小镇作为主要投向的基金，首期规模 100 亿元，目前已与省内 7 个特色小镇项目建立了业务合作关系。

② 当前，受资金等问题制约，省内特色小镇亿元以上主要项目在全部开工项目占比仅为三成左右，在一定程度上影响了特色小镇建设进程。

产业特色小镇中初创型、轻资产企业入驻数量可观。而在现行特色小镇金融服务体系中，轻资产和初创型企业信用记录缺失以及市场不确定性较高等特点，仍然缺乏有效的服务模式和风控手段，金融机构资金的保障尚有欠缺，故传统金融体系中“融资难”“融资贵”等问题仍然突出。

3. 渠道上：基础设施不健全。省内特色小镇“乡多城少”的地域分布格局决定了其在金融基础设施方面具有天然缺陷，线下渠道、金融人才、产品服务等基础要素覆盖不足。虽然互联网金融发展在一定程度上弥补了当地基础金融服务缺口，但随着小镇人口基数的上升以及社区生活的丰富，客户的金融需求不再局限于简单的存贷及日常结算等固定的生活生产场景，而是逐步呈现出综合化、个性化的趋势，亟须进一步提升金融服务渠道的承载能力和聚合能力。

问题就是机遇，短板就是空间。这也为各金融机构加快小镇金融布局、深化针对性金融创新、弥补产品服务短板提供了新的机遇与空间。

五、特色小镇金融服务的理念、模式与路径

特色小镇作为“产、城、人、文”融合的城镇化新形态，金融机构应以新理念处理好“三对关系”，以新模式做好“三个阶段”的资金支持，以新路径做好“三大主体”的金融服务。

（一）金融机构服务特色小镇建设理念

金融机构在服务特色小镇过程中处理好产业与环境、贡献与盈利、分工与合作三对关系：首先，坚持贡献与盈利并举的原则。特色小镇金融服务必须坚持经济效益与社会价值的统一。因此，金融机构既要以金融创新提升金融服务品质，创造自身经济效益；又要做好创业金融、普惠金融和小企业金融等，不断深化金融服务的广度与深度，注重社会效益，承担社会责任。其次，坚持产业与环境并重的方向。特色小镇集生产、生态、生活于一体，这就要求金融机构在培育特色产业、推动区域建设的同时，注重以绿色金融引导和促进区域绿色产业、循环生产、低碳经济发展，从而实现小镇生产、生态、生活三者协调发展。最后，坚持分工与合作并行的路径。特色小镇金融服务既需要各司其职的专业化分工，又需要兼容并蓄的跨领域协作。因此，金融机构应以自身信用、资本和风控技术等专长为基础，以金融工具和服务为载体，以特色小镇金融服务为平台，既要取长补短，做好同业协调与合作，最大限度地整合金融资源；又要协同政府，联合企业，调动个人共同参与小镇设计、建设、开发、运营全周期管理。

（二）特色小镇主流融资模式

特色小镇建设发展的瓶颈是资金供给，其金融服务难点也在于融资支持。

如前分析，特色小镇的金融需求与其所处的发展阶段密切相关，其在金融工具的应用上也呈现出“阶段性”的特征，即起步期多以开发性质的政策性资金及风险承受力较高的私募、专项基金等社会资金为其融资；建设期银行、券商、保险等商业性金融机构逐步介入；成熟期则不同的金融业态为小镇细分市场提供个性化、特色化的专业服务（见表1）。

表1 特色小镇主流融资模式对比

阶段	名称	金融机构	服务对象	资金规模	融资成本	资金期限	准入门槛	特点
起步期	开发性金融	政策性银行	特色小镇	较大	低	长	高	优势：具有政策性质的引导资金，用途相对灵活，可以作为小镇起步期的种子资金 劣势：准入门槛较高，受惠面较窄
	专项基金	基金管理公司	特色小镇项目为主	灵活	低	长	高	优势：具有较强的政策导向性和示范性，具有一定开发性金融性质，且市场化程度更高、参与群体更广、资金供给方式更为灵活① 劣势：准入门槛较高，规模有限，受惠面较窄
	新业态	专业金融机构	特色小镇及入驻企业	小	高	—	较低	优势：风险承受能力较强，准入门槛相对较低，尤其是可作为股权性质资金进入，能够为“缺资本”的特色小镇补充起步期的种子资金 劣势：规模较小，资金供给不稳定
发展期	银行信贷	银行	特色小镇及入驻企业	大	较低	中等	中等	优势：资金量大，受惠面广，不仅能够为特色小镇项目本身提供资金，而且可以直接服务于入驻企业以及周边个体商户 劣势：债权性质资金，主要用于小镇建设期配套投资，难以解决小镇前期缺资本的困境；对于轻资产企业的支持力度相对不足
	债券	银行、券商	特色小镇项目为主	较大	较低	灵活	较高	优势：渠道丰富，形式多样，可以为小镇项目提供期限各异、规模灵活的资金支持 劣势：发债门槛偏高，资金用途以建设期配套资金为主；债权融资工具仍局限于项目收益等少数领域，债券融资评估模式有待创新

① 其可通过股权、债权、夹层融资等多种渠道为政府和其他社会资本配资、为项目公司提供资金或者单独作为社会资本方。

续表

阶段	名称	金融机构	服务对象	资金规模	融资成本	资金期限	准入门槛	特点
发展期	证券化	银行、券商	特色小镇项目为主	较大	中等	—	中等	优势：与特色小镇现金流"前期紧张，后期平稳"特点高度契合，可以有效解决其现金流期限错配问题；并能够以市场化机制改善特色小镇资产流动性，能够有效地拓宽项目潜在投资群体，提前兑现小镇潜在价值提高项目运作效率 劣势：小镇内部分资产所有权归属仍不甚清晰，存在一定法律障碍①；且整体应用范围仍局限于应收账款、酒店物业、商业资产等浅层应用
成熟期	融资租赁	租赁公司	特色小镇及入驻企业	较大	中等	中等	中等	优势：解决小镇高成本设备购置或持有过程中的融资问题，可以盘活项目存量资产，改善财务状况，并能在一定程度上转移与资产所有权相关的主要风险，降低风险 劣势：专业性较强的融资手段，应用范围相对有限，主要是为小镇及入驻企业提供与大型设备相关的配套资金
	PPP模式	社会资本	特色小镇	中等	较低	灵活	高	优势：融合政府资信和企业效率双重优点，资金用途灵活；可以在一定程度上分散风险 劣势：社会资本准入门槛较高，收益相对较低，项目吸引力不及其他投资方式
	众筹	社会资本	入驻企业	小	—	灵活	低	优势：项目标的、融资安排灵活，可就具体产品、预期服务等特定小型项目募集资金；投资准入门槛较低，可直接面向社会个人投资者 劣势：资金规模小；存在一定法律风险

（三）金融机构参与特色小镇建设路径

从特色小镇金融服务对象来看，主要有"三大主体"，即项目、企业、镇民，且三者间相互依存，互为影响。面对不同的主体，金融服务应突出针对性与特色化。

1. 主体之一：特色小镇项目。坚持直接融资与间接融资、常规工具与创新

① 特色小镇建设涉及大量的基础设施、公用事业建设。但依照《物权法》规定：铁路、公路、电力设施、电信设施和油气管道等基础设施属于国家所有；而《资产证券化业务管理规定》规定原始权益人应当移交基础资产，二者之间存在一定冲突。

产品、传统金融机构与新兴金融业态相结合，实现投资主体、融资方式和金融工具多元化是确保特色小镇项目顺利启动、加快建设和正常运营的关键。在综合金融服务上，商业银行等金融机构既要用好信贷工具，加大对等级较高、现金流稳定、发展前景较好的特色小镇起步期内的中长期项目贷款投放力度，并可通过银团贷款、委托贷款等形式分散部分风险，并根据项目工程具体进度和资金规划采用分期、分段偿还等方式缓释小镇前期建设资金压力；又要发挥资本市场作用，尤其是大型金融机构应发挥自身集团化、综合化的经营优势，强化内部联动，做好本地特色小镇与集团内专业化子公司的互介工作，最终在集团层面上形成一套“投资、贷款、债券、租赁、证券化”协同发展的综合金融服务模式。在工具产品创新上，金融机构要顺应新型财政体制下政府资金将与社会资本合作共建特色小镇的基本趋势，主动研究和参与 PPP、BOT、EPC 的建设模式以及特色小镇基金、政府购买服务等合作新模式的资金流特点，甚至出资参与特色小镇基金、城建基金等相关领域母基金的发起设立，整合“政府信用 + 金融支持”双重优势，并在其中做好沟通、串联及资金供给。同时，可基于特色小镇现金流特点发行相应资产证券化产品，盘活小镇存量资产，为其提供前期融资，并依托国内多层次资本市场打造“开发资本 + 运营团队”的专业化建设模式，进一步降低特色小镇建设对于开发商的单向依赖，避免特色小镇开发过程中出现“房地产化”“地产金融”等倾向。在融“智”上，金融机构对特色小镇不同发展周期的各类需求要提前介入辅导，制订涵盖资金安排、工具选配、还款计划等内容的差异化金融综合服务方案，并可为所在区域系统性融资规划制定、重大投资项目融资方案设计等方面提供“顾问型”或“全包式”的智力支持。

2. 主体之二：镇内优质企业。金融机构不仅需要做好项目本身和核心企业的金融服务，更需要为其主营产业与入驻企业的上下游各类主体提供配套服务。为此，一要以分类施策提升特色小镇金融创新的针对性。关注不同类型小镇企业金融需求的特点与痛点，围绕生产制造小镇的专利权、碳排放权、经营权、承包权，文化旅游小镇的商标权、收费权、特许经营权等公允价值稳定的无形资产开展抵质押模式创新，缓解相关企业融资过程中传统金融机构对于新项目评估能力欠缺与企业有形资产不足的内在矛盾，鼓励商业银行与天使基金、风投、创投等同业机构开展“投贷联动”，服务现代服务和科技创新两类小镇中创业型、轻资产企业。二要以技术进步提升特色小镇金融支持的精准度。重视互联网金融平台的建设与应用，以小镇重点项目和核心企业的上下游关联入驻企业的资金状况、生产周期等实际经营信息为依据，大力发展供应链金融，推行信用贷款、循环贷款等授信模式，缓解小微企业服务过程中因信息不对称导致的融资“两难”问题。三要以客户储备提升特色小镇金融服务的覆盖面。围绕小镇重点项目和核心客户的上下游关联企业积累并发掘一批潜力客户，并通过预审查、名单制等新模式提升市场响应速度和客户服务效率。即使部分初创型客户因风险偏好、监管政策等原因暂时无法达到服务门槛，也可持续追踪关注，并通过提供部分基础服务建立初步联系，为后续的合作“埋下伏笔”。

需要指出的是，金融机构对特色小镇除了资金支持外，还要做好信息服务，当好信息中介。依托自身深厚的客户基础在省内特色小镇“引进来”与“走出去”的过程中发挥积极作用。一方面，把优质资源“请进小镇”。向大型国企、优质民企、金融同业等潜在投资人推介省内特色小镇优质项目及入驻企业，吸引适合的机构和企业来浙参投特色小镇；另一方面，帮助企业“走出小镇”。依托区域联动机制，帮助镇内的优质企业、前沿技术、新兴产品等在更广阔的市场配置资源要素，抢抓省外机遇、开辟全球市场。

3. 主体之三：小镇“镇民”。特色小镇既是产创平台，也是旅游景区，又是生活社区，对于居民个人的金融服务将是运营阶段特色小镇金融的重要组成部分。一方面，要做优渠道布局。金融机构网点是提供金融服务，开展普惠金融的基础。长期以来，县域尤其是集镇和农村市场一直是金融服务渠道布局的薄弱环节，以至于其金融服务环境与水平明显滞后于城市。而特色小镇作为省内城镇化建设的重要举措，其金融需求旺盛、资源丰富。各家金融机构应根据小镇发展定位和产业特色，加快线下渠道的“下沉”和延展，将有限的渠道资源迁移或投入到特色小镇，甚至可在当地设立专营机构，开发专属产品①，实现批量化服务。另一方面，要加强“公私联动”。随着特色小镇的生态环境优化和社区属性增强，当地将汇聚一批投资人、公司高管、技术人才等高层次个人客户群体。因此，在参与特色小镇建设过程中，需要关注公私联动，在服务好各类优质企业的同时，深入挖掘其背后的高端个人客户，因地制宜地开展专属服务，即在提供一般结算、资金存取、住房贷款等基础金融服务的基础上，不断增强消费金融、私人银行和资产管理等全方位综合性金融服务供给。

六、若干建议

特色小镇建设涉及区域规划、产业规划、旅游规划、交通规划等诸多方面，亟须政府部门在政策、资源和信息等方面对金融机构给予支持，以充分发挥政府宏观规划和金融机构微观活力的“双重优势”。在政策上，应加大对金融机构参与特色小镇的政策支持力度，鼓励金融机构参与特色小镇建设发展和金融创

① 金融机构基于区域信用环境评估的基础上，对小镇特色产业实行“整单位授信”“整单位批发”，如针对舟山定海远洋渔业小镇渔民的“渔业贷”、丽水庆元香菇小镇农户的“农户贷”、各地酒店民宿行业的民宿专项贷款等区域性、行业性和专属性的产品。

新，对符合特色小镇发展定位的金融项目在财税、监管等层面出台配套扶持政策和保障机制，如建立特色小镇金融项目差异化监管制度、优化风险分散和补偿机制①、完善贷款贴息和税收优惠政策。在资源上，进一步丰富财政资金参与特色小镇的形式，为主要项目和重点产业预留地方财政资金，组织银行、券商等金融机构参与融资规划、方案设计和债券发售承销，并可运用财政引导资金与金融机构共同设立特色小镇专项基金，充分发挥其专业、渠道和信息层面的优势。在信息上，协调工商、税务、海关、土管、公检法等相关部门探索建立特色小镇及其入驻企业的信息采集和共享平台，完善和强化企业失信惩戒制度，持续改善特色小镇发展金融生态环境。

附表

浙江省级特色小镇分布

	高端产业型	现代服务型	科技创新型	旅游文化型	合计
杭州	高端制造：临安云制造小镇、桐庐智慧安防小镇 航空：建德航空小镇 环保：天子岭静脉小镇 时尚：余杭艺尚小镇、余杭梦栖小镇、西湖艺创小镇	金融：上城玉皇山南基金小镇、拱墅运河财富小镇 现代商贸：下沙跨贸小镇 健康养生：桐庐健康小镇、富阳药谷小镇	信息经济：江干丁兰智慧小镇、西湖云栖小镇、余杭梦想小镇、富阳硅谷小镇、滨江物联网小镇、萧山信息港小镇	经典产业：西湖龙坞茶镇	19
宁波	高端制造：江北动力小镇、余姚模客小镇、宁海智能汽车小镇	金融：梅山海洋金融小镇、鄞州四明金融小镇 健康养生：奉化滨海养生小镇		旅游：杭州湾新区滨海欢乐假期小镇	7
温州	高端制造：苍南台商小镇 时尚：瓯海时尚智造小镇	健康养生：瓯海生命健康小镇		旅游：文成森林氧吧小镇、平阳宠物小镇	5

① 如专业担保和政策保险等措施。

续表

	高端产业型	现代服务型	科技创新型	旅游文化型	合计
嘉兴	航空：平湖九龙山航空运动小镇 环保新能源：海盐核电小镇、秀洲光伏小镇 时尚：海宁皮革时尚小镇、桐乡毛衫时尚小镇	金融：南湖基金小镇 健康养生：嘉兴马家浜健康食品小镇	信息经济：桐乡乌镇互联网小镇	旅游：嘉善巧克力甜蜜小镇	9
湖州	环保新能源：长兴新能源小镇 时尚：吴兴美妆小镇		信息经济：德清地理信息小镇	旅游：安吉天使小镇 经典产业：湖州丝绸小镇、南浔善琏湖笔小镇	6
绍兴	高端制造：新昌智能装备小镇 时尚：诸暨袜艺小镇		信息经济：上虞 e 游小镇	旅游：柯桥酷玩小镇、杭州湾花田小镇 经典产业：越城黄酒小镇	6
金华	环保新能源：金华新能源汽车小镇	金融：义乌丝路金融小镇 健康养生：磐安江南药镇		旅游：武义温泉小镇、永康赫灵方岩小镇 经典产业：东阳木雕小镇	6
衢州	环保新能源：江山光谷小镇、衢州循环经济小镇			经典产业：龙游红木小镇、常山赏石小镇、开化根缘小镇	5
台州	高端制造：黄岩智能模具小镇、路桥沃尔沃小镇、温岭泵业智造小镇			旅游：仙居神仙氧吧小镇、天台山和合小镇	5
丽水	高端制造：缙云机床小镇			旅游：景宁畲乡小镇、莲都古堰画乡小镇 经典产业：龙泉青瓷小镇、青田石雕小镇、龙泉宝剑小镇、庆元香菇小镇、松阳茶香小镇	8

续表

	高端产业型	现代服务型	科技创新型	旅游文化型	合计
舟山				旅游：普陀沈家门渔港小镇、朱家尖禅意小镇 经典产业：定海远洋渔业小镇	3
合计	28	13	9	29	79

参考文献

[1] 陈建忠. 特色小镇建设：浙江经济转型升级模式的新探索 [J]. 浙江经济，2016 (24)：6 –8.

[2] 重庆市发展改革委. 特色小镇要避免“百镇一业”“遍地开花” [J]. 中国经贸导刊，2016 (11)：18 –20.

[3] 傅超. 特色小镇发展的国际经验比较与借鉴 [J]. 中国经贸导刊，2016 (11)：34 –35.

[4] 黄芳芳. 以 PPP 模式打造特色小镇 [J]. 经济，2016 (35)：68 –71.

[5] 姜紫莹. 浅析浙江“特色小镇”发展模式创新 [J]. 规划 60 年：成就与挑战——2016 中国城市规划年会论文集（16 小城镇规划），2016.

[6] 李强. 特色小镇是浙江创新发展的战略选择 [J]. 今日浙江，2015 (24)：16 –19.

[7] 聂正标，宋家宁. 金融资本介入特色小镇运营路径分析 [J]. 中国经贸导刊，2016 (12)：3 –4.

[8] 潘毅刚. 从理念创新到实践创新——浙江特色小镇的成效和方向选择 [J]. 浙江经济，2016 (24)：23 –26.

[9] 仇保兴. 复杂适应理论（CAS）视角的特色小镇评价 [J]. 浙江经济，2017 (10)：20 –21.

[10] 苏斯彬，张旭亮. 浙江特色小镇在新型城镇化中的实践模式探析 [J]. 宏观经济管理，2016 (10)：73 –75.

[11] 王晋，张庆丰. 特色小镇融资的十大模式 [J]. 城市开发，2017 (4)：52 –53.

[12] 王新汉，金秀芳. 关于民营金融机构参与特色小镇建设发展的思考

[J]. 小城镇建设, 2016 (11): 37 - 41.

[13] 徐林. 引导特色小镇有序健康发展 [J]. 浙江经济, 2017 (10): 22 - 24.

[14] 尹晓敏. 对当前浙江特色小镇建设存在问题的思考 [J]. 浙江经济, 2016 (19): 35 - 37.

[15] 张银银, 丁元. 国外特色小镇对浙江特色小镇建设的借鉴 [J]. 小城镇建设, 2016 (11): 29 - 36.

[16] 浙江省政府参事调研组. 喜看特色小镇兴浙江——浙江特色小镇建设的调查与思考 [J]. 浙江经济, 2016 (22): 46 - 47.

保险业参与浙江自贸区建设研究

中国保险监督管理委员会浙江监管局课题组*

一、引言

2017 年 4 月 1 日，浙江挂牌成立中国（浙江）自由贸易试验区（以下简称浙江自贸区），以期利用舟山海岛优势，提升以油品为核心的大宗商品全球配置能力，将自贸区建设成为东部地区重要海上开放门户示范区、国际大宗商品贸易自由化先导区和具有国际影响力的资源配置基地。作为一项复杂的系统性工程，浙江自贸区的建设是全省各行各业共同的事业、共同的责任。保险业在风险管理、资金融通和参与社会治理等方面具有独特的功能，是其他金融行业无法替代的。保险业参与浙江自贸区建设具有特殊优势，发展潜力巨大。同时，浙江自贸区建设将利用改革开放等政策形成倒逼机制，对包括保险业在内的有关行业注入发展新动能，带来发展新机遇。

本文通过对资料文献的梳理，总结归纳新加坡自贸区和上海自贸区建设过程中保险业积极参与自贸区建设并蓬勃发展的成功因素，为保险业参与浙江自贸区建设提供经验借鉴，进而提出相关政策建议。

二、文献综述

（一）自贸区概念界定

自贸区是一个传统概念。在实际经济活动中，与它相类似的还有自由港、自由贸易港区、自由经济区、对外经济区、对外贸易区、自由工业区、自由边境区、自由区、过境区、保税仓库区等。既往文献对于自由贸易区并没有完备的定义，本文根据既往研究，归纳总结为以下两个含义。

一是 FTA（Free Trade Area）：该种自贸区是两个国家或地区为了达到自由贸易的目的，改善市场准入条件、实现贸易和投资自由化，而签订的自由贸易协定，则属于区域经济一体化的一种组织形式，如北美自由贸易区。

二是 FTZ（Free Trade Zone）：指一个国家或者地区境内设定的以贸易为主

---

* 课题主持人：邹　飞

课题组成员：赵军伟　章　铖　丁　越　陈绿莹　赵先军

的特定区域，该区域的税收政策、贸易政策和监管政策都与本国其他地区有所区别。该种自贸区具有贸易和投资自由化、资本和人员流动大等特点。[①]

（二）保险业与自贸区建设的有关研究

目前世界上已经存在相对成功的自贸区，主要集中在发达国家和地处交通要道的发展中国家。这些国家和地区在自贸区的建设上已经有了相当的经验和成果，既往文献对于这些自贸区的研究也较为丰富。近年来，随着我国经济发展方式发生转变和改革开放的持续深入，我国学者也意识到自由贸易区和离岸金融的重要性，并加强了这方面的研究。周立生（1997）从离岸保险的角度，重点介绍了国际上已有的离岸保险和自贸区发展模式，分析其成功的历史原因。陈迪红（2004）则借鉴国外离岸保险的发展经验，着重分析我国发展离岸保险的可行性。沈婷（2008）则认为专门分析了洋山港地区作为发展离岸保险基地的可能性，并提出洋山港发展离岸保险的优势和局限条件，并以此提出政策建议。而徐英（2015）对上海自贸区进行了深入分析，针对上海自贸区发展离岸保险提出所面临的机遇和挑战，分析上海自贸区开展离岸保险业务的优势并提出相关政策建议。

综观保险与自贸区相关的文献综述，本文发现：一是现有研究主要集中于离岸保险的基本理论、发展方向、法律监管，着眼于发挥保险在自贸区建设中作用的研究相对较少。二是现有研究中，我国由于自贸区建设起步较晚，实践经验相对缺乏，相应的研究也主要集中于理论研究和框架设定。国外研究则比较深入，实证研究丰富，这与国外自贸区先行较早，自贸区配套较为成熟，案例和数据较为翔实有关。三是因为社会制度、国情民情的差异，我国自贸区建设很难照搬照抄国外自贸区建设规范、做法，必须基于我国实际情况，提出保险业参与自贸区建设的合理化建议。

鉴于此，本文不仅将在理论上丰富保险参与自贸区建设的研究，也具体分析保险业参与浙江自贸区建设的必要性、紧迫性，归纳总结出国内外保险业参与自贸区建设的成功因素，并提出了相对应的政策建议，这对浙江自贸区的长远发展，具有十分重要的现实意义。

三、保险业参与浙江自贸区建设的需求分析

（一）浙江自贸区定位

根据国务院批复的总体方案，浙江自贸区的战略定位是，以制度创新为核心，以可复制可推广为基本要求，将自贸试验区建设成为东部地区重要海上开放门户示范区、国际大宗商品贸易自由化先导区和具有国际影响力的资源配置

① 本文在不加说明的情况下，所称自贸区均指 FTZ。

基地。

总体方案对保险参与自贸区建设也提出了明确要求：支持境内外企业开展航运保险等高端航运服务，探索组建海洋保险等专业性法人机构，允许符合条件的境内外保险代理公司、保险经纪和保险公估公司等中介机构在自贸试验区设立营业机构并依法开展相关业务。支持在自贸试验区内探索设立服务石油行业的专营保险公司或分支机构，设立为保险业发展提供配套服务的保险经纪、保险代理、风险评估、损失理算、法律咨询等专业性保险服务机构。取消对自贸试验区内保险支公司高管人员任职资格的事前审批，由自贸试验区所在省保监局实施备案管理。创新针对石油行业的特殊风险分散机制，开展能源、化工等特殊风险保险业务，加大再保险对巨灾保险、特殊风险保险的支持力度。

（二）浙江自贸区保险需求分析

1. 航运保险

航运保险又称水险，是保险行业最初的起源险种之一。经过数百年历史的发展，航运保险已经由原来的货运保险、船舶保险，延伸至如今的海事诉讼保全责任保险、物流责任保险、码头操作责任保险等。随着浙江自贸区的成立和宁波舟山港的吞吐量日益增长，与之相适应的航运保险业务需求量也与日俱增。航运业是高风险的行业，国际航运有较大的不确定性，单位标的价值高，风险损失巨大。而航运保险具有极其重要的转移风险和损失均摊的作用，国际航运从大航海时代开始就离不开航运保险的支持。

浙江自贸区所在港区属于深水良港，背靠经济发展水平较高的长三角地区，自古以来即是我国重要的对外交流港口和海上丝绸之路的重要节点，港口吞吐量巨大，国际航运和贸易繁忙。宁波—舟山港在全球港口货物吞吐量连续八年稳居世界第一，全球港口集装箱吞吐量排名第四（见表 1 和表 2）。长期以来，石油、砂矿、煤炭、粮食等大宗散货都是宁波—舟山港的主打品种。然而，我国航运保险整体发展仍处于较低水平。2016 年全国船舶保险保费收入 51.2 亿元，仅占财产险保费收入的 0.6%，舟山市的船舶保险保费收入为 1.5 亿元，占到全省的三分之一份额，但保费增速呈下滑趋势。虽然浙江省近几年现代航运服务业发展迅速，但与国际先进水平相比，航运保险所发挥的作用还明显不足，发展潜力巨大。

表 1　　2015 年全球港口货物吞吐量排名统计

排名	港口	货物吞吐量（万吨）
1	宁波—舟山港	88 900
2	上海港	71 740
3	新加坡港	57 490

续表

排名	港口	货物吞吐量（万吨）
4	苏州港	54 319
5	天津港	54 051
6	广州港	52 100
7	青岛港	49 749
8	唐山港	49 000
9	鹿特丹港	46 636
10	黑德兰港	45 294

资料来源：中国港口网。

表 2　　2015 年全球港口集装箱吞吐量排名统计

排名	港口	集装箱吞吐量（万 TEU）
1	上海港	3 654
2	新加坡港	3 092
3	深圳港	2 421
4	宁波—舟山港	2 063
5	香港港	2 011
6	釜山港	1 943
7	广州港	1 762
8	青岛港	1 744
9	迪拜港	1 559
10	天津港	1 411

资料来源：中国港口网。

2. 石化行业特殊风险保险

石化行业具有特殊风险，属于高危行业，其特点是单位财产或标的价值巨大，风险因素集中，风险诱因多，风险损失巨大，风险事件影响面广。“8·12天津滨海新区爆炸事故”正是由瑞海公司的化学危险品仓库起火引发的，爆炸造成的已核定的直接经济损失为68.7亿元，成为我国近年来代价最大的灾难事件。浙江自贸区是一个港口自贸区，地处舟山群岛，力争在2020年前形成4 000万吨油品储存规模、2 000万吨炼油能力、500万吨保税燃料油供应能力，成为石化产品聚集的重要区域，一旦在自贸区内发生重大石油化工安全事故，诸如油品泄漏、爆炸等，可能会对长三角人口稠密地区的沿海生态环境造成破坏，产生不良影响。

石化行业高风险、高投入的特点意味着其亟须有效的特殊风险管理手段。

国际大型石油公司和港口都十分重视保险在石化行业风险管理中的作用。以石油公司为例，国际大型石油公司一般设有专门的保险管理部门，保险市场能够为不同类型的石油公司提供不同的保险方案。在风险管理手段选择上，商业保险市场的保险种类丰富，包括钻井设备险、井喷控制费用险、长输管道企业财产险、LNG 企业财产险、储备油库财产险、石化产品环境污染责任险等。国际大型石油公司一般采取商业保险或风险自留、自保等方式，将风险成本始终保持在最优水平上。因此，浙江自贸区的油品贸易、油品运输、油品储备、石油炼化等产业的平稳发展，将离不开保险业的保驾护航。

3. 离岸保险

离岸保险市场相对于国内保险市场的优势在于，离岸保险为自贸区的非居民提供了保险服务，因此受到所在地的监管和法律法规的限制较小，从而减少交易成本。此外，离岸保险一般是基于国际惯例提供保险服务，因此在便利性和沟通有效性上也大大优于国内传统保险市场。离岸保险业务往往是在经济发达、贸易繁荣、外资众多的地区开展。

浙江自贸区是典型的港口自贸区，地理条件优越，对外商的吸引力将与日俱增，为非居民提供更为便利的交易市场有很大的潜在需求。与此同时，随着国家“一带一路”倡议的推进，近年来中国企业“走出去”正在成为产业结构调整和经济发展的新常态，这对中国金融业的跨境服务提出了更高的要求。发展离岸保险既是保险业参与浙江自贸区发展战略的必由之路，也是保险行业自身发展的内在需求。

（三）保险业参与浙江自贸区建设现状与不足

1. 建设现状

按照省委、省政府的部署，浙江保险业大力创新涉海涉港保险产品和服务，充分发挥保险独特功能，积极参与浙江自贸区的建设工作，取得了初步成效。一是加强统筹规划，积极参与自贸区建设。全省保险业努力争取政策支持，积极参与自贸区方案的修改完善，并将自贸区等涉海涉港重大战略平台建设作为重要内容，纳入《浙江保险业发展“十三五”规划》，引导各公司大力发展海洋港口特色保险，服务好浙江省自贸区建设。二是优化资源配置，加强保险资源集聚。人保集团、太保集团、平安集团、中国信保等保险总公司围绕涉海涉港保险产品创新、保险资金运用等方面，深化合作，加大保险保障力度。人保财险、太保财险等驻浙机构继续加大舟山分支机构的支持力度，明确重点发展领域，逐步下放业务权限，细化保障措施，服务和支持自贸区建设。三是优化保险供给，大力发展海洋港口保险。围绕自贸区建设风险保障，各家保险公司加快发展海洋港口保险等业务。2016 年舟山地区保费收入为 26. 8 亿元，累计赔付 11. 4 亿元，提供了超过 1 万亿元的风险保障；与自贸区建设关联度较高的船舶相关保险（包括船舶保险、船舶建造险、船舶责任险、船舶污染责任险、船舶抵押权保证保险等）保费收入为2.3亿元，提供风险保障2 386.7亿元；通过出口买方违约保险、买方信贷保险，为船舶出口企业提供了10多亿美元的保障；货物运输保险保费收入0.1亿元，提供风险保障267.9亿元。此外，针对自贸区建设保险产品供给短板，有关保险公司积极开发和推广出口信用保险、海事诉讼保全责任保险、船舶首台套保险、租船人保险、船舶抵押权人利益保险、海盗赎金险、运输延误险、退货运费险等相关保险产品，优化保险产品供给，满足自贸区建设多样化保险需求。

2. 存在的问题和不足

当前保险业参与浙江自贸区建设总体还处于较低水平。一是自贸区建设的保险需求有待进一步激发。近年来航运市场低迷，导致航运保险等有效需求不足。从石化行业的风险保障看，石油公司与保险市场的联动水平较低，对保险产品种类、保障水平的议价能力较弱，需求有待开发。二是保险产品供给亟须改进。保险公司存在风险保障能力较弱、专业化水平不足以及产品创新乏力等问题。在舟山的保险公司目前主要提供航运保险和企财险这两类传统的财产保险，缺少为自贸区量身定制、行业需求较大的特殊风险保险产品。太保财险等少数公司承保涉及能源、化工行业的特殊风险，但保费收入不高，2015年仅255多万元。三是政策环境有待改善。周边地区特别是上海，由于实施了包含货运险、船舶险税收优惠等配套政策，承保条件优于浙江。另外，自贸区内的政保合作有待进一步深化，政府的推动力度和配套支持政策有待进一步加强。四是保险基础条件比较薄弱。海洋港口等保险对从业人员的素质要求比较高。目前，舟山地区能从事该项业务的人员缺乏，特别是既懂保险，又懂外语、贸易、海洋运输、海商海事、国际法律公约和惯例的复合型人才，一定程度上制约了业务的发展。另外，在市场主体的构成上，自贸区目前缺乏专业的航运保险公司及保险公估、再保险经纪人等专业中介机构，以及律师、会计、投资咨询等配套专业服务机构。

四、国内外保险业参与自贸区建设的经验借鉴

新加坡自贸区作为亚洲较为成功的自贸区，其保险业经过多年的发展不仅成为亚洲重要的保险中心，也是新加坡重要的金融支柱，极大地促进了新加坡自贸区的发展，它的经验可为中国发展离岸保险等业务提供借鉴。而上海自贸区作为我国首个自贸区，是自贸区建设上的先行者，在推动航运保险、再保险、保险资金运用等重点领域创新发展方面积累了有效的经验，可供浙江省推广和借鉴。

（一）国际典型：新加坡自贸区的做法

新加坡自贸区保险业蓬勃发展有以下几点关键因素。

1. 种类齐全、竞争充分的市场主体。新加坡自贸区内不仅有大量的直保保险公司，国内外大量知名的再保险公司也云集于此。再保险公司能够极大地提高直保公司的业务创新能力和承保能力。新加坡自贸区内还有大量专业化程度较高的保险中介公司，包括保险经纪、公估公司。此外，大量的辅助性市场主体，包括会计师事务所、律师事务所、咨询公司（见表3）等都能为保险市场的繁荣发展提供各自的专业服务，极大地促进了新加坡自贸区离岸保险的发展。

表 3　　新加坡保险专业保险中介机构数量　　单位：个

保险中介	数量
保险经纪人	71
直保经纪人	44
普通保险经纪人	12
直保和普通再保险经纪人	12
普通再保险和寿险再保险经纪人	3
劳合社特许保险经纪人	6
大型保险公估公司（95% 的市场份额）	6
国际公估公司	4
本地公估公司	2
非保险公估协会注册会员（5% 的市场份额）	80

资料来源：根据 MAS 官网整理。

2. 发达的离岸金融市场。离岸保险中心的一个重要前提是，该地区必须是一个国际资金流动和调拨市场，方便为国际资金提供货币结算服务，从而为离岸保险业务的发展提供必要的支付环境支持。新加坡于 1978 年取消了外汇管制，建立了亚洲美元市场，国际资金可以自由进出新加坡，从而吸引了众多的外资进入自贸区。外资的进入进一步促进了自贸区的发展，也为离岸保险业务的开展提供了资金保证。

3. 优惠的税收政策。有竞争力的税收优惠政策是吸引外资进入自贸区的关键因素。世界上已有的自贸区基本上都采取了税收优惠这一政策。新加坡政府为了刺激离岸保险的发展，在全面铺开离岸金融的背景下，推出了在全球较有吸引力的税收优惠政策。以公司所得税为例，普通新加坡的公司所得税为 17%，但是对于离岸保险业务最低可降至完全免税（见表4）。

表 4　　新加坡离岸保险业务税收优惠

业务大类	课税对象	优惠税率
非寿险离岸业务	离岸风险进行保险和再保险而取得认可收入	10%
	离岸的回教保险与回教再保险业务取得的认可收入	5%
	海上责任险与船身保险取得的认可收入	免税
	特定的离岸风险（如政治风险、恐怖主义风险、能源风险、航空航天风险、农业风险）保险取得的认可收入	免税
	被认可的专业保险自保公司承办的离岸保险与再保险	免税
寿险离岸业务	分配给保单持有人的认可收入	10%
	源于一个被许可的保险公司的离岸保险与再保险的认可收入	10%
	离岸的回教保险与回教再保险业务取得的认可收入	5%
	被认可的专业自保公司承保的离岸保险与再保险的认可收入	免税

资料来源：根据 MAS 官网整理。

4. 内外严格分离型的监管体制。新加坡建立的内外严格分离型监管模式是由新加坡政府主导的。在该模式下，非居民可以享受自贸区内离岸保险的税收优惠和政策便利，但是不允许非居民运用国际资金进入境内传统保险市场。新加坡政府要求自贸区内的保险公司将保险账户分为 SIF（Singapore Insurance Business Fund）和 OIF（Offshore Insurance Business Fund）两个独立的账户。SIF 为境内传统保险市场账户，专门记录国内保险业务；OIF 为离岸市场账户，专门记录国外保险业务；这种模式的优势是，既为非居民提供了便利的离岸保险业务，繁荣了自贸区的金融市场，但又防止了政策套利，对本国保险市场产生巨大冲击，以便充分维护金融秩序、防范金融风险。另外，在“隔离墙”外的离岸保险可以激发境内传统保险市场活力，促进国内保险市场的健康发展，看齐国际标准。

（二）国内典型：上海自贸区的做法

上海自贸区于 2014 年 9 月 29 日成立，经过三年的建设，上海自贸区保险业发展成果显著，在制度上开创了国内先河。特别在航运保险、再保险、保险资金运用等重点领域，上海自贸区的领头示范效应明显，为保险业参与浙江自贸区建设提供了丰富的可复制的经验。

1. 金融配套方面的系列改革。上海自贸区联合“一行三会”金融监管部门，建立了包括自由贸易（FT）账户体系、投融资汇兑便利、人民币跨境使用、利率市场化、外汇管理改革 5 方面金融制度框架和监管模式。其中的 FT 账户体系，类似于新加坡的 SIF 和 OIF 体系，为自贸区的融资便利化和国际资金进出提供了规范有序的制度设计。通过该账户体系，实际上形成了有限隔离、高度开放、接轨国际、有序竞争的自贸区金融格局。

2. 简政放权方面的系列改革。一是在市场准入改革方面，航运保险营运中心、再保险公司在上海自贸区设立分支机构的管理由审批改为备案，自贸区内保险支公司高管人员任职资格管理由审批改为备案。工作流程完成时限由原来20 个工作日缩短为 3 个工作日。二是在航运保险产品注册制改革方面，航运保险产品的审批备案改为行业协会注册，并大幅简化注册材料要求。实施该项改革以来，累计注册产品 1 600 余个，形成了保险公司、行业协会、保险经纪人条款互为补充的多层次产品体系。三是在保险专业中介股权信息登记管理改革方面，推出了保险专业中介机构股权信息登记系统，与工商管理部门建立信息共享合作机制，采用“互联网 + 保险中介监管”的方式，实现了信息登记、管理和查询的即时性、远程性和便捷性。

3. 保险机构方面的系列创新。新型保险机构相继在自贸区设立，德国安联保险集团和太保集团在上海自贸区设立了专业性健康保险公司；更为引人注目的是上海保险交易所于 2016 年 6 月在自贸区成立，作为全国唯一的创新型保险要素交易平台，极大地推动了我国保险市场主体的健全，填补了国内要素市场的空白。此外，专业性较强的江泰再保险经纪公司也落户上海自贸区，这也是国内第一家再保险经纪公司。

4. 保险业务方面的系列创新。一是航运保险市场方面，创新发布航运保险指数，提升航运保险业参与国际市场竞争的定价能力。同时，首推海事诉讼保全责任保险、邮轮取消延误综合保险等业务。2016 年上半年上海航运保险保费收入占全国比重超过 30%，显示自贸区在航运保险业务上的制度优势已经转化成经济效能。二是创新资金运用方式、拓展境外投资渠道方面，出台相关政策倡导保险公司发挥自身优势，积极参与“一带一路”重点项目建设，鼓励保险公司开展金融创新。

（三）归纳借鉴

综观国内外较为成熟的自贸区做法，可以发现其发展模式和成功经验均有共通之处。

1. 具有竞争力的税收优惠政策。低税收可以降低市场的准入标准，有效吸引外资。为了鼓励国内的保险公司和吸引国外的保险公司入驻自贸区，具有竞争力的税收优惠政策是必不可少的。香港、新加坡均不征收营业税，金融企业所得税税率分别是 10% 和 8% ~8.5%，对于（再）保险有更优惠的所得税税率。新加坡对离岸航运货物及责任保险免征所得税。

2. 严格的监管体制。自贸区内较为优惠的政策便利和较少的法律法规限制，使得自贸区离岸金融业务很容易被国际资本利用，实行监管套利，风险聚集并将风险传导到国内金融市场。因此，各国都对自贸区金融监管体制较为关注，并采取了一系列措施。日本采取“防火墙”制度，对出入资金进行完全的监管，以防止境外游资的冲击；上海也通过 FT 账户体系，建立与国际金融市场高度接轨，但与境内其他市场有限隔离的体系和环境。

3. 与自贸区特色相适应的产业和业务管理办法。虽然自贸区实行严格的监管体制，但对于离岸保险和再保险业务及业务的管理则趋向于放松审批和监管。香港、新加坡自贸区内的保险公司有较高的产品自主性，可以自主对产品进行设计和定价。英国则根据被保险人的国籍进行区分，对于被保险人是英国公民或法人的，则需要对保险条款进行报备，反之则不必。上海自贸区也进行了航运保险产品注册制改革，将航运保险产品的审批备案制改为行业协会注册制。

4. 专业化程度高的市场中介主体。保险市场专业化程度较高，是信息不对称程度较高的市场。其中，专业的保险中介就起到不可或缺的作用。新加坡境内有与国际惯例接轨的包括保险经纪、代理、公估在内的一系列中介服务公司，促进保险主体之间的竞争和发展；保险中介能够有效降低保险市场的信息不对称程度，促进保险市场的发展。依据国外成熟保险市场的经验来看，直保公司保险收入的50% ~90%来自保险中介。

5. 完整健全的法律体系。这是自贸区保险业务创新的重要保障。新加坡、中国香港、日本采取立法先行的模式，在多年的自贸区发展中逐步形成了健全完善的法律体系；迪拜自贸区目前相对较为成功，虽然作为阿拉伯国家，其伊斯兰教义与保险业基本原则相悖，但也在自贸区建设伊始，即建立了一整套与国际接轨的法律体系。

五、保险业参与浙江自贸区建设的政策建议

（一）营造良好发展环境

1. 健全法律体系，助力保险参与自贸区建设。一方面，要根据浙江实际情况，加快出台浙江自贸区条例，为保险业参与自贸区建设提供“基本法”，明确基本原则和任务要求。另一方面，需借鉴国际上自贸区相关立法体系的成功经验，加强保险业有关的配套法律法规、政策制度建设，加快营造既适合自贸区金融保险业实际情况，又与国际接轨的法律法规环境。

2. 加大政策支持力度，适当争取财税优惠。充分借鉴上海国际金融、航运中心建设经验，加大资源、政策等倾斜力度，推动试点政策普享普惠。研究制定保险税优政策，根据业务种类的不同给予企业减免一定的税收，更好地吸引资本进入保险领域，提高自贸区保险承保能力。同时，加强政策配套，鼓励发展政保合作业务，支持保险业参与自贸区经济转型、社会治理和多层次社保体系建设等领域。

3. 建立内外严格分离的监管模式，有效防控风险。针对自贸区的发展特点和我国保险业监管实际，研究实施由政府主导的内外严格分离的监管模式。把握 FT 账户的渗透程度，有效防范金融风险的传导，尤其是要防范国际金融游资通过自贸区离岸金融平台对于国内传统保险市场的渗透，利用监管、政策套利，制造、放大、传导国际金融风险，重视并维护自贸区金融市场的健康和稳定。加强对浙江自贸区保险业务的日常监管，建立健全与自贸区保险发展相适应的风险防范机制，维护开放环境下保险市场秩序。

（二）着力加强市场培育

1. 培育市场主体，优化保险市场结构。重视自贸区保险中介组织建设，改变保险公司与投保人信息不对称的局面，促进自贸区保险市场的发展。加快推动建立有序的海上保险等市场竞争环境，大力发展专业保险代理人公司和经纪人公司，健全保险代理制度，充分发挥保险中介服务体系的作用。重视发展新型保险主体，大力引进专业航运保险公司，积极探索专业保险中介机构，包括专业航运经纪、海上公估机构，船舶保险公估公司、船东互保协会等多种市场主体。重视保险社团组织的自治自律作用，发挥保险行业协会的优势，适时成立专业性保险行业协会，加强行业协会对于保险公司、保险中介机构的管理和培训方面的作用，与保险监管相互配合补充。

2. 激发市场活力，深化保险供给侧结构性改革。围绕浙江自贸区的需求，通过深化保险供给侧结构性改革，为自贸区提供结构合理、种类丰富的保险产品，为自贸区发展保驾护航。一是巩固发展传统业务。特别是海上保险、船舶码头保险，增强传统保险的供给能力。二是围绕油品交易创新险种和服务，探索、推广沉船沉物打捞保险、新型运输人赔偿责任保险、无船承运人责任保险、仓库责任保险、海上石油污染责任险等创新性保险业务。三是探索 ART——可选择性风险转移业务，鼓励发展有限风险（再）保险应急资本、多年期多险种产品（MMP）、多触发原因产品（MTP）、保险证券化、天气衍生产品等，多方位为企业提供风险资本保障。

3. 培养专业化保险人才队伍，促进自贸区保险发展。加强人才建设，推进保险从业人员素质建设，构建多层次、多渠道的自贸区保险人才培养体系，建立人员有序流动机制，提高保险人才集聚能力。加大与国外保险业的交流合作力度，加强对于人才的吸引力度，配套相关的人才聚集政策，积极引进国际知名保险机构和保险人才，提高浙江自贸区保险业的总体经营水平。

（三）进一步深化改革开放

1. 加快培育再保险市场，提升产品定价话语权。加大扶持力度，坚持规模化和专业化并重，吸引再保险机构和相关人才集聚，健全再保险市场体系，积极参与国际化竞争，提升在全球再保险市场的定价权、话语权。加大对能源、化工、港口等重点项目以及巨灾风险的保障力度，为自贸区建设和油品贸易保驾护航。加强对再保险机构的专项招商引资，提升再保险市场的市场份额，为直保公司的业务创新和承保能力提供风险保障。

2. 创新发展离岸保险，加强跨境保险服务。一是加快出台离岸保险税收优惠政策，吸引业务集聚，提高离岸保险市场的国际竞争力。二是金融监管机构要统一部署，密切配合，积极争取和落实 FT 账户政策，在制度上为离岸保险的开展夯实环境基础。三是集中吸引一批国内外知名的保险机构分支机构落户浙江自贸区，提升自贸区的离岸保险专业化水平，在准入审批、产品设计定价等方面给予更多的政策便利。

3. 加强保险资金运用，积极参与各类交易市场。一是鼓励保险资金积极参与国家“一带一路”战略，发挥保险资金长期、稳健的优势，为国家重点项目提供长期资金支持。借助 FT 账户，在监管部门许可的情况下，结合市场需求，探索成立养老产业投资管理公司，开展外币养老资产投资业务。二是支持保险资金通过债权、股权、股债结合、股权投资计划、资产支持计划和私募基金等形式投资浙江自贸区的重点产业项目和基础设施建设，积极参与 PPP 项目，为浙江自贸区的建设提供长期、稳定的资金支持。

参考文献

[1] 徐英. 上海自贸区发展离岸再保险市场的机遇和挑战 [J]. 上海金融学院学报，2013 (5).

[2] 崔惠贤. “新国十条”颁布后，上海高校保险人才培养改革探析 [J]. 上海保险，2014 (11).

[3] 王小卫. 依托自贸区体制优势，打造保险资金创新平台 [J]. 上海保险，2014 (11).

[4] 徐英. 上海自贸区离岸（再）保险市场发展的必要性及建议 [J]. 上海金融学院学报，2015 (1).

[5] 许闲. 新加坡离岸保险及对中国的借鉴 [J]. 亚太经济，2015 (3).

[6] 许闲. 自贸区建设带动保险转型 [J]. 中国金融，2014 (3).

[7] 杨大刚. “负面清单”管理模式下船舶保险研究边界的更新界定 [J]. 上海金融，2014 (3).

[8] 闫海洲. 国际离岸金融市场发展对上海自贸区建设的借鉴意义 [J]. 上海经济研究，2014 (10).

[9] 王冠凤. 上海高端服务业发展金融支撑研究——基于自贸区背景 [J]. 武汉金融，2016 (11).

[10] 中华人民共和国中央人民政府网站. 国务院关于印发中国（浙江）自

由贸易试验区总体方案的通知，2017－04.

［11］高嵩．上海多个保险改革创新经验可推广［J］．中国保险报，2016－10－10（001）.

［12］马翠莲．上海自贸区保险改革创新成绩斐然［J］．金融时报，2016－09－30（005）.

［13］H. C. Reed. *The preeminence of International Financial Market*［J］．Praeger，1981.

城市商业银行竞争力影响因素研究

——基于跨区域经营、特色化经营和金融市场参与度三个维度

中国人民银行杭州中心支行课题组*

一、引言

城商行已成为我国商业银行中一支不可忽视的力量。据中国银监会统计，截至2017年第三季度末，我国银行业金融机构总资产和总负债规模为247.14万亿元和228.26万亿元，其中，城商行资产规模和负债规模达30.54万亿元和28.52万亿元，占比分别达12.36%和12.49%。浙江的12家城商行①发展更是迅速，市场份额日渐扩大，截至2016年末，总资产和总负债为2.68万亿元和2.52万亿元，分别占全省银行业总资产和总负债的20.16%和19.59%，均高于全国平均水平，并与其他大中型银行互为补充，成为全省多层次银行体系中不可或缺的重要组成部分。

但是在城商行快速发展的同时，也暴露出许多问题，特别是在国际金融危机的冲击下，以及我国经济从高速增长向中高速增长的转换过程中，国内一些城商行由于信贷利差、信贷质量与本地经济发展高度绑定，使得区域风险在当地城商行凸显；一些城商行异地扩张，却无法将本地行之有效的经营模式在异地进行复制，蕴含了一定风险；一些城商行大力进入金融市场，信贷业务占比下降，被质疑脱离实体经济，应当回归传统存贷业务。那么在新常态下，浙江12家城商行发展状况如何？竞争力上的表现如何？影响浙江城商行竞争力的因素有哪些？今后浙江的城商行应当如何发展才能维持或提升竞争力？研究这些问题具有现实意义。

由于纳入研究范围的浙江12家城商行所处的发展阶段和发展模式各不

---

* 课题主持人：王去非

课题组成员：陈一稀　朱培金　王哲中

① 包括杭州银行、宁波银行、温州银行、嘉兴银行、湖州银行、绍兴银行、金华银行、台州银行、浙江泰隆商业银行、浙江民泰商业银行、浙江稠州商业银行、宁波通商银行，数量约占全国的十分之一。浙江另外还有宁波东海银行，但由于规模较小（资产仅100亿元），暂不纳入本文分析研究范畴。

相同，本文拟在文献综述的基础上，采用因子分析方法对 12 家城商行单位静态竞争力和单位综合竞争力进行评估，通过竞争力的对比，从跨区域经营、特色化经营和金融市场参与度三个维度分析浙江城商行竞争力的影响因素。本文的总体安排如下：第一部分是引言；第二部分是文献综述；第三部分对浙江城商行单位静态竞争力和单位综合竞争力进行测度；第四部分从三个维度对浙江城商行竞争力测度的实证结果进行分析；第五部分是小结和政策建议。

二、文献综述

银行竞争力是指银行在兼顾社会责任和公众服务的同时，以“盈利性、安全性、流动性”为经营准则，利用自身资源，提供适应市场经济和银行业发展要求的存贷款、支付结算、信息咨询等产品和服务，使之在市场竞争中，相对于竞争对手所表现出的生存能力和持续发展能力。目前关于城商行竞争力的研究包括竞争力测度以及影响城商行竞争力因素两个方面。

（一）城商行竞争力测度的研究

关于城商行竞争力的研究既有理论层面的，也有技术层面的。王熙富（1991）最早对我国机构分设后形成的“专业银行”之间，应相互借鉴、增强竞争力展开了理论阐述。在评价银行竞争力方面，焦瑾璞（2002）最早系统地构建了我国银行竞争力的评价体系。刘冬（2006）根据对城商行发展的内部和外部环境的分析，参考国外对于城商行竞争力的研究方法，设计构建了包括制度竞争力统计评价指标、产品竞争力统计评价指标、经营业绩竞争力统计评价指标 3 个一级指标、8 个二级指标及 20 个三级指标，为如何评估城商行竞争力提供了参考。魏春旗、朱枫（2005）在《商业银行竞争力》一书中分别从技术、流程、组织、制度、人才、文化、战略七个方面对商业银行竞争力做了系统的理论诠释，进而形成了一个很有启发性的商业银行竞争力理论研究框架。徐慧玲和苏诚（2012）设计的城商行绩效评价体系包括资本充足率、不良贷款比率、加权平均净资产收益率、净利润增加率等 12 项指标，分别采用因子分析法和层次分析法对 18 家具有代表性的城商行 2009 年度财务数据进行分析。李伟等（2008）考虑了城商行群体，并运用 Panzar - Rosse 模型，对 1996—2006 年我国银行业的市场竞争程度进行了测算，结果表明我国银行业的竞争力已经大大提升了。傅强等（2011）建立了一个包含被解释变量、主要解释变量、控制变量和哑变量在内的 Panzar - Rosse 模型，运用面板变截距的固定效应模型，对 16 家银行的分析，研究表明随着我国银行业改革的稳步推进，我国银行体系的市场结构逐步从垄断走向了垄断竞争，市场化进程推动了银行竞争力的提升。

（二）影响城商行竞争力因素的研究

1. 跨区域经营对竞争力影响的相关研究

城市商业银行在实施跨区域经营之前业务多集中在本地市场，其所在地区的经济和金融发展水平对其经营有着直接的影响。在实施跨区域经营后，其分支机构所在地的经济和金融发展水平也会对其分支机构，甚至城市商业银行的整体经营状况产生影响。

一方面，跨区域经营可能促使商业银行发挥规模经济效应。Goddard（2004）使用欧洲5家银行1990—1999年的经营数据建立了面板模型并进行检验，实证结果表明，欧洲银行的跨区域经营扩张有利于盈利能力的提高，即表现出规模经济的现象。顾海兵和米强（2009）通过总结国内外相关商业银行跨区域经营的研究，指出商业银行跨区域经营有助于改善其经营绩效，但对于城商行来讲，特殊的地位加大了其跨区域经营问题的复杂性。范香梅等（2010，2011）的实证研究发现跨区域发展有助于大银行实现规模经济和范围经济，能够提高效率和降低风险，但不利于中小银行提高效率、降低风险。

另一方面，跨区域经营也可能给当地商业银行竞争力带来负面影响。Berger等（2009）选取了23个发达国家的8 235家银行作为样本，通过对包含衡量借款风险、银行风险、银行股权资本等指标在内的模型进行实证分析，得出的结论是跨区域经营后竞争的增加会使得银行的竞争力削弱。王擎等（2012）以我国城市商业银行2004—2009年数据为样本进行实证分析，结果发现跨区域经营程度越高，虽然风险水平得到降低，但是银行资产收益率也随之降低。

2. 特色化经营对竞争力影响的相关研究

在商业银行市场竞争日趋激烈的背景下，文献大多认为商业银行应该积极发展特色化经营。在国外，Roussakis（1989）研究指出银行成功的关键因素是“有效管理”，强调收入或经营效益更多的与成本管理和经营策略有关，而特色化经营就是一种有效的经营策略。John 和 Christopher（1999）认为中小规模银行为了生存必须有自己的经营服务特色，同时必须通过集中性市场营销组合策略把自己的有限资源和技能集中在某一局部的细分市场上。Robert 等（2004）分析了美国过去30年间银行的发展历程，认为银行业最终会演变成两大类：第一类是特色化、区域化经营的社区型银行，第二类是提供全面金融服务、规模庞大的银行。

在国内，胡晟荣（2014）认为城商行自身业务结构过于单一，盈利空间太窄，定位不清晰，没有明确的发展方向，没有专业化、特色化的业务导致客户的吸收能力较低，自身的管理水平不高，因此城商行必须走创新发展的战略，提升转型升级。郭少泉（2015）认为城商行应走差异化、精细化、社交化、综合化的创新发展模式，这样城商行才能在新常态下持续健康发展。张春艳

(2015) 认为城商行缺乏有竞争力的业务，难以适应未来激烈竞争，因此，当前城商行可以努力打造差异化的投行业务模式，构建符合市场规律的激励机制与薪酬体系，加大人才队伍建设，争取在未来的市场竞争中占据一席之地。闫冰竹（2015）认为“十三五”期间，随着市场利率化的加剧，城商行的风控体系无法与城商行综合化经营的趋势相协调，业务之间的发展也不协调，存贷款为主的业务模式无法适应利率市场化的竞争环境，所以城商行必须建立完善的风控模式，大力发展资产管理业务，走综合化、多元化发展道路。

3. 金融市场参与度对竞争力影响的相关研究

更高的经济发展水平会给银行带来更多的投资机会，改善银行的经营状况。Kevin（2002）研究了非利息收入类业务和社区银行经营风险的关系。通过实证发现，社区银行大力发展中间业务能有效地改善其业务经营的结构，降低社区银行的经营风险，从而提高社区银行的竞争力。Hughes 和 Mester（1998，2013）、Hughes 等（2001）一系列的研究证实，银行可以通过多元化经营分散风险，而通过金融市场参与度的深入是多元经营的重要方面。Montgonemry（1994）的研究认为银行参与金融市场可以提高银行的名誉和地位，是提高银行规模和效应的有效手段。Deng 等（2008）发现，资产多元化同时降低了商业银行的借款成本，与大型或小型银行相比，这种现象在中型银行中更为明显。Chiorazzo 等（2008）对意大利商业银行的研究中发现，多元化经营能够增加收入，包含投资的非利息收入与盈利能力之间存在正向关系。Levine（2005）指出，银行进行投资可以提升其经营能力，更好地识别、分散和化解投资风险。周开国和李琳（2011）基于资产组合理论研究银行参与金融市场与风险分散之间的关系，结果发现金融市场并不一定降低金融风险，利息收入波动减小导致商业银行风险的降低，而非利息收入比例增加导致商业银行收入波动性增加。黄泽勇（2013）通过面板门槛模型研究不同规模商业银行金融市场参与的规模门槛效应，当资产超过 1 200 亿元时能提高经营绩效。

（三）对已有研究的评述

虽然上述文献已从多个维度研究了商业银行竞争力问题，也提供了思路素材和宝贵经验，但这些文献，特别是国内的一些研究还存在一些不足。一是城商行竞争力理论研究对象的典型性不够突出。城商行的市场定位是“服务地方经济、服务小微企业、服务城乡居民”，但是一些省份城商行近年来逐渐出现“垒大户”等倾向，脱离了城商行发展的初衷。而浙江作为中小企业、民营经济发达的大省，城商行一直专注服务小微，并且浙江城商行发展也走在全国前列，对将浙江城商行作为研究主体更具典型性，对全国来说更有参考意义。二是研究数据的连续性不足。以往一些对城商行竞争力的研究，只用一年或者两三年的数据便进行分析，科学性不足。城商行竞争力是一个动态、不断调整、不断变化的过程，需要更长时期进行观察。三是对城商行的研究要静态指标和动态成长指标结合。一些城商行专注本地信贷业务，资产质量较高（表现为静态指标优秀），但规模成长缓慢；一些城商行通过扩大资产负债表，动态成长性指标亮丽，但是静态指标较差，这是发展速度和自身实力出现了不匹配；一些城商行则表现为又好又快发展。在追求“高质量”发展的今天，研究需要一定程度上区分静态竞争力和包含成长因素的综合竞争力。同时，也应该尽量避免被规模因素困扰，得到越大越强的简单结论，可以采用比例指标计算单位竞争力。本文通过问卷调查的形式，获得了较为详细的第一手资料，对浙江12家城商行单位静态竞争力和包含成长性后的单位综合竞争力进行评估，分析影响城商行竞争力的影响因素，为促进城商行长期可持续发展提供理论和现实依据。

三、浙江城商行竞争力的测度

在研究城商行竞争力影响因素前，首先要对当前不同经营模式下城商行近年来的竞争力进行测度。同时，为了尽量减少规模可能对竞争力计算带来的影响，避免出现越大越强的简单结论，本文将采用增长率指标，剔除规模因素。考虑到发展快也不意味质量高，国外有一些“长不大”、但很好服务了区域经济的银行，本文将同时计算时点上不考虑成长性指标的单位静态竞争力和加入成长性指标后的单位综合竞争力。

（一）竞争力测度的指标选取及数据处理

为客观评价城商行竞争能力，我们采取问卷调查的形式，以商业银行“盈利性、安全性、流动性”三大经营原则为主要理论依据，在此基础上综合考虑商业银行长期经营过程中的“成长性”情况，从资产结构、负债结构及所有者权益、表外业务、贷款质量及流动性、利润结构、资本充足率及杠杆率等多维度进行刻画，并从各维度选取相应十一项指标，分别为资本充足率 X_1、核心资本充足率 X_2、不良贷款率 X_3、总资产利润率 X_4、成本收入比[①] X_5、存贷比 X_6、流动性比例 X_7、总资产增长率 X_8、总贷款增长率 X_9、所有者权益增长率 X_{10}、净利润增长率 X_{11}（见表1），利用因子分析方法进行定量分析。

① 成本收入比是指营业费用与营业收入的占比，本文用“营业支出/（利息收入+手续费及佣金收入+其他业务收入+投资收益+营业外收入）×100”替代。

表 1　　浙江城商行竞争力评价指标

	一级指标	二级指标
竞争力	安全性指标	资本充足率 X_1
		核心资本充足率 X_2
		不良贷款率 X_3
	盈利性指标	总资产利润率 X_4
		成本收入比 X_5
	流动性指标	存贷比 X_6
		流动性比例 X_7
	成长性指标	总资产增长率 X_8
		总贷款增长率 X_9
		所有者权益增长率 X_{10}
		净利润增长率 X_{11}

在对城商行指标的选取和处理中需要说明几点。第一，二级指标的选取受到城商行数量的限制。根据因子分析方法的要求，指标数量不能超过城商行样本数量，而目前纳入样本的只有 12 家浙江城商行，但问卷调查的数据指标很多，远远超过限制。因此，基于这一因素，我们以重要性和典型性为原则，选取了 11 项二级指标。第二，城商行数据为非平衡面板数据。这主要是因为宁波通商银行于 2012 年 4 月正式成立，相关数据也始于 2012 年，因此，在城商行的静态竞争力模型中，宁波通商银行从 2012 年开始才能有竞争力数据。城商行综合竞争力分析中包括了成长性指标，而成长性指标都是基于增长率数据而言的，所以在城商行综合竞争力分析中宁波通商银行始于 2013 年。第三，为防止规模大小对竞争力评价的影响，论文选取的指标都是比例指标。这种基于比例指标为基准的竞争力评级指标可能会与“规模较大的银行竞争力较大”这种先入为主的判断有所差别，但也会因为新银行刚成立而带来扰动。

（二）城商行单位静态竞争力估算

城商行的单位静态竞争力分析侧重安全性、流动性和盈利性，通过对其二级指标的因子分析，定量得到各城商行之间的竞争力排名。

1. 检验变量是否适合做因子分析

是否做因子分析应该具备一定的条件，在 SPSS 分析软件中，通常采用 KMO 统计量对变量是否使用因子分析进行判断，一般而言，当 KMO 统计量大于 0.5、且单侧 P 值小于 0.01 时，表明变量适合做因子分析。基于篇幅所限，本文仅以 2016 年时间序列为例，利用该检验方法，通过 SPSS 2.0 分析软件得到结果如表 2 所示。检验结果显示 KMO 统计量为 0.584，大于 0.5 的参考值，同时，单侧 P

值为 0.007，小于 0.01 的参考值，因此，适合做因子分析。

表 2　　2016 年城商行单位静态竞争力分析中 KMO 和 Bartlett 检验结果

KMO	度量	0.584
Bartlett 球形度检验	近似卡方	40.090
	Df	21
	Sig.	0.007

2. 求解初始因子

因子分析目标就是用少数几个因子去描述许多指标或因素之间的联系，将相关比较密切的几个变量归到同一类中，每一个变量成为一个因子，以这些因子来反映原始资料的信息。从方法论而言，初始特征值大于 1 且累计方差贡献率大于 80% 以上的主成分即可作为主成分因子。通过对 2016 年时间序列的因子分析得到的结果（见表 3），可知特征值大于 1 且累计为 82.74% 的因子有三个，因此，可以确定因子数为三个。

表 3　　2016 年城商行单位静态竞争力分析中解释的总方差

成分	初始特征值		
	合计	方差的%	累计（%）
1	2.091	39.872	39.872
2	1.554	22.200	62.072
3	1.447	20.668	82.740

注：提取方法为主成分分析法。

3. 求解因子荷载矩阵的解释因子

设 F 为提取的主因子。其中，F1 表示安全性和盈利性因子，F2 表示盈利性和流动性因子，F3 表示安全性因子。从旋转成分矩阵可知（见表 4），F1 为安全性和盈利性因子（流动性比例 X_7、不良贷款率 X_3 的系数最大，分别为 -0.800、0.693），是流动性比例和不良贷款率的综合反映；F2 为盈利性和流动性因子（总资产利润率 X_4、存贷比 X_6 的系数最大，分别为 0.946、0.708），是总资产利润率和存贷比的综合反映；F3 为安全性因子（资本充足率 X_1、核心资本充足率 X_2 的系数最大，分别为 0.830、0.797），是资本充足率和核心资本充足率的综合反映。

表 4　　2016 年城商行单位静态竞争力分析旋转成分矩阵①

指标	成分		
	F1	F2	F3
资本充足率 X_1	-0.228	-0.145	0.830
核心资本充足率 X_2	0.081	0.070	0.797
不良贷款率 X_3	0.693	0.512	0.275
总资产利润率 X_4	0.220	0.946	-0.002
成本收入比 X_5	0.682	-0.048	-0.067
存贷比 X_6	-0.503	0.708	-0.166
流动性比例 X_7	-0.800	-0.031	0.158

由成分得分系数矩阵结果可得（见表 5）：

$$F1 = -0.103X_1 + 0.042X_2 + 0.326X_3 + 0.045X_4 + 0.360X_5 - 0.316X_6 - 0.415X_7$$

$$F2 = -0.056X_1 + 0.050X_2 + 0.263X_3 + 0.555X_4 - 0.080X_5 + 0.461X_6 + 0.043X_7$$

$$F3 = 0.566X_1 + 0.549X_2 + 0.202X_3 + 0.017X_4 - 0.042X_5 - 0.105X_6 + 0.103X_7$$

表 5　　2016 年城商行单位静态竞争力分析中成分得分系数矩阵

指标	成分		
	F1	F2	F3
资本充足率 X_1	-0.103	-0.056	0.566
核心资本充足率 X_2	0.042	0.050	0.549
不良贷款率 X_3	0.326	0.263	0.202
总资产利润率 X_4	0.045	0.555	0.017
成本收入比 X_5	0.360	-0.080	-0.042
存贷比 X_6	-0.316	0.461	-0.105
流动性比例 X_7	-0.415	0.043	0.103

最后，根据主成分贡献率为权重，计算各城商行的单位静态竞争力（见表 6）：

$$F = 0.2091F1 + 0.11554F2 + 0.1447F$$

① 提取方法：主成分分析法。旋转法：具有 Kaiser 标准化的正交旋转法。旋转在 5 次迭代后收敛。

表 6　　2016 年城商行单位静态竞争力排名情况

银行	F1	排名	F2	排名	F3	排名	F	排名
杭州银行	0.434	6	-0.947	12	-0.254	6	-0.093	8
宁波银行	1.046	1	-0.501	7	0.248	5	0.177	3
温州银行	0.140	7	-0.691	10	-0.898	11	-0.208	9
嘉兴银行	-1.181	11	-0.548	8	-0.621	9	-0.422	12
湖州银行	0.753	5	-0.275	6	-0.312	7	0.070	5
绍兴银行	-0.688	9	-0.873	11	-0.333	8	-0.328	11
金华银行	-0.835	10	-0.636	9	1.619	2	-0.039	7
台州银行	0.775	4	1.748	2	0.314	4	0.479	2
浙江民泰商业银行	-0.320	8	2.092	1	-0.714	10	0.155	4
浙江泰隆商业银行	-2.015	12	0.621	3	0.358	3	-0.039	6
浙江稠州商业银行	0.862	3	-0.079	5	-1.427	12	-0.273	10
宁波通商银行	1.030	2	0.090	4	2.020	1	0.522	1

同理，通过对 2011—2015 年城商行的因子分析，分别得到相应的竞争力数据（此处省略了各相关因子得分）。为更直观数据大小顺序，我们依据分数大小进行了排名，得到各城商行单位静态竞争力情况（见表 7）。

表 7　　城商行单位静态竞争力排名

银行	2011 年	排名	2012 年	排名	2013 年	排名	2014 年	排名	2015 年	排名	2016 年	排名
杭州银行	-1.274	11	-0.050	9	-0.169	7	0.206	4	0.110	5	-0.093	8
宁波银行	-0.404	7	0.497	1	-0.479	12	0.158	5	0.361	2	0.177	3
温州银行	-1.192	10	-0.042	8	-0.278	11	-0.082	8	0.002	8	-0.208	9
嘉兴银行	0.999	2	0.115	6	0.131	4	-0.670	12	-0.534	11	-0.422	12
湖州银行	-0.223	6	0.396	2	-0.050	6	0.256	3	0.184	3	0.070	5
绍兴银行	0.517	4	-0.138	11	-0.264	9	-0.161	9	0.032	7	-0.328	11
金华银行	-0.457	8	-0.135	10	-0.237	8	0.146	6	-0.108	9	-0.039	7
台州银行	1.714	1	0.358	3	0.546	2	-0.061	7	0.098	6	0.479	2
浙江民泰商业银行	0.362	5	-0.035	7	-0.264	10	-0.225	10	-0.189	10	0.155	4
浙江泰隆商业银行	0.645	3	0.132	5	0.049	5	0.298	2	0.181	4	-0.039	6
浙江稠州商业银行	-0.687	9	0.143	4	0.292	3	-0.648	11	-0.717	12	-0.273	10
宁波通商银行			-1.242	12	0.724	1	0.781	1	0.581	1	0.522	1

对所得排名进行算术平均后可得（见表8）：

表8 2011—2016 年城商行单位静态竞争力排名算术平均值

算术平均后排名	银行名称	排名算术平均值
1	宁波通商银行	3.20
2	台州银行	3.50
3	湖州银行	4.17
4	浙江泰隆商业银行	4.17
5	宁波银行	5.00
6	杭州银行	7.33
7	浙江民泰商业银行	7.67
8	嘉兴银行	7.83
9	金华银行	8.00
10	浙江稠州商业银行	8.17
11	绍兴银行	8.50
12	温州银行	9.00

（三）城商行单位综合竞争力估算

城商行单位综合竞争力分析不仅关注其静态情形下的各项指标，而且还加入对未来趋势增长的关注。在此，我们将城商行单位综合竞争力指标定义为在安全性、流动性、盈利性基础上加入成长性指标。

1. 检验变量是否适合做因子分析

同样以 2016 年时间序列为例，从因子分析的 KMO 统计量以及相应的单侧 P 值结果来看（见表9），KMO 统计量为 0.75，大于 0.5，且单侧 P 值为 0.000，小于 0.01，表明变量适合做因子分析。

表9 2016 年城商行单位综合竞争力 KMO 和 Bartlett 检验结果

KMO	度量	0.75
Bartlett 球形度检验	近似卡方	112.269
	Df	55
	Sig.	0.000

2. 求解初始因子

通过对 2016 年时间序列的因子分析结果看（见表10），特征值大于 1 且累计贡献率为 83.625% 的因子有五个，因此可以确定因子数为五个。

表 10　　2016 年城商行单位综合竞争力解释的总方差

成分	初始特征值		
	合计	方差的%	累计（%）
1	2.776	25.233	25.233
2	2.316	21.059	46.291
3	1.666	15.148	61.439
4	1.348	12.256	73.696
5	1.092	9.929	83.625

注：提取方法为主成分分析法。

3. 求解因子荷载矩阵的解释因子

设 F 为提取的主因子。其中，F4 表示存贷比与成长性因子，F5 表示流动性与成长性因子，F6 表示盈利性与成长性因子，F7 表示安全性因子，F8 表示盈利性因子。从旋转成分矩阵可知（见表 11），F4 表示存贷比与成长性因子（存贷比 X_6、总资产增长率 X_8、所有者权益增长率 X_{10} 的系数最大，分别为 -0.907、0.805、0.946），是存贷比、总资产增长率、存款增长率的综合反映；F5 表示流动性与成长性因子（流动性比例 X_7、总贷款增长率 X_9 的系数最大，分别为 0.824、-0.92），是流动性比例、总贷款增长率的综合反映；F6 表示盈利性与成长性因子（成本收入比 X_5、净利润增长率 X_{11} 的系数最大，分别为 0.789、0.844），是成本收入比、净利润增长率的综合反映；F7 表示安全性因子（资本充足率 X_1、核心资本充足率 X_2 的系数最大，分别为 0.774、0.927），是资本充足率、核心资本充足率的综合反映；F8 表示盈利性因子（总资产利润率 X_4 的系数最大，为 0.981），是总资产利润率的综合反映。

表 11　　2016 年城商行单位综合竞争力旋转成分矩阵①

指标	成分				
	F4	F5	F6	F7	F8
资本充足率 X_1	0.077	0.553	-0.138	0.674	0.042
核心资本充足率 X_2	0.006	-0.225	0.006	0.927	-0.100
不良贷款率 X_3	-0.175	0.373	0.524	-0.171	0.296
总资产利润率 X_4	-0.035	-0.004	-0.077	-0.061	0.981
成本收入比 X_5	-0.033	0.288	0.789	0.134	-0.072
存贷比 X_6	-0.907	-0.088	0.254	0.025	0.101

① 提取方法：主成分分析法。旋转法：具有 Kaiser 标准化的正交旋转法。旋转在 6 次迭代后收敛。

续表

指标	成分				
	F4	F5	F6	F7	F8
流动性比例 X_7	-0.258	0.824	0.148	0.080	0.253
总资产增长率 X_8	0.805	-0.055	0.321	0.080	-0.114
总贷款增长率 X_9	-0.097	-0.920	-0.112	0.175	0.232
所有者权益增长率 X_{10}	0.946	-0.159	0.066	0.012	0.094
净利润增长率 X_{11}	0.221	-0.167	0.844	-0.157	-0.112

由成分得分系数矩阵结果可得（见表 12）：

$$F4 = 0.062X_1 - 0.038X_2 - 0.041X_3 + 0.074X_4 - 0.036X_5 - 0.384X_6 - 0.042X_7 + 0.307X_8 - 0.076X_9 + 0.388X_{10} + 0.042X_{11}$$

$$F5 = -0.263X_1 - 0.145X_2 + 0.108X_3 - 0.039X_4 + 0.05X_5 - 0.133X_6 + 0.359X_7 - 0.011X_8 - 0.466X_9 - 0.033X_{10} - 0.151X_{11}$$

$$F6 = -0.088X_1 + 0.098X_2 + 0.267X_3 - 0.005X_4 + 0.433X_5 + 0.198X_6 + 0.021X_7 + 0.162X_8 + 0.066X_9 + 0.024X_{10} + 0.048X_{11}$$

$$F7 = 0.45X_1 + 0.666X_2 - 0.072X_3 + 0.019X_4 + 0.143X_5 + 0.067X_6 + 0.057X_7 + 0.062X_8 + 0.172X_9 + 0.008X_{10} - 0.05X_{11}$$

$$F8 = 0.057X_1 - 0.009X_2 + 0.229X_3 + 0.821X_4 - 0.034X_5 + 0.024X_6 + 0.165X_7 - 0.005X_8 + 0.239X_9 + 0.173X_{10} - 0.042X_{11}$$

表 12　　2016 年城商行单位综合竞争力的成分得分系数矩阵

指标	成分				
	F4	F5	F6	F7	F8
资本充足率 X_1	0.062	0.263	-0.088	0.450	0.057
核心资本充足率 X_2	-0.038	-0.145	0.098	0.666	-0.009
不良贷款率 X_3	-0.041	0.108	0.267	-0.072	0.229
总资产利润率 X_4	0.074	-0.039	-0.005	0.019	0.821
成本收入比 X_5	-0.036	0.050	0.433	0.143	-0.034
存贷比 X_6	-0.384	-0.133	0.198	0.067	0.024
流动性比例 X_7	-0.042	0.359	0.021	0.057	0.165
总资产增长率 X_8	0.307	-0.011	0.162	0.062	-0.005
总贷款增长率 X_9	-0.076	-0.466	0.066	0.172	0.239
所有者权益增长率 X_{10}	0.388	-0.033	0.024	0.008	0.173
净利润增长率 X_{11}	0.042	-0.151	0.481	-0.050	-0.042

最后，根据主成分贡献率为权重，计算各城商行的综合竞争力（见表13）：

$$F = 0.2776F4 + 0.2316F5 + 0.1666F6 + 0.1348F7 + 0.1092F8$$

表13　　2016年城商行单位综合竞争力排名情况

银行	F4	排名	F5	排名	F6	排名	F7	排名	F8	排名	F	排名
杭州银行	-0.487	9	2.183	1	-0.918	11	0.982	2	-0.472	11	0.298	3
宁波银行	0.822	3	0.418	3	2.625	1	-0.614	10	-0.341	9	0.642	1
温州银行	1.467	1	-0.389	9	-0.371	8	-0.018	4	-0.298	7	0.221	5
嘉兴银行	0.202	6	0.241	5	-0.118	6	-0.185	8	3.139	1	0.410	2
湖州银行	-0.649	10	-1.072	10	-0.566	9	-0.084	5	-0.326	8	-0.570	11
绍兴银行	0.614	4	-0.091	7	-0.273	7	-0.164	6	-0.200	5	0.060	7
金华银行	0.217	5	0.366	4	-0.102	5	-1.088	11	-0.489	12	-0.072	8
台州银行	0.879	2	-1.275	11	0.149	4	2.345	1	-0.171	4	0.271	4
浙江泰隆商业银行	0.113	8	1.051	2	0.900	2	0.715	3	-0.169	3	0.153	6
浙江民泰商业银行	-1.145	11	-1.300	12	0.475	3	-0.176	7	0.027	2	-0.146	9
浙江稠州商业银行	-2.218	12	0.187	6	-1.025	12	-0.187	9	-0.227	6	-0.858	12
宁波通商银行	0.185	7	-0.321	8	-0.774	10	-1.527	12	-0.472	10	-0.409	10

同理，反复对2011—2015年城商行的因子分析，并在得分的基础上依据得分高低进行排序（此处省略了各相关因子得分），得到各城商行单位综合竞争力情况（见表14）。

表14　　城商行单位综合竞争力排名

银行	2011年	排名	2012年	排名	2013年	排名	2014年	排名	2015年	排名	2016年	排名
杭州银行	0.466	3	0.320	4	0.284	3	-0.045	6	0.514	4	0.298	3
宁波银行	0.786	1	0.404	3	0.051	4	0.104	4	0.722	1	0.642	1
温州银行	-0.943	11	-1.040	11	-0.437	11	-0.299	8	0.139	5	0.221	5
嘉兴银行	-0.236	8	-0.146	8	-0.296	7	-0.531	11	-0.170	7	0.410	2
湖州银行	-0.366	10	-0.113	7	-0.420	9	-0.398	10	-0.542	10	-0.570	11
绍兴银行	-0.364	9	-0.113	6	-0.452	12	-0.363	9	-0.389	9	0.060	7
金华银行	-0.109	7	-0.325	9	-0.422	10	-0.032	5	-0.644	12	-0.072	8
台州银行	0.479	2	0.769	1	0.313	2	0.323	3	0.569	2	0.271	4
浙江民泰商业银行	0.045	6	-0.444	10	-0.157	6	-0.257	7	0.090	6	0.153	6
浙江泰隆商业银行	0.071	5	0.405	2	-0.338	8	0.464	2	0.525	3	-0.146	9
浙江稠州商业银行	0.171	4	0.284	5	-0.050	5	-0.557	12	-0.581	11	-0.858	12
宁波通商银行					1.924	1	1.592	1	-0.233	8	-0.409	10

对所得排名进行算术平均后可得（见表15）：

表 15 2011—2016 年城商行单位综合竞争力排名算术平均值

算术平均后排名	银行名称	排名算术平均值
1	台州银行	1.67
2	宁波银行	2.17
3	杭州银行	3.33
4	浙江泰隆商业银行	3.33
5	宁波通商银行	5.00
6	浙江民泰商业银行	5.83
7	浙江稠州商业银行	6.17
8	嘉兴银行	6.83
9	金华银行	7.17
10	绍兴银行	7.50
11	温州银行	7.67
	湖州银行	7.67

四、城商行竞争力的影响因素分析

上文对浙江城商行单位静态竞争力和单位综合竞争力进行了估算，单位静态竞争力更关注某一时点城商行的强健程度，单位综合竞争力则除此之外又更多考虑了成长性。对于那些致力于“走出去”的城商行，考虑成长因素的单位综合竞争力更有参考价值，但也不能忽视单位静态竞争力这个质量指标；而对于专注本地经济发展的小型城商行，我们更应该关注其单位静态竞争力。从单位静态竞争力来看，2011—2016 年将排名算术平均后得到的新排名 1 ~ 6 位的分别是宁波通商银行、台州银行、湖州银行、浙江泰隆商业银行、宁波银行以及杭州银行；单位综合竞争力算术平均后得到的新排名 1 ~ 6 位是台州银行、宁波银行、杭州银行、浙江泰隆商业银行、宁波通商银行以及浙江民泰商业银行。宁波通商银行由于刚成立不久，虽然相关指标较好，但不具有可比性，可以忽略。出乎意料的是，上市银行宁波银行和杭州银行虽然在单位综合竞争力排名中分列第 2、第 3 位，但在静态竞争力排名中仅排第 5 和第 6 位（未排除宁波通商银行情况下）。结合两种竞争力计算排名，本文从跨区域经营、特色化经营和金融市场参与度三个维度逐一进行分析。

（一）城商行跨区域经营对竞争力的影响

城商行的异地扩张在监管上经历了由松到紧的转变，从 2006 年的放开，到 2009—2010 年的放松，再到 2011 年因齐鲁银行骗贷案被叫停，直至 2013 年开始部分放开。目前浙江城商行大多在异地（指法人所在地市以外）设立了分支机构，有些已在全国设点（如宁波银行、杭州银行、泰隆银行等），而有些则还局限于浙江省内。

在分析城商行跨区域经营前，首先要分析与之相对应的扎根本土的经营模式。城商行扎根本土开展信贷业务有其自身优势。信贷业务的重点内容是信息的收集和生产，具体业务执行中要准确评估某一类信贷客户群体的风险（违约率），同时根据风险情况给予信贷定价。为得到相对准确的评估违约率，需要银行充分了解企业的信息。浙江城商行最基本的信贷模式便来自其扎根本土的特色。从基层上看，本地信息的传递主要依赖于熟人，银行扎根本地，可以通过熟人关系获得更准确的信息。并且从发展过程来看，本地银行和本地企业之间经历了从熟悉到信任的过程，相比全国性银行，城商行等本地银行有更多的私有信息来源，同时根植于本地更能建立与本地企业的信任。

城商行这种本土发展特色，带来几项优势。一是早期进入，享受企业成长的收益。城商行通常从本地行业发展初期的小微企业培养起，在前期较早参与其信贷业务，建立良好的银企关系，培养出一批关系密切的核心客户，当这些企业成长，会带来后续融资需求的提升，从而获得融资规模上的提升。二是可以保持较有优势的议价能力。城商行的客户多为民营小微企业，相比国有企业可以保持较有优势的议价能力，可以获得利率定价上的优势。

但经过多年的发展，城商行扎根发展模式也遇到了一些问题和挑战，本文将从竞争力的视角进行分析。由于浙江城商行基本都已在法人所在地市以外设立了分支机构，本文取浙江 12 家城商行平均域外机构数量占比（计算值为 37%）作为划定城商行是更注重扎根本土发展（小于 37%）还是更注重跨区域发展（大于等于 37%）的界限。

表 16　城商行跨区域经营与扎根本土的比较

	银行	域外分支机构		单位静态竞争力排名		单位综合竞争力排名	
		占比	数量	2016 年	6 年平均	2016 年	6 年平均
偏向跨区域经营	浙江泰隆商业银行	69.23%	180	6	4	9	4
	浙江民泰商业银行	64.46%	107	4	7	6	6
	浙江稠州商业银行	55.88%	57	10	10	12	7
	台州银行	49.49%	98	2	2	4	1
	杭州银行	49.18%	90	8	6	3	3
	宁波银行	37.18%	116	3	5	1	2
偏向扎根本土	金华银行	30.34%	27	7	9	8	9
	温州银行	25.95%	34	9	12	5	11
	绍兴银行	16.67%	11	11	11	7	10
	湖州银行	9.43%	5	5	3	11	11
	嘉兴银行	6.67%	3	12	8	2	8

利用前一节计算所得的单位静态竞争力和单位综合竞争力作为比较基准进行分析，可以得出以下结论。

1. 从6年平均排名上看，总体上跨区域发展的城商行无论是单位静态竞争力排名还是单位综合竞争力排名都会高于偏向扎根本土经营的城商行。分析其具体原因，一是从对城商行的监管来看，允许跨区域经营的城商行本身质量（从单位静态竞争力反映来看）相对较好。二是跨区域经营可以创造规模增长新空间，使得城商行的规模增长不再局限于本地经济发展的速度，这会反映在综合竞争力上。一些城商行由于在当地市场已经占据较高的市场份额，不论是贷款还是存款，本地的市场份额占比边际上继续提升的空间已经不大，同时还会受到外来股份制银行分行开设对已有市场份额的蚕食，而跨区域经营可以突破这种限制。从图1可以看出，2016年大部分城商行总资产规模与域外机构占比之间总体呈正相关关系（除上市的宁波银行和杭州银行），其资产规模与异地分支机构数量是互为影响、互为促进的。三是跨区域经营可使风险分散化，这能体现为静态竞争力的改善，从而进一步提升综合竞争力。随着异地分支机构的开设和业务的开展，城商行可以有更大的自由度来调整信贷的结构，从而降低行业集中度和客户集中度。四是跨区域经营可使收入结构多元化，这将同时提升单位静态和综合竞争力。异地网点的扩张，可以为业务跨区域的客户提供结算、支付等传统手续费收入，同时可以贡献投资银行、资产管理等新型手续费收入。

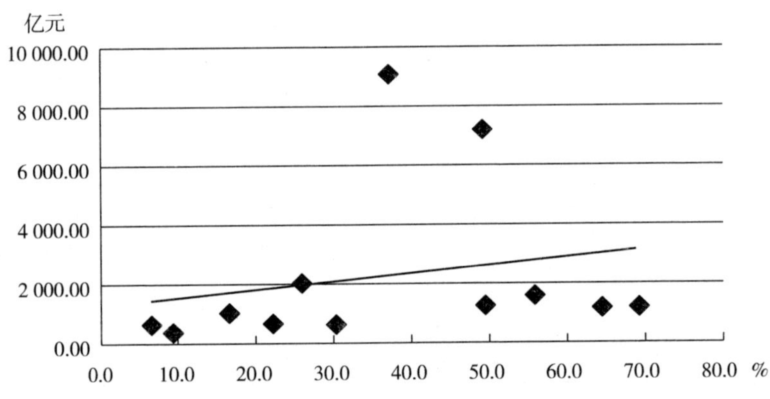

图1 2016年各城商行总资产规模与域外机构占比之间的关系

2. 跨区域经营对单位静态竞争力的提升并非绝对的，存在域外分支机构多但静态竞争力弱的案例。这是因为对大部分城商行来说它的主要优势还是在本地化，其网络、人员和技术等优势都集中在本地，在外设立的分支机构，在很长一段时间内，会因为对新地区的覆盖能力较差，不论是与本行其他地区相比，还是与当地其他银行进行竞争，都可能存在竞争能力不足的困难，拉低了单位静态竞争力。此外，跨区域发展所需大量的经营管理人才和市场营销人才的制约可能更为明显，无论从人才积累的数量，还是自身品牌对优秀人才的吸引力来看，大部分城商行人才短缺、团队能力相对较弱的局面会在一定程度上拖累整体的单位静态竞争力。在经营管理方面也会面临极大挑战，跨区域发展后，传统的两级管理体制变成了总分支制的三级管理，管理层次增加，发生风险和案件的可能性增大。另外，扩张必然涉及资本金的补充，这与股东实力及银行本身的盈利能力息息相关，并且扩张过程中也会遇到公司治理难度的加大、品牌认可和接受度等问题，这些处理不当，都会引起静态竞争力的下滑。因此在新常态下，盲目异地扩张反而可能导致静态竞争力下滑。

3. 区域经济对城商行竞争力仍有较大影响。一些城商行业务局限于当地，规模增速受制于本地经济发展速度，同时客户集中度和行业集中度较高，应对风险冲击能力较弱。浙江部分城商行资产利差和信贷质量高度与本地产业集群绑定，这不太符合“鸡蛋不要放在一个篮子里”的风险分散原理。例如从产业来看，浙江产业集群遍布，几乎每个地区都有金字招牌：如诸暨袜业、义乌小商品、永嘉钮扣、嵊州领带、温州打火机、永康五金、绍兴轻纺、海宁皮革、台州化工等。在产业集聚情况下，浙江城商行与本地企业高度绑定。一旦某一行业爆发大规模企业倒闭和老板跑路事件，企业资金断裂和信贷担保链困局会给当地城商行经营带来巨大风险。如温州银行受到温州金融风波影响，连续多年单位静态竞争力排名靠后，说明本身的资产质量受到了冲击。据统计，2016年末，浙江的不良贷款余额主要集中在杭州、宁波、温州等地区，三地不良贷款余额占全省的63.75%，这也是温州银行主要的经营地。随着温州经济的好转，可以看到反映成长性的温州银行的单位综合竞争力开始好转，在经历了2011—2013年三年低谷后，近年回升到第5位。

4. 除跨区域经营以外，还有其他扰动因素影响城商行竞争力。以6年平均排名和2016年排名相差大于等于3作为筛选标准，存在的异常现象包括泰隆银行单位综合竞争力2016年第9低于6年平均的第4；稠州银行单位综合竞争力2016年第12低于6年平均的第7；温州银行2016年单位静态竞争力第9高于6年平均的第12，2016年单位综合竞争力第5高于6年平均的第11（上文区域经济的影响已经解释）；台州银行2016年单位综合竞争力第4低于6年平均的第1；嘉兴银行2016年单位静态竞争力第12低于6平年均的第8，2016年综合竞争力第2高于6年平均的第8。此外，偏向跨区域经营城商行的单位综合竞争力，也并非和跨区域的多少成正比关系；从静态竞争力来看还有一个特例，偏向扎根本土的湖州银行6年平均排名第3，高于除台州银行以外的所有城商行。这些现象将在下文进一步分析。

（二）城商行特色化经营形成专长对竞争力的影响

对绝大多数城商行来说，最基本最重要的业务模式就是依靠对中小企业较高的议价能力获取更大贷款利差，同时凭借对本地企业的熟悉程度控制信贷风险。但是随着越来越多其他银行进入并新设网点，本地的优势逐渐下降，如果继续依赖同质化的业务，则竞争压力必定日渐增大。

通常认为特色化经营是未来城商行发展的必由之路。相比于大型银行，城商行可以较快地根据地区经济的发展方向和行业发展进行布局，这种模式使城商行对某一领域有专有积累，更有可能形成专长。浙江部分城商行正是通过在同类行业相对集中的地方开设专营机构，深入了解行业或区域的发展特点和需求，开发针对性强的业务模式与融资产品，在信贷市场中培养核心竞争力（见表 17）。城商行特色化经营可以帮助其提升竞争力、树立品牌，并且通过专业化、精细化运营，能够有效提升利润、降低成本。浙江城商行中具有经营专长典型的有专注小微的三家台州城商行。这三家城商行 2017 年净资产收益率均超过 10%，其中台州银行、泰隆银行 2017 年净资产收益率分别达到 23.02% 和 22.78%，甚至高于省内首家上市的宁波银行（15.29%）。

在城商行跨区域扩张时，可复制的特色化经营模式更起到关键性作用。这在表 16 中体现为城商行的竞争力和域外分支机构的多少、比例不完全成正比关系，这正是特色化经营以及其是否可复制在其中起的作用。若城商行形成的特色化经营专长可复制，则其基于本地区域的风险定价经验可以无损甚至更好地复制推广到异地，那么此类经营专长形成的竞争力可以在跨区域经营中得到放大，使该城商行一直保持较强的竞争力。若不能得到有效复制，那么不仅新区域的扩张战可能打不响，未来的整体综合竞争力也会遇到瓶颈。因此，城商行的特色化经营能力和推广复制模式能力是在跨区域经营中影响其竞争力的重要方面。

从表 16 可以看出，拥有可复制特色经营专长的城商行在域外扩张同时能保持较高的竞争力，甚至不亚于上市多年的银行。以台州三家城商行为例，他们的模式存在一定差异（见表 17），因此在竞争力本身以及对外扩张中表现出来的特点也可能存在差别。从六年算术平均后的排名来看，在单位静态竞争力方面台州银行和泰隆银行领先于两家上市银行，民泰银行紧随两家上市银行之后；从单位综合竞争力来看，台州银行排在两家上市银行之前，泰隆银行和民泰银行紧随两家上市银行之后。但是除去上市银行以外，台州三家城商行均领先于其他城商行。这是因为台州三家城商行专注于特色领域，已经形成了一套可向域外复制的小微企业信贷经验，因此在域外扩张中保持了相对高的竞争力。如台州银行在复制推广小微企业信贷经验时总结了“三看三不看”；泰隆银行拥有 90 家[①]以“小微企业专营”命名的分支机构，总结了“三品三表”；民泰银行拥

① 根据银行网站公布网点情况统计，下同。

有50家以“小微企业专营”命名的分支机构，总结了“九字诀”，因此他们能将其金融服务模式较好地复制到了经济结构、金融环境、文化背景不同的东部、中部、西部地区。当然，因为台州几家城商行运用的关系型借贷模式也面临较高的维护、运营成本，其信贷调查技术，在人力、物力以及财力方面需要投入较大，特别是在域外扩张时，可能需要更大投入，因此从竞争力排名来看对各自影响不尽相同，与上市银行相比也并非处于绝对领先之势。究其可能的原因，宁波银行、杭州银行两家上市银行在异地扩张时，会因为上市具有较强的品牌效应，具备其他城商行不具备的优势。但是排名中台州银行均领先于两家上市银行，意味着特色化经营做精、做细，竞争力并不会亚于上市银行。

表17　　城商行专注某一领域、开发业务模式和产品

银行	区域发展规划	受益行业	银行产品/模式
台州银行	以市场为导向，以客户为中心，提供简单、方便、快捷的优质服务，通过让小企业得到一流的金融服务，以改进中国的金融市场	民营小微企业	三看三不看：不看报表看原始，不看抵押看技能，不看公司治理看家庭治理
浙江泰隆商业银行	长三角地区民营经济发达，尤其发掘城乡接合部周围、同质同行业的小微企业	民营小微企业	“二品、二表、三三制”的服务模式，通过了解企业主的人品、产品、物品（三品）以及查水表、电表、海关报表（三表），推行信用保证贷款模式。“三三制”是针对小额贷款客户，新客户3天内给予能否办理的答复，老客户3小时办结业务。开发产品有“融e贷”等
浙江民泰商业银行	进一步夯实以下沉分支机构网点布局为主线、东西部发起设立村镇银行为两翼的“一线双翼”区域发展格局	民营小微企业	“看品行、算实账、同商量”的九字诀。看品行：注重分析判断借款人的个人品行，对借款人品行“知根知底”，及时充分地掌握非财务信息。算实账：民泰银行不唯会计报表，与小企业算实账，做到“一查三看”。一查，即查征信；“三看”，即一看“三费”，水费、电费、税费；二看台账，存货进出、应收账款等台账；三看流量，资金结算情况。同商量：民泰银行把小企业主当作自己的衣食父母，针对每一位客户设计个性化的融资方案

（三）城商行扩张金融市场业务对竞争力的影响

为应对次贷危机的影响，2009年政府的“四万亿计划”在刺激经济的同时也造成大量信贷投放，在随后两三年里提供了宽松的货币环境市场，但是实体经济的走势并未因宽松货币环境迅速回升，而是出现信贷业务风险暴露、信贷资产质量下降等情况。在息差持续收窄之下，中小银行传统信贷业务盈利空间被压缩，不良率持续上升，一些城商行为了规避传统信贷业务的风险，开始大力拓展金融市场业务，寻找扩大规模、提升利润的突破口。对金融市场的扩张，通常可以表现为城商行提高投资类资产的比例，依靠高收益的资产获利，同时也可以大力吸取同业负债和同业存单来实现规模的快速增长。从全国来看，2016 年末，城商行债券和应收款项投资占比（43%）已经超过贷款占比（36%）。

从浙江的表内业务来看，2013 年开始，金融市场业务的重要性开始凸显，并成为浙江城商行扩大规模、提升利润的重要突破口。调查显示，2016 年末全省城商行表内非信贷资产余额 1.85 万亿元，2010 年以来年均增速 27.49%，超过表内信贷资产增速一倍有余。其中，2016 年末投资余额 9 394.27 亿元，年均增速为 49.66%。债券和应收款项投资由 2010 年末的 304.37 亿元增长至 2016 年末的 8 812.14亿元，接近贷款余额（2016 年末为 1.02 万亿元）。浙江各城商行 2010—2016 年投资占总资产的比重如图 2 所示。浙江的宁波银行（46.85%）、杭州银行（44.79%）、宁波通商银行（44.94%）、绍兴银行（42.65%）、嘉兴银行（42.61%）以及稠州银行（40.31%）投资占总资产的比重，在 2016 年末都超过了 40%。专注传统存贷业务和积极发展金融市场业务两者间孰优孰劣，也可以基于单位静态和综合竞争力进行分析，并且一定程度上能解释上文中的一些扰动。

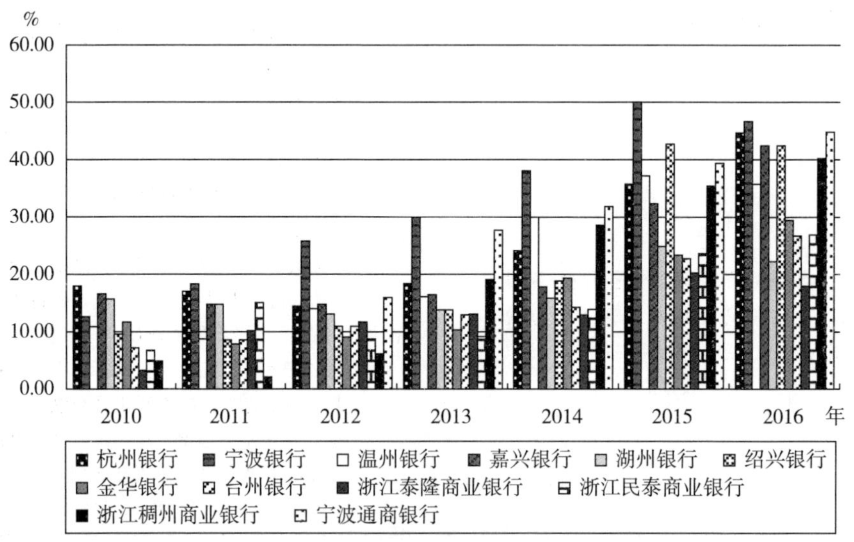

图 2　2010—2016 年浙江各城商行投资占总资产比重

1. 排除上市银行后六年平均竞争力靠前的都是更注重传统信贷业务的城商行。

由于上市银行会获得更多的金融市场准入，并且拥有相应的金融人才，通常金融市场业务比例较高。本文首先在排除了上市银行后根据单位静态和综合竞争力重新排名，可以寻找其可能存在的内在规律。可以发现，6年平均单位静态竞争力的前三位（台州银行、湖州银行、浙江泰隆商业银行），以及单位综合竞争力的前三位（台州银行、浙江泰隆商业银行、浙江民泰商业银行），去掉重复后这四家行他们2016年末投资占资产的比重排在浙江12家城商行队尾。说明这些长期以来竞争力较强的中小城商行都是以传统信贷业务为本，只是适度参与金融市场。

表18　排除上市银行后两类竞争力前三位的银行和投资的关系

银行	6年平均单位综合竞争力排名	6年平均单位静态竞争力排名	2016年末投资占总资产比重（%）	2016年末投资占总资产比重排名
台州银行	1	1	26.85	10
泰隆银行	2	3	18.17	12
民泰银行	3	—	26.95	9
湖州银行	—	2	22.35	11

2. 从短期来看金融市场的参与度与综合竞争力排名有正向关系。在宽松政策下的金融市场牛市中，一些成立不久或规模较小的城商行，以及在自营投资业务上有较强能力的上市城商行，更能在参与金融市场中获得收益。而那些专注于存贷业务的城商行，由于利差收窄，并且投资业务规模较小，综合竞争力排名可能出现一定下滑。如上文中提到的“泰隆银行单位综合竞争力2016年第9低于6年平均的第4”“台州银行2016年单位综合竞争力第4低于6年平均的第1”“嘉兴银行2016年综合竞争力第2高于6年平均的第8”，可以从投资业务增长情况进行分析。对于台州银行和泰隆银行，2016年末投资占资产比重仅为26.85%和18.17%，在12家城商行中排名倒数第三位和倒数第一位；2016年泰隆银行更是在其他城商行继续大力扩张投资的情况下该项出现了负增长，影响了其成长性指标，导致其2016年的综合竞争力排名滑落至第9位。而嘉兴银行连续两年投资业务占比净增加值都达到了10%以上（从2014年17.91%到2016年42.61%），2016年依靠规模扩张首次进入单位综合竞争力前三位。

表19　参与金融市场对部分排名的可能影响

银行	2016年单位综合竞争力排名变化	2016年投资增长率（%）	2016年投资增长率排名	2016年末投资占总资产比重（%）	2016年末投资占总资产比重排名
嘉兴银行	前进5名（第2）	71.57	1	42.61	5
台州银行	退后2名（第4）	25.33	8	26.85	10
泰隆银行	退后6名（第9）	-1.03	12	18.17	12
杭州银行	前进1名（第3）	64.87	2	44.79	3
宁波银行	不变（第1）	45.74	4	46.85	1

3. 从长期来看中小城商行过度参与金融市场可能带来潜在风险。发展金融市场也是银行业务多元化的一个方面。由于地域的局限，城商行开展多元化经营有助于实现风险的分散，同时也能一定程度上扩大规模，但这种效用只是短期内对规模较小的中小银行具有意义。黄泽勇（2013）等的研究也显示，当城商行投资占比达到一定比例，或者城商行资产规模超过一定数量以后，其多元化经营已初现，此时进一步扩大投资、进行多元化经营的边际收益将变小。同时，多元化经营中的自营投资等业务对专业性要求较高（如具有较强专业能力的上市银行才能达到），如果没有一定专业能力匹配也无法达到预期收益，反而分散了经营的注意力。在实证中，一些中小城商行在投资业务增长率达到高点以后，尽管当时的单位综合竞争力得到提升，但是随后的静态竞争力一直处于低位。从嘉兴银行来看，通过扩大资产负债表，其 2015 年和 2016 年考虑成长性后的单位综合竞争力得到提升，但是其静态竞争力在这两年一直跌在最后两位，一定程度上反映了这家银行资产负债扩张可能超过自身实力，或者说可能过度参与了金融市场。同时这种扩大资产负债表的方式也是不可持续的，可能遇到瓶颈，如稠州银行在其 2012 年、2013 年投资占比快速提升、资产规模迈入 1 000亿元以后，近年来不仅单位综合竞争力持续下降，单位静态竞争力也处在浙江城商行末尾。

表 20　　投资增长率和单位静态竞争力

银行 \ 年份		2011	2012	2013	2014	2015	2016
嘉兴银行	投资增长率（%）	11.06	16.38	22.61	15.97	124.62	71.57
	静态竞争力排名	2	6	4	12	11	12
稠州银行	投资增长率（%）	-48.97	313.01	278.71	71.19	34.86	35.62
	静态竞争力排名	9	4	3	11	12	10

4. 较少参与金融市场、专注本地的“蜗牛式”城商行也能有较高的单位静态竞争力排名。实证中的湖州银行，域外机构数量排名倒数第二位，投资占总资产比重排名倒数第二位，考虑成长性后的综合竞争力也排在后列，说明成长性不足。但是从静态竞争力来看，其相对稳定居于前列，说明在本地经营情况良好。这意味着我们或许也可以借鉴国外经验，发展一些“长不大”的高质量城商行。

五、相关建议

通过对浙江城商行竞争力的分析，得到以下几个结论：一是从 6 年平均排名上看，总体上跨区域发展的城商行无论是单位静态竞争力排名还是单位综合竞争力排名都会高于偏向扎根本土经营的城商行。二是跨区域经营对单位静态竞争力的提升并非绝对的，存在域外分支机构多但静态竞争力弱的案例。三是区域经济对城商行竞争力仍有较大影响。四是拥有可复制特色经营专长的城商行在域外扩张同时能保持较高的竞争力，甚至不亚于上市多年的银行。五是排除上市银行后6年平均竞争力靠前的都是更注重传统信贷业务的城商行。六是从短期来看金融市场的参与度与综合竞争力排名有正向关系。七是从长期来看中小城商行过度参与金融市场可能带来潜在风险。八是较少参与金融市场、专注本地的“蜗牛式”城商行也能有较高的单位静态竞争力排名。结合这些结论，本文认为从竞争力角度来看，未来浙江城商行的发展可以在以下几个方面着力。

一是城商行应坚持差异化、特色化、可复制化的发展路径。在上述结论中，跨区域经营对单位静态竞争力的提升并非绝对的，拥有可复制特色经营专长的城商行在域外扩张同时能保持较高的竞争力。当前城商行在经营过程中存在同质化问题，面对日趋激烈的竞争环境，如果缺乏与大型银行竞争的比较优势，想要进一步发展会变得步步艰辛。应该说，差异化、特色化、可复制化的方向和选择是城商行定位的重点和难点。城商行应当利用机制灵活、规模小、船小好掉头的特点，从当地的经济和社会发展实际出发，深入了解当地的金融需求，综合考虑“比较优势”和“市场需求”的特点，专攻细分市场，如开展社区金融、小微金融、汽车金融、文化金融、低碳金融、物流金融等，积极探索各类专业市场领域的特色业务，总结提炼可复制的经验。此外，城商行在特色业务中要充分利用互联网、大数据时代的相关技术，提升相关业务能力，积极探索线上线下协作配合，共同促进传统业务的网络延伸发展模式。如泰隆银行应用大数据技术改变传统“人海战术”，借助信息平台将“三品三表”模型化，提高了决策效率，降低了风险成本。

二是大部分非上市城商行应适度进入金融市场，信贷业务才是城商行的主营业务。上述结论中，区域经济对城商行竞争力仍有较大影响。因此为了分散风险，金融市场业务也是城商行业务多元化的一个重要途径。但金融市场业务不应该成为城商行扩大资产负债规模的主要手段，甚至因此成为大行的通道。从前面的结论中可以看到，中小城商行金融市场业务过度发展可能会带来潜在风险，大规模参与金融市场对中小城商行竞争力只能短期起到刺激作用。另外上面的研究结论也显示，排除上市银行后6年平均竞争力靠前的都是更注重传统信贷业务的城商行。因此各城商行仍应将信贷业务作为发展的根本所在。此外，还建议参与金融市场的各城商行对金融市场业务的发展作出长远规划，培养一批与之相对应的具有较高专业技术的人员，并从简单到复杂，循序渐进地开展业务。

三是小型城商行应坚持扎根本地、服务好当地经济、适度对域外扩张的发展模式。浙江的宁波银行和杭州银行2016年末资产已达到9 000亿元和7 000亿元，拥有大量域外分支机构，对这部分城商行来说，实际上已成为较大的区域性银行，并存在成为全国性银行的潜力。但是对于小型城商行来说，大规模对外扩张并不现实，本地才是这些城商行的老家。在长期的经营中他们对当地的情况十分熟悉，只有老家耕耘好了，才有更大的发展机会。从研究结果看，湖州银行这种聚焦本地信贷业务，较少跨区域发展及参与金融市场的小型城商行在静态竞争力上有出人意料的表现。国外也有一些“长不大”的银行（如德国的某些公立银行），其经营稳健，很好地服务了地方经济。因此，小型城商行要坚持服务当地的区域定位，主动对接当地经济发展战略，对当地市场进行深度细分和深入挖掘，准确把握当地经济的短板、企业的痛点、居民的难点，运用有保有压、有扶有控的信贷政策，支持本地优质企业，稳住有前途的困难企业。在深挖本地业务的基础上，再考虑适度域外扩张。

参考文献

[1] 陈华，冯仁勇，梁道．关于当前城商行转型和突围的研究［J］．区域金融研究，2015（5）：35－40.

[2] 陈新民．我国城市商业银行竞争力研究［D］．武汉大学博士论文，2014.

[3] 陈一洪．非利息收入对城商行绩效影响的实证研究——基于 23 家大型城商行 2008—2013 年面板数据分析［J］．江汉学术，2015（3）：77－84.

[4] 范香梅，邱兆祥，张晓云．我国中小银行地域多元化风险与收益的实证分析［J］．管理世界，2010（10）：171－173.

[5] 范香梅，邱兆祥，张晓云．我国商业银行跨区域发展的经济效应研究［J］．财贸经济，2011（1）：61－71.

[6] 傅强，梁巧．基于 Panzar－Rosse 模型的中国银行业市场结构与竞争的实证检验［J］．重庆大学学报（社会科学版），2011（1）：24－29.

[7] 胡晟荣．城商行转型发展的挑战与对策［J］．中国金融，2014（9）：60－62.

[8] 黄泽勇．多元化经营与商业银行绩效的门槛效应［J］．金融论坛，2013（3）：42－49.

[9] 顾海兵，米强．城市商业银行跨区域经营国内外研究综述［J］．经济学动态，2009（6）：90－93.

[10] 郭少泉．新常态下城商行战略转型的方向和策略［J］．银行家，2015（1）：32－33.

[11] 郭涛．我国城市商业银行成长动力机制研究［D］．天津大学博士论文，2011.

[12] 焦瑾璞．中国银行业国际竞争力研究［M］．北京：中国审计出版

社，2002.

[13] 金成晓，纪明辉. 中国商业银行公司治理结构与经营绩效的实证研究[C]. 中国商业银行深化改革与管理创新研究，北京：经济科学出版社，2008：115 - 125.

[14] 李伟，韩立岩. 外资银行进入对我国银行业市场竞争度的影响：基于Panzar - Rosse模型的实证分析[J]. 金融研究，2008 (5)：87 - 98.

[15] 刘冬. 城市商业银行竞争力统计评价指标体系的构建与运用[J]. 财会月刊，2006 (24)：47 - 48.

[16] 陆岷峰. 中国城商行转型升级的路径选择研究——基于"十三五"五大发展理念的分析[J]. 金融发展评论，2016 (5)：112 - 131.

[17] 王擎，吴玮，黄娟. 城市商业银行跨区域经营：信贷扩张、风险水平及银行绩效[J]. 金融研究，2012 (1)：141 - 153.

[18] 魏春旗，朱枫. 商业银行竞争力[M]. 北京：中国金融出版社，2005.

[19] 徐慧玲，苏诚. 基于因子分析与层次分析的城市商业银行经营绩效研究[J]. 武汉金融，2012 (1)：50 - 52.

[20] 闫冰竹. "十三五"开新局 城商行应刷新发展理念[J]. 中国银行业，2015 (11)：23 - 25.

[21] 张春艳. 城商行差异化发展投行业务策略及风险管理[J]. 企业导报，2015 (20)：26 - 27.

[22] 周开国，李琳. 中国商业银行收入结构多元化对银行风险的影响[J]. 国际金融研究，2011 (5)：57 - 66.

[23] Beck, T., A. Demirgüç - Kunt and R. Levine. Bank concentration, competition, and crises: First results [J]. *Journal of Banking and Finance*, 2006 (5): 1581 - 1603.

[24] Berger, A. N. F. Klapper Leora and T. A. Rima. Bank competition and financial stability [J]. *Journal of Finance Service Research*, 2009 (2): 99 - 118.

[25] Boyd, J. H., G. De Nicolo. The theory of bank risk taking revisited [J]. *Journal of Finance*, 2005 (3): 1329 - 1343.

[26] Chiorazzo V., Milani C., Salvini F. Income diversification and bank performance: evidence from Italian bank [J]. *Journal of Financial Services Research*, 2008, 33 (3): 181 - 203.

[27] Deng S E. Elyasiani E. Geographic diversification, bank holding company value, and risk [J]. *Journal of Money, Credit and Banking*, 2008 (6): 1217 - 1238.

[28] Hughes J P. , Mester L. J. Bank capitalization and cost: evidence of scale economies in risk management and signaling [J]. *Review of Economics and Statistics*, 1998, 80 (2): 314 -325.

[29] Hughes J P. , Mester L J. Moon C G. Are scale economics in banking elusive or illusive? Evidence obtained by incorporating capital structure and risk - taking into models of bank production [J]. *Journal of Banking & Finance*, 2001, 25 (12): 2169 -2208.

[30] Hughes J P. , Mester L J. Who said large banks don't experience scale economies form a risk - return - driven cost function [J]. *Journal of Financial Intermediation*, 2013, 22 (4): 559 -585.

[31] Levine R. Finance and growth: theory and evidence [M]. Handbook of economic growth, 2005 (1): 865 -934.

[32] Martínez - Miera, D. and R. Repullo. Does competition reduce the risk of bank failure? [J]. *Economics and Social Sciences*, 2010 (10): 3638 -3664.

[33] Montgomery, C A. Corporate diversification [J]. *Journal of Economic Perspectives*, 1994, 8 (3): 163 -178.

[34] Schaeck, K. , M. Cihak and S. Wolfe. Are more competitive banking systems more stable [J]. *Journal of Money, Credit, and Banking*, 2006: 711 -734.

普惠金融与技术支持：国际经验与浙江实践

浙江金融职业学院课题组*

一、引言

普惠金融在减少贫困和实现包容性经济增长方面发挥着重要的促进作用，越来越多的人关注普惠金融政策和措施。普惠金融问题本质上是发展问题，是对传统金融的拓展，突出贡献在于提高资源配置效率和增进社会公平。

十八届三中全会提出了“普惠金融”的概念，指在成本可负担的前提下，将金融服务扩展到欠发达地区和社会低收入人群，不断提高金融服务的可获得性。然而，这在过去有很多方面是不可能实现的。而现在，依托大数据、云计算等技术手段的（移动）互联网改变了一切，从成本、效率、时空上发生了改变。每个人有同等的权利获得金融服务。（移动）互联网金融应该说为普惠金融奠定了技术的支撑。

本文以国际比较的研究视角切入，着重从技术支持角度探讨实施普惠金融的可能路径，评价其效果，总结浙江在实施普惠金融方面的实践和经验，为可持续发展提供政策建议。本项目的创新体现在三个方面：第一，通过大量的国际数据比较，初步构建了基于移动互联网技术的全球普惠金融发展的全景图。第二，通过实证研究，从影响数字普惠金融因素的视角，详细剖析了目前国内技术对于普惠金融支持的可能的路径和机制。第三，以浙江省为例，从科技金融与普惠金融相互依存，融合共生的角度，提供了普惠金融与技术支持的一个比较典型的例证。因此，本文的研究初步构建起了国际经验、中国路线和浙江案例的总体研究框架。

本文的组织架构如下。第一部分是引言；第二部分是文献综述；第三部分是比较研究，介绍了技术支持普惠金融发展的国际经验和一些国际比较的经验分析；第四部分是经验研究，运用固定效应面板数据计量方法，分析了技术影响普惠金融发展可能的路径和机制；第五部分是案例研究，以浙江的实践为例，介绍了技术支持对于普惠金融可能的积极作用；第六部分总结了本文的主要结

---

* 课题主持人：郁国培
课题组成员：姚星垣　凌海波

论并提出相应对政策建议。

二、文献综述

技术支持与普惠金融之间有什么关系？具体又可能是通过哪些渠道进行连接？由于数据的可得性和普惠金融指标构建存在不同看法，目前对于基于技术视角的普惠金融影响因素的实证研究仍然不多，对于普惠金融发展与技术支持之间关系的实证研究更是凤毛麟角。下面我们就从普惠金融发展指数、普惠金融的影响因素和数字普惠金融发展进行阐述。

1. 普惠金融指数

根据 2003 年 12 月联合国提出的广义普惠金融概念，普惠金融应包括储蓄、信贷、保险等更广泛意义的金融服务及新兴的互联网金融领域。Beck 等（2007）、Sarma 和 Pais（2008，2011）、Gupte 等（2012）、Rahman（2013）、Am - barkhane 等（2014）设计了各类指标体系，包括渗透度、使用度、效用度等。董晓林、徐虹（2012）用县域金融机构网点分布代表农村金融普惠程度。张国俊等（2014）则以渗透度、使用度、效用度和承受度四维度指标来反映普惠金融度。

王婧、胡国晖（2013）依据 2002—2011 年中国银行业数据，在运用变异系数法确定权重的基础上构建普惠金融指数，对中国普惠金融的发展状况进行了综合评价。中国人民银行西宁中心支行课题组（2017）选取全国 29 个省份和青海省 7 个市州的部分普惠金融发展指标，构建了使用情况、可得性、质量三个层次相互融合的普惠金融发展指数，结果表明，全国 29 个测算省份和青海省 7 个市州之间的普惠金融发展差距正在逐步缩小，金融普及的成效非常明显，但普惠金融发展的内生动力需要进一步提升。

2. 普惠金融发展的影响因素

王婧、胡国晖（2013）构建影响因素模型，实证检验四类因素对中国普惠金融发展的影响。研究表明，现阶段中国普惠金融的发展以现有金融机构在从业人员和机构网点方面的扩张为主导。陆凤芝等（2017）从金融服务的渗透性、使用性、效用性、承受性四个维度构建普惠金融发展评价模型，基于熵值法测算 2005 —2014 年中国省域普惠金融的发展水平，结果显示，普惠金融与地区经济之间呈 U 形关系：前一期的普惠金融水平、人口城市化率等因素对中国普惠金融发展具有显著且稳健的正向影响。方蕾、粟芳（2017）基于上海财经大学 2015 年“千村调查”的微观数据，发现农村普惠金融发展存在明显的空间传染效应，经济发展水平、基层民主、科学技术和快递点均影响我国农村地区的普惠金融发展。

从区域看，各地的影响因素又有所差异。张宇、赵敏（2017）的研究表明，交通便利程度、信息技术水平、政府扶持力度和第一产业发展水平对西部六省农村普惠金融发展整体水平的影响。姚林华（2016）利用2011—2014年滇黔桂石漠化片区50个贫困县的数据进行了实证分析，表明城镇化率、教育水平、人均地区生产总值、人均财政支出、人均固定资产投资、人均收入水平、支付环境指标和信用环境指标影响较为显著。崔治文等（2016）以甘肃省14个市州2007—2014年的面板数据为样本，表明各地区存款资源运用水平、交通便利程度、城市化率滞后期水平对甘肃省普惠金融区域性发展具有正效应，而农业发展水平和农村居民收入水平对其发展具有负效应。孙欣媛（2017）以天津为例进行实证研究，发现城乡收入差距、存贷款情况和股票交易情况和普惠金融的发展有显著的联系。张兵、张洋（2017）选取2009—2014年江苏省44个县域作为研究对象，结果表明影响县域普惠金融水平的主要因素有经济发展水平、互联网普及率、教育普及程度和道路密度。张珩等（2017）基于2008—2014年陕西省107家农村信用社全机构调查数据发现：中间业务交易金额与当地生产总值之比、农户拥有农村信用社银行卡数量、存款加权利率水平和贷款加权利率水平是最重要的指标。

3. 数字普惠金融及其影响因素

宋晓玲（2017）的研究表明：数字普惠金融的发展能够显著缩小城乡居民收入差距。余剑科（2017）对334份有效样本数据进行实证研究，在技术接受模型的基础上，引入感知理论，同时增加了趣味性、外部影响、个人创新性等影响因素，最终构建影响研究对象使用移动支付意愿的理论模型。兰王盛、邓舒仁（2016）研究了数字普惠金融欺诈的表现形式，认为其存在利用网络平台快速吸收公众资金，承诺高收益吸引全国投资，客户资金直接进入个人或公司账户自用，风险波及范围广易引发区域金融风险等。

综上所述，已有研究对于数字普惠金融的影响以及普惠金融与技术支持之间的关系有所涉及，但是仍然缺乏实证研究。本部分就以此为切入口，具体分析数字普惠金融的影响因素和渠道，探讨普惠金融与技术支持的关系。

三、技术支持普惠金融发展的国际经验

（一）异军突起的非洲案例

从国际上看，在移动互联网支持普惠金融发展领域，非洲的经验值得借鉴。移动支付在肯尼亚的成功应用在于它独特的操作模式，优点包括方便快捷、安全有效、受益面广、成本低廉、与国际接轨等方面。

例如，在非洲实践最成功的手机银行业务为肯尼亚移动运营商Safaricom 2007年推出的“M－Pesa”业务，运营商通过将金融应用集成到客户的手机SIM卡中，客户即可在各代理商网点实名注册账号并将现金转换为电子货币，通过

发送文本消息和代码就可以实现转账汇款、账户查询、消费支付、代理点存取现及集团客户工资代发等多种金融服务。由于“M－Pesa”方便快捷，在肯尼亚得到快速发展，2013 年底客户已达 1 710 万户，占全国人口的 40.91%。

非洲基于移动互联网的普惠金融迅猛发展，成为了近年来在普惠金融领域的一个经典案例。那么，我们的疑问是，如果放在全球比较的视野中，这种数字普惠金融领域的异军突起是否有其内在逻辑和内生性动因？

（二）基本事实：两个不相关

由于移动互联网普惠金融发展的时间较短，考虑到数据的可得性，我们尽最大可能收集和比较了 40 个国家传统普惠金融、数字普惠金融和经济发展状况的总体情况。

表 1　　部分国家普惠金融发展情况的国际比较（2015 年）

国家	每千人移动金融活跃账户数	每千人移动金融活跃账户数排名	每千人商业银行借款人数	每千人商业银行借款人数排名	人均 GDP	人均 GDP 排名
阿富汗	1	28	3	28	615.091	175
阿尔巴尼亚	65	13	147	9	3 946.00	111
亚美尼亚	6	24			3 520.95	119
奥地利	16	20			3 520.95	119
孟加拉国	113	10	74	14	1 291.97	154
博茨瓦纳	464	5	238	4	6 771.27	81
柬埔寨	14	21			6 059.60	89
乍得	0	30	10	26	942.482	162
多米尼加			178	8	7 311.65	79
埃及			102	12	3 709.65	117
菲吉	63	14			4 926.40	98
加纳	290	9	48	15	1 401.73	149
危地马拉			142	10	3 921.87	113
几内亚	6	25	11	25	555.052	180
圭亚那	5	26			4 124.94	107
印度尼西亚			420	1	3 362.36	121
肯尼亚	1183	1	231	6	1 434.36	146
马达加斯加	39	18	31	19	402.067	186
马来西亚	7	23	390	2	9 500.52	65
蒙古					3 946.25	110

续表

国家	每千人移动金融活跃账户数	每千人移动金融活跃账户数排名	每千人商业银行借款人数	每千人商业银行借款人数排名	人均 GDP	人均 GDP 排名
缅甸	0	29	3	27	1 212.77	156
纳米比亚	415	6	236	5	5 041.11	96
尼日利亚			30	20	747.785	169
巴基斯坦	51	17	22	24	1 427.56	147
巴布亚新几内亚	72	12			2 744.83	130
菲律宾	94	11			2 862.90	127
卡塔尔	55	16	262	3	68 940.04	5
卢旺达	369	7	35	16	717.739	171
萨摩亚	293	8	109	11	4 340.92	103
塞舌尔			213	7	14 776.14	52
所罗门群岛	55	15	28	21	1 950.06	140
南非	9	22			5 726.88	93
苏丹	2	27			2 119.00	135
斯威士兰			93	13	80 602.69	2
坦桑尼亚	649	3	27	22	957.105	161
汤加	797	2			4 110.37	108
乌干达			25	23	609.475	177
越南					2 088.34	137
赞比亚	29	19	33	18	1 351.63	150
津巴布韦	522	4	35	17	1 002.46	160

资料来源：根据 CGAP 和 IMF 数据整理。其中每千人移动金融活跃账户数排名和每千人商业银行借款人数排名按照有数据的国家进行排名，人均 GDP 的排名为 IMF 世界经济展望中 189 个国家和地区的总排名。

从样本数据来看，我们提出“两个不相关”假说。一是传统普惠金融与数字普惠金融并不必然相关。图 1、图 2 的散点图显示了 2015 年以及从 2004—2015 年累积的传统普惠金融（每千人商业银行借款人数）与数字普惠金融（每千人移动金融活跃账户数）的关系，没有直观地显示出任何有意义的模式。

二是数字普惠金融与经济发展水平并不必然相关。图 3 表明，数字普惠金融与经济发展水平相关度很低，尤其是在人均 GDP 1 000 ~ 10 000 美元的区间内，数字普惠金融发展程度差异极大。

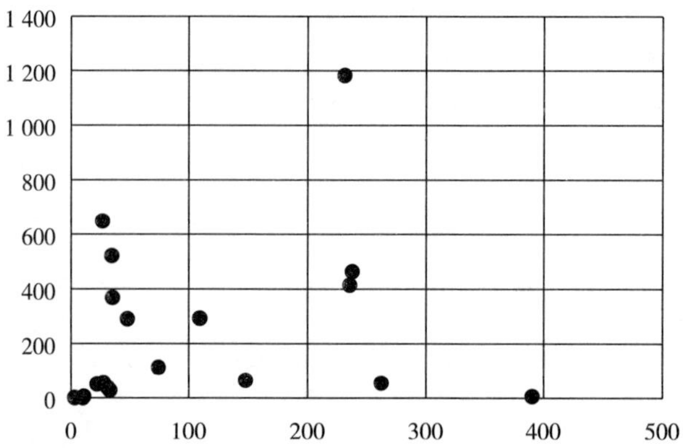

图 1　数字普惠金融与传统普惠金融相关性（2015 年）

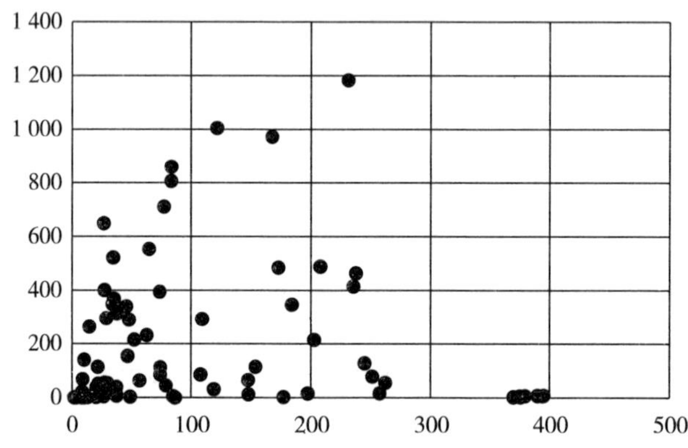

图 2　数字普惠金融与传统普惠金融相关性（2004—2015 年）

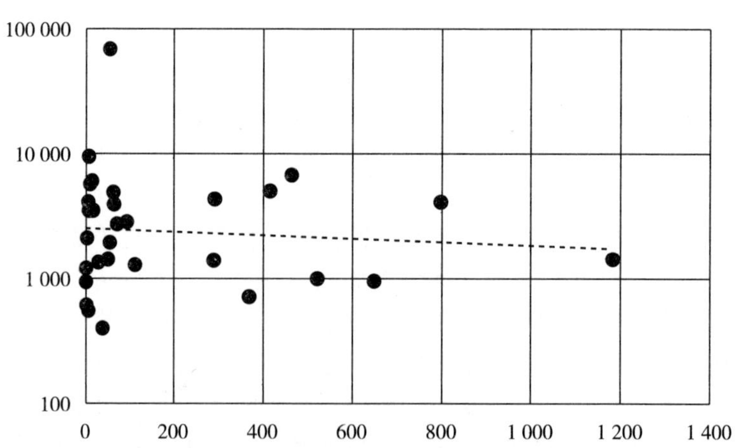

图 3　数字普惠金融与经济发展相关性（2015 年）

与之相对应的是传统普惠金融与经济发展呈正相关关系，且相关性较高，如图 4 所示。数字普惠金融内部，移动金融活跃账户数排名与移动金融交易额占 GDP 比例排名相关性也较高，如图 5 所示。

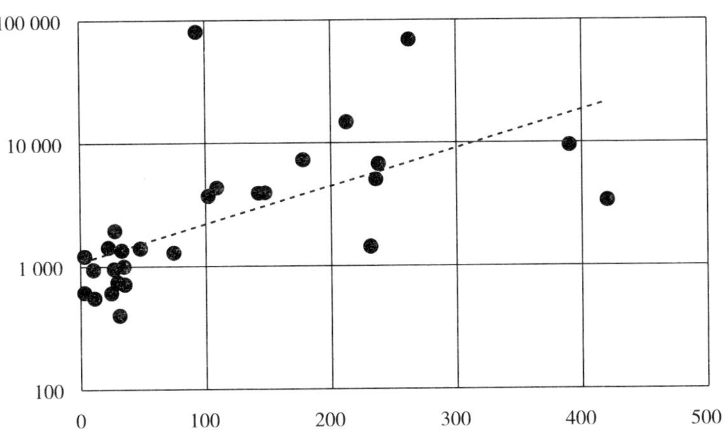

图 4 传统普惠金融与经济发展相关性（2015 年）

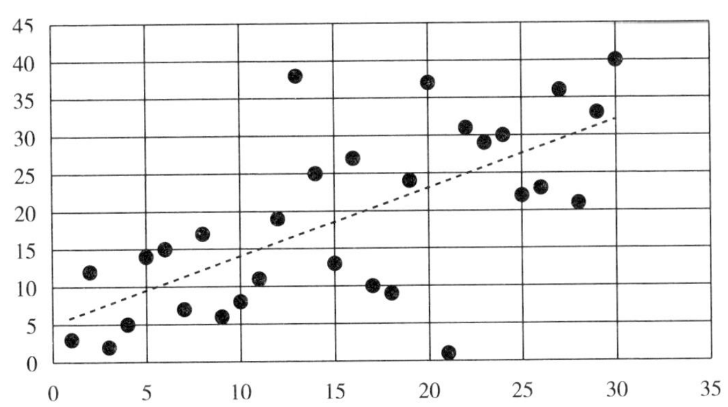

横轴：移动金融活跃账户数排名，纵轴：移动金融交易额占 GDP 比例排名。

图 5 移动金融活跃账户数排名与移动金融交易额占 GDP 比例排名相关性（2015 年）

（三）实现“弯道超车”的经济原理

从国际比较来看，基本结论是传统普惠金融发展情况与一国的总体经济发展情况相关度较高，但以移动互联网技术为代表的数字普惠金融发展则与一国经济发展、传统普惠金融发展的相关度并不高。这为理论上可以实现“弯道超车”的可能性提供了现实基础，非洲的案例也从一定程度上印证了这个假说。

从一般经济学理论上说，这种内在机制可以简单地理解为“后发优势”或者“追赶效应”。但是，数字普惠金融发展的内在机制又是什么？能否真正实现促进公平正义的目标？这些问题仍然有待深入研究。下面就以我国为例，从分析数字普惠金融的影响因素开始，探讨这背后可能的运作机理。

四、普惠金融与技术支持的经验研究

数字普惠金融泛指一切通过使用数字金融服务以促进普惠金融的行动。数字技术的发展，科技与金融的融合，为普惠金融的实现奠定了坚实的基础。涵盖各类金融产品和服务（如支付、转账、储蓄、信贷、保险、证券、财务规划和银行对账单服务等），通过数字化或电子化技术进行交易，如电子货币（通过线上或者移动电话发起）、支付卡和常规银行账户。

随着各种数字普惠金融商业模式的创新和发展，在传统金融模式下无法解决的信息不对称、风险大、成本高等种种难题，已经有了全新的解决方案。随着数字普惠金融的兴起，监管如何平衡其创新与风险问题应运而生。那么数字普惠金融发展现状如何呢？其影响因素主要有哪些？这部分我们将对这些问题进行实证研究。

（一）模型构建与数据说明

已有较多的文献探讨如何构建普惠金融指标，如陆凤芝等（2017）从金融服务的渗透性、使用性、效用性、承受性四个维度构建普惠金融发展评价模型。

与传统普惠金融指标一样，数字普惠金融指标构建可能仍然存在较大的主观性。本文的数字普惠金融指标（DIF）我们采用《北京大学数字普惠金融指数（2011—2015 年）》中的数据。2016 年 7 月，北京大学互联网金融研究中心以蚂蚁金服提供的数据为基础，发布了《北京大学数字普惠金融指数（2011—2015 年）》（以下简称北大指数），对中国数字普惠金融指数进行了全面、完整构建和阐释，为这方面的研究提供了较权威的数据依据①。

综合已有文献，结合普惠金融的影响因素，我们认为数字普惠金融的影响因素包括三大方面：经济基础（ED）、金融发展（FD）和科教支持（TE）。因此我们构建计量模型为：

$$\mathrm{DIF} = \alpha + \beta_1 ED_i + \beta_2 FD_j + \beta_3 TE_m + \mu$$

经济基础又可以细分为经济发展水平和经济发展差异这两个方面。多数实证研究支持经济发展水平与普惠金融发展正相关，但与经济发展差异则负相关。我们预期这些因素在数字普惠金融领域也有类似影响。

① 在编制数字普惠金融指数时，根据综合性、均衡性、可比性、连续性和可行性等原则。北大指数设计指标体系的思路是：在现有文献和国际组织提出的传统普惠金融指标基础上，综合传统金融服务和互联网金融服务新形式特征，结合数据的可得性和可靠性，从互联网金融服务的覆盖广度、使用深度和数字支持服务三个维度来构建指标体系，一共包含 24 个指标，以期能更客观、全面地反映数字普惠金融的实际发展状况。

金融发展又可以细分为金融规模和金融结构。对于普惠金融发展而言，由于对于技术的依赖性更强而对金融的依赖性较弱，因此，我们假定金融发展对于数字普惠金融的影响可能相对较弱。

在科教支持方面，我们则从互联网基础设施、移动互联网基础、教育水平等角度分析，认为这些基础设施的建设对于数字普惠金融发展是有正面影响。各个指标的基本情况如下。

表 2　　各变量基本情况

一级指标	二级指标	具体指标	指标代码	预期符号
因变量	数字普惠金融	数字普惠金融指数	DIF	
经济基础	经济发展水平	人均 GDP	GDPPC	+
	经济发展差异	城乡收入比	RIncome	—
		城乡消费比	RConsume	—
金融发展	金融规模	存款余额	FAount	+
		原保险保费收入	Finsurance	+
	金融结构	保费/存款	FSurcture	+
科教保障	互联网基础设施	互联网固定资产投资	IInvestment	+
		开通互联网宽带业务村比重	IWlan	+
		互联网宽带接入端口	IConnector	+
	移动互联网基础	平均每百户拥有移动电话数	Mobile	+
	教育水平	每十万人平均初中以上学生	SPHC	+

我们的数据范围是2011—2015 年31 个省区的面板数据。人均 GDP、城乡收入比、城乡消费比、互联网固定资产投资、开通互联网宽带业务村比重、互联网宽带接入端口、平均每百户拥有移动电话数、每十万人平均初中以上学生数据来自 Wind 数据库，存款余额来自历年中国金融统计年鉴，原保险保费收入来自中经网数据库。

表 3　　各变量描述性统计

	Mean	Median	Maximum	Minimum	Std. Dev.
DIF	136. 38	146. 24	278. 11	16. 22	67. 71
GDPPC	46 701. 55	39 023. 16	107 960. 10	16 413. 00	21 063. 75
RINCOME	2. 73	2. 66	3. 98	1. 85	0. 46
RCONSUME	2. 62	2. 53	4. 18	1. 67	0. 51
FAOUNT	33 593. 08	23 062. 22	160 388. 20	1 661. 24	30 108. 65
FINSURANCE	558. 20	404. 84	2 166. 82	7. 60	451. 70

续表

	Mean	Median	Maximum	Minimum	Std. Dev.
FSTRUCTURE	1. 68	1. 71	3. 15	0. 41	0. 46
IINVESTMENT	13. 82	6. 25	135. 66	0. 00	21. 77
IWLAN	89. 12	98. 00	100. 00	23. 10	17. 14
ICONNECTOR	1 187. 94	911. 35	4 768. 90	26. 70	1 003. 08
MOBILE	212. 48	212. 91	250. 45	178. 10	16. 98
SPRIMARY	3 408. 93	3 346. 59	6 145. 60	1 316. 76	973. 36
SHIGHSCHOOL	3 218. 60	3 314. 85	4 865. 07	1 149. 28	732. 65
SCOLLEGE	2 479. 60	2 271. 43	5 612. 87	1 082. 15	853. 74
SPHC	9 107. 13	8 985. 00	12 255. 74	6 179. 23	1 190. 27

（二）计量检验与分析说明

首先我们通过一些关键指标的散点图观察它们与数字普惠金融指数的关系。总体来看，数字普惠金融与经济发展水平呈正相关，而与经济发展差异呈负相关，与金融发展的相关性则并不明显。这与我们的预期基本一致。

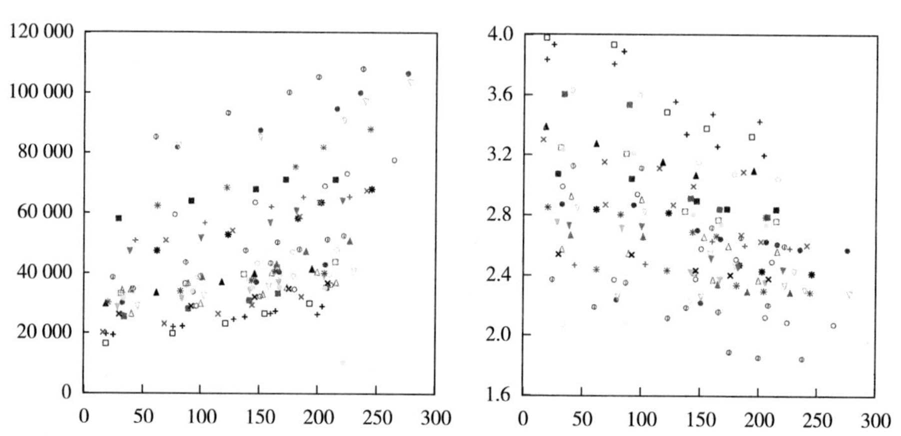

图 6　数字普惠金融与经济发展水平（左）、经济发展差异散点图（右）

接下来进行经验研究。首先我们进行模型选择。混合模型与个体固定效应模型比较，应该建立个体固定效应模型，拒绝混合模型。然后进行 Hausman 检验，个体随机效应模型与个体固定效应模型比较，应该建立个体固定效应模型。

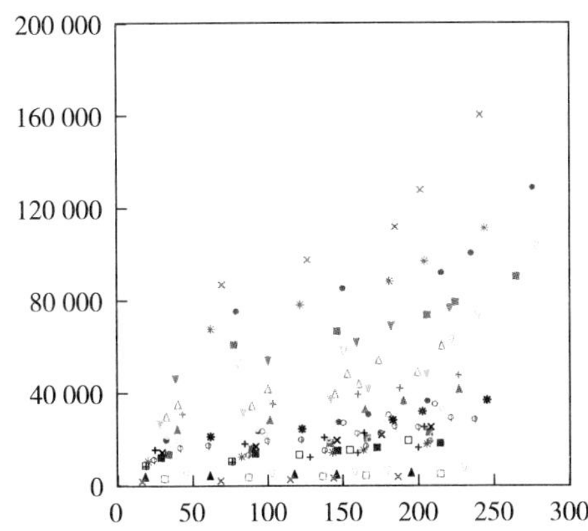
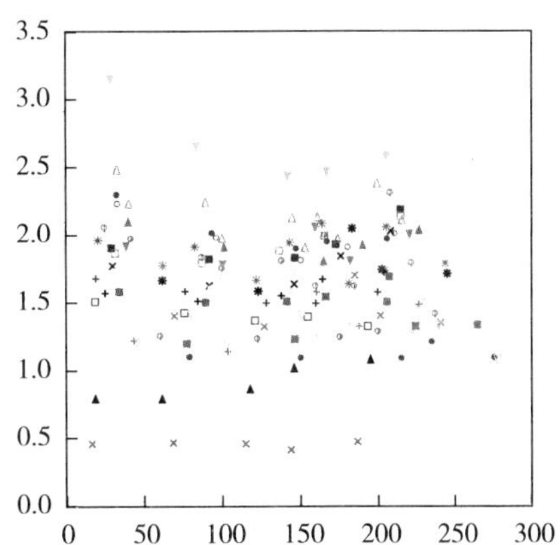

图7 数字普惠金融与金融规模（左）、金融结构散点图（右）

表4 模型计量分析1

	模型1		模型2		模型3	
Variable	系数	t值	系数	t值	系数	t值
C	-130.984	-1.384	-119.471	-1.618	-107.013	-1.156
GDPPC	0.007	9.623***	0.006	12.716***	0.007	13.448***
RINCOME	-38.061	-2.952***	-37.186	-3.579***	-36.372	-2.923***
RCONSUME	-26.025	-2.360**	-31.657	-3.581***	-28.931	-2.661***
FAOUNT	0.000	0.227				
FINSURANCE	0.002	0.044*	0.018	1.510		
FSTRUCTURE	20.622	1.403			18.384	1.695*
IINVESTMENT	-0.233	-1.765**	0.336	1.602		
IWLAN	0.416	1.679*			0.417	1.725*
ICONNECTOR	0.005	0.683				
MOBILE	1.147	5.502***	1.352	9.868***	1.139	5.948***
SPHC	0.021	4.490***	0.019	5.029***	0.023	4.880***
R^2	0.942		0.949		0.968	
Adjusted R^2	0.920		0.931		0.957	

根据逐步回归法除去不显著变量后得到模型2和模型3。经过综合比较，模型3拟合程度较好，选择以此为基准模型。从模型3看，影响数字普惠金融发展的主要因素中，经济发展水平和经济发展差异均十分显著，但影响的机理不同。经济水平发展越高，则数字普惠金融发展得越好；而城乡差距越大，则对数字普惠金融产生的负面作用也越大，这与已有的收入差距与一般普惠金融发展的

研究结论一致。相比而言，金融因素的影响力较小，尤其是表现在金融规模的因素对数字普惠金融发展几乎没有影响，且统计上不显著。而金融结构对提高数字普惠金融有所帮助。在基础设施方面，开通互联网宽带业务的行政村比重对数字普惠金融有正面影响，拥有手机数量影响更为明显。初中以上在校人数越多，则越有利于数字普惠金融发展。

（三）关于路径机制的进一步讨论

为了考察自变量之间可能存在的相互关系，我们引入交叉项，得到模型 4 至模型 7。从结果来看，经济发展水平与金融结构、金融规模与金融结构、收入差距与金融规模之间的交互作用并没有体现，统计上也并不显著。模型 6 显示，金融与科技结合能够对数字普惠金融产生比较显著的影响。这说明，优化金融结构，积极发展科技金融能够有效地推动数字普惠金融发展。

表 5 模型计量分析 2

	模型 4		模型 5		模型 6		模型 7	
Variable	系数	t 值	系数	t 值	系数	t 值	系数	t 值
C	-101.671	-1.091	-109.166	-1.175	-51.397	-0.737	-137.077	-1.780***
GDPPC	0.006	7.569***	0.006	10.585***	0.006	14.071***	0.006	12.335***
RINCOME	-34.712	-2.726***	-36.897	-2.951***	-31.156	-3.164***	-41.567	-3.933***
RCONSUME	-27.676	-2.500**	-28.254	-2.579**	-40.868	-4.876***	-32.366	-3.514***
FSTRUCTURE	4.888	0.208	16.441	1.454	-36.694	-1.795*	18.559	2.046**
IWLAN	0.449	1.815*	0.445	1.805*	-0.369	-1.257	0.374	1.774*
MOBILE	1.129	5.860***	1.149	5.964***	1.327	10.296***	1.358	9.270***
SPHC	0.022	4.721***	0.022	4.706***	0.021	5.889***	0.019	4.888***
GDPPC* FSTRUCTURE	0.000	0.647						
FAOUNT* FSTRUCTURE			0.000	0.632				
IWLAN* FSTRUCTURE					0.596	2.799***		
RINCOME* FAOUNT							0.000	1.514

为了检验模型的稳健性，我们又采用了贷款余额、每 10 万人中大学生占比等指标进行检验，模型的系数和显著性基本保持一致，模型的稳健性较好。

五、技术支持普惠金融的浙江实践

（一）浙江支持普惠金融发展的技术基础

科技金融属于产业金融的范畴，主要是指科技产业与金融产业的融合。经济的发展依靠科技推动，而科技产业的发展需要金融的强力助推。科技金融传统的渠道主要有两种，一是政府资金建立基金或者母基金引导民间资本进入科技企业；二是多样化的科技企业股权融资渠道。具体包括政府扶持、科技贷款、科技担保、股权投资、多层次资本市场、科技保险以及科技租赁等。

下面我们以互联网 + 行业为例，分析浙江省发展科技金融的机遇和挑战。

1. 浙江省科技产业基础较好

在全国“互联网 +”总指数排名中，杭州位列第 5 名，温州和宁波在前 30 名，分列 25 名和 28 名，金华、嘉兴、台州、绍兴比较接近，在 50 名前。除舟山列 108 名以外，浙江省其余 10 个地市均位列前 100 名。

2. 领头城市杭州的优势比较明显

从细分行业上看，北京、上海、广州、深圳、杭州、成都、天津、武汉等城市在各项排名前 10 名中出现最集中。具体来看，北上广深四个一线城市居于中心位置，与排名第五的杭州几乎没有交集[①]。北京处于绝对核心地位，上海、广州和深圳互有交集，但也位于中心。杭州除教育排第 4 名、医疗排第 9 名以外，其余都在第 5 名或者第 6 名，其中金融排第 5 名。

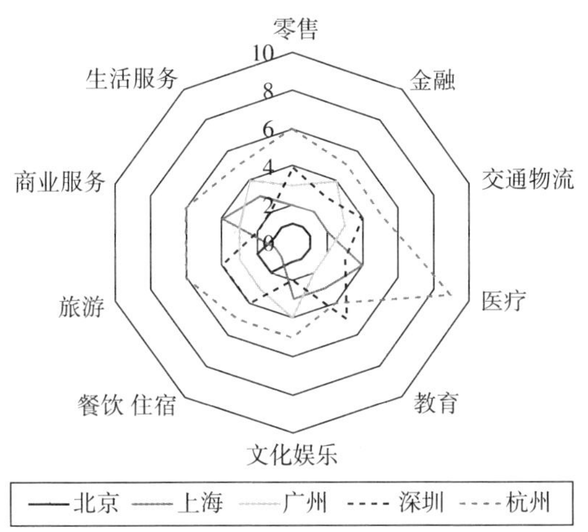

图 8　北上广深杭主要互联网 + 行业排名

① 唯一的例外是杭州在教育维度上排第 4 名，超过了深圳。

3. 政府积极作为效果显著

“互联网+产业”分指数前 50 名城市加总占到全国总量的 69.3%。相比之下，“互联网+智慧城市”分指数前 50 名城市加总占到全国总量的 37.4%。与产业发展相比，“互联网+智慧城市”的发展在行政力量的推动下扩散到更多的二线、三线及以下城市。“互联网+”成为新动能，带动中小城市发展。浙江省部分地市政府积极作为，积极发展创新创业、“智慧城市”，使其排名大幅超前于基础排名或者总体经济 GDP 排名、超越了当地移动互联基础，实现“互联网+”与实体经济、公共服务的超水平融合。

（二）浙江发展普惠金融的实践

近年来，浙江省以区域金融创新试点为代表，积极发展普惠金融，取得了显著的成效。

1. 丽水农村金改让广大农民大受益

从 2006 年开始，人民银行丽水市中心支行组织实施了以林权抵押贷款为重点的“信贷支农”工程。2012 年 3 月 30 日被中国人民银行批准成为全国农村金融改革试点。丽水市依靠农村金融改革打开“两山”通道、盘活农村资源。2011—2016 年，丽水有 47.5 万户农户直接受益。截至 2016 年 6 月末，全市涉农贷款余额达到 794.97 亿元，占全部贷款余额的 54%，比试点前的 2011 年上升 7 个百分点；农民贷款不良率为 1.5%，低于全市金融机构贷款不良率 1 个百分点；在全省农村建设农民满意度测评中，丽水市已连续 5 年居全省第一。

2. 台州小微金融改革创新改善小微企业融资环境

2012 年底，浙江省政府批复同意台州建设浙江省小微企业金融服务改革创新试验区，2015 年 12 月 2 日，国务院常务会议决定建设浙江省台州市小微企业金融服务改革创新试验区。金改以来，取得的成绩中有三大亮点：一是信用信息共享平台的建立，破解了小微金融银企信息不对称的问题。台州归集金融、司法、税务等 12 个部门 78 大类 600 多细项信用信息，有效降低了银行的信息采集成本，并有利于针对信贷调查进行交叉检验。二是设立了小微企业信用保证基金，创新小微企业融资担保机制，切实减轻小微企业融资成本。信保基金初创规模 5 亿元，可为优质成长型小微企业提供累计 50 亿元的增信担保。三是建立了一系列小微金融服务专营机构，提高小微金融服务的水平。

3. 宁波普惠金融综合示范区使普惠金融更广覆盖

2016 年 4 月，宁波市发布《宁波市人民政府关于建设普惠金融综合示范区的实施意见》，决定在宁波率先试点建设普惠金融综合示范区。具体举措包括以支持创新、促进协调、推进共享为指针，加强政府引导，充分发挥市场的决定性作用，以信用体系、移动金融、小微企业和“三农”金融服务、金融标准化建设等为重点，建设全面覆盖、重点渗透、满意度高的普惠金融综合示范区。

以可负担的成本为有金融服务需求的社会各阶层和群体提供适当、有效的金融服务，充分发挥金融在“提升城乡品质、建设美丽宁波”中的作用，促进金融业健康可持续发展，推动经济转型升级，增进社会公平和社会和谐，助力宁波建成更高水平的小康社会。

（三）技术支持与普惠金融发展的浙江经验

浙江发展普惠金融的特点主要体现在以下方面：一是传统普惠金融做得比较扎实。无论是小微金融和“三农”金融，都有比较成熟的做法，取得了比较显著的成效。二是科技金融实力比较雄厚。三是科技金融与普惠金融协同发展仍然有很大的潜力。

六、主要结论与对策建议

本文以国际比较的研究视角切入，得出“两个不相关”，即传统普惠金融与数字普惠金融并不必然相关、数字普惠金融与经济发展水平并不必然相关。通过实证研究，从影响数字普惠金融因素的视角，详细剖析了目前国内技术对于普惠金融支持的可能的路径和机制，表明优化金融结构，积极发展科技金融能够有效地推动数字普惠金融发展。

国际比较经验表明，数字普惠金融可以相对独立地异军突起。我国省级面板数据的实证分析也表明，科技与金融的结合，将显著地提升数字金融发展水平。结合浙江省实际，我们认为：

（一）借鉴国际经验，构建普惠金融服务体系

一是继续深化发展传统普惠金融。国际经验表明，传统普惠金融发展与经济状况相关度较高。浙江省经济和金融总体实力强大，民营经济充满活力，民间金融十分活跃，这给了继续发展传统普惠金融以良好的环境与土壤。

二是大力发展数字普惠金融。浙江省在科技金融领域具备比较优势，因此，可以依据科技支撑的细分行业优势，结合空间分布，有效地、有针对性地推进数字普惠金融的发展。浙江有良好的技术支撑，使这种跨越式发展更加成为可能。因此，浙江可以发挥这种比较优势，将科技优势与金融优势相结合，协同发挥积极作用。

（二）利用比较优势，积极发展数字普惠金融

《浙江省金融产业发展规划》和《钱塘江金融港湾发展规划》的相继出台，标志着浙江金融发展将越上一个新台阶，由金融大省向金融强省转变。我们认为，结合当前国际国内经济金融形势，根据浙江省比较优势，当前积极发展科技金融和普惠金融，并探索两者的最佳结合点，将能更好地发挥浙江省金融的核心功能。

有大数据、云计算等现代技术的支持，更加个性化、多元化的基于移动互

联网的普惠金融服务成为可能。比如，为不同年龄层次、消费习惯的个体设置不同的借贷门槛、借贷额度、借贷周期甚至不同的理财收益率。各类金融机构包括互联网金融机构在开展数字普惠金融产品和服务时不能目光短浅只求短期盈利，而需要有长远发展的眼光，坚持可持续发展理念。

参考文献

[1] 方蕾，粟芳．我国农村普惠金融的空间相关特征和影响因素分析——基于上海财经大学2015“千村调查”[J]．财经论丛，2017，216（1）：41－50.

[2] 王婧，胡国晖．中国普惠金融的发展评价及影响因素分析［J］．金融论坛，2013：18；210（6）：33－38.

[3] 中国人民银行西宁中心支行课题组，陈希凤．普惠金融发展指数构建及影响因素研究［J］．青海金融，2017（8）：4－11.

[4] 陆凤芝，黄永兴，徐鹏．中国普惠金融的省域差异及影响因素［J］．金融经济学研究，2017：32；165（1）：113－122.

[5] 张宇，赵敏．农村普惠金融发展水平与影响因素研究——基于西部六省的实证分析［J］．华东经济管理，2017：31；243（3）：79－84.

[6] 姚林华．我国贫困地区普惠金融发展影响因素实证研究［J］．区域金融研究，2016，521（4）：27－31.

[7] 崔治文，张晓甜，白家瑛．普惠金融发展区域差异及影响因素研究——以甘肃为例［J］．地方财政研究，2016，146（12）：82－88.

[8] 孙欣媛．天津市普惠金融指数与影响因素研究［J］．吉林金融研究，2017，425（6）：39－43.

[9] 张兵，张洋．县域普惠金融发展水平测度及影响因素分析——基于面板数据的空间计量模型［J］．江苏农业科学，2017，45（10）：315－319.

[10] 张珩，罗剑朝，郝一帆．农村普惠金融发展水平及影响因素分析——基于陕西省107家农村信用社全机构数据的经验考察［J］．中国农村经济，2017，385（1）：4－17，95.

[11] 宋晓玲．数字普惠金融缩小城乡收入差距的实证检验［J］．财经科学，2017（6）：14－25.

[12] 余剑科．普惠金融与移动支付使用意愿影响因素——以重庆为例［J］．当代金融研究，2017，1（1）：90－97.

[13] 兰王盛，邓舒仁．数字普惠金融欺诈的表现形式及潜在规律研究——基于典型案例的分析［J］．浙江金融，2016（12）：68－73.

[14] 姚晓霞，吴森．移动支付助推农村普惠金融建设的非洲经验借鉴［J］．甘肃金融，2015（6）：35－37.

[15] 胡滨. 数字普惠金融的价值 [J]. 中国金融, 2016.

[16] Appleyard L. Community Development Finance Institutions (CDFIs): Geographies of financial inclusion in the US andUK [J]. Geoforum, 2011, 42 (2): 250 –258.

[17] Allen F, Demirguc – Kunt A, Klapper L, et al. The founda-tions of financial inclusion: Understanding ownership anduse of formal accounts [R]. World Bank Policy Research Paper 6290, 2012.

[18] Sarma M. Index of Financial Inclusion [R]. New Delhi: Indi-an Council for Research on International PRInomic Rela-tions, Working Paper No. 215, 2008.

[19] Chakravarty S R, Pal R. Measuring Financial Inclusion: An Axiomatic Approach [R]. Indira Gandhi Institute of De-velopment Research Working Papers No. 03, 2010.

新一轮债转股对于银行不良资产处置影响的实证研究

中国银行浙江省分行课题组*

一、绪论

（一）选题背景

2014—2016年，我国宏观经济持续在L底部运行，行业不良贷款余额在近3年的年均增长幅度高达40%，实体经济的融资环境非常严峻。根据央行公布的统计数据显示，截至2016年12月，商业银行不良贷款余额超过1.5万亿元，不良贷款率达到1.74%，图1显示自2012年以来我国银行不良贷款率持续上升，低端制造业、批发零售业、产能过剩的行业风险正在逐步增加，相关企业的违约概率显著提高，不良资产管控成为银行业工作的重中之重。2016年10月国务院印发《关于市场化银行债权转股权的指导意见》（以下简称《债转股意见》），为银行处置不良贷款提供全新的政策支持，2017年5月11日的最新统计数据显示全国已经有48家企业开展59个债转股案例，在此经济、政策宏观背景之下，银行正在积极寻找全新的不良资产处置方式，从而稳定金融市场的持续发展。

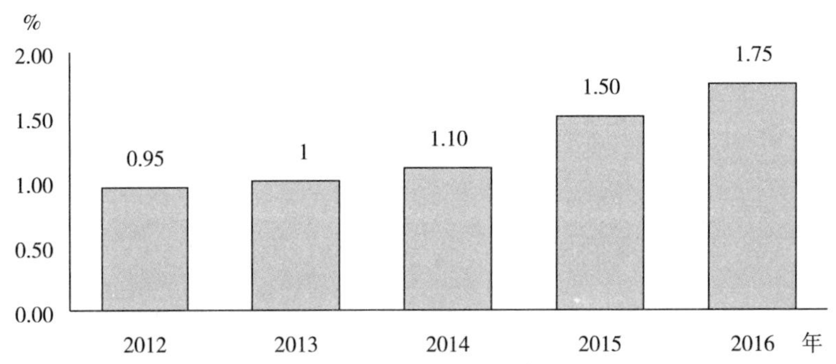

资料来源：全球宏观经济数据库。

图1　中国商业银行2012—2016年不良贷款率数据统计

* 课题主持人：金旭君
课题组成员：范晓岚　吕墨非　朱　虹

（二）文献综述

债转股在我国应用于处置商业银行不良资产领域带有鲜明的民族特色，2016 年 10 月拉开全新一轮债转股的序幕，因此本文主要以国内 2017 年的文献进行综述，汲取理论界最新的研究成果。

学者朱荣和黄霄（2017）在《煤炭企业市场化债转股研究》一文中基于当前煤炭企业经营负债率高的特点，分析目前债转股政策中对煤炭这一能源企业债转股的限制，确定煤炭企业合理的资金结构和债务结构，纠正对债转股的传统错误认知观念，对煤炭企业建立现代企业制度提出相应的对策。

中国长城资产管理公司的胡建忠老师（2017）比较分析商业银行不良资产处置的多种模式，认为不良资产部门成立子公司，商业银行采用重组、债转股等方式自主化解不良资产的金融风险是未来商业银行的发展趋势。

学者侯亚景（2017）研究我国金融业不良资产处置策略，深入剖析形成金融业不良资产巨大规模的重要原因是 2008 年国际金融危机四万亿元的救市计划，针对源头提出去产能为主的不良资产处置方式，借鉴美国、韩国、日本国家的不良资产处置经验，通过阅读此研究开阔了视野，并奠定今后探索中国金融业处置不良资产可以采用 AMC 收购处置、“互联网 +”处置等多种方式的研究方向。

为本文研究所收集的文献包括国内、国外的期权定价、债转股方式、商业银行处置不良资产采用的多种资产证券化方式，通过阅读文献资料为研究提供更多开拓的思路，有一定的借鉴意义。

二、商业银行处置不良资产的债转股方式概述

（一）商业银行处置不良资产的方式

商业银行处置不良资产的方式非常多元，按照处置不良资产方式的特征通常分为传统清收和创新两种类型，如图 2 所示。

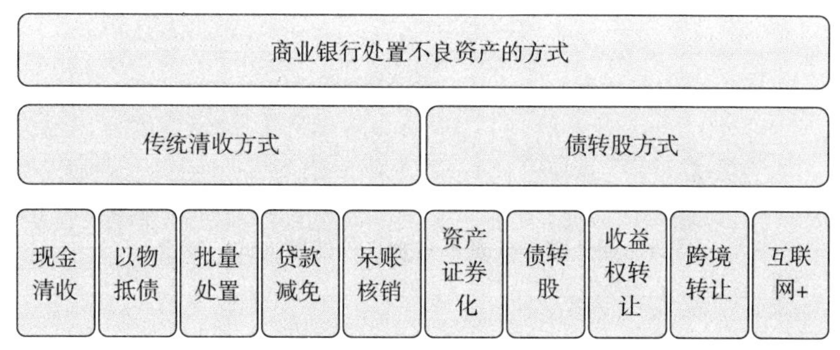

图 2　商业银行处置不良资产的方式示意图

1. 传统清收方式

传统清收方式主要包括 5 种具体的清收模式：（1）现金清收是指银行以维

护自身债权为目的，对不良信贷企业进行财产清查，之后直接向贷款企业收取信贷本金和利息，通常低于剩余信贷金额。（2）以物抵债方式需要经过冗长的庭审诉讼过程，银行才能获得信贷企业资产物的处置权，处置信贷企业资产从而实现偿还贷款的目的。（3）批量处置是银行将不良资产打包出售给国有资产管理公司或其他机构，没有市场参与直接定价，通常出售价格只有不良资产账面价值的 20% ~30%，银行亏损严重。（4）贷款减免是指银行降低信贷企业的还款金额，会产生一定的信贷资产损失。（5）呆账核销[①]是在国家政策允许的范围内，从普通呆账准备金中提取贷款总额 1% 的资金进行核销，监管非常严格，而且会产生账面价值损失。

2. 债转股方式

债转股是债权转变为股权的简称，是商业银行处理不良资产主要的创新方式，不良资产的实质关系表现为商业银行和信贷企业之间的债务债权关系，债转股就是将债务债权关系转变为控股（持股）和被控股关系，如图 3 所示，债转股之后银行不再是信贷企业的债权人，不再定期收取贷款的本金和利息，转而按照持股分得红利作为收入，并依法行使股东的权利，可以参与到公司实际的运营管理中。

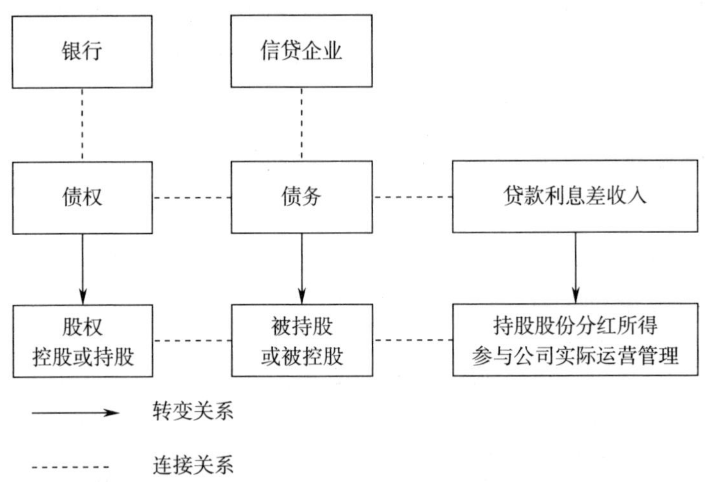

资料来源：中银调研报告。

图 3　商业银行处置不良资产债转股方式的转变

① 商业银行执行贷款四级分类制度。贷款四级分类制度，是把贷款划分为正常、逾期、呆滞、呆账，后三类，即“一逾两呆”合称为不良贷款。这是计划经济体制下为财政税收政策服务的分类方法，不良资产界定的标准为期限：贷款本息拖欠超过 180 天以上的为“逾期”，贷款利息拖欠逾期三年为“呆滞”，贷款人走死逃亡或经国务院批准的为“呆账”。

3. 传统清收方式和债转股方式对比分析

传统清收方式和债转股方式处置商业银行的不良资产，都能够取得一定成效，商业银行的目标是实现最优化绩效，因此采用对比的方法分别从优势和不足两个方面列表分析：

表 1　传统清收方式和债转股方式对比分析

<table>
<tr><th></th><th>传统清收方式</th><th>债转股方式</th></tr>
<tr><td rowspan="4">优势</td><td rowspan="2">一次性解决，无后续问题</td><td>实现以时间换取空间</td></tr>
<tr><td>不良资产快速出表</td></tr>
<tr><td rowspan="2">损益相对固定，短时间内核算完成</td><td>不良资产实现市场化定价</td></tr>
<tr><td>有效解决不良资产的金融风险</td></tr>
<tr><td rowspan="4">不足</td><td>诉讼仲裁耗时长，成本高</td><td rowspan="2">损益核算周期较长，短期内减少净收入</td></tr>
<tr><td>处置参与方范围狭隘，不良资产无法市场定价</td></tr>
<tr><td>政策约束非常严格，
无法快速实现不良资产出表的目标</td><td rowspan="2">存在道德风险</td></tr>
<tr><td>商业银行亏损在30%～80%，亏损金融巨大</td></tr>
<tr><td>企业</td><td>影响企业正常运营</td><td>保持企业正常运营，为企业管理注入新的活力</td></tr>
<tr><td>经济价值结论</td><td>银行资产损失，企业无法正常运营，
阻碍经济发展</td><td>促进经济发展，优化经济结构</td></tr>
</table>

根据表 1 对比分析的结果显示，相比传统清收方式，债转股在短期内不良资产处理速度和长期经济发展方面具有显著优势，而且债转股引入市场定价机制，能够最大化挖掘不良资产的市场价值，从而降低银行的亏损，有效解决不良资产的金融风险。

（二）商业银行采用债转股处置不良资产的程序

商业银行采用债转股方式处置不良资产的一般程序包括三个主要环节：审核不良资产主体资格、制订债转股具体方案、实施退出机制完成债转股，如图 4 所示。市场相关主体有：商业银行、信贷企业、实施机构、政府。

三、债转股公司实证研究

本文采用案例分析的方法进行实证研究，选择长航油运、舜天船舶、中钢集团债转股项目作为实证研究的案例，按照债转股程序，首先审核信贷企业的主体资格；其次制订债转股具体方案、确定债转股的股权价格；最后通过交易方式退出股权实现债权价值。

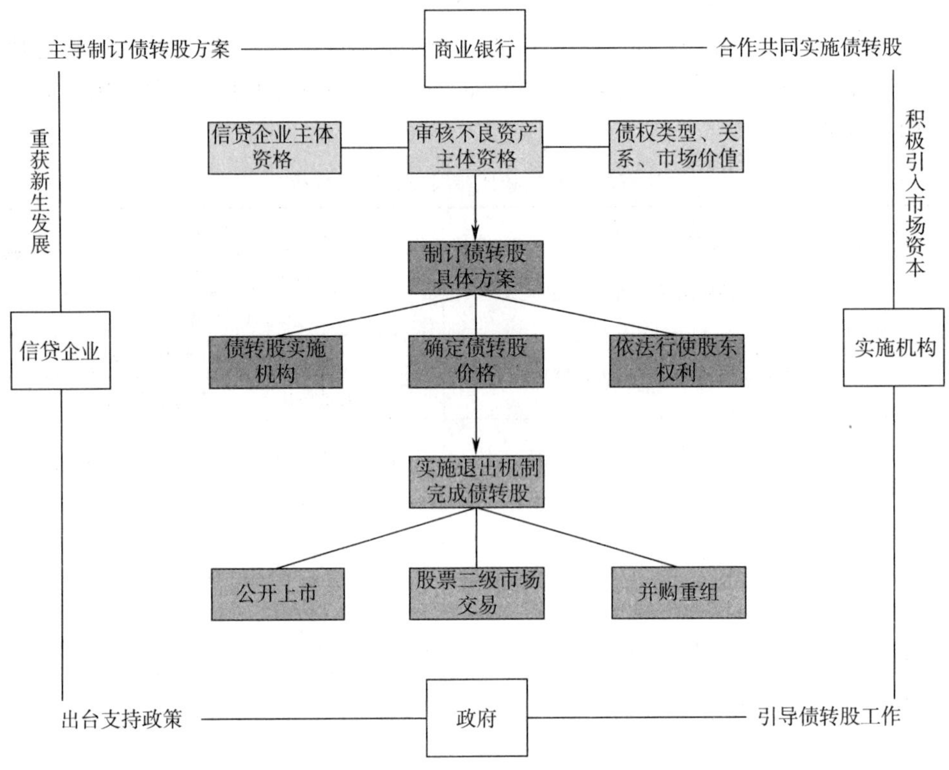

图 4 商业银行债转股一般程序

（一）审核公司主体资格

根据《债转股意见》中关于债转股项目信贷企业主体资格的要求，逐一比对三家公司的实际信息，根据表 2 比照分析的结果，三家公司的不良贷款均符合《债转股意见》的要求，可以使用债转股的方式，建议银行采取债转股方式处置其不良贷款。

表 2 审核公司主体资格

《债转股意见》主体资格要求	长航油运	天舜船舶	中钢国际
发展前景良好	全球贸易经济正在复苏，运输行业前景良好	全球贸易经济正在复苏，运输行业前景良好	全球贸易经济正在复苏，冶金钢铁行业前景良好
发展方向符合国家战略趋势	“国油国运”国家战略政策支持	“国油国运”国家战略政策支持	“一带一路”国家战略政策支持

续表

《债转股意见》主体资格要求	长航油运	天舜船舶	中钢国际
无故意违约等不良信用记录	信用记录良好	信用记录良好	信用记录良好
经营陷入暂时性困境但发展前景良好	公司目前无法按时还本付息	公司目前无法按时还本付息	公司目前无法按时还本付息
受到行业周期性波动影响	航运行业目前位于周期底部，油价下跌	航运行业目前位于周期底部，油价下跌	钢铁行业目前位于周期底部，油价下跌
高负债率的成长型企业	公司目前金融债权规模是 190 亿元	公司目前金融债权规模是 190 亿元	公司目前金融债权规模是 190 亿元
关键龙头企业	2013 年公司规模全国第 2 名，世界第 7 名	2011 年公司手持支线集装箱船订单量全国第二名	2011 年全球 500 强排行榜中荣列第 354 位
国家安全战略相关企业	石油是国家落实安全战略的能源基础	无	耐火材料为军工材料
不良资产的债权性质	银行贷款 50 亿元	银行贷款 70 亿元	银行贷款 270 亿元

（二）制订债转股具体方案

结合表2 可以看出，在债转股实施前的3 年之内，公司已经进入连续亏损状态。

债务方面，表 2 为三家公司在债转股时期的总资产，总负债，最终确定债券，以股抵债金额，银行买入价，以及债转股的时长。

债转股流程一般如图 5 所示。

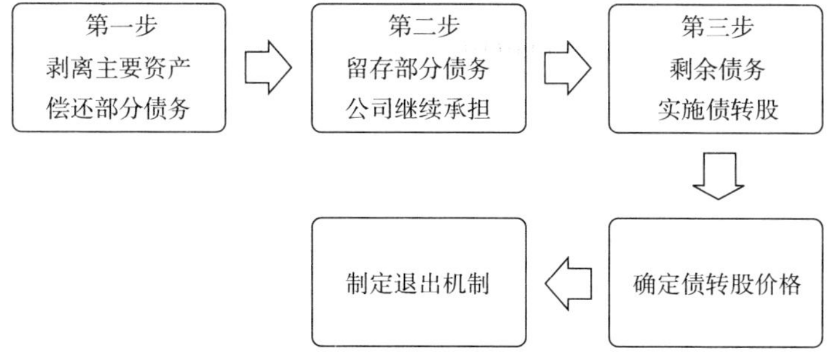

图 5 债转股方案

我们以长航油运为例进行展开分析。经过多方主体共同协商并经过反复修改，最终确定了以下债转股方案。

第一步：VLCC 是长航油运公司规模最大的子公司，VLCC 产生的亏损在长航油运公司中占比达到 60% 以上，因此计划将 VLCC 全部转让，转让交易所得用于偿还部分债务，其中偿还银行债务 30 亿元。

第二步：目前长航油运公司因为连续三年亏损已经按照证券交易所的规定退市，目标是今后重新上市，因此留存部分债务由长航油运公司和子公司继续承担，留存债务中银行债务为 22.65 亿元，约定在 2024 年 12 月 28 日之前还清。

第三步：长航油运公司在××分行剩余的约 10 亿元不良贷款采用债转股的方式处置。2014 年年度中期报告显示长航公司总股本约 33.9 亿股，之后重整方案中将资本公积转增约 16.3 亿股，总股本扩大为 50.2 亿股。债转股计划将资本公积转增的 16.3 亿股、大股东让渡原持股比例 50% 股份、小股东让渡持股比例 10% 股份，总计 27.2 亿股参与债转股计划。

（三）确定债转股股权价格

根据 Merton 模型来计算债转股股权价格，利用表 3 中的数据进行计算，需要确定的各项参数值如下：

表 3　　公司债转股财务数据

	长航油运	舜天船舶	中钢集团
总资产（亿元）	127	78	600
总负债（亿元）	155	83	750
最终确定债权（亿元）	115	78	300
以股抵债（亿元）	62	71	270
银行买入价（元/股）	2.3	13.72	14.31
债转股后总股本（亿股）	50.23	8.95	12.57
债转股时间（年）	10	8	6

其中，标的资产价值 V_0，可以用债转股当年年报表中的公司总资产值代入。

账面总负债 D，为当年年报中的账面总负债。

T 为债转股执行时间。

一年期国库券收益率 r，经查证，2014 年一年期国债收益率为 3.87%。2016 年一年期国债收益率为 2.7%。

公司价值波动标准差 δ_E，上市公司的价值波动只要可以反映股价上的波动。为了计算，笔者在 Wind 数据库中拿取了长航油运 2011—2013 年、舜天船舶 2014—2016 年、中钢集团 2014—2016 年的每日收益率，然后利用 Excel 表来处理数据，算出公司每日公司价值波动标准差，然后将每日标准差乘以交易天数的平方根，算出年化公司价值标准差如表 4 所示。

表 4　　公司价值波动标准差

	长航油运	舜天船舶	中钢集团
年化公司价值标准差	50.63%	62.23%	73.34%

根据 Merton 模型定价方法，可推导出关于公司价值波动率 δ_V 的函数：

$$f(\delta_V) = (\delta_e V_o - \delta_V V_o)N(d_1) - \delta_E De^{-rT}N(d_2)$$

$$f'(\sigma) = -V_0 N(d_1) + (\sigma_E V_o - V_0\sigma\varphi(d_1)\frac{dd_1}{dt} - \sigma_E De^{-rT}\varphi(d_2)\frac{dd_2}{dt}$$

$$\frac{dd_1}{dt} = \frac{1}{\sqrt{T}}\frac{\frac{T}{2}\sigma^2 - \ln\frac{V_0}{D} - rT}{\sigma^2}$$

$$\frac{d\,d_2}{dt} = \frac{d\,d_1}{dt} - \sqrt{T}$$

对于非线性方程组的求解，可以使用牛顿迭代法进行求解。

牛顿迭代表达式

$$\sigma_{k+1} = \sigma_k - \frac{f(\sigma_k)}{f'(\sigma_k)}$$

将方程写入 MATLAB 程序中，将上文中的已知量全部代入，得出迭代结果。

表 5　　公司价值波动率

	长航油运	舜天船舶	中钢集团
公司价值波动率	26%	27%	31%

根据 Merton 定价模型计算出公司的债权价值及标的债转股股价。

表 6　　公司债权价值及股价

	长航油运	舜天船舶	中钢集团
债权价值（亿元）	135	131.79	238
股价（元/股）	2.6838	14.7251	18.9334

对比表 3 与表 6 可以看出，银行与多方市场主体共同协定的债转股方案确定的债转股每股均会低于我们计算出来的目标价格。由此可见债转股方案的最终定价低于股权市场定价，对银行等债权人有利。

（四）确定预期违约率

根据已掌握的公开数据资料，配合上述 KMV - Merton 模型，可以对研究的三家企业一年后的预期违约率进行评估。以表 3 的数据为基础，将一年期国债利率代入 r，根据公式 9，公式 10，公式 11，可以得出所研究的三家公司风险中性下的违约概率。而将公司的期望收益率代入 r 就可以算出每家公司的实际违约概率。如表 7 所示。

表 7　　公司预约违约率评估

	长航油运	舜天船舶	中钢集团
企业价值 V_0（亿元）	127	78	600
STD（亿元）	45. 2.	14	202
LTD（亿元）	109. 8	69	548
DPT	100. 1	48. 5	476
风险中性下的概率	17. 6%	4. 3%	24. 8%
实际的概率	5. 26%	1. 6%	24. 8%

由表 7 可以看出，实际的违约概率是低于风险中性下的违约概率，因为银行对公司的实际期望收益率都会比一年期国债利率高，所以企业价值低于负债折现价值的概率就会相对较低。但中钢集团是个例外，因为中钢集团的债转股中约定，前三年对债转股部分的股票进行锁定，收取等同于国债收益的利息，之后还是逐年转股退出，则中钢国际的实际违约概率与风险中性下的违约概率是相同的。

但当资产价值变动的标准差增大时，企业的违约率就会增高，反映在经营方面就是公司盈余资金不足、经营不稳定和无效率。假设因公司现金流短缺、资产折旧增快，生产运营发生重大变动导致 σ_V 提高，此时违约减小，预期违约概率 Q 提高。

根据前述对三家公司的研究，这些公司资金流短缺、主营业务持续亏损、管理运营混乱，直至被要求破产，进行资产重组。因此其 σ_V 预计持续走高，企业的违约风险也持续处于高位，对该企业进行债转股操作具有时间上的紧迫性和业务上的必要性。后文将以此为依据对债转股的方案、定价及债转股后对银行的影响进行深入研究。

（五）退出并实现债权价值

由于舜天船舶、中钢集团从 2016 年第四季度才开始进行债转股，所以还未涉及退出环节，本节主要分析长航油运案例中的债转股退出方案。

1. 分步在二级市场交易实现退出

债转股方案通过之后，银行就制订相应的退出计划，以转股价格为基础，加上退出交易手续费、持股期间利息、债转股项目佣金等各项费用之后计算出公司债转股的退出底价。按照不扰乱股票市场的原则，坚持稳定股价、小步退出的策略，当公司股票的价格高于推出底价的时候，每日减持部分股票数量，减持总量累计不得超过所持股份总量的50%，并且要时刻关注公司的股票市场价格走势情况。从2017年6月开始，长航油运公司的股票价格稳步升高，银行决定将退出价格由2.5元提高为2.8元，长航油运公司债转股项目出具的退出方案得到批准之后，专门有工作人员盯盘向证券公司发送出售指令。截至2017年7月31日银行已经处置长航油运公司股票8 688万股，出售均价为3.18元/股，银行继续持有长航油运公司债转股股票34 240万股，持股比例下降为6.81%。

2. 债转股项目综合评价

整体来讲长航油运债转股项目是成功的，长航油运债转股项目已经进入退出阶段，分别从对银行的影响和对长航油运公司的影响两个方面综合评价长航油运债转股项目的成效。

2017年7月31日银行已经实现不良资产债权价值276 278 400元，按照综合成本价2.45元/股计算，实现浮盈63 422 400元，剩余34 240万股预计将在接下来的8～12个月完成退出，预计将会100%实现10亿元的债权价值，并且还会收获股权增长价值，如表8所示。

表8　　长航油运债转股项目情况（截至2017年2月25日）

不良资产账面价值	10亿元
长航油运贷款期限	120个月
长航油运贷款剩余期限	89个月
拨备	987.7万元
中间业务收入	103.97万元
中间业务收入比率	0.1%
股权退出交易价值	2.76亿元
剩余持股数量市值	10.61亿元

资料来源：中银调研。

根据表8显示的信息得知长航油运债转股项目的进程基本达到银行的预期，债转股项目开启阶段直接解除40亿元的经济资本占用，为银行创造更大的信贷空间，同时实现103.97万元的中间业务收入。然而初期会损失较大的利息差收入。债转股项目进入到退出阶段，长航油运公司股权的市场表现较好，银行抓紧时间实施退出，目前已经实现2.76亿元的现金价值，剩余持股数量按照7月31日的收盘价格3.1元计算达到10.61亿元，预计能够完全实现银行不良资产的债权价值。

长航油运债转股项目对长航油运公司起死回生的发展起到关键的促进作用。实施债转股方案之后，长航油运公司的资产负债率由114.54%降低为68.62%，负债大幅减轻，现金流问题得到改善。通过出售 VLCC 偿还 60% 以上的债权，相比破产清算的清偿率为 12.64% 明显维护债权人的权益，有效提升长航油运公司的社会声誉。长航油运公司经营好转，2017 年上半年实现 3 亿元的净利润，银行提出业务、资本、负债、管理机构等多项内容的重组，取得显著成效。长航油运公司在三板的股价一直稳中有升，有望恢复主板上市。

舜天船舶、中钢集团在实施债转股计划后，截至 2017 年 7 月，现金流恢复健康（舜天船舶 33 亿元，中钢集团 18.1 亿元），利润增长迅速（舜天船舶 8.59 亿元，中钢集团 2.15 亿元）。

四、定量分析债转股对于商业银行处置不良资产的影响

（一）商业银行实施债转股数据实际测算

商业银行实施债转股处置不良资产，以剩余期限为 60 个月的 50 亿元不良贷款实施债转股为案例进行实际数据测算，分析债转股处置不良资产对商业银行各项财务指标的实际影响。剩余期限 60 个月的 50 亿元贷款占用商业银行经济资本为 56 115 万元，按照中长期基建贷款 1.21% 的准备金计提比率计算贷款准备金余额是 6 050 万元，贷款利率按照 2017 年 7 月 31 日央行基准利率 4.9% 计算，内部资金成本为 2.9%，债转股项目的中间业务收入每年为 0.1%。商业银行实施债转股项目处置不良资产的目标是在信贷企业经营陷入困境无法按期偿还贷款的情况下 100% 实现债权，信贷企业的股权价值由市场定价，因此以上述商业银行相对确定的财务指标为基础测算债转股处置不良资产对商业银行的影响，重点可以明确在债转股项目退出之前对商业银行的影响。

表 9　　债转股处置不良资产对商业银行的影响　　单位：万元

	经济资本	净收入	可用费用总额
第 1 年	56 115	-9 500	-2 750
第 2 年	0	-9 500	-2 750
第 3 年	0	-9 500	-2 750
第 4 年	0	-9 500	-2 750
第 5 年	0	-9 500	-2 750
占经济资本比例	—	16.93%	4.9%
合计	56 115	-47 500	-13 750

（二）债转股优化商业银行业务结构

以 50 亿元规模的债转股项目为例，可以直接减少商业银行 56 115 万元的经济资本占用，将不良贷款转移出表，缓解商业银行自身的资本补充压力。而且债转股处置的全部是不良资产，能够及时化解不良资产的风险，增加商业银行

的信贷规模和空间，实现优化信贷结构的成果。

（三）债转股对银行风险管理的影响

1. 快速降低不良贷款率

1999 年第一次债转股的主要目标就是拯救经营困难的国有企业，降低银行的不良贷款率，实施债转股之后不良贷款率从35%以上骤然下降为不到3%，成效非常显著。本次实施债转股同样是在不良贷款率上升的背景下，实施债转股能够快速将不良资产转移出表，对降低不良贷款率、稳定商业银行信贷业务发展具有重要意义。

2. 债转股业务操作风险

商业银行通过债转股项目处置不良资产，着眼于未来信贷企业扭转经营局面带来的股权市场价格增值的发展，能够实现全部的债权权益，与此同时商业银行也需要承担债转股业务的股权定价和股权市场退出风险。

债转股股权合理定价是商业银行、信贷企业、其他相关市场主体之间的利益博弈，股权定价越低对商业银行今后的市场退出越有优势，但是对企业股东权益会造成一定的影响。本次债转股国务院提倡市场化定价，市场环境随时都在变化，商业银行准确定价债转股股权的价格难度很高，存在股权定价风险。

商业银行制订的退出方案主要包括退出时间和退出价格两大内容，其中退出价格是相对固定的，而且能够根据市场情况及时做出变化，但是退出时间是不可控的要素，商业银行无法预知股权的市场价格会在什么时间达到退出价格的底价，因此商业银行实施债转股需要承担股权退出的时间风险，在退出计划中做好长时间持有的准备或多种方案以应对股权退出的时间风险。

3. 债转股业务经营风险

债权和股权按照法律规定偿还顺序不同，商业银行实施债转股之后需要谨防信贷企业破产的风险，因为股权的偿还顺序位于债权之后，没有优先受偿的权益，因此商业银行需要特别注重审核信贷企业的主体资格。商业银行实施债转股处置不良资产现金流的压力会进一步增加，商业银行信贷业务的资金来源是社会公众存款和借款，到期或定期必须偿还，而债转股退出的时间和实现股权价值的时间同商业银行偿还信贷资金之间存在的时间差，将会加剧商业银行的现金流风险，对商业银行经营的稳定性产生一定影响。

4. 债转股业务行权风险

从我国的债转股现状看，转股债权银行有两种常规的股权落地方式：第一，自持方式，即自行直接持股；第二，代持方式，即转股债权人共同委托第三方代持。但上述两种方式均存在一定的行权风险。

（1）自持方式下股东多、散，行权难度大。如采用自持方式，转股债权人分散持股，很容易突破有限责任公司甚至股份有限公司股东人数上限（分别为

50 人与 200 人）。同时，债权银行单个持股比例低，沟通成本高，难以形成合力，各债权银行未来难以有效行使股东权利。以召开临时股东会议为例，公司法规定“代表十分之一以上表决权的股东提议召开临时会议的，应当召开临时会议”，而一般情况下单一债权银行的持股比例很难超过 10%。

（2）代持方式法律风险较高。因很难实现由一家机构代持所有转股债权银行的股权，代持方式同样存在前述自持方式下的弊端。更为重要的是，除须支付代持费用外，代持方式存在较高的法律风险，包括：股权代持协议的法律效力被否定的风险，显名股东恶意侵害隐名股东权益的风险，隐名股东难以确立股东身份、无法向公司主张权益的风险，显名股东的债权人针对显名股东股权强制执行的风险等。

5. 债转股业务诚信风险

商业银行同信贷企业在债转股处置不良资产的过程中，由债权债务关系转变为持股和被持股的关系，根本权益关系转变将会带来一系列财产权益的变化。假设信贷企业利用债转股方式实施快速扩张，以自身的股权置换商业银行贷款的债权，大规模举债并期望采用债转股的方式化解现金流运营压力，将会偏离债转股作为处置不良资产方式的高效高质量理念，因此商业银行要防范信贷企业盲目举债，避免对信贷且形成负向激励，这需要政府、商业银行、企业共同建立诚信的债转股环境。

五、完善实施债转股的建议

（一）国家宏观层面

1. 坚持市场化原则

在市场化债转股的过程中，政府的职责定位将倾向于完善政策、依法监督、维护公平竞争、打造良好的市场秩序、保证社会稳定，同时也要维护职工的合法权益，保障社会公众的合法权益，要注重根据债转股过程中实际存在的困难，政府做好职能转变的准备，突出实际解决问题的职能转变方向。

2. 完善相关配套政策

国务院当前出台的《债转股意见》中从宏观层面整体指明了债转股的发展方向，也相应规定债转股的具体方式，但是关于社会资金参与债转股和市场化定价却没有具体的实施措施，对社会资金的管理风险和转股定价风险也没有相应的激励和保障措施，因此建议政府尽快完善相关配套政策。

3. 强化相关约束机制

建议国家在目前信用体系中增加金融投资信用指标，设定债转股项目社会资金和投资主体的参与门槛和资格条件，鼓励具有丰富企业管理和重组经验的机构投资者参与到市场化债转股项目上来。不断完善投资者适当性管理制度，依法建立合格个人投资者识别风险和自担风险的信用承诺制度，防止不合格个人投资者参与市场化债转股投资和超出能力承担风险，进而维护我国金融投资市场的稳定性，促进金融投资领域的长效发展。

4. 进一步细化监管

国家应当定期和不定期委托第三方机构评估债转股后经济效益、社会效益，时刻关注债转股项目的实际成效。在切实发现问题的情况下，要建立严格的责任追究机制，将司法作为建立良好债转股市场环境的重要保障措施。

（二）商业银行实施落地层面

1. 合理控制债转股规模

商业银行要进一步细化确定由国有资产管理公司、地方资产管理公司、保险金融资产管理公司、银行所属机构参与债转股项目的规模比例，不断释放商业银行的现金流压力，不断平衡商业银行实施债转股项目的营收和业务支出关系，不能只看到债转股股权市值的高增长可能性，也要关注当前自身现金流的承受能力。

2. 严格审核企业主体资格

银行要按照《债转股意见》的明确规定，严格审核信贷企业的主体资格，建议按照如下思路：

第一，要研究信贷企业的主营业务对应的行业发展是否属于发展前景良好或与国家安全战略相关的行业。

第二，要审核信贷企业在当前行业发展中的相对地位，产值和产能排在行业前5%还是10%，市场占有率的变化情况，能够从行业相对位置判断信贷企业未来发展。

第三，要审核信贷企业的信用记录和经营的具体报表和指标，认真分析陷入财务困境的原因，并按照是暂时性经营困难的标准，审核信贷企业在现金流恢复或压力减轻的情况下是否能够扭转亏损的局面，实现盈利，这需要银行成立专业行研工作小组，对信贷企业的业务进行深入全面的分析。

第四，要严格按照《债转股意见》规定的限制性主体要件，剔除“僵尸企业”，剔除“高污染”“产能过剩”行业的企业，从而确保债转股业务处置的不良资产能够在将来实现分行的债权权益，并且起到促进企业发展、经济发展的作用。

3. 健全债转股退出机制

银行实施债转股项目要提前制订退出计划，主要从退出价格、退出时间、保障措施三个方面制订债转股的退出计划。

确定退出价格的基础就是转股的价格，综合计算债转股项目的支出、分行持股期间的利息等债转股成本，并且摊薄到每股上面，明确计算债转股的退出底价价格，并且留存一定的上下浮动空间，及时根据股权价值的市场变化做出调整。

退出时间是债转股之后持股的不可控要素，但是商业银行应当设定保底的退出时间，在整个持股期间设定3～5个关键的时间节点，根据当前的市场周期性运动情况，预设退出时间并监控股权市场价格在预设时间的表现是否达到预期，在退出全程都要注重防范股权市场价格的波动风险。

银行应当全方位设定债转股退出机制的保障措施，将商业银行的资产价值锁定在安全的范围内，建议引入不同的持股机构，分散持股的同时也分散分行的债转股风险，参与到更多的债转股项目中，确保不良资产最后的整体债权权益。

4. 积极参与企业管理

实施债转股之后建议银行以债转股项目人员为基础，选派2～3人成立专业跟进工作小组，实地参与到信贷企业的日常经营管理中，按照《公司法》的规定合理行使股东权益，从而确保分行股权权益，并根据企业的发展情况及时调整债转股项目的计划。

参考文献

[1] 中国银行四川省分行课题组．当前债转股问题研究——基于新制度经济学与合约理论［J/OL］．西南金融，2017，（6）：8－13．（2017－05－23）［2017－08－14］．http：//kns.cnki.net/kcms/detail/51.1587.F.20170523.2007.014.html.

[2] 封文丽，张晓阔．供给侧结构性改革下大型商业银行不良资产处置探究［J］．农村金融研究，2017（6）：36－40.

[3] 朱荣，黄霄．煤炭企业市场化债转股研究［J/OL］．煤炭经济研究，2017，37（4）：64－68.

[4] 胡建忠．商业银行不良资产处置模式比较：自主追偿和转让出售［J］．债券，2017（1）：18－22.

[5] 庞小凤，庞小鹏．资产管理公司不良资产处置模式及策略探析［J］．金融理论与实践，2017（2）：113－118.

[6] 侯亚景．我国金融业不良资产处置策略研究［J］．上海经济研究，2017（1）：24－31＋51.

[7] 赖小民．探索市场化债转股［J］．中国金融，2017（6）：43－45.

[8] 张杰．基于地方中小银行视角的不良资产精准处置研究［J］．区域金融研究，2017（2）：33－35.

[9] 陆志红，王含笑．利用地方资产管理公司防范区域金融风险的几点思考［J］．浙江金融，2017（2）：47－50.

[10] 章红兵，杨宁，徐碧帆．商业银行不良资产“债转股”处置影响分析和对策研究 [J]．浙江金融，2017 (2)：51－58.

[11] 张杰．新形势下地方中小银行精准处置不良资产的思考 [J]．福建金融，2017 (2)：48－51.

[12] 何泽，沈炜，陈云，等．商业银行债转股实施中的问题 [J]．合作经济与科技，2017 (8)：96－97. [2017－08－14]. DOI：10.13665/j.cnki.hzjjykj.2017.08.039.

[13] 陈筱语．浅议商业银行不良资产处置中的以债转股模式——也谈秃鹫基金在我国的应用 [J]．商场现代化，2016 (5)：230－231. [2017－08－14]. DOI：10.14013/j.cnki.scxdh.2016.05.129.

[14] 孟祥君．新一轮债转股的可能方式与 AMC 的作用 [J]．现代管理科学，2017 (1)：54－56.

[15] 李长银，陈涛，李虹含．商业银行债转股的国内外历史回顾与借鉴 [J]．武汉商学院学报，2016，30 (6)：44－50. [2017－08－14]. DOI：10.16199/j.cnki.jwbu.2016.06.009.

[16] 侯亚景．当前中国金融业不良资产处置方式研究 [J]．新金融，2016 (12)：53－57.

[17] 龚岩．深化改革：市场博弈下国企不良资产的转化与运营 [J]．现代商业，2016 (33)：83－84. [2017－08－14]. DOI：10.14097/j.cnki.5392/2016.33.044.

[18] 孙丽，孙玉兰．债转股重启：历史镜鉴、现实问题与对策 [J/OL]．南方金融，2016 (11)：24－30.

[19] 李清如．做好“盘活存量”大文章——长城资产债转股实践 [J]．中国金融家，2016 (11)：96－97. [2017－08－14]. DOI：10.19294/j.cnki.cn11－4799/f.2016.11.031.

[20] 王剑．对债转股的误解与建议 [J]．中国金融，2016 (19)：24－26.

[21] 罗洪波，夏翰，冯诗杰，等．美国银行业不良资产处置的经验及启示 [J/OL]．西南金融，2016 (9)：52－55.

[22] 刘国辉．债转股的国际经验及启示 [J]．金融纵横，2016 (8)：53－59.

[23] 王娟．“互联网＋”下商业银行不良资产的处置分析 [J]．财经界（学术版），2016 (15)：27－28. [2017－08－14]. DOI：10.16266/j.cnki.cn11－4098/f.2016.15.026.

[24] 求解不良资产处置难题 [J]．银行家，2016 (8)：10.

[25] 王华萍．我国银行债转股发展培育机制研究 [J/OL]．西南金融，

2016 (8): 39 -42.

[26] 郑延巍. 债转股的"旧瓶新酒" [J]. 新理财, 2016 (7): 34 -35.

[27] 钟伟. 经济转型期下中国债转股路径探析 [J]. 清华金融评论, 2016 (5): 50 -53.

[28] 陈旸, 薛杨阳. 债转股再出发 [J]. 清华金融评论, 2016 (5): 42.

[29] 王剑. 商业银行"债转股" [J]. 上海国资, 2016 (4): 90 -91.

[30] 赖小民. 化解不良应推进企业债转股政策 [J]. 中国银行业, 2016 (3): 17 -25.

[31] 陈松男. 信用风险管理——对冲工具与定价模型的实务运用 (金融风险管理实务丛书) [M]. 北京: 机械工业出版社, 2014.

[32] Merton R C. ON THE PRICING OF CORPORATE DEBT: THE RISK STRUCTURE OF INTEREST RATES [J]. Journal of Finance, 1973, 29 (2): 449 -470.

"大资管"背景下
中国城市商业银行资产负债多元化的风险收益研究：基于动态面板 GMM 方法

浙江地方金融发展研究中心课题组*

一、引言

作为我国多层次银行体系不可或缺的部分，城市商业银行近年来发展迅速，在服务中小企业、发展普惠金融和促进地方经济转型中发挥重要作用。截至 2017 年 6 月底，我国城市商业银行的总资产达到 29.73 万亿元，同比增长 17.99%，在银行业金融机构中占比 12.23%；总负债达到 27.78 万亿元，同比增长 18.03%，在银行业金融机构中占比 12.35%①。城市商业银行规模扩张的轨迹显示，随着"大资管"时代的到来、互联网金融的兴起、金融脱媒的深化、利率市场化进程的加速和资本监管的强化，以存贷款业务为主的传统盈利模式受到冲击，多元化经营成为银行发展的重要手段。

面临错综复杂的经营环境，城市商业银行顺应"大资管"背景下的资产负债配置需求，同业业务、投资类业务、批发类融资业务等非传统业务成为其规模扩张和资产负债结构调整的重要路径。但是，这种资产负债配置方式背后的一些问题仍然值得我们关注，主要体现在以下三个方面：一是同业、投资业务等银行多元化的资金运用方式，引发分业监管和混业经营不协调、部分资金在金融体系内循环，流动性风险、信用风险和市场风险等问题不容忽视；二是部分城市商业银行加杠杆扩规模的行为，导致其核心负债占比下降、过度依赖同业融资；三是多元化经营能否改善商业银行经营绩效，提高盈利能力，仍然存在一定的争议，城市商业银行的迅速扩张是否带来管理水平的提升也备受质疑。

一直以来，资产负债管理是银行战略规划和风险管理的核心工具。那么，在当前的发展环境下，资产负债多元化对城市商业银行的盈利水平和风险管理带来什么样的影响？城市商业银行的资产负债管理策略应该如何进行调整？对

---

* 课题主持人：许嘉扬
课题组成员：周建松　郭福春　王　静　姚星垣　周永涛

① 数据来源于中国银行业监督管理委员会官方网站。

这两个问题的客观分析与研究，可以更好地掌握城市商业银行资产负债管理的现状，正确引导城市商业银行资产负债规模的扩张与调整，防范与化解潜在的经营风险，同时为城市商业银行调整资产负债策略、适应利率市场化改革提供有价值的参考。

二、国内外资产负债理论与实践的发展过程

（一）国外银行资产负债理论的演进过程

综观国内外银行业的发展历史，资产负债理论的演进经历了一个较为复杂的过程。最初的商业贷款理论关注的重点是资产的流动性，强调银行对短期贷款的配置；之后的资产转移理论指出银行应该加大配置可以迅速变现的资产（如政府短期债券等）。这两种理论均要求银行保持足够的流动性，但却一定程度上牺牲了银行的盈利水平。到了20世纪50年代，负债理论的出现将侧重点放到了银行的负债方，该理论认为银行并不需要完全依赖于对资产的管理来保持流动性，还可以通过主动创造负债的方式来调整负债结构。

直到20世纪80年代初，随着利率市场化改革的推进以及金融管制的放松，银行业同业竞争的加剧使得银行在获取资金来源和保持盈利性方面都出现了较大的困难。原先单方面的从资产或负债的管理显得捉襟见肘，而对于银行资产和负债综合管理的重要性凸显出来。银行从类型、数量、组合等方面对其资产和负债进行综合规划，形成涵盖银行资产负债表内外总量、结构以及定价的资金系统性管理体系，从而达到银行对于流动性、安全性和盈利性均衡协调的设定目标。

（二）国内银行资产负债理论的实践历程

我国银行资产负债管理也经历了若干个改革历程，从最初的“实存实贷”到后来的资产负债比例管理，再进入到近年来的“大资管”资产负债管理阶段。在这个阶段，银行传统存贷款业务占比逐渐下降，各类表内、外新兴资产管理业务逐渐兴起，交叉性金融工具的不断涌现和跨市场金融产品的联系愈加密切，而互联网金融的迅速发展也为银行与信托、证券、保险、基金等机构合作提供了新的机遇，成为银行“做资产、创利润”的重要手段。但与此同时，这些新兴资管业务在帮助银行规避监管政策、产业调控政策，并利用不同金融市场标准不统一进行套利的同时，也蕴含着诸多潜在的风险隐患，甚至将威胁到金融体系的系统性安全。面对这一状况，自2016年下半年以来，人民银行和银监会开始加强对银行业的监管，金融去杠杆渐趋常态化。在此背景下，银行资产负债管理面临以下几个方面的新变化：

1. 流动性风险、交叉性风险不容忽视

在金融去杠杆以及中性偏紧的资金面下，2017年以来货币市场利率普遍上

涨，叠加宏观审慎考核、财政缴款、美联储加息、"三套利"等监管政策影响，对部分业务发展过分依赖金融市场融资的中小银行冲击较大，尤其是对其流动性管理、防止表外和同业风险传染管理增加了一定的难度。

2. 银行利润下滑、投资浮亏值得关注

2017 年以来，受多方面因素影响，部分中小银行资产负债间的利差明显缩窄，盈利能力大幅下滑。一方面，由于城市商业银行、农村商业银行的资金来源大部分是理财资金和同业资金，且同业资金占比较高，随着同业业务的监管不断趋严，该类业务很难进行下去；另一方面，随着货币市场利率上行，债券等资产价格下跌，在无法卖出资产或者委外投资亏损的情况下，虽然负债成本高企，但银行也必须坚持，并采取发行高收益率的个人理财和对公理财的方式弥补负债缺口。

3. 资管业务管理将越来越规范化

近期，人民银行发布了《关于规范金融机构资产管理业务的指导意见（征求意见稿)》，其主要目标是打破刚性兑付，使资产管理业务回归资产管理的本质。从对银行资产负债结构的影响来看，一方面，风险自担后部分资金势必会回转为存款，在扩大银行负债规模的同时，也在一定程度上降低了银行负债端的成本；另一方面，规范化的资管业务也将对银行的资产端产生重大影响。随着资管业务规模的扩张，银行非利息收入不断增加，存贷比和资本消耗不断降低，银行表内外资产负债的统筹配置和管理都将面临新的局面。

三、我国城市商业银行资产负债结构变化及影响效应分析

（一）我国城市商业银行资产负债结构的变化趋势

当前城市商业银行的经营环境正在发生深刻变革：第一，"大资管"下，实体经济融资渠道拓展、效率提高，部分银行出现监管套利和规避资本约束诉求；第二，利率市场化改革进入"深水区"，商业银行间竞争加剧，存贷利差缩小；第三，互联网金融迅速崛起，商业银行以网点拉动存款的地域优势减弱；第四，资本市场发展较快，以间接融资为主的商业银行受到挑战，传统业务需要转型；第五，受到外汇占款变化、货币市场波动等因素影响，银行体系流动性供求格局发生变化，流动性管理的复杂性和难度加大。在此背景下，城市商业银行开始拓宽资金运用和资金来源渠道，相应地逐步调整资产负债的配置，主要表现在以下两个方面：

1. 资金配置多元化趋势明显，非传统资产占比呈现上行态势

近年来，随着经济下行压力的增大，商业银行面临的经营压力和资产压力日益增加，除了传统的信贷业务以外，迫切需要找新的盈利增长点。与此同时，随着利率市场化改革和直接融资快速发展，资金运用呈现多元化趋势，同业和

投资业务成为银行拓展业务空间的重要抓手。

从图 1 我国 90 家样本城市商业银行的资产配置及结构变化情况可以看出：城市商业银行传统贷款资产占比不断下降，从 2009 年的 50.95% 下降到 2016 年的 36.69%，下降幅度达到 14 个百分点；同业资产占比相对较小，其波动幅度在 4% ~10%；而其他投资类资产所占比重稳步上升，从 2009 年的 44.92% 上升到 2016 年的 58.45%，自从 2013 年以来，在总资产中所占比重一直超过 50%。由此可见，2009—2016 年八年间我国城市商业银行的资产配置结构在不断调整，非传统资产业务发展迅速。

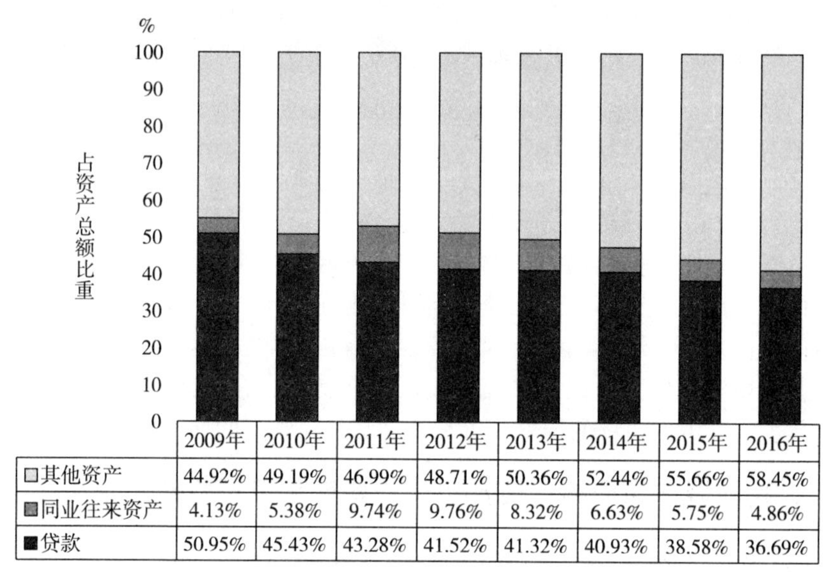

	2009年	2010年	2011年	2012年	2013年	2014年	2015年	2016年
□其他资产	44.92%	49.19%	46.99%	48.71%	50.36%	52.44%	55.66%	58.45%
■同业往来资产	4.13%	5.38%	9.74%	9.76%	8.32%	6.63%	5.75%	4.86%
■贷款	50.95%	45.43%	43.28%	41.52%	41.32%	40.93%	38.58%	36.69%

资料来源：根据 Wind 数据库和各家城市商业银行年报的相关数据整理计算而得。

图 1　90 家样本城商行资产配置及结构变化趋势

2. 负债来源多样化，非传统负债占比出现上升趋势

在利率市场化和融合多功能的互联网金融创新产品影响下，银行存款开始震荡下行，主动型负债业务快速增长，成为近年来城市商业银行负债规模扩张的主要动因之一。

从图 2 我国 90 家样本城市商业银行负债配置及结构变化情况可以看出：虽然城市商业银行的资金来源仍然以传统存款业务为主，但其所占比重逐渐下降，从 2009 年的 86.10% 下降到 2016 年的 63.47%，下降幅度达到将近 23 个百分点；同业往来和其他负债等主动型负债比重稳步提高，2009 年占比不足 14%，到 2016 年占比超过 36%，增长了 1.62 倍。由此可见，2009—2016 年八年间我

国城市商业银行的负债配置结构也在不断调整，主动型负债业务发展迅速[①]。

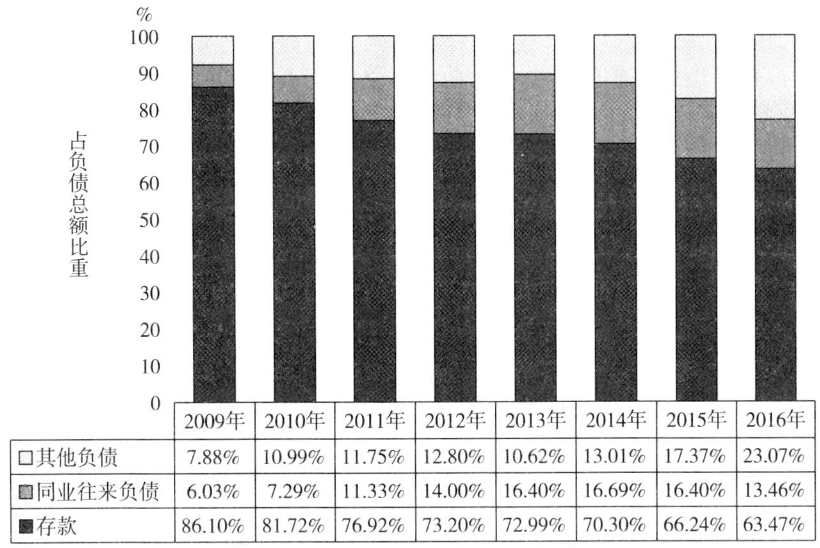

	2009年	2010年	2011年	2012年	2013年	2014年	2015年	2016年
□其他负债	7.88%	10.99%	11.75%	12.80%	10.62%	13.01%	17.37%	23.07%
▩同业往来负债	6.03%	7.29%	11.33%	14.00%	16.40%	16.69%	16.40%	13.46%
■存款	86.10%	81.72%	76.92%	73.20%	72.99%	70.30%	66.24%	63.47%

资料来源：根据 Wind 数据库和各家城市商业银行年报的相关数据整理计算而得。

图 2　90 家样本城商行负债配置及结构变化趋势

（二）我国城市商业银行资产负债多元化对经营绩效的影响效应

当前国内外已经有许多学者对商业银行的多元化经营与绩效关系进行研究，但是尚未形成一致结论，主要有三种代表性观点。第一种观点认为，多元化经营所产生的规模经济和范围经济效应能够提高商业银行效益，同时通过资产组合实现多元化经营可以有效分散风险（Gallo 等，1996；朱建武和李华晶，2001）；第二种观点认为，多元化经营会增加代理成本和监管成本，同时，传统业务被挤占，非利息收入的高成本和高波动性会降低商业银行的收益（Laeven 和 Levine，2007；周开国和李琳，2011；张雪兰，2011）；第三种观点认为，多元化经营虽然可以分散风险，但对银行收益没有显著影响（刘孟飞等，2012；王华和刘艳春，2017）。

那么城市商业银行资产负债配置多元化的变化趋势是否可以相应地提高经营绩效呢？从资产端看，城市商业银行通过多元化资产的配置会对盈利水平和经营风险产生影响。一方面，城市商业银行可以通过资产多元化，将剩余资金配置到同业业务和投资业务等非传统资产业务，拓宽城市商业银行的盈利渠道

① 在同业市场上，国有银行资金相对丰富，往往是资金的拆出方，而以城市商业银行为代表的中小银行资金较为短缺，往往是资金的拆入方，因此城市商业银行同业负债占比要高于同业资产占比。

（陈一洪，2017）；虽然规模经济和范围经济能够提高银行的收益，但是城市商业银行如果要实现净收益，必须控制好多元化经营带来的代理成本。另一方面，资产多元化通过提高非信贷资产的比重，缓解传统贷款业务的压力，降低城市商业银行对贷款业务的依赖，优化资产配置结构，资产组合是分散风险的重要途径（薛超和李政，2014）。

从负债端看，随着利率市场化的逐步实现和互联网金融产品竞争的加剧，城市商业银行揽储压力增加、存款占比下降，于是转向市场化的批发类融资来补充资金来源，从而摆脱对存款的依赖。一方面，由于批发类融资比一般存款的市场化程度高，其价格会依据城市商业银行的经营状况、品牌价值、规模大小而定，因此在品牌和规模等方面处于劣势的城市商业银行融资成本往往相对较高，盈利能力也相对较弱（Fehct 等，2011）。另一方面，城市商业银行不同的融资方式和杠杆率可能会对流动性风险管理产生显著影响（Angeloni 等，2012）；同时，由于效率低下、监管不足等问题的存在，在一定程度上批发类融资会加大银行风险，尤其是对短期批发类融资占比较高的城市商业银行而言，风险可能更大。因此，相对于资产多元化而言，负债多元化对城市商业银行经营绩效的影响更为复杂。

考虑到不同类型的城市商业银行各具特点，资产负债多元化对经营绩效的影响效应可能不尽相同。因此，本文的主要贡献在于：在国内外相关研究的基础上进行拓展，依据网点建设、品牌价值和行业地位三个维度的综合实力排名，将我国城市商业银行分为三种类型，并对城市商业银行资产负债多元化的经营绩效进行分类研究，以期得到更为客观的研究结论。

四、指标设计、模型构建与样本说明

（一）指标设计

1. 经营绩效指标

（1）盈利水平指标

由于样本期内城市商业银行存在发债、增资扩股等资本补充现象，导致净资产的波动比较大，同时为了更好体现城市商业银行的资源利用能力，本文用平均总资产收益率（净利润/年初与年末总资产均值）来衡量城市商业银行的盈利水平①。

（2）经营风险指标

在衡量城市商业银行经营风险指标的选取上，常用指标包括拨备覆盖率、

① 资产收益率指标可以扣除各项资本变动导致净资产差异的影响，增加不同规模城市商业银行盈利性的可比性。

不良贷款率及破产风险等，由于拨备覆盖率和不良贷款率属于事后变量，而破产风险具有先兆性、体现了银行整体风险，可以相对准确地衡量银行经营风险。因此借鉴王旭（2013）的做法，选用资产收益率的 Z 值来衡量城市商业银行的经营风险。在具体运用中，Z 值的计算方法有所差异，在此进行简单推导。

我们将商业银行破产的可能性定义为净资产无法抵补亏损的可能性，则 $P(\pi + R < 0) = P(\pi < -R)$，其中，$\pi$ 表示净利润，R 表示净资产。

假设 ROA 的分布函数 f（ROA）满足正态分布，ROA 的期望和标准差分别记为 E_{ROA} 和 σ_{ROA}，则

$$P(\pi/A < -R/A) = P(ROA < -R/A) = \int_{-\infty}^{-R/A} f(ROA)\,dROA$$

$$= \int_{-\infty}^{-R/A} \frac{1}{\sqrt{2\pi}} e^{\frac{ROA2}{2}} dROA = \frac{\sigma_{ROA}^2}{(E_{ROA} + R/A)^2} = \frac{1}{Z^2}$$

最终得到 Z 值的计算公式为：$Z = (E_{ROA} + R/A)/\sigma_{ROA}$。其中，$ROA$ 表示资产收益率，R/A 表示净资产与总资产的比重。Z 值与城市商业银行的经营风险呈负相关，即 Z 值越大，表明银行破产概率越低，经营风险越小。

（3）风险收益综合指标

如果单纯考虑城市商业银行资产负债多元化对风险或者收益的影响，则只研究资产负债多元化对银行综合收益和风险的影响显得有些片面，所以本文进一步选择夏普指数来研究资产负债多元化对于风险调整后收益的影响，从而综合考虑风险和收益两个方面因素。夏普指数的计算公式为：$XP = ROE/\sigma_{ROE}$。其中，ROE 表示资本收益率，σ_{ROE} 表示资本收益率的标准差。夏普指数越大，表明银行单位风险的收益越大，反之则越小。

2. 资产负债多元化指标

为了构建资产负债多元化指标，本文首先将资产负债业务分成三种类型。资产业务分为贷款、同业往来资产和其他资产，在总资产中所占比重分别记为 a_1、a_2、a_3；负债业务分为存款、同业往来负债和其他负债，在总负债中所占比重分别记为 d_1、d_2、d_3。其中，贷款和存款业务属于银行的传统业务，其他资产业务包括持有到期证券、可交易证券、金融衍生品和其他盈利资产，其他负债业务包括金融衍生品、货币市工具和其他计息负债。然后，根据每项资产负债业务所占比重，利用 Herfindahl（赫芬达尔）指数进行合成①。资产和负债的赫达芬尔指数计算公式如下：

① 赫芬达尔指数最初用于衡量产业集中度，是衡量多元化经营最常用的方法，其优势在于能够较平均反映每类业务的比例。

$$\begin{cases} AH = 1 - (a_1^2 + a_2^2 + a_3^2), a_1 + a_2 + a_3 = 1 \\ DH = 1 - (d_1^2 + d_2^2 + d_3^2), d_1 + d_2 + d_3 = 1 \end{cases}$$

AH 和 *DH* 指数值越大说明城市商业银行资产负债业务的多元化程度越大。如果银行只有一种类型的资产业务或负债业务，则 *AH*、*DH* 值为零，表明资产负债业务完全集中，不存在多元化现象。

3. 控制变量

参考已有的相关研究，考虑我国城市商业银行的特殊性，本文从银行自身和宏观经济两个层面对控制变量进行筛选。鉴于数据的可获得性，银行自身层面的控制变量包括资产规模（*LNA*）、资本充足率（*CAP*）和成本收入比（*CB*）；宏观经济层面的控制变量选取城市商业银行所在地区的经济增长率（*GDP*）。各变量的度量与定义见表 1。

表 1　　　　变量度量与定义

变量性质	变量名称	变量标识	变量含义
因变量	盈利水平	*ROA*	平均总资产收益率 = 净利润/平均总资产
	经营风险	*LNZ*	*Z* 值的对数
	风险收益综合指标	*XP*	夏普指数
自变量	资产多元化	*AH*	资产的赫芬达尔指数
	负债多元化	*DH*	负债的赫芬达尔指数
控制变量	资产规模	*LNA*	期末总资产的对数
	资本充足率	*CAP*	资本总额/风险加权资产
	成本收入	*CB*	营业成本/营业收入
	经济发展水平	*GDP*	城市商业银行所在地区生产总值增长率

（二）模型构建与方法选择

依据上述指标的设计，考虑因变量与自变量之间潜在的内生性问题，最终构建如下六个模型：

$$ROA_{it} = \theta_0 + \theta_1 ROA_{it-1} + \theta_2 AH_{it} + \theta_3 LNA_{it} + \theta_4 CAP_{it} + \theta_5 CB_{it} + \theta_6 GDP_{it} + \varepsilon_{it} \tag{1}$$

$$ROA_{it} = \theta_0 + \theta_1 ROA_{it-1} + \theta_2 DH_{it} + \theta_3 LNA_{it} + \theta_4 CAP_{it} + \theta_5 CB_{it} + \theta_6 GDP_{it} + \varepsilon_{it} \tag{2}$$

$$LNZ_{it} = \theta_0 + \theta_1 LNZ_{it-1} + \theta_2 AH_{it} + \theta_3 LNA_{it} + \theta_4 CAP_{it} + \theta_5 CB_{it} + \theta_6 GDP_{it} + \varepsilon_{it} \tag{3}$$

$$LNZ_{it} = \theta_0 + \theta_1 LNZ_{it-1} + \theta_2 DH_{it} + \theta_3 LNA_{it} + \theta_4 CAP_{it} + \theta_5 CB_{it} + \theta_6 GDP_{it} + \varepsilon_{it} \tag{4}$$

$$XP_{it} = \theta_0 + \theta_1 XP_{it-1} + \theta_2 AH_{it} + \theta_3 LNA_{it} + \theta_4 CAP_{it} + \theta_5 CB_{it} + \theta_6 GDP_{it} + \varepsilon_{it} \quad (5)$$

$$XP_{it} = \theta_0 + \theta_1 XP_{it-1} + \theta_2 DH_{it} + \theta_3 LNA_{it} + \theta_4 CAP_{it} + \theta_5 CB_{it} + \theta_6 GDP_{it} + \varepsilon_{it} \quad (6)$$

模型（1）和模型（2）分别用来检验资产多元化和负债多元化对城市商业银行盈利水平的影响；模型（3）和模型（4）分别用来检验资产多元化和负债多元化对经营风险的影响；模型（5）和模型（6）分别用来检验资产多元化和负债多元化对风险收益的综合影响。

上述动态面板模型的自变量中含有因变量的滞后项，可能会出现内生性问题，传统的面板数据估计方法会造成参数估计的有偏性和非一致性，从而扭曲实证结果的经济含义。鉴于此，本文选择动态面板数据广义 GMM 法①。GMM 法能够获得更为有效的参数估计值，原因在于不必考虑随机误差项准确的分布信息，允许异方差和序列相关的存在。因此，用 GMM 法估计动态面板模型的主要优势在于：一方面，即便存在单位根，估计结果仍然有效；另一方面，通过恰当使用工具变量的方法克服了潜在内生性问题的影响。GMM 法分为差分 GMM 和系统 GMM 两种类型，但是，差分 GMM 法对于不随时间变化的变法，系统 GMM 法进一步考虑了水平方程的信息量系数无法估计，并且容易产生弱工具变量问题。相对于差分 GMM，估计效率更高。因此，本文最终选取系统 GMM 估计方法。

（三）样本选择与数据说明

由于我国部分城市商业银行变量数据不完整，本文将其剔除之后最终选取 90 家城市商业银行作为研究样本，地域范围几乎涵盖全国所有省份（不包括海南和西藏），样本的研究期间为 2009—2016 年。银行相关数据来源于历年各家城市商业银行披露的年报和 Wind 资讯，GDP 数据来源于《中国统计年鉴》和国研网，个别缺失的数据通过移动平均法获得。90 家样本城市商业银行各变量的描述性统计结果见表 2。

表 2　　变量描述性统计结果

变量	观测值	平均值	标准差	最小值	最大值
ROA（%）	720	1.160179	0.440475	0.056948	2.983048
LNZ	720	3.43315	0.51678	2.15340	5.07411
XP	720	4.19044	2.12525	0.087959	12.25645

① 诸如普通最小二乘法、工具变量法和极大似然法等传统计量经济学估计方法只有在其参数估计量满足某些假设时才能得到可靠的估计。而 GMM 法不必考虑随机误差项准确的分布信息，允许异方差和序列相关的存在，能够得到更为有效的参数估计量。

续表

变量	观测值	平均值	标准差	最小值	最大值
AH	720	0.53103	0.06048	0.03657	0.66551
DH	720	0.32509	0.16211	0.01929	0.63193
LNA	720	15.89181	1.08538	13.18070	19.17037
CAP	720	0.13328	0.02580	0.05690	0.40303
CB	720	0.34018	0.07753	0.14830	0.66633
GDP	720	0.09963	0.00743	0.06986	0.11284

为了考察不同类型城市商业银行资产负债多元化经营绩效的差异性，本文依据《2017 年中国城市商业银行排行榜》中网点建设（isite）、品牌价值（ibrand）和行业地位（ipower）三个维度的综合得分情况，对样本城市商业银行进行排名，并将其分为以下三种类型：排名 1～30，综合实力水平较强的城市商业银行属于第一种类型；排名 31～60，综合实力水平一般的银行属于第二种类型；排名 61～90，综合实力水平较弱的银行属于第三种类型。具体分类结果见表 3。

表 3　城市商业银行的三种类型划分

第一类城市商业银行		第二类城市商业银行		第三类城市商业银行	
排名	银行名称	排名	银行名称	排名	银行名称
1	北京银行	31	四川天府银行	61	鞍山银行
2	江苏银行	32	龙江银行	62	承德银行
3	南京银行	33	富滇银行	63	大同银行
4	上海银行	34	九江银行	64	东营银行
5	宁波银行	35	温州银行	65	鄂尔多斯银行
6	盛京银行	36	威海市商业银行	66	福建海峡银行
7	徽商银行	37	台州银行	67	葫芦岛银行
8	杭州银行	38	西安银行	68	湖州银行
9	天津银行	39	长安银行	69	济宁银行
10	厦门国际银行	40	晋商银行	70	嘉兴银行
11	锦州银行	41	广西北部湾银行	71	焦作中旅银行
12	广州银行	42	宁夏银行	72	金华银行
13	吉林银行	43	桂林银行	73	晋城银行
14	包商银行	44	厦门银行	74	莱商银行
15	哈尔滨银行	45	沧州银行	75	乐山市商业银行

续表

第一类城市商业银行		第二类城市商业银行		第三类城市商业银行	
排名	银行名称	排名	银行名称	排名	银行名称
16	郑州银行	46	邯郸银行	76	凉山州商业银行
17	成都银行	47	唐山银行	77	辽阳银行
18	重庆银行	48	张家口银行	78	临商银行
19	长沙银行	49	珠海华润银行	79	柳州银行
20	河北银行	50	内蒙古银行	80	攀枝花市商业银行
21	汉口银行	51	浙江民泰商业银行	81	曲靖市商业银行
22	江西银行	52	营口银行	82	泉州银行
23	大连银行	53	重庆三峡银行	83	日照银行
24	华融湘江银行	54	浙江泰隆商业银行	84	上饶银行
25	青岛银行	55	绍兴银行	85	石嘴山银行
26	贵阳银行	56	齐商银行	86	泰安银行
27	苏州银行	57	阜新银行	87	潍坊银行
28	兰州银行	58	赣州银行	88	枣庄银行
29	昆仑银行	59	青海银行	89	长治银行
30	东莞银行	60	洛阳银行	90	自贡银行

五、实证结果分析

表4至表6估计结果表明，城市商业银行盈利水平（*ROA*）、经营风险（*LNZ*）、夏普指数（*XP*）一阶滞后项 *ROA*. L1、*LNZ*. L1 和 *XP*. L1 的估计系数均在1%水平上显著为正，说明盈利水平（*ROA*）、经营风险（*LNZ*）和夏普指数（*XP*）与前一期显著正相关，即本文运用动态面板模型是合理的。此外，从表4至表6中扰动项自相关（AR）检验和过度识别（Sargan）检验结果来看，AR（2）和 Sargan 的 P 值大于10%，分别说明扰动项不存在二阶自相关、GMM 方法估计的所有工具变量均有效[①]。因此，本文设置的六个动态面板模型及系统 GMM 法估计结果是合理有效的。

（一）城市商业银行资产负债多元化对盈利水平影响

表4显示了城市商业银行资产负债多元化对盈利水平影响的实证结果。从

① 对于动态面板数据模型，为了保证 GMM 估计的有效性，排除模型设定误差，需要对扰动项的自相关性和工具变量的有效性进行检验。分别用 AR（2）和 Sargan 统计量来实现，其原假设分别为"扰动项不存在二阶自相关""GMM 估计的所有工具变量均有效"。

资产端看，资产多元化（*AH*）对第一类、第二类、第三类城市商业银行盈利能力（*ROA*）的影响系数分别为 0.6211（显著性水平为 1%）、0.3383（显著性水平为 5%）、-0.1348（不显著）。说明资产多元化能够显著提高第一类和第二类城市商业银行的盈利水平，并且第一类城市商业银行由于资产多元化得到的收益更多；而对于第三类城市商业银行而言，资产多元化对其盈利水平没有显著影响。第三类城市商业银行由于规模和业务范围的局限性，较难实现范围经济和规模经济，因此资产多元化并不能改善盈利状况。

表 4　　　　城市商业银行资产负债多元化对盈利水平的影响

	第一类城市商业银行		第二类城市商业银行		第三类城市商业银行	
	ROA	*ROA*	*ROA*	*ROA*	*ROA*	*ROA*
ROA. L1	0.7129*** (19.66)	0.6861*** (16.95)	0.6390*** (9.67)	0.6851*** (12.93)	0.5985*** (21.15)	0.5332*** (15.31)
AH	0.6211*** (3.39)		0.3383** (2.30)		-0.1348 (-1.30)	
DH		0.2613* (1.84)		-0.2750*** (-2.61)		-0.9037*** (-4.52)
LNA	-0.2135*** (-7.23)	-0.2412*** (-5.87)	-0.2511*** (-8.15)	-0.1989*** (-6.24)	-0.2650*** (-7.58)	0.0052 (0.10)
CAP	-0.0051 (-1.29)	-0.0108** (-2.45)	0.0000 (0.00)	0.0049 (0.74)	0.0174*** (2.71)	0.0209*** (3.54)
CB	-0.0172*** (-8.24)	-0.0155*** (-12.60)	-0.0193*** (-5.26)	-0.0177*** (-5.78)	-0.0215*** (-9.27)	-0.0202*** (-7.73)
GDP	-0.1000 (-0.69)	-0.1258 (-0.53)	0.0781** (1.96)	0.0558* (1.64)	0.0495 (1.13)	0.1710*** (3.77)
AR (1)	0.0018	0.0038	0.0178	0.0111	0.0138	0.0133
AR (2)	0.3047	0.2760	0.1936	0.2015	0.5076	0.5908
Sargan	0.3166	0.3407	0.2564	0.1809	0.1122	0.2705

注：*ROA*. L1 表示因变量 *ROA* 的一阶滞后项；括号内为 z 值；***、**、* 分别表示在 1%、5%、10% 水平上显著；AR（1）、AR（2）和 Sargan 检验的输出结果为 P 值。

从负债端看，负债多元化（*AH*）对第一类、第二类、第三类城市商业银行盈利能力（*ROA*）的影响系数分别为 0.2613（显著性水平为 10%）、-0.2750（显著性水平为 1%）、-0.9037（显著性水平为 1%）。说明负债多元化能够显著提高第一类城市商业银行的盈利水平；而对于第二类和第三类城市商业银行而言，负债多元化会显著降低盈利水平，并且第三类城市商业银由于负债多元化受到的损失更多。在"大资管"下，随着金融产品创新不断增加，银行负债业务竞争加剧，城市商业银行存款流失的压力加大。与传统存款业务不同，非存款性融资业务的市场化程度较高。第二类和第三类城市商业银行由于规模、网点、品牌和行业影响力等方面的实力不强，在金融市场的竞争中处于劣势，在市场化的非存款性融资业务中议价能力较弱，其非传统负债业务的融资成本也相对较高，因此负债多元化反而会降低其盈利水平。

（二）城市商业银行资产负债多元化对经营风险影响

表5显示了城市商业银行资产负债多元化对经营风险影响的实证结果。从资产端看，资产多元化（*AH*）对第一类、第二类、第三类城市商业银行经营风险（*LNZ*）的影响系数分别为0.5368（显著性水平为5%）、0.2925（显著性水平为5%）、-0.1431（不显著）。说明资产多元化能够显著降低第一类和第二类城市商业银行的经营风险，并且第一类城市商业银行由于资产多元化能够更好地分散风险；而对于第三类城市商业银行而言，资产多元化对经营风险没有显著影响。一般而言，资产多元化能够优化资产配置结构，降低对贷款业务的依赖性，缓解贷款压力，降低不良贷款率，分散经营风险。而同业、投资等非传统资产业务的逐利性强、稳定性差，会带来一定的信用风险和流动性风险等问题。第三类商业银行由于规模比较小，在同业合作平台和投资渠道上均处于劣势，不能弱化非传统资产业务带来的不利影响，因此，无法有效分散经营风险。

从负债端看，负债多元化（*AH*）对第一类、第二类、第三类城市商业银行经营风险（*LNZ*）的影响系数分别为-0.6110（显著性水平为1%）、-0.7623（显著性水平为1%）、-0.7625（显著性水平为1%）。说明负债多元化会显著增加三类城市商业银行的经营风险，并且经营风险的增加程度从第一类、第二类到第三类城市商业银行依次递增。该结论基本与薛超和李政（2014）、陈一洪（2017）的研究一致，非存款性融资会增加银行经营风险，综合实力越强的城市商业银行能够在一定程度上弱化负债多元化对经营风险的不利影响。

表5　　城市商业银行资产负债多元化对经营风险的影响

	第一类城市商业银行		第二类城市商业银行		第三类城市商业银行	
	LNZ	*LNZ*	*LNZ*	*LNZ*	*LNZ*	*LNZ*
LNZ. L1	0.6022*** (13.72)	0.6842*** (12.29)	0.4198*** (7.82)	0.2786*** (3.99)	0.6412*** (10.49)	0.7326*** (17.80)
AH	0.5368** (2.36)		0.2925** (2.26)		-0.1431 (-0.91)	
DH		-0.6110*** (-9.52)		-0.7623*** (-7.09)		-0.7625*** (-5.93)

续表

	第一类城市商业银行		第二类城市商业银行		第三类城市商业银行	
	LNZ	*LNZ*	*LNZ*	*LNZ*	*LNZ*	*LNZ*
LNA	-0.0062 (-0.20)	0.0661*** (3.05)	0.0697*** (2.82)	0.0617* (1.86)	0.1445*** (5.39)	0.0536 (1.22)
CAP	0.0426*** (14.14)	0.0370*** (11.33)	0.0414*** (9.78)	0.0443*** (13.04)	0.0455*** (10.85)	0.0468*** (12.63)
CB	-0.0056* (-2.00)	-0.0023 (-0.88)	-0.0092*** (-5.66)	-0.0097*** (-4.87)	0.0010 (0.53)	0.0024 (1.23)
GDP	0.0001 (0.00)	0.1078** (2.00)	0.2435*** (3.88)	0.2168*** (3.21)	0.2169*** (3.21)	0.0813 (1.22)
AR（1）	0.0001	0.0000	0.0005	0.0030	0.0121	0.0058
AR（2）	0.2304	0.1233	0.1555	0.1702	0.8331	0.8570
Sargan	0.1146	0.1295	0.1929	0.1658	0.1378	0.1872

注：*LNZ*. L1 表示因变量 *LNZ* 的一阶滞后项；括号内为 z 值；***、**、*分别表示在1%、5%、10%水平上显著；AR（1）、AR（2）和 Sargan 检验的输出结果为 P 值。

（三）城市商业银行资产负债多元化对风险收益综合影响

表6显示了城市商业银行资产负债多元化对风险收益综合影响的实证结果。从资产端看，资产多元化（*AH*）对第一类、第二类、第三类城市商业银行风险收益的综合影响系数分别为4.1623（显著性水平为1%）、1.3500（显著性水平为1%）、-1.1739（不显著）。说明资产多元化能够显著提高第一类和第二类城市商业银行经过风险调整后的收益水平，并且第一类城市商业银行提高幅度更大；而对于第三类城市商业银行而言，资产多元化对经过风险调整后的收益没有显著影响。

从负债端看，负债多元化（*AH*）对第一类、第二类、第三类城市商业银行风险收益的综合影响系数分别为3.3479（显著性水平为1%）、-0.3770（显著性水平为5%）、-1.3387（显著性水平为10%）。说明负债多元化能够显著提高第一类城市商业银行经过风险调整后的收益水平；而对于第二类和第三类城市商业银行而言，负债多元化对经过风险调整后的收益水平的影响均显著为负。

表 6　城市商业银行资产负债多元化对风险收益的综合影响

	第一类城市商业银行		第二类城市商业银行		第三类城市商业银行	
	XP	*XP*	*XP*	*XP*	*XP*	*XP*
XP. L1	0.4570*** (6.63)	0.3893*** (5.13)	0.7549*** (24.52)	0.7442** (21.71)	0.6639*** (11.30)	0.7022*** (12.91)
AH	4.1623*** (3.60)		1.3500*** (2.48)		-1.1739 (-0.86)	
DH		3.3479*** (3.56)		-0.3770** (-2.16)		-1.3387* (-1.68)
LNA	-1.2804*** (-4.05)	-2.1231*** (-6.01)	-0.6427*** (-5.17)	-0.9681*** (-6.73)	-0.5828*** (-3.55)	-0.3805** (-2.09)
CAP	-0.2368*** (-6.90)	-0.2499*** (-6.93)	-0.1972*** (-8.33)	-0.1775*** (-7.78)	-0.1505*** (-11.14)	-0.1459*** (-9.02)
CB	-0.0545*** (-2.92)	-0.0572*** (-3.46)	-0.0326** (-2.52)	-0.0320*** (-2.60)	-0.0581*** (-5.38)	-0.0581*** (-5.95)
GDP	0.5118 (0.88)	1.0960* (1.74)	-0.2004 (-0.84)	-0.0345 (-0.14)	0.3712* (1.68)	0.1811 (0.74)
AR（1）	0.0007	0.0006	0.0008	0.0008	0.0097	0.0043
AR（2）	0.1120	0.1147	0.8601	0.7922	0.6573	0.6571
Sargan	0.4110	0.4779	0.1178	0.3327	0.1703	0.1910

注：*XP*. L1 表示因变量 *XP* 的一阶滞后项；括号内为 z 值；***、**、* 分别表示在 1%、5%、10% 水平上显著；AR（1）、AR（2）和 Sargan 检验的输出结果为 P 值。

六、主要结论与建议

（一）主要结论

本文依据网点建设、品牌价值和行业地位三个维度的综合实力排名，将 90 家样本城市商业银行分为三种类型。基于 2009—2016 年相关数据，运用动态面板系统 GMM 法对城市商业银行资产负债多元化的经营绩效进行分类研究。通过三类城市商业银行的对比研究发现，不同类型城市商业银行资产负债多元化对于风险收益的影响效应不同（见表 7）。

表 7　三类城市商业银行资产负债多元化对风险收益影响系数及显著性汇总

样本	指标	资产多元化	显著性	负债多元化	显著性
第一类城市商业银行	*ROA*	0.6211	***	0.2613	*
	LNZ	0.5368	**	-0.6110	***
	XP	4.1623	***	3.3479	***
第二类城市商业银行	*ROA*	0.3383	**	-0.2750	***
	LNZ	0.2925	**	-0.7623	***
	XP	1.3500	***	-0.3770	**
第三类城市商业银行	*ROA*	-0.1348	无	-0.9037	***
	LNZ	-0.1431	无	-0.7625	***
	XP	-1.1739	无	-1.3387	*

由表 7 可见，综合实力较强的第一类城市商业银行资产多元化能够提高盈利水平同时降低经营风险，对于经过风险调整后的收益具有显著正效应；负债多元化能够提高盈利水平但同时会增加经营风险，对于经过风险调整后的收益具有显著正效应。综合实力一般的第二类城市商业银行资产多元化能够提高盈利水平同时降低经营风险，对于经过风险调整后的收益具有显著正效应；负债多元化会降低盈利水平同时增加经营风险，对于经过风险调整后的收益具有显著负效应。综合实力较弱的第三类城市商业银行资产多元化对盈利水平和经营风险没有显著影响，同时对于经过风险调整后的收益影响不显著；负债多元化会降低盈利水平同时增加经营风险，对于经过风险调整后的收益具有显著负效应。综合而言，城市商业银行的综合实力越强，资产负债多元化对风险收益的影响越积极；反之，城市商业银行的综合实力越弱，资产负债多元化对风险收益的影响越消极。

（二）相关对策建议

在“大资管”背景下，城市商业银行资产负债业务的多元化需要考虑综合实力状况，立足自身特点，权衡风险收益，构建多元化的资产负债管理模式，不能盲目扩张。相应的对策建议如下：

1. 综合实力较强的城市商业银行应该主动适应新形势，统筹表内外资产负债管理，从传统的“以存贷管理为核心”的资产负债管理模式转向“大资产负债”管理模式

从资产端看，要加强以资产配置为核心的表内外资产统筹管理，贯彻“大资管”思想，以信贷资产管理为主转向全面资产管理为主；加大自主创新力度，推进信贷、同业、投资、理财等业务的跨界融合，适当提高非传统信贷资产业务比重；对接资本市场，形成权益投资加固定收益投资的资产投资格局。

从负债端看，要强化以资金募集为核心的表内外负债统筹管理，形成多渠道、综合性的融资方式；在利率市场化大趋势下增强存款的非价格竞争力，并增强同业业务的资金融通能力；加强对客户的细分，依据客户的风险偏好主动进行相对应的资金募集，通过互联网技术搭建多元化业务平台，推动金融产品创新，提高主动负债能力以及资金来源的稳定性。

2. 综合实力一般的城市商业银行应该加强主动型资产负债管理，提升资产负债管理层级，优化资产负债管理结构

从资产端看，要合理发展主动型资产业务，构建运行灵活和层次多元化的资产结构；提高同业、投资资产及其他主动型资产占比，促进结构化和证券化的新业务，培育资产业务新的增长点；构建以资产收益为约束的定价机制，优化资产配置方式，权衡规模增长与收益空间的平衡，保持资产结构的稳健性和多元化。

从负债端看，要在保证传统存款负债稳定性的基础上，积极顺应市场形势变化，加强主动型负债管理；从资金需求出发，控制融资成本、分散资金来源、稳定负债结构，统筹被动与主动负债业务；在吸收成本低、稳定性好的结算性资金满足流动性需求的同时，通过金融债券、同业存单和大额存单等融资方式满足中长期资金需求，从而优化负债配置结构。

3. 综合实力较弱的城市商业银行应该巩固传统资产负债业务，重视与当地客户的关系，加强特色服务

从资产端看，要结合银行发展战略导向，统筹客户结构和资金运用方向，构建新型信贷架构；主动适应未来承贷主体变化，夯实信贷客户基础，降低信贷客户的集中度，优化客户结构；加大资金向商业模式创新、社会需求升级和技术创新驱动的新兴市场倾斜，优化信贷资金投向；把握消费结构转型、扩大内需的机遇，开拓居民消费信贷市场，创新信贷业务模式。

从负债端看，要构建以流动性为边界和以成本为导向的负债结构优化机制，突出存款的核心地位，巩固低成本资金来源；加强被动型负债的可控性，同时提高企业结算性资金沉淀和储蓄存款等低成本资金来源的比重；充分挖掘产品、服务和渠道等方面的潜力，满足客户多样化需求，提高客户黏性，保证资金来源的稳定性。

4. 监管部门应该在规范银行资产负债管理业务健康发展的同时，加强监管协调并营造稳定政策预期

一方面，要多措并举，促进银行资产管理业务规范发展。尽快建立资管业务专项统计制度，全面监测银行开展资管业务的规模、结构、利率和期限等情况；在此基础上，进一步完善资管业务管理办法，打破刚性兑付，回归资管业务“受人之托、代客理财、风险自担”的本质；不断完善宏观审慎政策框架，

适时将相关业务纳入宏观审慎管理体系，强化对银行资产负债扩张、流动性管理等方面的评估和引导，有效防范系统性金融风险。

另一方面，要加强监管协调，有效发挥监管合力。进一步明确、细化资管业务的投资范围、业务品种等方面的规定，清晰界定银行同业、表外等业务的相关要求；针对一些跨市场、交叉性金融业务的监督管理，应制定分类统一的标准规则，逐步消除监管套利空间，清理和规范不必要的中间环节；在金融去杠杆过程中，应加强监管部门之间的沟通与协调，建立灵活的联动机制，避免政策叠加可能导致的用力过猛，进而诱发其他金融风险。

参考文献

[1] 陈一洪．商业银行资产负债结构变化的风险收益分析——基于50家城商行动态面板数据GMM方法［J］．北京社会科学，2017（1）．

[2] 刘孟飞，张晓岚，张超．我国商业银行业务多元化、经营绩效与风险相关性研究［J］．国际金融研究，2012（8）．

[3] 王华，刘艳春．我国上市商业银行多元化经营与绩效的关系研究——基于面板分位数回归的实证分析［J］．技术经济与管理研究，2017（7）．

[4] 王旭．商业银行贷款集中度的风险与收益研究——基于中国18家商业银行面板数据的分析［J］．金融经济学研究，2013（4）．

[5] 薛超，李政．多元化经营能否改善我国城市商业银行经营绩效——基于资产和资金来源的视角［J］．当代经济科学，2014（1）．

[6] 杨坚旭．新常态下商业银行资产负债管理突围转型［J］．银行家，2016（4）．

[7] 易会满．重构银行资产负债表［J］．中国金融，2017（1）．

[8] 张雪兰．收入多元化能降低银行风险吗？——基于中国银行业（2001—2010）的实证研究［J］．投资研究，2011（12）．

[9] 周开国，李琳．中国商业银行收入结构多元化对银行风险的影响［J］．国际金融研究，2011（5）．

[10] 朱建武，李华晶．我国中小商业银行多元化经营的效应分析［J］．金融论坛，2001（1）．

[11] Angeloni I. E.，Faia M. Dunca L.．Monetary Policy and Risk Taking［R］．European Central Bank Working Paper，2012.

[12] Fehct F.，Nyborg K. G.，Rocholl J.．The price of liquidity：The effects of market conditions and bank characteristics［J］．Journal of Financial Economics，2011（2）．

[13] Gallo J.，Apilado V. Kolari J.．Commercial Bank Mutual Fund Activities：

Implications for Bank Risk and Profitability [J]. Journal of Banking and Finance, 1996 (20).

[14] Laeven L., Levine R.. Is There a Diversification Discount in Financial Conglomerates? [J]. Journal of Financial Economics, 2007, 85 (2).

数字技术推动普惠金融发展研究

中国邮政储蓄银行浙江省分行课题组*

一、研究背景

（一）普惠金融的内涵

普惠金融指在成本可负担的前提下，将金融服务扩展到欠发达地区和社会低收入人群，不断提高金融服务的可获得性。普惠金融在减少贫困和实现包容性经济增长方面发挥着重要的促进作用，越来越多的人关注普惠金融政策和措施。

目前，国际层面已有多个国际组织研究设计的普惠金融指标体系正式投入应用。近年来，我国银行账户保有率、储蓄、金融机构数、金融机构分支机构数和 ATM 数等相关指标世界排名靠前，且增长较快，这表明我国普惠金融发展取得了积极成效。

从我国各地的实践来看，以浙江省为代表的经济发达省份开展普惠金融已有较好的基础和比较显著的成效。浙江省通过开展一系列区域金融创新试点，积极发展小微、普惠金融。温州金融综合改革，丽水农村金融改革、台州小微金融改革等，在多个方面属于国内首创，走在了全国同行的前列。部分西部省份则抓住“一带一路”倡议的契机，积极布局发展普惠金融，进展明显。以甘肃省为例，从 2016 年起，甘肃省实施“互联网 +”普惠金融行动计划，鼓励互联网与银行、证券、保险、基金融合创新，为大众提供丰富、安全、便捷的金融产品和服务，促进互联网金融发展。

（二）数字技术在推进普惠金融中的优势

当前发展普惠金融的主要问题有以下方面。从金融机构角度看，主要是与商业性金融业务相比，普惠金融成本较高、收益较低、风险较大。对于中低收入人群和小微企业而言，目前存在一定程度的金融排斥现象，即使能够获得金融服务，也存在门槛高（即可得性较低）、成本高（即借贷利率较高）、种类少、便捷性低等问题。

---

* 课题主持人：马洪宁
课题组成员：刘卫忠　王　毅　郁国培　姚星垣　朱　熹

随着数字技术，尤其是移动互联网技术的发展，这种情况正在发生积极转变。依托移动互联网，用户使用手机、笔记本电脑、平板电脑等移动终端，获取移动通信网络服务和互联网服务。相较传统互联网而言，移动互联网具备实时性、隐私性、便携性、可定位等特点。正是由于数字技术在推广普惠金融中的特殊优势，普惠金融的发展需要及时地转变其运营模式，从而构建起兼顾商业利益与普惠金融发展的可持续发展模式。

（三）邮储银行浙江省分行利用数字技术推进普惠金融实践

从邮储银行浙江省分行近年的实践来看，该行利用数字技术推进普惠金融主要方式包括：构建网络渠道，创新线上产品，利用内外部大数据实现获客平台化、审批自动化以及风险识别和监测等功能。具体做法如下：

1. 构建线上线下一体的网络渠道

邮储银行在农村地区网点众多，客户认知度高，在浙江省内（不含宁波，下同）拥有1 300余个营业网点、近3 700台自助设备，其中80%以上的网点、70%以上的ATM、80%以上的离行式自助银行分布在县及县以下区域。提供电话银行、网上银行、手机银行、电视银行、微信银行、微博银行等电子服务渠道，服务触角遍及广袤城乡。此外，在全省设立了43个金融空白乡镇服务点、4 700余个银行卡助农取款点。在村邮站、助农取款服务点基础上，试行理财产品、小额信贷、信用卡、支付结算等一体营销模式，打造了870个农村金融综合服务站。

2. 建设“移动展业+信贷工厂”作业模式，推进审批自动化

上线新一代零售信贷工厂，推行审批自动化，借助新一代零售信贷工厂项目，实现了前台、中台、后台各环节的标准化作业，降低前中台沟通成本，提高了工作质量及效率。经过试点，信贷工厂审批模式较传统模式，客户经理效率提升40%。同时推广移动展业设备在零售信贷、尤其是农村信贷业务上的运用，规范业务操作，推进“移动展业+信贷工厂”的作业模式，实现线上服务流程。

3. 与政府部门数据对接，推进获客平台化建设

邮储银行浙江省分行同省国税、省地税达成战略合作，通过纳税服务与金融服务的互利对接，拓展小微企业融资渠道，为稳定经营、纳税记录良好且纳税评级为B级以上的企业发放信用贷款。通过开发建设银税对接查询系统，同步上线移动端APP查询功能，与国税实现线上对接，实时获取客户纳税评级、财务数据、缴税情况等信息，切实提升作业效率。在农村客户方面，与各地农办合作，批量获取当地种粮大户信息，累计服务粮食生产类客户1 000余户，金额超2.5亿元。

4. 运用大数据，搭建小微金融综合服务线上平台

上线了集客户管理、预警管理、在线获客、数据分析等功能为一体的综合小微金融服务平台。该平台借助互联网、云计算技术，以手机APP与外部系统接入为手段，通过行内、行外数据综合运用，实现集在线获客、贷前管理、预

警管理、客户营销管理为一体的综合性平台，后续将实现客户交易撮合功能、客户全景管理全线上在线融资业务。在线获客包括了银税对接（银行与东方微银）、银票对接（银行与企业发票信息——航天信息）、银联对接（银行与中国银联）三个获客渠道，通过与行外平台、行内系统对接，实现在线筛选客户、在线作业、在线贷后实时监测的功能。

5. 持续推进产品创新

邮储银行根据浙江省经济特点，持续完善“三农”信贷产品线，目前已形成“普适型产品为主导、特色型产品作补充”的较为完善的产品体系。同时加快网贷类新产品落地推广，以小额 E 捷贷、掌柜贷、个商 E 捷贷、网贷通等为基础，推进线上产品的发展。

二、数字技术支持普惠金融调查研究

G20 杭州峰会发布了《数字普惠金融高级原则》，其中第一条、第二条原则分别就是“倡导利用数字技术推动普惠金融发展”和“平衡好数字普惠金融发展中的创新与风险”。基于这些原则，我们认为发展普惠金融的核心评价标准就是可得性、丰富度和安全性。

可得性，从整体上就是要提高获得金融服务的人群在总体上的比例。从个体角度上看，就是要提高各个经济主体，尤其是原来被排除在金融服务以外的主体获得金融服务的可能性，即提高可获得性。

丰富度，是指要提高普惠金融产品和服务的丰富度，金融产品要有差异性和层次性，让更多的主体能够享受到更加丰富多元的金融服务。

安全性，移动互联网金融风险既包括传统金融风险，又包括新技术条件下的移动互联网风险。移动互联网自身存在的安全问题和金融业特有的风险问题可能相互放大，从而导致系统性金融风险。

表 1 以邮储银行浙江分行举例，从三个维度进行评价

评价维度	优势	不足
可得性	线上线下网络渠道遍布城乡，产品众多，且借助政府和互联网平台获客。在服务的可得性方面得到保障	金融咨询和金融教育方面的服务还需要加强
丰富度	邮储银行电子银行、手机银行功能丰富，可实现大部分支付业务、查询业务、理财业务等功能。此外，邮储银行还发挥金融引领作用，利用电商数据平台，解决农户商户销售问题	但资产业务端的线上产品丰富性还不够。仅有小额 E 捷贷、掌柜贷、个商 E 捷贷、网贷通、邮享贷等少数几种可实现线上功能
安全性	邮储银行作为在香港上市的全国性大型零售商业银行，具有完备的治理机制和风控机制，在金融服务的安全性方面应该具有良好的保障和信誉	

本文从可得性、丰富度、安全性三个角度，通过调查问卷的方式，对数字支持普惠金融发展进行调研分析。

（一）调研方案

1. 调研对象

我们将主要调研对象分为两类：东部经济发达省份中相对欠发达地区和西部经济欠发达地区。同时，为了尽可能克服样本选择中的地域性偏差，我们选择两省中经济相对发达的地区作为对照，即浙江省杭州市和甘肃省兰州市。

2. 问卷设计

问卷调查中的问题可以分为三大类型：第一类是样本的基本情况，包括年龄、性别、家庭收入等基本问题。第二类是对于基于移动互联网的普惠金融发展的一般认识问题。第三类是对于移动互联网普惠金融的实际效果的评价。采用问卷星平台制作和发放问卷①。

3. 统计说明

常见的信度分析包括重测信度分析法、复本信度分析法和折半信度分析法②。由于本次问卷调查的问题设置多属于单选和复选，并不适合采用信度系数（Cronbachα）检验等经典方法③。

在效度检验上，我们采用因子分析法进行 KMO 检验。结果显示 KMO 值属于0.7～0.8 区间，统计量显著，属于合适的范围，可以接受。

表 2　　KMO 和 Bartlett 的检验

取样足够度的 Kaiser - Meyer - Olkin 度量		0.712
Bartlett 的球形度检验	近似卡方	1 039.146
	df	153
	Sig.	0.000

① 问卷星优势包括：免费使用问卷星，不限题目数，不限答卷数；支持分类统计与交叉分析，免费下载报告和原始答卷；完美支持手机填写，微信群发等。

② 重测信度分析是用同一问卷在不同的时间对同一群体进行测试，根据两次测量结果的差异程度分析问卷的可信度。复本信度分析法就是将同一问卷在同一时间内对同一调查群体进行两次测量，从而找出存在差异程度，确定问卷的信度。折半信度分析法是将同一主题的问卷分成两部分，让同一受调群体分别对这两部分进行回答，然后根据回答的结果进行分析，找出差异程度，确定问卷的信度。

③ 为了增强可信度，提高问卷分析的实际效果，我们还作了进一步的考虑。一是设置了问题可信度监测，便于前后对照，分析问卷的真实性和可信度。二是对于问题的顺序作了精心安排，基本遵循先易后难原则，先一般性问题，后专业性问题；先事实性问题，后态度性问题。三是尽可能控制答题时间，但保留一定的灵活性。问题选项以客观题为主，包括单选和多选，在单选题中必要时设置“不确定”或“不清楚”选项，在多选题中设置“其他”选项，并且提供开放式回答方式，即在选择其他选项时可以填写文字说明。

本次调研共回收问卷 692 份，经统计分析，去除部分有疑问的问卷①，共确认有效问卷 651 份。有效样本中男性受访者 221 人，占比 33.89%，女性受访者 430 人，占比 66.11%。从收入情况看，3 万元以下占比 43.51%，30 001 ~ 50 000元占比 17.99%，50 001 ~ 100 000 元占比 17.99%，100 001 ~ 200 000 元占比 10.88%，200 000 元以上占比 9.62%。

从年龄来看，20 周岁及以下占比 20.46%，21 ~ 25 岁占比 34.02%，26 ~ 35 岁占比 26.74%，36 ~ 45 岁占比 16.28%，45 岁以上占比 2.51%。

表 3　受访者性别和收入交叉统计情况

	30 000 元以下	30 001 ~ 50 000 元	50 001 ~ 100 000 元	100 001 ~ 200 000 元	200 000 元以上	小计
男	45.68%	14.81%	16.05%	8.64%	14.81%	100%
女	42.41%	19.62%	18.99%	12.03%	6.96%	100%

从受访者所在区域来看，其中甘肃天水 121 份，甘肃兰州 97 份，浙江丽水 135 份，浙江杭州 106 份，其他地区 192 份。

表 4　受访者所在区域分布

地区	甘肃天水	甘肃兰州	浙江丽水	浙江杭州	其他地区	小计
人数（人）	121	97	135	106	192	651
占比（%）	18.59	14.9	20.74	16.28	29.49	100

（二）统计分析

1. 数字普惠金融效果评价

（1）主要针对人群和区域

在回答“您认为惠普金融的主要服务对象包括”时，最高比例的选项分别是小微企业（占比 60.37%）和低收入人群（占比 59.45%），其次为中等收入人群，大中型企业和高收入人群的占比较低，反映了受调查者对普惠金融服务的主要对象还是比较明确的。

在回答“实现普惠金融的主要途径”时，分别有 29.03% 和 39.17% 的被调查者选择了“抓紧农村经济的发展”和“利用互联网迅速发展农村经济”，两者合计占比接近 70%，说明多数人认为发展普惠金融的主要战场在农村。发展农村经济，尤其是利用互联网技术发展农村是普惠金融的主要途径，体现了经济与金融之间基本的相互关系，以及受访者对利用现代科技手段发展经济的认同。目前城市普惠金融发展已有较好的基础，一些城市通过多功能板块居民生活服

① 比如答题比例低，前后有显著矛盾、答题时间过短等。

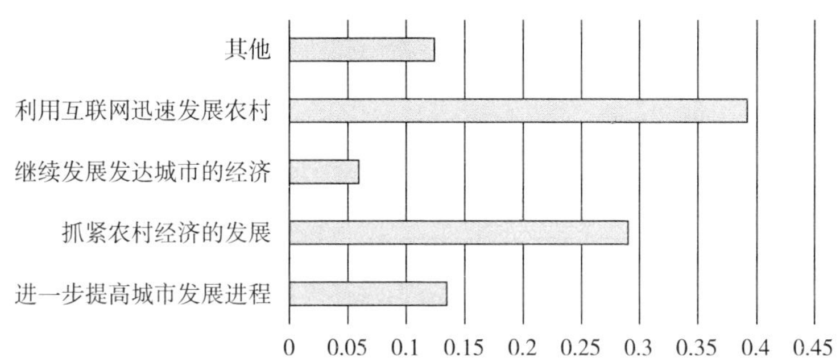

图 1 惠普金融的主要服务对象

务城市互联网平台实现了与普通居民日常生活的有效对接，开启了智能化、人性化和便捷化的居民生活新模式。因此，薄弱环节在农村，而互联网金融与传统金融的有效融合，有望突破当前农村普惠金融发展面临的现实困境。

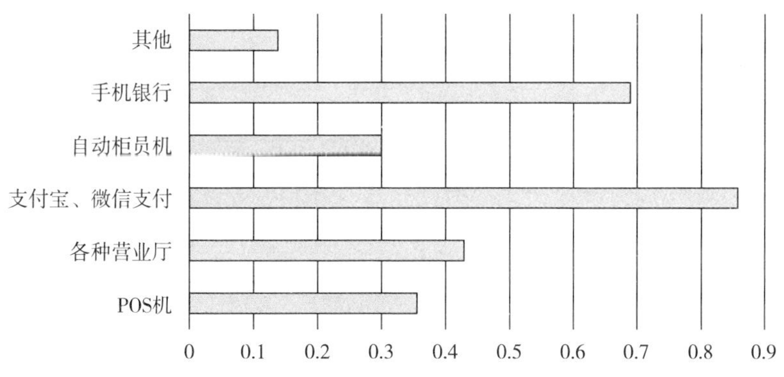

图 2 实现普惠金融的主要途径

（2）普惠金融与数字技术的关系

在回答“您认为以下哪些方式加速了惠普金融的发展?”时，基于移动互联网技术的普惠金融的优势再一次得到了佐证。获选最高的选项为“支付宝、微信支付”，占比高达 85.71%，其次是“手机银行”，占比为 69.12%。相比而言，传统的普惠金融手段，比如“各种营业厅”“POS 机”和“自动柜员机”比例较低，选择比例均在 30% ~40%。

（3）可得性

在回答“您认为移动互联网是否能够提高普惠金融的可获得性?”时，超过一半比例的被调查者选择了“有一定程度的提高”，其次是“显著提高”，占比超过四分之一。约 20% 的受访者选择了不确定，只有约 3% 的人选择了“没有提高”，表明绝大多数被调查者肯定移动互联网支持普惠金融发展的积极作用。

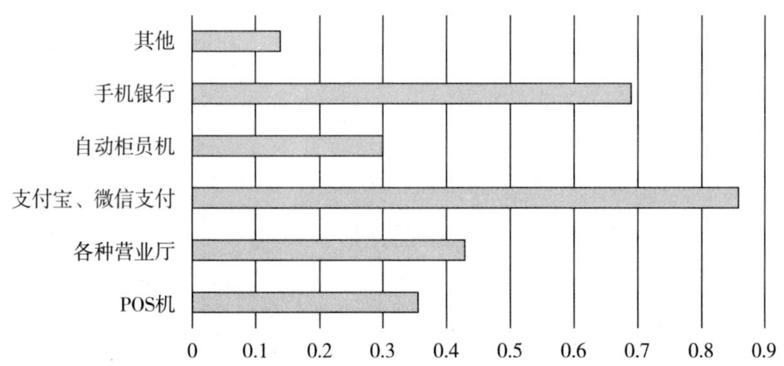

图 3 哪些方式加速了惠普金融的发展

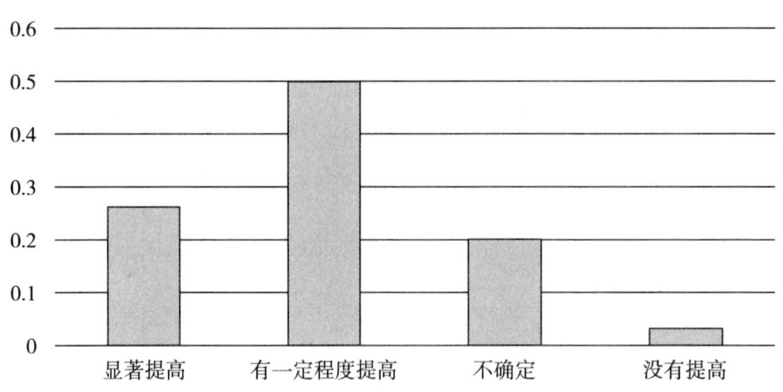

图 4 移动互联网提高普惠金融的可获得性

(4) 丰富度

在移动互联网支持普惠金融服务的主要类型和方式这个问题上，选择比例最高的是“小额投资理财”“小额贷款”和“提供金融信息”，占比均超过60%且比例上比较接近。这反映了随着人们生活水平的提高，在金融服务方面出现了多元化的趋势，即“融资服务”和“投资理财服务”几乎同样重要。较多人选择“提供金融信息 ”则反映了人们对于“提供金融信息”这种金融服务的需求较大。而有接近40%的受访者选择了“提供金融教育”这一选项，可能说明了目前普惠金融服务相对薄弱的一个环节：普及性金融知识的相对匮乏。

(5) 安全性

在回答参与基于移动互联网的普惠金融的主要担心问题时，选择“个人隐

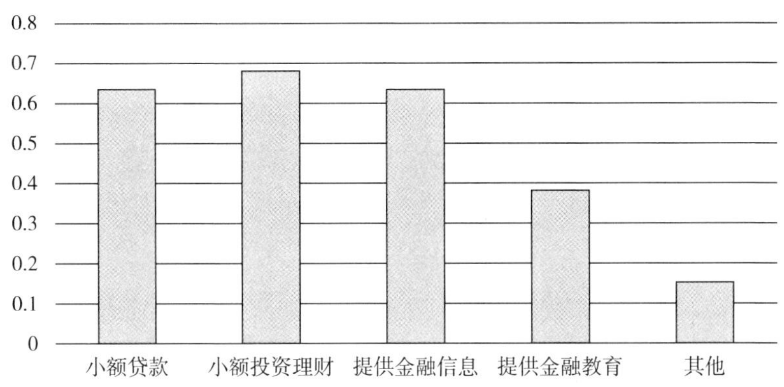

图5 移动互联网支持普惠金融服务的主要类型和方式

私泄露”和“信息安全低”的比例最高，分别为78.34%和68.66%，这说明个人隐私、信息安全这类“非金融问题”十分突出。相对而言，“投资风险大”“借贷成本高”这类“金融问题”比例较低，分别为55.3%和39.63%%，说明基于移动互联网普惠金融发展的“双刃剑”性质：移动互联网技术在提供便捷的金融服务时，也产生了新的问题和风险。

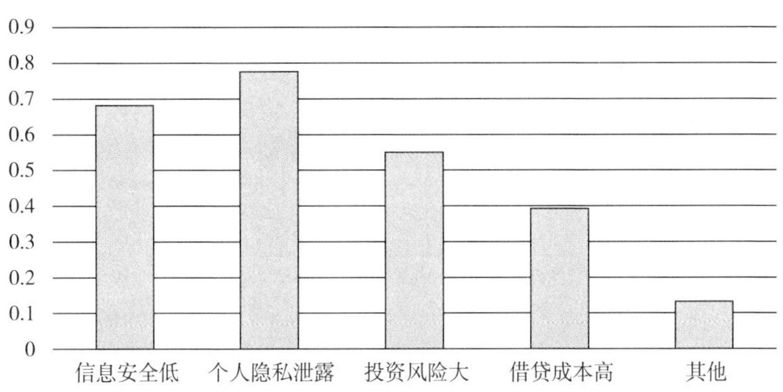

图6 参与基于移动互联网的普惠金融的主要担心问题

2. 基于移动互联网的普惠金融的行为特征分析

（1）一般行为特征分析

我们已经了解，目前多数人认可“小额借贷”和“小额投资理财”是普惠金融的主要方式，接下来我们进一步分析人们对这些普惠金融服务在风险和收益上的态度。从小额信贷的额度上看，超过一半人选择2 000元以下，但也有超过10%的比例愿意尝试3万元以上的借贷额度。从可以接受的投资理财年化收益率看，约有 40% 的人选择了 3% ~5%（不含 5%），比例最高，其次是 3% 以下和 5% ~10%（不含 10%），分别占 24. 88% 和 20. 28%。还有 15. 21% 的受访者选择了 10% 及以上的收益率。

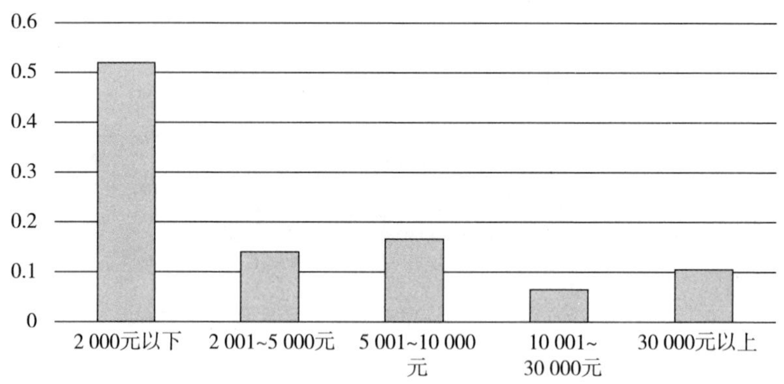

图 7 愿意尝试的小额信贷的额度

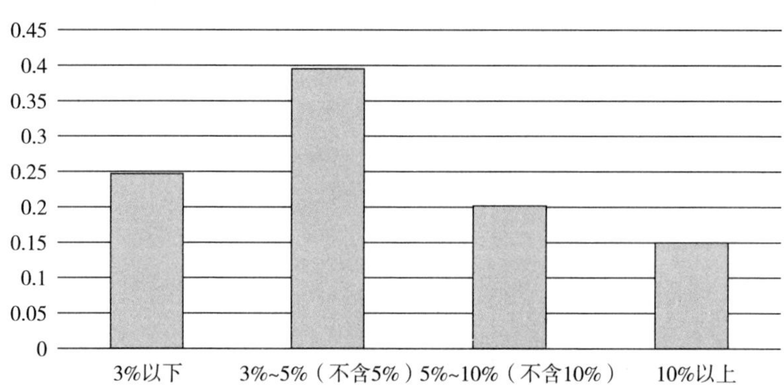

图 8 可以接受的投资理财年化收益率

从总体上看，无论是小额借贷还是小额投资理财，被调查者总体的态度还是比较谨慎和理性的。从借贷的额度看，可能主要还是抱着“试试看”的心态，额度较小。从预期年化收益率来看，也以中等的收益水平为主。

（2）性别与普惠金融行为特征关联分析

①性别与担心问题

从受访者担心的主要问题来看，男女之间的差别不大，金融问题与非金融问题的比例接近。但是细分来看，在金融问题上，男性比女性更加注重借贷成本问题，而女性比男性更加关注投资风险问题。

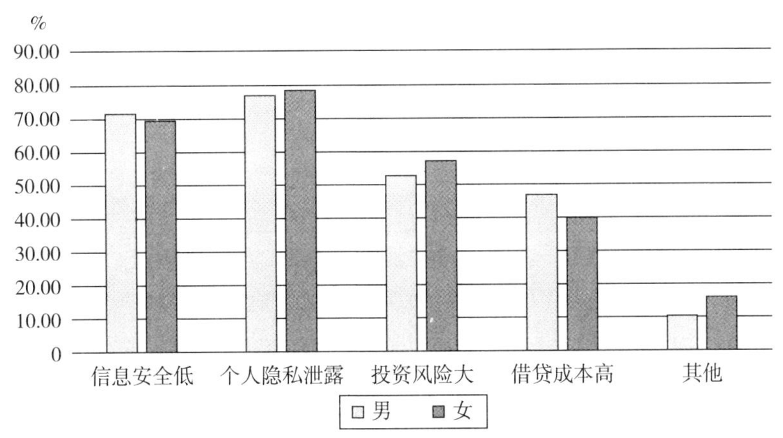

图 9　性别与担心问题交叉分析

②性别与小额借贷额度

与女性相比，男性更愿意尝试更大额度的小额借贷。男性中选择借贷30 000元以上额度占比为 20.78%，远远超过女性占比（4.55%）。选择 2 000 元以下的男性占比约为 40%，明显小于女性约 60% 的占比。

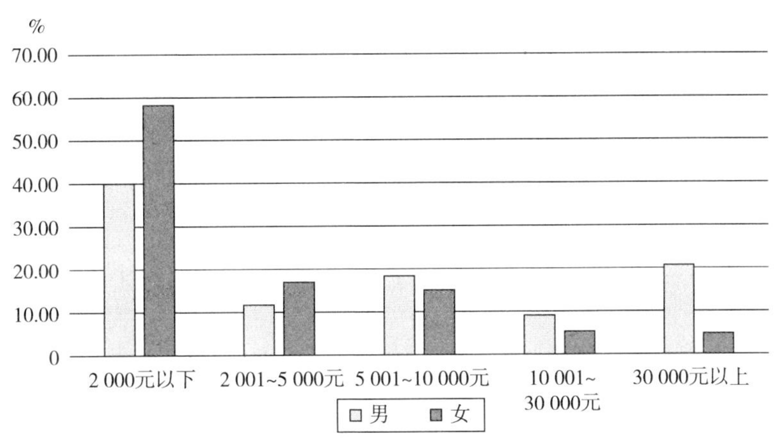

图 10　性别与小额借贷额度交叉分析

③性别与小额投资理财收益率

小额投资理财方面，女性对于收益率的选择也相对保守。相对于 5% 以上较高收益率的选择，男性占比都要大于女性，尤其是 10% 以上收益率，男性占比达到 23.38%，而女性占比仅为 10.39%，不到男性的一半。

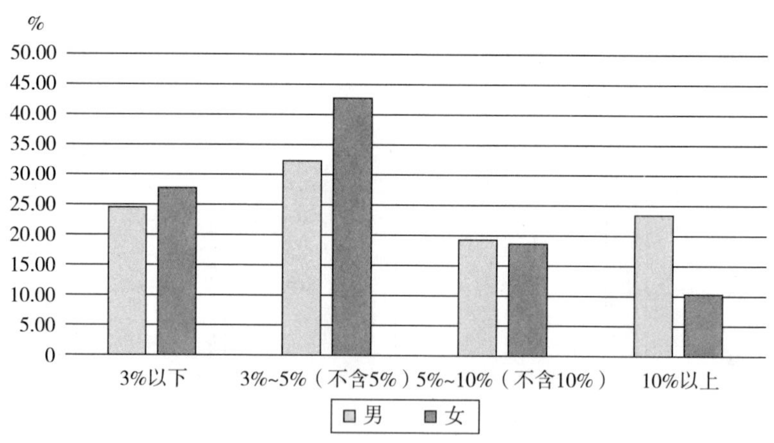

图 11　性别与小额投资理财收益率交叉分析

（3）家庭收入与普惠金融行为特征关联分析

①家庭收入与担心问题

数据显示，低收入人群对金融问题的担心占比例较高，即对投资风险和借贷成本比较敏感。中高收入家庭则更加关注信息安全和个人隐私等“非金融”问题。

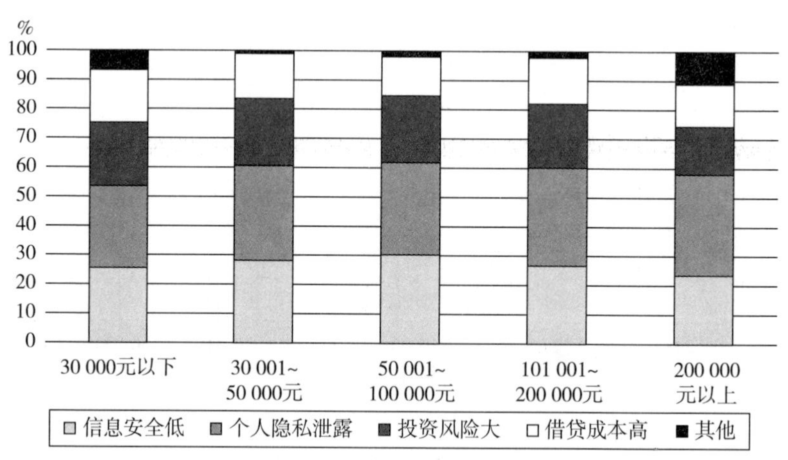

图 12　家庭收入与担心问题交叉分析

②家庭收入和小额借贷的额度

从家庭收入和小额借贷额度的相关性来看，比较显著的趋势是收入越高则借贷额度也越高。

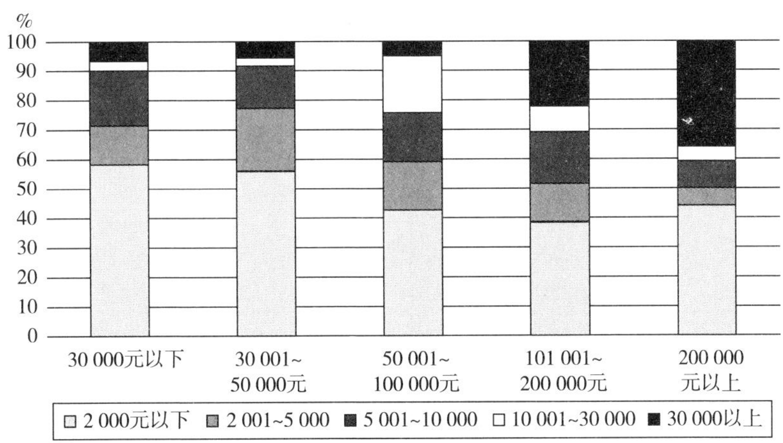

图 13　家庭收入和小额借贷的额度交叉分析

③家庭收入与收益率

对小额投资理财而言，收入越低，接受较低收益率的可能性就越大。对年收入 20 万元以上的人群而言，其理想的年化收益率水平较高，选择 10% 以上收益率的占比 18%，选择 5% ~10% 的占比 45%，两项合计超过 60%，而 10 万 ~20 万元年收入的家庭这两项较高收益选项合计不到 40%，10 万元以下年收入的家庭这两项合计比例均在 30% 左右。

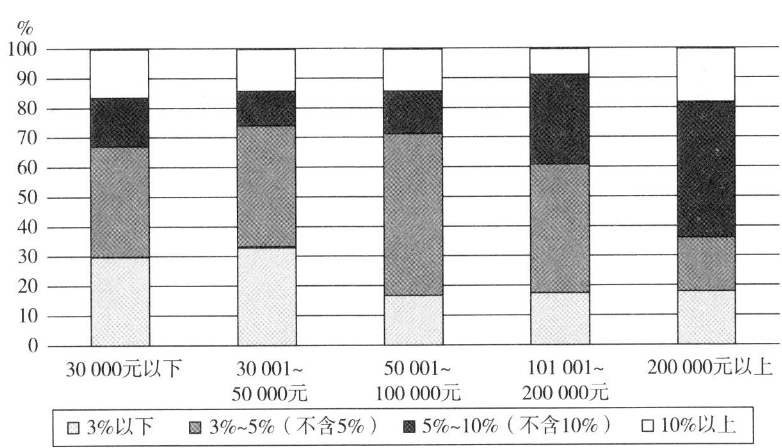

图 14　家庭收入与收益率交叉分析

三、满意程度与影响因素

（一）总体分析

总体上看，目前人们对于移动互联网支持普惠金融产品和服务满意度尚可，但仍然有较大的改进空间。选择比较满意和一般的占比分别为 34.56% 和 50.69%。选择“很满意”“很不满意”等比较极端的选项的人数较少，占比分别为 4.61% 和 2.76%。

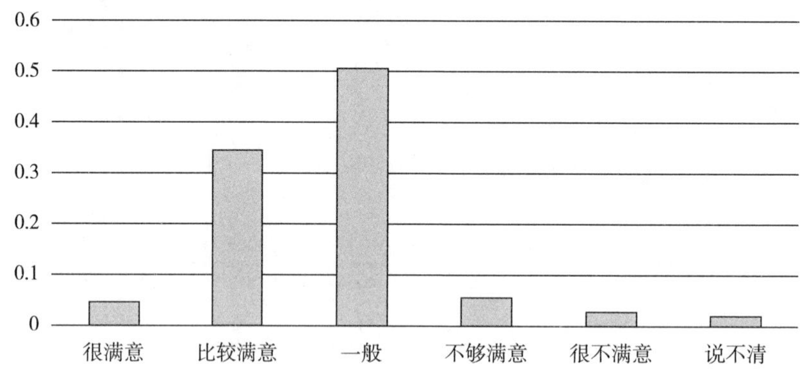

图 15　移动互联网支持普惠金融产品和服务满意度

从交叉分析来看，性别和年龄的差异对于移动互联网支持普惠金融满意度差异不明显，但收入状况不同带来的满意度差异还是比较显著的，总体来看满意度呈倒“U”形，即最低收入人群和较高收入人群的满意度较低，而中等收入的人群满意度较高。

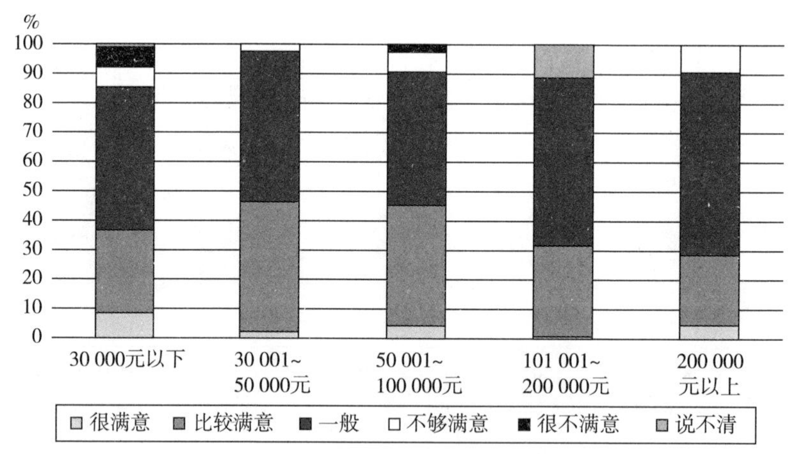

图 16　不同收入状况的满意度差异

（二）影响因素

为了进行量化分析，我们对因变量（满意度）和影响因素进行赋值。

1. 因变量满意度赋值

很满意赋值为 5，比较满意赋值为 4，一般赋值为 3，不够满意赋值为 2，很不满意赋值为1。

2. 主要影响因素及其赋值

（1）可得性：有显著提高赋值4，有一定提高赋值3，说不清赋值2，没有提高赋值1。

（2）丰富度：有5个复选项，若选择则为1，否则为0。

（3）安全性：有5个复选项，若选择则为1，否则为0。

3. 地区组别控制

对样本所属地区也按照人均GDP高低进行赋值，杭州为4，丽水为3，兰州为2，天水为1。

4. 小额借贷额度

愿意尝试移动互联网小额借贷的额度有5个选项，2 000元及以下赋值1，2 001~5 000元赋值2，5 001~10 000元赋值3，10 001~30 000元赋值4，30 000元以上赋值5。

5. 理财收益率

可以接受的移动互联网小额理财的年化收益率有4个选项，3%以下赋值1，3%~5%（不含5%）赋值2，5%~10%（不含10%）赋值3，10%及以上赋值4。

6. 其他因素：按照默认组别赋值（比如性别、年龄等）。

（三）回归分析

我们以移动互联网普惠金融满意度为自变量，筛选出以可得性、丰富度、安全性等主要影响因素、地区组别控制、主要行为特征以及个人和家庭基本信息等方面的作为自变量因素，建立线性回归分析模型。选取所有自变量因素分析整体模型调整后 R^2 0.426，显著性检验小于0.05，说明整体模型通过了显著性检验。

表5 主要变量描述统计量

	N	极小值	极大值	均值	标准差
Satifaction	651	0.00	5.00	3.2719	0.88828
Sex	651	1.00	2.00	1.6743	0.46898
Age	651	1.00	6.00	2.3272	0.85333
Income	651	1.00	5.00	2.2873	1.35946
Accessibility	651	1.00	4.00	2.0046	0.76960
CSmallLoan	651	0.00	1.00	0.6375	0.48110
CFinPlanning	651	0.00	1.00	0.6836	0.46544
CFinanInfor	651	0.00	1.00	0.6406	0.48021

续表

	N	极小值	极大值	均值	标准差
CFinanEdu	651	0. 00	1. 00	0. 3856	0. 48710
COther	651	0. 00	1. 00	0. 1505	0. 35787
QInforSafe	651	0. 00	1. 00	0. 6882	0. 46360
QPrivacy	651	0. 00	1. 00	0. 7849	0. 41118
QRisk	651	0. 00	1. 00	0. 5561	0. 49723
QCost	651	0. 00	1. 00	0. 4009	0. 49046
QOther	651	0. 00	1. 00	0. 1321	0. 33886
Amount	651	1. 00	5. 00	2. 0876	1. 37001
Rate	651	1. 00	4. 00	2. 2504	0. 99860
Region	459	1. 00	4. 00	2. 3537	1. 28581
有效的 N（列表状态）	459				

表 6　　模型汇总

模型	R	R^2	调整 R^2	标准估计的误差
1	0. 697	0. 486	0. 426	0. 76976

表 7　　ANOVA 分析

模型		平方和	df	均方	F	Sig.
1	回归	81. 710	17	4. 806	8. 112	0. 000a
	残差	86. 510	146	0. 593		
	总计	168. 220	163			

表 8　　回归分析系数和显著性

模型		非标准化系数		标准系数	t	Sig.
		B	标准误差			
1	（常量）	3. 864	0. 519		7. 439	0. 000
	Sex	0. 073	0. 162	0. 034	0. 451	0. 652
	Age	-0. 384	0. 089	-0. 330	-4. 337	0. 000 ***
	Income	0. 069	0. 060	0. 086	1. 151	0. 252
	Accessibility	0. 123	0. 130	-0. 079	-0. 945	0. 346
	CSmallLoan	0. 409	0. 154	0. 199	2. 657	0. 009 ***
	CFinPlanning	0. 003	0. 181	0. 002	0. 018	0. 986
	CFinanInfor	0. 573	0. 173	0. 245	3. 303	0. 001 ***
	CFinanEdu	0. 032	0. 167	0. 015	0. 192	0. 848

续表

模型		非标准化系数		标准系数	t	Sig.
		B	标准误差			
1	Cother	-1.023	0.379	-0.316	-2.701	0.008***
	QInforSafe	0.593	0.170	0.266	3.480	0.001***
	QPrivacy	-0.062	0.212	-0.024	-0.292	0.771
	Qrisk	0.205	0.161	0.101	1.269	0.206
	QCost	-0.520	0.170	-0.234	-3.050	0.003***
	Qother	0.131	0.388	0.040	0.337	0.737
	Amount	0.123	0.063	0.151	1.962	0.052*
	Rate	0.017	0.077	0.016	0.220	0.826
	Region	-0.328	0.069	-0.415	-4.732	0.000***

注：***、**、*分别表示在1%、5%和10%水平上显著。

统计结果显示，移动互联网提高了普惠金融的可得性，但从统计上看并不显著，因而对满意度影响较弱。在丰富度层面上，提供小额贷款和提供金融信息能够显著地提高满意度，尤其是金融信息的相关系数较大，对于提高普惠金融的满意度效果十分明显。从安全性角度看，多数选项对于满意度的影响并不显著，但是信息安全和借贷成本选项系数为负且统计上均在1%的水平上显著，说明移动互联网普惠金融服务通过提升信息安全度和降低借贷成本可以有效提升满意度。

在移动互联网普惠金融消费者行为特征方面，数据表明，小额信贷额度与满意度之间存在正相关关系，而投资收率与满意度之间相关性不显著。这表明，总体上看，当前消费者侧重点仍然还在获得金融服务的数量，而不是价格。要提升满意度，首先要解决有没有和数量问题，其次才是价格问题。

与此可以作为相互印证的是，以人均GDP为指标的区域位置选项与满意度呈显著的负相关，表明总体上看，收入较低的地区发展移动互联网普惠金融比高收入地区更能有效地提升满意度。

此外，性别对移动互联网普惠金融满意度相关性不显著，但年龄比较显著，说明年纪越小的人群，越容易通过享受移动互联网普惠金融服务而提升满意度。

四、主要结论和政策建议

（一）主要结论

1. 通过一般分析和交叉分析考察了移动互联网的普惠金融的行为特征，并采用回归分析验证了消费者对于移动互联网普惠金融服务的满意度及其影响因素。我们发现，普惠金融产品与服务的丰富度、安全性、金融信息的提供、小额借贷的额度等方面是影响移动互联网普惠金融服务的满意度的主要因素。

2. 我们的调研从可得性、丰富度和安全性三个方面定量分析了移动互联网支持普惠金融的实际效果，证实了移动互联网技术提高了普惠金融服务的可得性、丰富度，但安全性问题是移动互联网普惠金融发展的主要挑战。

3. 调研显示，消费者对于“支付宝、微信支付”加速了普惠金融最为认同，其次是“手机银行”，传统的普惠金融手段，比如“各种营业厅”“POS机”和“自动柜员机”认同较低。

4. “融资服务”和“投资理财服务”同等重要；而金融教育方面仍存在较大的薄弱环节。

5. 对于地区而言，移动互联网普惠金融的满意度总体上与区域经济发展水平负相关；对于个体而言，最低收入人群和较高收入人群的满意度较低，而中等收入的人群满意度较高。这对于有针对性地、可持续地发展基于移动互联网的普惠金融服务具有很强的启发意义。

6. 此外，调研结果得出的一些行为结果分析，对于日后更好地做好以“客户为中心”具有指导意义。如对小额投资理财而言，收入越低，接受较低收益率的可能性就越大；家庭收入越高则借贷额度也越高；消费者对于移动互联网普惠金融的各种担心中，信息安全、个人隐私等“非金融问题”大于借贷成本、投资风险等“金融问题”；小额借贷更加注重贷款的额度，对价格相对不敏感。

（二）相关建议

1. 从“对于地区而言，移动互联网普惠金融的满意度总体上与区域经济发展水平负相关”这点结论看。建议政府和银行机构应加大对于农村地区的数字普惠金融的投入力度，可能收获的效果会较城市和发达地区更好。

2. 要实现金融引领，重构农村经济供应链。邮储银行充分利用移动网络平台，分析和掌握农户信息，结合“掌柜贷”“景宁低收入农户贷款”“云和大坪农房按揭贷款项目”“茶贷通小额贷款”等产品，实现对农户进行授信。同时利用电商平台，为农产品销售寻求出路，拓宽销售渠道。不但解决了融资问题，还解决了销售问题。

3. 利用数字技术进一步优化农村金融生态环境。要利用互联网信息系统建立健全信用、信息平台，逐步完善信用信息数据库功能。邮储银行丽水市分行探索运用互联网大数据平台，进一步开展信用户、信用村（社区）、信用乡（镇、街道）、信用县“四信”创建。大力推进网上支付、手机支付等电子支付业务在农村地区的应用，进一步改善农村支付服务环境。

4. 进一步融合线上线下整体优势。近年来，以阿里巴巴、腾讯为代表的互联网巨头公司开始重新重视线下布局和发展，构建起一个线上线下整体发展的“新零售”模式。因此，在发展数字普惠金融的过程中，也要坚持线上线下整体发展的战略，发挥物理网点的优势。如邮储银行充分利用金融服务站网络优势，践行互联网支付、代收代缴、小额取款、跨行转账、汇款等金融服务职责，切实方便和优化农村地区金融服务，惠及广大农村客户。

5. 银行机构应加大全流程线产品的可得性和丰富性。可以尝试探索与掌握大量信息流、商品流和具备较强数据分析能力的互联网公司、电商平台和金融科技公司等外部平台公司开展合作，利用核心关键数据，探索建立互联网获客平台，实现线上自助操作、业务自动处理、风险精准监控。

6. 调查显示手机银行是目前银行数字推进普惠金融最快速、最受认同的手段。银行业应大力发展手机银行业务，不断完善手机银行功能。

7. 从调查结果看，消费者对利率不敏感，而更关注额度，因此银行在设计产品时可以适当提升风险容忍和额度，同时也可以适当提升此类产品定价。此类产品也许是更加有效、也更为商业可持续的普惠金融产品。

参考文献

[1] 王丹．星星之火 燎原之势——中国移动互联网金融助力普惠金融[J]．全国商情（经济理论研究），2014（13）：50－51.

[2] 侯晓明．移动互联网金融服务发展趋势及商业银行应对策略[J]．金融发展评论，2013，47（11）：77－84.

[3] 徐渊，王艳．移动互联网金融：产生条件、发展趋势及面临的挑战[J]．南方金融，2014（3）：31－34.

[4] 江瀚，向君．以移动互联网推动普惠金融发展[J]．金融发展研究，2015（10）：79－82.

[5] 姚晓霞，吴淼．移动支付助推农村普惠金融建设的非洲经验借鉴[J]．甘肃金融，2015（6）：35－37.

[6] 黄育玲．移动互联网的发展对金融生态环境建设的影响[J]．区域金融研究，2015（6）：14－17.

[7] 苏州市金融学会课题组，许永伟．城市移动互联网金融平台探索——基于“无线苏州”的分析[J]．金融纵横，2015（2）：59－63.

[8] 马春彬．基于融 e 联的移动互联网金融开放式平台发展策略研究[J]．中国城市金融，2016（4）：49－51.

[9] Allen F，Demirguc－Kunt A，Klapper L，et al. The founda-tions of financial inclusion：Understanding ownership anduse of formal accounts [R]. World Bank Policy Research Paper 6290，2012.

[10] Chakravarty S R，Pal R. Measuring Financial Inclusion：An Axiomatic Approach [R]. Indira Gandhi Institute of Development Research Working Papers No. 03，2010.

资产价格波动与银行信贷关系的实证研究

嘉兴市金融学会课题组*

一、绪论

（一）选题背景及意义

2007 年下半年美国的次贷危机全面爆发，并波及欧盟、日本等世界主要金融市场，而这次危机也演变成为波及全球范围的金融危机，随之而来的美国经济衰退使人们对这场危机的关注从金融市场过渡至实体经济。其实，以资产价格波动为出发点，进而演变为全球范围的金融危机、经济危机在世界历史上出现过多次，如 20 世纪 30 年代美国“大萧条”、1990 年的日本“经济泡沫”以及随后发生的东南亚经济危机都是这方面的典型。而在这些危机中，银行信贷的扩张与紧缩和资产价格的暴涨暴跌是不可忽视的现象。虽然各个危机的形成年代、具体背景、经济后果不尽相同，但大量证据表明，信贷规模的扩张和资产价格波动之间存在高度的相关性。

在这样的国际经济环境下，我国也未能独善其身。近年来，我国的股票市场和房地产市场均得到了飞速发展，最突出的表现就是相关价格的大幅上扬。就我国的股票市场而言，以上证指数为例，从 2005 年底至 2017 年第三季度末，股指经历了我国股票市场历史上少有的大起大落。从 2005 年底的 998 点一路飙升至 2007 年 10 月的 6 124 点，但是随后仅在一年的时间内，我国的股票市场几乎直线下跌至 1 664 点。2009 年初，我国政府推出多项应对次贷危机、刺激经济稳定发展的政策措施后，截至 2009 年底我国股市已经成功攀升至 3 200 点，从 2014 年底的 3 234 点不到半年时间就攀升至 4 700 多点，随后仅半年时间又下跌至 2 500 多点。

就我国房地产市场而言，从 2006 年初至 2017 年第三季度末，我国 70 个大中城市新建住宅价格指数的月度同比数据几乎全部呈现增长的趋势，只有在 2008 年底、2012 年中和 2015 年初的几个月份价格同比为负，尤其在 2007 年底、2010 年初和 2016 年底 70 个大中城市新建住宅价格的月度平均涨幅均超过 10%。

---

* 课题主持人：张一兵
课题组成员：沈彦菁　郑　飞　姚丽筠

虽然有限购限贷政策调控，但随着房价上涨的预期和通货膨胀加剧的预期，我国房地产价格的上涨行情已经在全国各地蔓延开来。

近几年，不但以股票价格、房地产价格为代表的资产价格大幅度波动，而且我国的银行信贷规模同时存在大幅度扩张的现象。2016 年，我国金融机构本外币贷款余额 106.6 万亿元，是 2015 年末的 5.5 倍，其中房地产贷款余额 26.7 万亿元，同比增长 27%，占各项贷款余额的 24.1%。

近年来，我国的数据变化表明，我国的资产价格波动和信贷规模之间存在着不可分割的联系。那么，我们不禁提出疑问，在我国资产价格和贷款规模之间存在着怎样具体的联系呢？如果任其发展，是否会发展成如美国、日本那样的经济危机呢？因此，厘清我国资产价格波动和银行信贷之间的关系，为监管部门提供相关理论参考，对稳定金融环境、促进经济的持续健康发展具有十分重要的理论意义和实践意义。

（二）国内外研究综述

学者对于资产价格波动与信贷规模之间关系的关注，主要起源于资产价格泡沫的发生和破灭（尤其是金融资产泡沫）对于社会经济和金融稳定带来的巨大冲击。随着资本市场的发展，资产价格与银行信用可以相互促进，形成信贷扩张与资产价格泡沫互为因果的局面。与此同时，资产价格脱离基础因素的上升和信用的过度扩张会给实体经济发出错误的信号，同时引起社会财富的重新分配，导致总供给与总需求的错位，最终引起宏观经济波动。一旦金融体系“过度负债”，资产价格高的难以维系，实体经济在乐观盈利预期下过度投资，整个经济体系就会变得非常“脆弱”，一次小的外部冲击就能够造成严重的危机。

1. 国外研究现状

国外的部分学者研究表明银行信贷规模会对资产价格的变化产生反应。其中 Ibrahim（2003）以马来西亚为样本，以股票价格、信贷规模、实际产出、CPI、汇率和利率构建 VAR 模型，研究银行信贷与股票价格之间的关系，指出股票价格可以显著影响信贷规模，信贷规模则对股票价格不存在显著影响。当股票价格处于急速下跌时，扩张信贷规模以提振股票价格的做法是无效的。

Gerlach 和 Peng（2005）针对香港的研究则发现，商业银行贷款规模、经济产出和实际房地产价格的长期关系是稳定的，并且房地产价格上涨可以造成银行信贷规模扩张，银行信贷扩张则不会显著影响房地产价格。同时也有学者对多个国家数据进行实证比较分析，比如 Davis 和 HaibinZhu（2004）研究发现，多数国家的信贷规模与商业地产呈现长期相关关系，商业地产的上涨可以引起信贷规模的扩大，而在不同的国家信贷规模则对房地产价格波动的影响则不尽相同。

同时，国外学界也有人认为信贷规模可以反过来影响资产价格波动。例如Borio 和 Lowe（2002）基于经济周期模型，认为在经济活动中信贷规模随实体经济向好而扩大，可以显著提升资产价格水平。Semlali 和 Mr Charles Collyns（2003）研究了东南亚国家信贷扩张、资产价格泡沫及金融危机的关系，在实证分析中发现信贷规模扩张是东南亚地区国家发生资产价格泡沫的重要原因，尤其房地产价格泡沫是引发其金融危机的重要动因。

还有国外学者认为，资产价格的波动与银行信贷规模存在相互影响的机制。Hofman（2003）利用 16 个国家的跨国数据，在实证分析中发现：从长期看，银行信贷与资产价格相互影响，其中信贷规模对房地产价格的影响相对更加明显。GimenoR 和 Martinez（2010）研究了 2005 年至 2009 年西班牙购房贷款和住房价格之间关系，通过构建误差向量修正模型，实证中发现两者存在长期均衡关系，短期内对均衡关系的偏离会得到修正，同时他们还发现西班牙房地产价格具有财富效应，过高的房价会使投资者低估了自己的负债情况。Arsenaultl 和 Peng（2009）根据美国 1991—2011 年的商业地产及抵押贷款数据，指出美国房地产抵押贷款与房地产价格存在互相加强的作用机制，表现为：房地产价格受到外部冲击而价格上涨时，增值的房地产给市场提供了更多的抵押贷款资金，带动房地产价格进一步上升；这种加强式反馈在房地产价格下跌的时候则表现为：抵押贷款资金规模因房地产价格下跌而收缩，从而导致其价格的进一步下降。

2. 国内研究现状

王晓明（2010）发现信贷规模与资产价格的存在相互加强的关系，信贷资金大量进入房地产市场和股票市场是造成资产价格波动的主要原因，指出信贷规模的逆周期操作可以抑制资产价格波动。任哲和邵荣平（2012）发现相对货币供应量的波动，房地产价格的增长受房地产信贷增长的波动影响更明显，同时指出房地产信贷规模控制能够显著平抑房地产价格波动。

更多的学者则认为中国信贷规模与资产价格之间具有相互影响的机制，并且两者之间的相互关系在短期与长期也有所区别。例如马亚明（2012）建立向量误差修正模型（VECM）发现在短期分析中，股票价格的上涨与信贷规模存在一定的双向正反馈机制，而在长期的协整分析中，这种双向关系却并不显著。商雯（2013）则选取我国 2002 年至 2012 年的月度数据，运用 Dieter Gerdesmeier、Barbara Roffia 和 Hans - Eggert Reimers 的资产价格计算公式，计算股票价格和房地产价格加权后的资产价格水平，然后研究信贷规模与该资产价格水平的相关关系，发现在短期内信贷规模扩张会提高资产价格水平，而在长期，则是银行信贷规模对资产价格呈现正向关系。郭伟（2010）则从商业银行资本约束的视角，根据模型对中国 2004—2007 年静态面板和动态面板数据研究中国信贷规模与资产价格的动态关系，发现股票价格显著影响银行信贷的增长规模，资本监管对银行信贷具有一定的约束力。

值得注意的是，国内对于信贷规模与资产价格关系的研究在美国“次贷危机”爆发后开始升温，研究方法比较类似，近几年来有不少学者从新的理论和模型出发对该课题进行了深化。成悦和李涛（2015）等基于不完全信息动态博弈及局部均衡理论，分析发现房地产信贷和房地产价格的两者存在正向反馈机制，并指出房地产市场价格需要进行差异化调控。辛兵海和张晓云（2015）等则根据中国2001—2014年金融机构的面板数据，通过对资产、机构、贷款进行划分，研究了异质条件下信贷规模对资产价格的敏感性，发现股票价格对信贷规模形成正向影响，信贷规模则对房地产价格不敏感；同时住房贷款结构中的住房抵押贷款对于股票价格和房产价格均比较敏感，其他消费贷款却不存在这种现象，工商业贷款则对股票价格的波动比较敏感。还有部分学者从区域经济学角度出发，研究某一地区信贷规模与资产价格之间的关系，例如沈媛（2011）在对柳州市房地产市场发展中的信贷支持进行定性分析的基础上，利用2003年第一季度至2009年第四季度的季度数据，运用多变量协整分析，发现柳州房地产信贷规模变动是房地产价格变动的主要动因之一，但房地产信贷规模对房地产市场价格波动的响应并不显著。

（三）论文的研究思路和结构

本文采用了规范分析与实证分析相结合的研究方法。规范分析上，本文厘清了资产价格波动的主要因素，并描述了资产价格与银行信贷规模的相互影响机制；实证分析上，本文主要利用计量经济学中的VAR模型，综合运用ADF平稳性检验、Granger因果关系检验、协整关系检验、向量自回归模型（VAR）中脉冲响应对信贷规模与资产价格的关系进行了深入分析。

（四）论文的创新点和不足

在已有研究的基础上，本文做出了以下两点创新：

第一，国内的学者大部分是将房地产市场和股票市场分开来研究，本文却将二者结合起来，并进一步分析二者在短期和长期分别有怎样的关联，从而得出这两种资产价格和银行信贷相关关系，比较全面结论。

第二，采用2006年1月至2017年8月共140个月度数据，可以更好地反映中国近年来的宏观经济变化情况，能够动态揭示近十年来中国信贷规模与资产价格之间的关系，并据此提出具有时效性的政策建议。

本文的不足之处在于理论研究上主要从宏观角度分析资产价格与信贷规模之间的关系，未能更深入地从微观层面进行分析，另外受数据可获得性的限制，本文选取的数据不能完全代表实际的经济情况，并作一定的计量处理，可能对检验结果有一定的影响。

二、资产价格波动与银行信贷关系的理论分析

（一）资产价格波动对银行信贷的影响机制

资产价格波动对银行信贷的影响体现在两方面，一方面是资产价格波动对银行信贷需求的影响：资产价格通过财富效应及托宾 Q 效应影响经济主体对银行信贷的需求。一是财富效应：资产价格上涨时，人们拥有的财富值也随之增加。根据持久收入理论，当预期财富增长会持续时，人们会选择扩大当期消费支出，而当期消费的扩大势必会带来银行信贷规模的扩大。二是托宾 Q 效应：资产价格上涨时，企业对未来经济发展形成良好预期，从而增加投资规模，相应的也会增加对银行贷款的需求。

另一方面是资产价格波动对银行信贷供给的影响：一是借款人的还款能力的大小。资产价格上涨使得借款人的还款能力上升，在此情况下，银行必然愿意增加信贷供给，反之资产价格下跌带来借款人的还款能力下降，银行为了降低风险减少信贷供给。二是资产负债表效应。现代商业银行的贷款担保一般都是采用抵押的方式，抵押物价值受资产价格波动影响会造成资产负债表失衡，进而影响银行信贷的规模和质量。当资产价格上升，抵押物的价值随之上升，企业的资产价值和资产负债项目改善，偿债能力增强，银行更愿意给予企业贷款。反之当资产价格下降的时候，抵押品价值降低，银行会不断减少贷款。由此可见资产价格的波动对银行信贷供给有“加速器”效应，资产价格的涨跌对于银行信贷有扩张和收缩效应。

（二）银行信贷对资产价格的影响机制

银行信贷对资产价格的影响主要有两个方面：直接影响和间接影响。

1. 银行信贷对资产价格的直接影响机制

从外部融资成本的角度来说，银行信贷供给的变化就会导致银行的供给条件（贷款利率和贷款条件）的变化，于是导致企业的外部融资的成本变化，进一步会影响该企业信贷的需求水平和资产价格波动。在经济处于繁荣时期，银行信贷的扩张，会相对改善银行信贷的供给条件，于是会使企业的外部融资成本下降，进而刺激了企业对信贷资产的需求量增加，最终会导致市场上资产价格的上涨；相反，在经济萧条时期，随着银行信贷收缩，产生银行信贷的供给条件就对企业不利，于是企业的外部融资成本就会增加，从而相对抑制了企业对市场资产的投资需求，最终导致资产价格的下降。

2. 银行信贷对资产价格的间接影响机制

银行信贷对于资产价格波动的间接影响更为微观，主要表现在证券市场中。随着银行信贷的增加，实体经济的投资机会增多，经济随之不断发展。上市公司在经济发展的繁荣阶段中利润大幅增加，反映在股票市场中，就是股票价格

的上升。反之当银行信贷规模紧缩时，在这两种机制的作用下，资产价格下降。尤其是房地产上市公司，由于银行信贷对房地产上市公司土地开发资金的支持和对购房人的住房贷款支持，使其业绩表现良好，从而间接反映在该类公司的证券价格上，使其证券价格大幅提升。

总的来说，银行信贷主要通过银行信贷渠道、资产负债表渠道作用于资产价格，资产价格主要通过托宾 Q 效应、财富效应、资产负债表对银行信贷实施反馈，银行信贷和资产价格之间互相影响。

三、银行信贷与资产价格关系的实证分析

本文的实证分析所采用的是向量自回归模型（Vector Autoregression，VAR），VAR 模型在对经济问题分析中有许多优越之处：首先，VAR 模型对于模型中的所有变量均可作为内生变量处理，这样就减少了由于研究人员的主观判断失误而增加的模型不确定性；其次，VAR 模型可以不以严格的经济理论为基础，该模型只要求在建立模型时，说明模型中所涉及的变量是相互有联系的即可。

（一）变量设置和样本选择

为研究我国银行信贷与资产价格的关系，变量选取以金融机构人民币各项贷款同比增长率（DK）代表银行信贷，上证收盘综合指数同比增长率（GJ）和 70 个大中城市住宅价格指数当月同比（FJ）代表资产价格。样本区间为 2006 年 1 月至 2017 年 8 月共 140 个月，数据来源均是 Wind 数据库。

表 1　　变量的描述性统计

	贷款同比（DK）	房价同比（FJ）	上证收盘指数同比（GJ）
平均数	16.8904	4.7907	18.1741
中位数	15.3500	5.9000	2.8834
最大值	34.4400	15.4000	202.0850
最小值	12.4000	-6.3000	-64.5143
标准差	5.0840	5.1156	52.5751
斜矩	2.3450	-0.2341	1.4208
峰度	7.7229	2.2630	4.9831
正态性检验值	258.4281	4.4473	70.0445
概率	0.0000	0.1082	0.0000
和	2 364.6500	670.7000	2 544.3690
平方和	3 592.7350	3 637.5980	384 216.3000
观察值	140	140	140

(二) 单位根检验和协整检验

非平稳的经济变量在回归分析中常常出现“伪回归”，因此首先要对这些时间序列进行平稳性分析并检验其单整阶数，本文采取 ADF 方法对数据进行平稳性检验。

表 2　　各变量的 ADF 检验结果

被检验量	t 统计量	概率值（P 值）	检验结果
DK	-3.5151	0.0090	平稳
FJ	-5.4572	0.0000	平稳
GJ	-3.0036	0.0370	平稳

从表 2 可以看出，在 5% 的显著性水平下各变量均为平稳序列。我们接下来对金融机构人民币各项贷款同比增长率（DK）、上证收盘综合指数同比增长率（GJ）和 70 个大中城市住宅价格指数当月同比（FJ）之间的协整关系进行检验。

表 3　　各变量的协整关系检验

原假设	特征值	迹统计量	5% 临界值	伴随概率 P
0 个协整向量	0.1507	32.9624	29.7971	0.0209
1 个协整向量	0.0525	10.9151	15.4947	0.2168
2 个协整向量	0.0265	3.6302	3.8415	0.0567

从表 3 中可以看出，在 5% 的显著性水平下各变量至少存在 1 个协整方程，各变量通过了协整关系检验，说明这 3 个变量之间存在长期的均衡关系，各变量能被其他变量的线性组合所解释。

(三) 格兰杰因果检验

协整检验反映的是各变量之间的长期关系，为研究短期内变量之间的影响关系以及信贷规模、股价和房价之间相互作用的因果联系，我们还需进一步利用 Granger 因果检验进行分析。Granger 因果关系实质上是检验一个变量的滞后变量是否可以引入到其他变量方程中，一个变量如果受到其他变量的滞后影响，则称它们具有 Granger 因果关系，其定义为：如果由 y_t 和 x_t 的滞后值决定的 y_t 的条件分布与仅由 y_t 的滞后值所决定 x_t 的条件分布相同，即：

$$f(y_t \mid y_{t-1}, \cdots, x_{t-1}, \cdots) = f(y_t \mid y_{t-1}, \cdots)$$

则可说 x 不能 Granger 引起 y，或者说 x 不是 y 的 Granger 原因。通俗地讲，x 是否 Granger 引起 y，主要看加入 x 的滞后值是否能够使模型的解释程度提高。如果 x 在 y 的预测中有帮助，或者两者的相关系数在统计上具有显著性，则可以说 x 是 y 的 Granger 原因。

下面进行信贷规模、股票价格和房地产价价三因素 VAR 模型的 Granger 因果检验分析：

表 4　　格兰杰因果检验结果

原假设	T=1		T=6		T=12		T=18	
	F 值	P 值	F 值	P 值	F 值	P 值	F 值	P 值
房价不是贷款的格兰杰原因	15.9317	0.0001	2.5738	0.0221	1.8025	0.0572	1.5640	0.0887
贷款不是房价的格兰杰原因	24.0485	0.0000	1.7947	0.0057	1.8102	0.0559	1.8317	0.0340
股价不是贷款的格兰杰原因	2.3206	0.1300	1.1942	0.3140	1.5122	0.1316	2.9047	0.0005
贷款不是股价的格兰杰原因	0.6263	0.4301	0.7744	0.5915	0.8989	0.5507	1.0842	0.3818
股价不是房价的格兰杰原因	23.9088	0.0000	4.2811	0.0006	2.5033	0.0063	2.2632	0.0065
房价不是股价的格兰杰原因	4.7767	0.0306	0.6753	0.6698	1.0816	0.3833	1.1828	0.2936

格兰杰因果检验的结果表明：在 10% 的显著性水平下，一是从短期（T=1）和长期（T=18）来看，银行信贷和房地产价格互为格兰杰原因，即在短期内（1 个月）和长期（1 年半）银行信贷投放增加会刺激房地产价格上涨，房地产价格上涨也会刺激银行信贷投放增加，这种刺激作用随着时间的增加而逐渐减弱。二是在短期内（T=1），股票价格和银行信贷间不存在格兰杰因果关系，即短期内（1 个月）股票价格变动不会对银行信贷投放产生直接影响，银行信贷变动也不会对股票价格产生影响，但从长期（T=18）来看，股票价格和银行信贷存在单项因果关系，股票价格是银行信贷的格兰杰原因，即长期来看（1 年半），股票价格上涨会刺激银行信贷投放增加。三是短期内（T=1）股票价格和房地产价格互为格兰杰原因，长期来看（T=18）股票价格与房地产价格存在单项因果关系，即短期内（1 个月），股票价格上涨会刺激房地产价格上涨，房地产价格上涨也会刺激股市，长期来看（1 年半）股票价格上涨会刺激房地产价格但房地产价格变动不会刺激股票价格。

（四）VAR 模型及脉冲响应函数分析

脉冲响应函数分析表明当内生变量发生一个标准差的随机扰动，对该内生变量自身以及其他内生变量当期值与未来值的影响，或者可以理解为当一个变量发生一个标准差的随机扰动，对整个系统波动的变动情况。

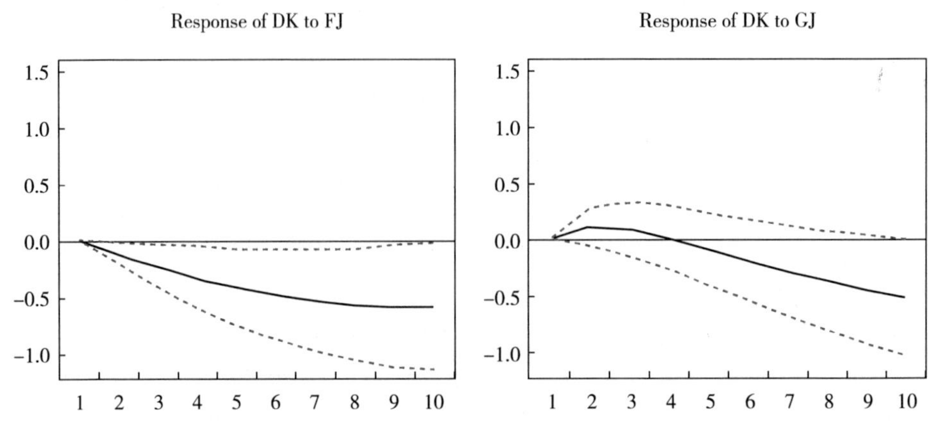

图 1　银行信贷对房地产价格和股票价格冲击的脉冲响应图

从图 1 可以看出：一是房地产价格冲击对银行信贷产生比较稳定的负向冲击效应，具体来看，在当期给房地产价格（FJ）一个正向冲击后，银行信贷（DK）在当期即表现出一个负向反馈，房地产价格（FJ）上涨 1%，银行信贷（DK）减少 0.025%，这一反馈效应在往后几期缓慢变大，在第 8 期的时候，房地产价格（FJ）冲击对信贷规模（DK）的影响达到最大并基本保持平稳，说明房地产价格的上涨会导致银行信贷的缩减与格兰杰因果检验结果相符合。二是股票价格冲击对银行信贷产生由正转负的反馈，具体来看，在当期给股票价格（GJ）一个正向冲击后，银行信贷（DK）在当期即表现出小幅正面影响，第 2 期之后，这一正面的影响开始逆转，到第 4 期时，股票价格（GJ）冲击对银行信贷（DK）的影响已经由正转负，其影响力也逐渐变大。这说明来自股价方面的冲击对银行信贷规模的影响是一个渐进的过程，长期来看，两者之间还是存在着负相关关系。

从图 2 可以看出：一是银行信贷冲击对房地产价格产生比较稳定的正向效应，具体来看，在当期给银行信贷（DK）一个正向冲击后，房地产价格（FJ）在第 2 期表现出一个微弱的正向反馈，并且在后面几期逐渐变大，这与格兰杰因果检验结果相符，说明银行信贷增加后，信贷资金流入房地产市场，滞后 1～2 期后刺激房地产价格导致房地产价格的上涨。二是股票价格冲击对房地产价格产生比较明显的正向效应，具体来看，股票价格（GJ）增长 1%，房地产价格（FJ）立即产生正向波动，在第 8 期达到最大值 0.8%，随后正向波动减弱并趋于稳定。

从图 3 中可以看出：银行信贷变动对股票价格冲击的效应不明显，但房地产价格变动对股票价格产生负向效应，房地产价格上涨 1%，股票价格将减少 8%。

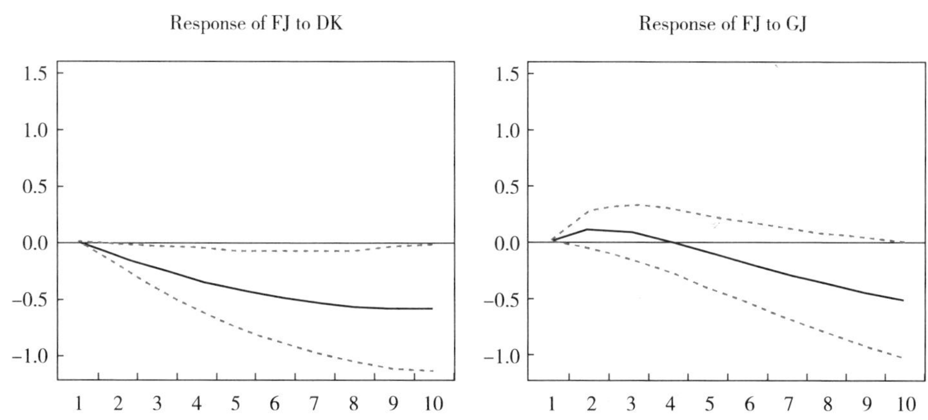

图 2　房地产价格对银行信贷和股票价格冲击的脉冲响应图

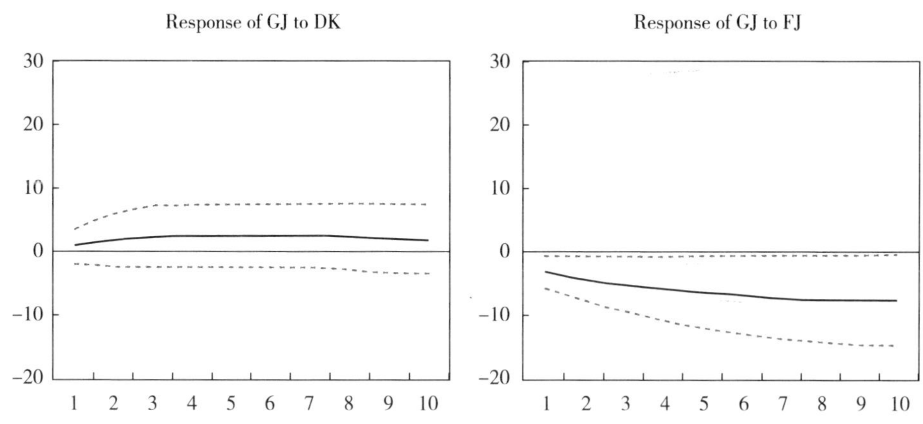

图 3　股票价格对银行信贷和房地产价格冲击的脉冲响应图

四、论文的主要结论和政策建议

（一）本文主要结论

本文通过借助向量自回归模型（VAR），对我国 2006 年 1 月至 2017 年 8 月的股票价格、资产价格、银行信贷规模进行分析，基于实证分析的结果，可以得出以下结论：

第一，无论从短期还是长期来看，房地产价格波动与银行信贷存在稳定且显著的双向因果关系，房地产价格上涨会对银行信贷产生负向效应，房地产价格上涨 1%，银行信贷减少 0.025%，而银行信贷对房地产价格产生正向效应，银行信贷增长 1%，房地产价格上涨 0.4%。但股票价格波动与银行信贷不存在显著的相关关系，只有从长期（1 年半）来看，股票价格对银行信贷产生负向效应，股票价格上涨 1%，银行信贷减少 0.5%。

第二，从短期来看，房地产价格和股票价格互为因果关系，股票价格上涨对房地产价格产生正向效应，而房地产价格上涨对股票价格产生负向效应。但从长期来看，房地产价格对股票价格保持正向反馈机制，但股票价格不受房地产价格影响，说明短期内我国房地产市场与股票市场之间资金流动较多，但长期来看房地产市场的资金不会流到股票市场。

总的来说，以股票价格和房地产价格为代表的资产价格与我国的银行信贷是相互关联的，尤其是房地产价格波动与银行信贷存在稳定且显著的双向因果关系。银行信贷主要流向的是房地产市场，而不是股票市场，所以目前我国金融市场的系统性风险主要是集中在房地产市场，而不是股票市场。

（二）政策建议

1. 通过控制房地产市场泡沫防止信贷过度膨胀

我国相关监管机构应严格监管商业银行等金融机构的信贷资金的流向，保障国内银行信贷平稳。一方面，防止在房地产价格大幅上涨过程中，投资者运用银行信贷的“杠杆效应”来扩大投资收益。另一方面，我国应加强基础设施建设，创造平稳有序的市场环境。通过大力发展公司债、资产证券化、投资基金等市场，为投资者提供更为丰富的投资和融资渠道，建立多元化金融市场，分散我国商业银行的信贷风险。加强投资者教育，帮助普通投资者建立良好的风险防范意识，树立正确的投资理念，避免不理性的投资行为，进而抑制资本市场价格频繁大幅波动的现象。

2. 通过对银行信贷及股票市场调控防止房地产市场泡沫化

政府有关部门要密切关注房地产价格与股票价格之间的资金流动，严格监控房地产市场和股票市场间资金频繁和大额流动，如果房地产企业利用从股票市场上融资得来的资金购买地皮，股票价格的上涨就会促进房地产价格的膨胀。此外，完善商业银行的信贷审批制度，对贷款审批各个环节的合规性进行监督，加强对银行信贷资金流向的监管，从源头上对银行信贷规模进行控制，严格遵照国家政策法规发放贷款，明确信贷资金的投资用途，杜绝银行信贷资金违规投资房地产市场的现象出现，限制出于股市投机目的的贷款需求，保证银行信贷资金的合理利用，并对以发放贷款的履约情况进行跟踪观测。既要密切监测房地产的信贷规模和信贷主要流向，又要加强对股票市场和商业银行信贷的全面调控，才能有效防范房地产市场泡沫继而保证房地产市场能够长期平稳运行。

3. 通过监管机构之间的协调与配合高效管理信贷投放渠道

从历史经验来看，世界各国屡次发生金融危机的重要原因之一，就是政府监管的缺失，监管机构没有对以商业银行为主的金融机构严格实施审慎监管，以至于无法及时发现和解决问题，随着金融系统风险的不断累积，最终造成金融经济危机。因此，为了有效防范风险，金融机构监管当局必须坚持审慎性监管，通过强化金融信息披露，提高金融机构透明度，防范股票价格—房地产价格—信贷规模的传导影响机制下的资产周期波动，对流向证券市场和房地产市场的大笔资金进行实名申报制度，防范银行信贷违规流入。加强联合监管机制，消除监管部门的盲区从而减少银行信贷资金违规流入房地产市场。同时，加强全方位监管并建立监管机构之间的信息交流机制，充分利用监管资源，最大限度地发挥监管的职能作用，即防范信贷资金的违规炒作，在适当形势下，利用股票价格—房地产价格—信贷规模之间的传导影响机制，可更准确地把握我国市场经济发展规律并稳定市场经济的发展。

4. 通过控制风险手段稳定银行信贷与经济金融体系

相关部门根据不同类型的信贷形式，建立专门的金融市场风险预警体系，探索含有资产价格、银行信贷规模这两个变量的风险预警指标的金融分析预警体系，注重风险防范，提高监管有效性，例如，着重建立银行风险预警系统，以经济、金融、银行等统计资料为依据，选取一组变量，拟合响应函数、指标等，对银行风险进行实时观测、计算，如发现超出警戒范围的情况，可以及时向银行机构发出预警信号，以便银行机构尽早采取防范措施。银行风险预警系统的建立，有利于丰富我国商业银行现有的规避风险的评估体系、商业银行及时开展自防自救、有利于监管机构及时监测银行的发展动态，提高我国银行监管的有效性。

参考文献

[1] 陈继勇，袁威，肖卫国. 流动性，资产价格波动的隐含信息和货币政策选择——基于中国股票市场与房地产市场的实证分析 [J]. 经济研究，2014 (1) .

[2] 桂荷发，邹朋飞，严武. 银行信贷与股票价格动态关系研究 [J]. 金融论坛，2008 (5) .

[3] 郭伟. 资产价格波动与银行信贷：基于资本约束视角的理论与经验分析 [J]. 国际金融研究，2010 (4) .

[4] 刘刚，尹涛. 货币流动性对中国资产市场的冲击效应研究——1997—2010 年的经验证据 [J]. 经济与管理，2011 (9) .

[5] 李健，邓瑛. 推动房价上涨的货币因素研究——基于美国、日本、中国泡沫积聚时期的实证比较分析 [J]. 金融研究，2011 (6) .

[6] 马亚明，邵士妍. 资产价格波动，银行信贷与金融稳定 [J]. 中央财经大学学报，2012 (1) .

[7] 王珏. 货币供给，人均可支配收入、房屋销售价格与贷款利率之间相关性研究 [J]. 金融会计，2013 (4).

[8] 王晓明. 银行信贷与资产价格的顺周期关系研究 [J]. 金融研究，2010 (3).

[9] 吴晓求. 实体经济与资产价格变动的相关性分析 [J]. 中国社会科学，2006 (6).

[10] 张睿锋. 杠杆比率，资产价格泡沫和银行信贷风险 [J]. 上海金融，2009 (9).

[11] Arsenault M. Mortgage fundflows, Capital Appreciation, And real Estate Cycles [J]. *The Journal of Real Estate Finance and Economics*, 2013 (2).

[12] Borio and Lowe. Assessing the Risk of Banking Crises [J]. *BIS Quarterly Review*, 2002 (1).

浙江上市公司带动区域产业转型升级的理论和实证研究

浙江财经大学中国金融研究院课题组*

一、浙江境内上市公司发展现状及对策研究

（一）引言

近年来，浙江省境内上市公司的增长速度位列全国前茅，截至2017年9月11日，今年浙江省新增A股上市公司65家，占全国增量的20%。自2005年至2017年9月初，浙江省境内上市公司总体保持增长姿态，增长态势稳步且良好。上市公司作为管理制度最先进、资金实力最雄厚、投资能力最充沛、增长质量最优异的企业群体，是浙江创新驱动和产业升级的主力军。但从市场经济发展成熟的过程来看，浙江省上市公司总体仍存在许多与经济总量发展不平衡的潜在问题，如上市公司规模偏小，且区域分布不均匀，资本平台利用率低等。

（二）上市公司是浙江经济转型升级的中坚力量

1. 浙江板块凸显、阵容不断扩大

浙江上市群体存在不断壮大、持续扩容的潜力。今年前九个月，全省新增上市公司65家。截至2017年8月30日，全省共有拟境内上市公司228家，其中辅导期公司151家，已报证监会待审核公司77家。此外，浙江目前新三板挂牌企业1 036家，已成为新三板挂牌增长速度最快的省份。

2. 融资再创新高、突破资金瓶颈

2016年全省境内上市公司通过资本市场直接融资3 737. 30亿元，比上年增加了2. 53倍。通过资本市场直接融资总额为近年新高（见图1）。直接融资渠道的拓宽为浙江省持续吸引资本流入作出了较大贡献，有助于企业自身发展壮大。

3. 紧随新兴产业、带动产业集群

我国经济步入“新常态”后，处于新旧增长动力更替的换挡期，迫切需要培育战略性新兴产业来构建新的增长动力机制。从2016年至今，浙江有1家金

---

* 课题主持人：武　鑫

课题组成员：岑云昶　虞群娥　朱志刚

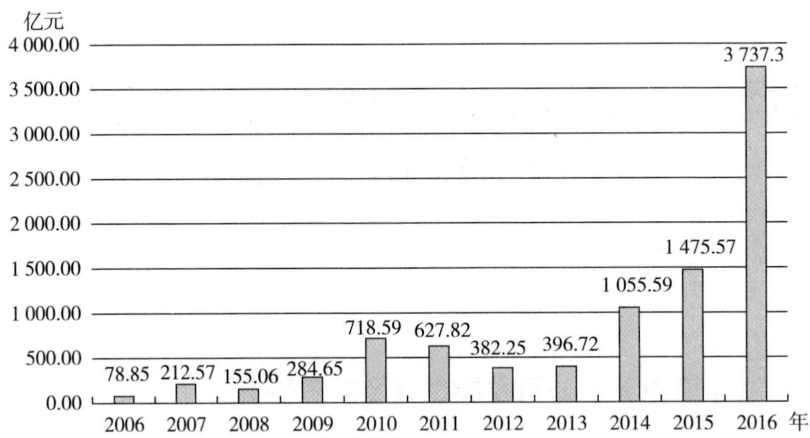

资料来源：Wind 资讯。

图 1　2006—2016 年全省境内上市公司资本市场融资总额

融、10 家信息科技、6 家医疗保健、28 家消费类公司。在浙股市值排名前 20 位的公司中，有一半已经是新兴产业的佼佼者。

4. 积极并购重组、催动经济转型

在经济处于低谷之际，经济要素迫切需要从传统产业转移到新兴产业。上市公司拥有畅通的投融资渠道，交易效率和市场化程度相对较高，是优化存量资源配置的重要操作平台。2016 年，浙江上市公司总共发生 1 157 起，涉及并购金额 19 591. 15 亿元，翻了差不多 9 倍。在并购重组的强劲推动下，2016 年有 7 家浙股的市值有超过一倍以上的增长。

5. 发挥龙头作用、贡献地方经济

浙江上市公司在税收、就业等方面对地方经济与社会发展作出了重要贡献。一是所占地方经济比重不断提高。浙江上市公司 2016 年营业收入占全省 GDP 比重为 31. 61%，比上年提升 5 个百分点；实现利润总额 1 668. 78 亿元，较上年提升近 10 个百分点。二是税收贡献稳步增长。浙江上市公司 2016 年共计缴纳各项税费 891. 74 亿元，上缴企业所得税 160. 32 亿元，同比增长 13. 82%。三是就业人数、薪酬等持续增长。浙江上市公司 2016 年共创造了 115. 4 万个就业岗位，同比增加了 25. 4 万个就业岗位，合计支付职工薪酬 1 305. 76 亿元，平均每人工资为 11. 31 万元，同比增长 6. 34%。

（三）浙江境内上市公司发展中面临的问题

1. 两个“集中”造成发展不平衡

浙江目前的境内上市公司存在两个“集中”。第一个是地理分布集中。截至 2017 年 9 月 11 日，A 股上市公司中杭州 123 家，宁波 67 家，绍兴 51 家，占浙江境内上市公司总数的 61. 5%。

第二个是产业分布的集中。截至 2017 年 9 月 11 日，392 家境内上市公司中，传统行业的制造业有 273 家，占比达 70%。

2. 上市公司规模小影响“做大做强”

（1）难以满足浙江企业融资需求

根据一般的历史经验，一国经济在向高收入阶段迈进时，少数大企业规模会迅速扩张。上市公司是最容易脱颖而出的企业群体。截至 2017 年 10 月 24 日，浙江省上市公司平均股本约 8.39 亿股，低于沪深 A 股上市公司平均股本 17.67 亿股的水平。浙江省市值超千亿元的只有 1 家，是海康威视 3 324 亿元。浙江省上市公司的融资规模与资源配置能力与其他省市相比存在差距。

（2）弱化企业抗风险能力

规模较小首先就弱化了浙江上市公司抗风险能力，表现为业绩起伏较大。比如在 2011 年，随着欧债危机的冲击以及我国经济步入新常态，浙江上市企业净利润同比增速大幅回落 72.6 个百分点，而同期全国平均水平仅下降 26.5 个百分点。

（3）限制企业创新研发

企业的转型发展与优化升级离不开技术的创新和产品升级，上市公司规模较小还限制了公司在投入科技创新、研究开发方面的能力。2016 年有超过 7.7% 的浙江省境内上市公司研发投入占营业收入比重不足 2%，整体研发投入占营业收入比重为 2.4%，在全国处于比较高的水平，但还不是很高。

3. 公共平台使用效率较低

上市公司有着积聚公共资源的巨大优势，但是部分浙江省境内上市公司存在业绩下降和资源使用效率降低的问题。宝贵的金融资源“脱实向虚”，长期沉淀在低收益率的理财产品中，值得监管部门关注。这也说明浙江上市公司在经济转型升级的大潮中要打造核心竞争力。

4. 现代公司治理需要完善

截至 2017 年 10 月 24 日，全省 401 家上市公司中，民营控股公司共有 333 家，占比 83.04%。全省仅有少数几家民营上市公司聘请了外部专业人士作为公司董事长或总裁。统计研究表明，平均只有 30% 的家族企业实现了第一代和第二代的交接。如何平稳度过陆续接班的空窗期，对提升浙江省上市公司的治理水平既是挑战也是机会。

5. 需要扫除海外并购的障碍

（1）思想意识不到位

当经济发展处于新旧增长动力换挡期时，都需要通过拓展海外市场来扩大产业发展空间，缓和产业转型的阵痛。浙江上市公司主动求变，越来越多地参与国际市场竞争，实现跨国资源配置。如均胜电子 11 亿美元收购汽车行业海外高端资产。上市公司的海外并购还能带动相关产业链乃至地方经济的转型升级。部分上市公司发展战略不够清晰，还未认识到收购海外并购的战略意义，存在一定的盲目性。

（2）海外并购的信息成本较高

浙江企业海外并购还处在起步阶段，经验不足，考察和调研获得信息不全、不深，好的项目被别人占了先机。而对目的国法律法规了解不完善，也导致并购留下诸多法律风险。

（3）实施海外并购的能力不足

①相关人力资本不足。普遍来看，浙江省在跨国经营管理和技术人才储备、团队建设，跨国治理和经营能力等方面还有待提升。

②风险应对能力不足。企业在海外仍需增强社会责任意识，提高妥善处置工会、环境、文化冲突以及风险管控能力。

③融资能力不足。上市公司特别是中小规模上市企业在跨国并购中的金融支撑仍然不足。

（四）发展建议

1. 构建服务体系、提升证券化率

对于浙江而言，推动经济转型升级的关键抓手之一就是迅速提升经济证券化率，充分利用证券市场的丰富功能，提升浙江省的资产可变现能力以及资产保全能力。美国等发达经济体的经济证券化率接近 1.5，浙江省 2016 年的经济证券化率为 0.88 接近 1 的基础上，实施全省挂牌上市公司数量倍增专项计划，积极推动企业股改及对接多层次资本市场工作，争取在在未来几年中将浙江省经济证券化率提升到 1.2 左右。

2. 对接八大产业、加速产业集聚

浙江省下一步应该多鼓励、引导和扶持新兴产业的企业进入资本市场，充分放大上市公司发展在转型升级中的溢出效应。特别是紧扣浙江省委省政府提出的，做大做强信息、环保、高端装备制造等八大万亿元产业的要求，着眼于长期经济动力的塑造。建议在挂牌上市激励政策中实施差异化标准，对于七大产业的拟挂牌上市企业进行重点激励，支持上市公司项目本地化落地，并能充分利用本地产业配套。

3. 提升上市公司质量、锻造价值源泉

为了提高上市公司质量，应当将上市公司的发展纳入到全省金融生态环境的建设中。首先，优先推动现有的省属金融机构、证券机构上市，加快证券市场建设；其次，鼓励上市公司积极进行制度创新，在上市公司中实行股权激励制度；最后，可以构建“上市公司质量指标体系”，建立浙股发展预警指数，警示那些困境重重、业绩持续下滑、前景暗淡的“壳公司”。

4. 积极推动并购、争取做大做强

2017 年到目前为止，浙江上市公司资源整合力度不够，平均每单并购金额为 11.23 亿元，低于全国平均水平的 15.51 亿元。浙江着重做好两点。一是强化投资信息披露，完善风险预警机制，二是培育发展专业性投资服务公司。

二、集群外部经济增进的实证分析——以上虞为例

浙江省正在不断推进用上市公司带动区域产业转型升级的实践，并将上虞设立为浙江省上市公司引领产业发展示范区建设唯一试点地区，因此用实证来评估这一制度下上虞综合生产力就变得尤为重要。促进集群外部经济的增进不仅体现在市场规模的扩大，也体现在技术和效率等方面，是综合生产力水平提升的表现，这与全要素生产率的内涵相一致，因而不妨用全要素生产率（TFP）来估计集群外部经济的变化状况。本文将上虞与浙江的全要素生产率进行了比较，来探究分析上虞集群外部经济增进的程度。

（一）TFP 核算的基本原理

选用“索罗剩余”法估算全要素生产率（TFP）。下面假定生产函数为：

$$Y(t) = A(t)F[K(t),L(t)] \tag{1}$$

这里 K 为实际资本、L 为劳动，$A(t)$ 代表希克斯技术进步，即 TFP。上式两边取对数并对时间求导，变形后得到：

$$g_A = g_Y - \frac{AF_K K}{Y} g_K - \frac{AF_L L}{Y} g_L \tag{2}$$

其中，g 代表增长率。又由于 $\frac{AF_K K}{Y} = e_K$ 和 $\frac{AF_L L}{Y} = e_L$ 分别是资本和劳动的产出弹性，于是有：

$$g_A = g_Y - e_K g_K - e_L g_L \tag{3}$$

因此需要分别对 g_Y、g_K、g_L、e_K、e_L 进行估算来得到 g_A，即 TFP 的增长率。

（二）要素供给的衡量和数据处理

1. 产出数据

表 1 是按照当年价格计算的上虞生产总值和浙江地区生产总值。表 2 是以 2004 年为基期，历年的生产总值指数。两个表结合可以计算出不变价格的历年生产总值，如表 3 所示，然后根据表 3 可以计算出产出的年增长速度，如表 4 所示。

表 1　以当年价格计算的 2004—2015 年的生产总值　单位：亿元

年份	上虞生产总值	浙江省生产总值
2004	197.82	11 648.70
2005	228.67	13 417.68

续表

年份	上虞生产总值	浙江省生产总值
2006	262.86	15 718.47
2007	310.64	18 753.73
2008	347.56	21 462.69
2009	368.51	22 990.35
2010	438.87	27 722.31
2011	526.49	32 318.85
2012	580.51	34 665.33
2013	629.94	37 756.58
2014	681.03	40 173.03
2015	725.75	42 886.49

表 2　2004—2015 年的生产总值指数（2004 = 100）

年份	上虞生产总值指数	浙江省生产总值指数
2004	100.00	100.00
2005	112.24	112.80
2006	126.44	128.48
2007	144.54	147.37
2008	156.97	162.25
2009	170.72	176.69
2010	193.79	197.72
2011	213.04	215.51
2012	235.14	232.75
2013	256.26	251.84
2014	278.08	271.04
2015	301.42	292.61

表 3　以 2004 年不变价格计算的 2004—2015 年的生产总值　单位：亿元

年份	上虞生产总值	浙江省生产总值
2004	197.82	11 648.70
2005	222.04	13 139.73
2006	250.13	14 966.16
2007	285.94	17 166.18
2008	310.51	18 899.97
2009	337.72	20 582.06

续表

年份	上虞生产总值	浙江省生产总值
2010	383.35	23 031.33
2011	421.44	25 104.15
2012	465.15	27 112.48
2013	506.92	29 335.70
2014	550.10	31 572.37
2015	596.28	34 085.16

表 4　　2004—2015 年的生产总值的年增长速度　　单位:%

年份	上虞年增长速度	浙江省年增长速度
2004	12.70	14.50
2005	12.24	12.80
2006	12.65	13.90
2007	14.32	14.70
2008	8.59	10.10
2009	8.76	8.90
2010	13.51	11.90
2011	9.94	9.00
2012	10.37	8.00
2013	8.98	8.20
2014	8.52	7.62
2015	8.39	7.96

2. 劳动投入数据

本文简单地采用历年的就业人数作为历年的劳动投入量。数据显示如表 5 所示。

表 5　　2004—2015 年的就业人数　　单位：万人

年份	上虞劳动投入量	浙江省劳动投入量
2004	49.58	2 991.95
2005	53.67	3 100.76
2006	55.76	3172.38
2007	56.25	3 405.01
2008	57.17	3 486.53
2009	57.74	3 591.98
2010	52.62	3 636.02

续表

年份	上虞劳动投入量	浙江省劳动投入量
2011	52.15	3 674.11
2012	52.24	3 691.24
2013	52.39	3 708.73
2014	52.00	3 714.15
2015	52.39	3 733.65

资料来源：《浙江统计年鉴》。

对上述表格中的数据进行简单的数学运算，即可得到每年劳动投入的增长速度，如表 6 所示。

表 6　　2004—2015 年的就业人数的年增长速度　　单位：%

年份	上虞年增长速度	浙江省年增长速度
2004	-0.08	2.51
2005	8.25	3.64
2006	3.89	2.31
2007	0.88	7.33
2008	1.64	2.39
2009	1.00	3.02
2010	-8.87	1.23
2011	-0.89	1.05
2012	0.17	0.47
2013	0.29	0.47
2014	-0.74	0.17
2015	0.75	0.53

3. 资本投入数据

基本公式为：

$K_t = I_t + (1 - a_t)K_{t-1}$，其中，$K_t$ 表示第 t 年资本存量；I_t 表示第 t 年的投资；a_t 表示第 t 年的折旧率。

依照通用的估算方法，计算出的固定资本形成总额的经济折旧率为 10%。用 1985 年的固定资产形成除以 10% 来确定基年物质资本存量 K，用每年的固定资产投资总额表示 I_t。如表 7 和表 8 所示。

表 7　以 1985 年不变价格计算的 1985—2015 年固定资本形成总额

单位：亿元

年份	上虞固定资本形成总额	浙江省固定资本形成总额
1985	1. 46	93. 00
1986	1. 85	115. 92
1987	2. 62	142. 14
1988	2. 99	171. 94
1989	2. 75	163. 34
1990	2. 78	170. 13
1991	3. 66	218. 17
1992	6. 47	328. 67
1993	18. 15	622. 29
1994	28. 16	915. 81
1995	35. 43	1 235. 69
1996	31. 66	1 471. 95
1997	28. 94	1 542. 06
1998	30. 16	1 681. 62
1999	34. 51	1 716. 30
2000	44. 94	2 063. 17
2001	42. 68	2 526. 79
2002	51. 74	3 272. 64
2003	66. 00	4 180. 38
2004	85. 29	5 384. 38
2005	95. 17	6 138. 39
2006	106. 74	6 964. 28
2007	125. 84	7 704. 90
2008	145. 32	8 550. 71
2009	165. 91	9 906. 46
2010	198. 00	11 451. 98
2011	241. 07	14 077. 25
2012	296. 54	17 095. 96
2013	347. 51	20 194. 07
2014	409. 05	23 554. 76
2015	485. 06	26 664. 72

资料来源：《浙江统计年鉴》。

表 8　　1985—2015 年资本存量　　单位：亿元

年份	上虞资本存量	浙江省资本存量
1985	14. 63	930. 02
1986	15. 02	952. 94
1987	16. 13	999. 79
1988	17. 51	1 071. 76
1989	18. 51	1 127. 92
1990	19. 43	1 185. 26
1991	21. 15	1 284. 90
1992	25. 50	1 485. 09
1993	41. 10	1 958. 86
1994	65. 15	2 678. 79
1995	94. 07	3 646. 60
1996	116. 32	4 753. 89
1997	133. 64	5 820. 56
1998	150. 43	6 920. 12
1999	169. 90	7 944. 41
2000	197. 84	9 213. 14
2001	220. 74	10 818. 61
2002	250. 41	13 009. 39
2003	291. 37	15 888. 83
2004	347. 53	19 684. 33
2005	407. 95	23 854. 29
2006	473. 89	28 433. 14
2007	552. 34	33 294. 72
2008	642. 42	38 515. 96
2009	744. 09	44 570. 83
2010	867. 68	51 565. 72
2011	1 021. 98	60 486. 40
2012	1 216. 32	71 533. 72
2013	1 442. 20	84 574. 42
2014	1 707. 03	99 671. 74
2015	2 021. 38	116 369. 28

对表 8 中的数据进行简单的数学运算，即可得到每年资本投入的增长速度，

如表 9 所示。

表 9　　2004—2015 年的资本的年增长速度　　单位:%

年份	上虞年增长速度	浙江省年增长速度
2004	19.22	23.89
2005	17.38	21.18
2006	16.17	19.20
2007	16.56	17.10
2008	16.32	15.68
2009	15.84	15.72
2010	16.61	15.69
2011	17.76	17.30
2012	18.98	18.26
2013	18.55	18.23
2014	18.35	17.85
2015	18.41	16.75

（三）用份额法估计要素产出弹性

主要依据两个假设：一是厂商是要素价格的接受者；二是厂商追求利润最大化目标。这两个假设意味着，单位要素收入等于其边际产出。故可用公式（4）来计算弹性：

$$e_L = s_L = \frac{劳动者报酬}{劳动者报酬 + 固定资产折旧 + 营业余额}, e_K = s_K = 1 - e_L \quad (4)$$

由于找不到上虞的劳动者报酬、固定资产折旧、营业余额，故用浙江省的数据代替。

表 10　　2004—2015 年劳动者报酬、固定资产折旧、营业余额　　单位：亿元

年份	浙江省劳动者报酬	浙江省固定资产折旧	浙江省营业余额
2004	4 856.23	1 529.09	3 376.94
2005	5 337.16	1 905.37	4 286.16
2006	6 345.74	2 191.19	4 921.03
2007	7 433.99	2 593.49	5 919.92
2008	8 227.35	2 773.48	6 663.77

续表

年份	浙江省劳动者报酬	浙江省固定资产折旧	浙江省营业余额
2009	9 105.37	2 965.97	7 501.08
2010	10 788.87	3 316.63	9 342.78
2011	13 185.55	3 908.75	9 976.54
2012	14 583.69	4 463.09	10 122.91
2013	17 898.75	4 663.63	9 483.10
2014	18 534.26	5 077.79	10 369.52
2015	20 573.26	5 427.75	10 647.19

表 10 数据来源于 CSMAR 国泰安数据库。对表 10 中的数据进行份额法的数学运算，即可得到每年要素产出弹性的估计。如表 11 所示。

表 11　　份额法要素产出弹性的估算

年份	浙江省资本产出弹性	浙江省劳动产出弹性
2004	0.5026	0.4974
2005	0.5371	0.4629
2006	0.5285	0.4715
2007	0.5338	0.4662
2008	0.5342	0.4656
2009	0.5348	0.4652
2010	0.5399	0.4601
2011	0.5129	0.4871
2012	0.5000	0.5000
2013	0.4415	0.5585
2014	0.4546	0.5454
2015	0.4386	0.5614

（四）TFP 增长率的估算结果

在计算出了产出的年增长速度 g_Y（表 4）、劳动投入的年增长速度 g_L（表 6）以及资本投入的年增长速度 g_K（表 9）之后，再代入估算的资本产出弹性 e_K 和劳动产出弹性 e_L（表 11），运用公式（3），可以计算出上虞和浙江省的 TFP

的年增长率和TFP增长对GDP增长的贡献，如图3和图4所示。另外也作出了上虞与浙江省的GDP增长率的比较图，如图2所示。

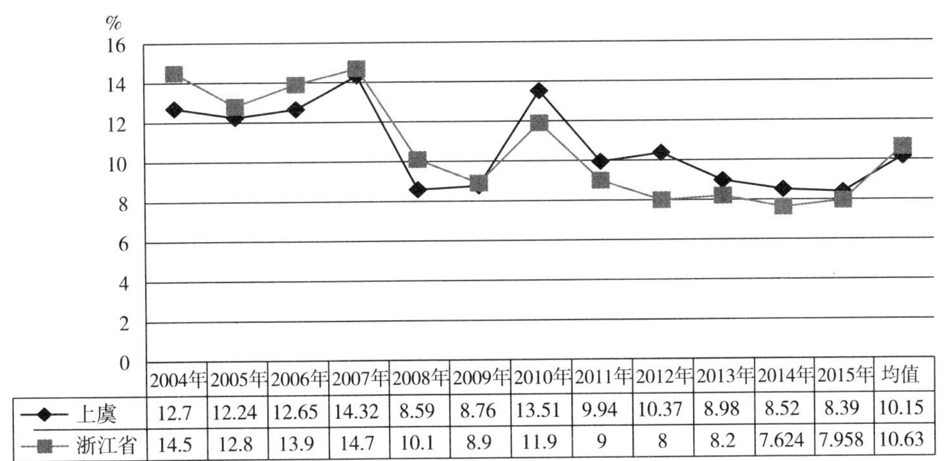

	2004年	2005年	2006年	2007年	2008年	2009年	2010年	2011年	2012年	2013年	2014年	2015年	均值
上虞	12.7	12.24	12.65	14.32	8.59	8.76	13.51	9.94	10.37	8.98	8.52	8.39	10.15
浙江省	14.5	12.8	13.9	14.7	10.1	8.9	11.9	9	8	8.2	7.624	7.958	10.63

图2　GDP增长率

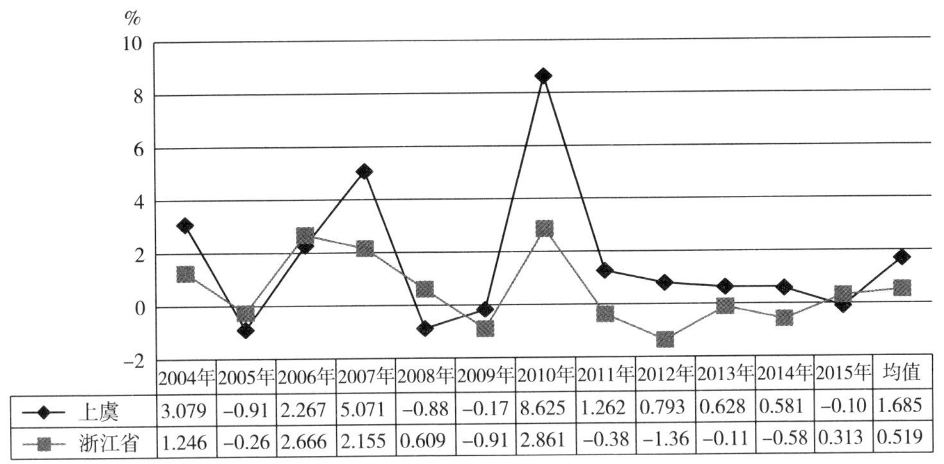

	2004年	2005年	2006年	2007年	2008年	2009年	2010年	2011年	2012年	2013年	2014年	2015年	均值
上虞	3.079	–0.91	2.267	5.071	–0.88	–0.17	8.625	1.262	0.793	0.628	0.581	–0.10	1.685
浙江省	1.246	–0.26	2.666	2.155	0.609	–0.91	2.861	–0.38	–1.36	–0.11	–0.58	0.313	0.519

图3　TFP年增长率

（五）结果分析

（1）2009年之后总体来说都高于浙江省水平，说明上虞经济增长势头很好，处于领先浙江省的水平。

（2）上虞的TFP增长率和TFP增长对GDP增长的贡献都领先于浙江省，均值高出浙江省不少，可以看出上虞注重对于技术进步和制度创新。

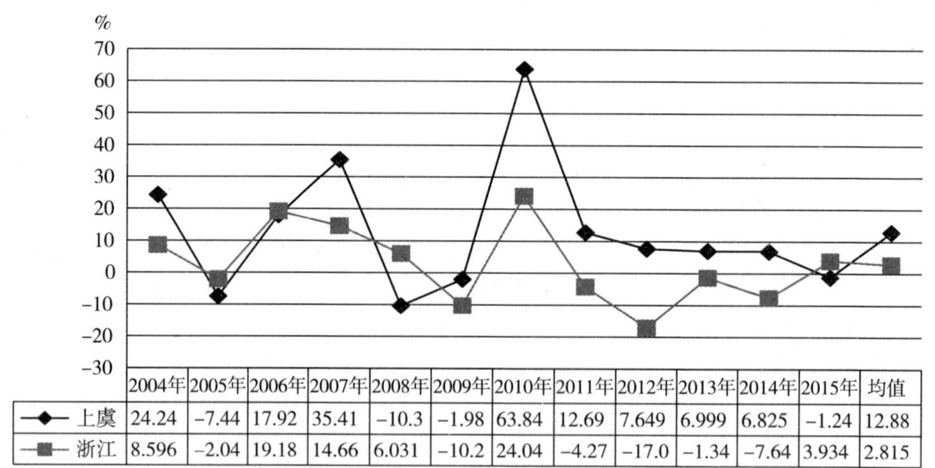

	2004年	2005年	2006年	2007年	2008年	2009年	2010年	2011年	2012年	2013年	2014年	2015年	均值
上虞	24.24	-7.44	17.92	35.41	-10.3	-1.98	63.84	12.69	7.649	6.999	6.825	-1.24	12.88
浙江	8.596	-2.04	19.18	14.66	6.031	-10.2	24.04	-4.27	-17.0	-1.34	-7.64	3.934	2.815

图 4　TFP 增长对 GDP 增长的贡献

（3）在 2010 年劳动投入较上年突减，导致 TFP 出现突增，随后下降并且较为稳定，说明形成了上虞实现集群外部经济的稳定，领先于浙江省水平。

三、浙江省上市公司引领产业发展绩效评价与经验总结——以上虞为例

（一）导言

从世界范围内的历史经验来看，比如 20 世纪 50 年代以后，北美和西欧发达国家将劳动密集型产业逐渐外迁。这两个地区抓住了产业转移的机会，在全球价值链调整中占有了一席之地。但希腊等国在生产环节转移到中东欧国家的过程中，不仅没有实现产业转型升级，反而丧失了低成本优势，最终陷入目前巨大的经济困境。

在这方面，浙江省在全国上市公司带动区域产业转型升级的实践中走在了前沿，其中以上虞的金融创新最为典型。

（二）示范区试点工作绩效评价

2015 年初，朱从玖副省长在上虞实地调研资本市场发展时指出，要利用好上市公司这个优势资源和并购重组这个重要手段。政府要努力营造良好的经商环境，鼓励支持企业通过并购重组做强做大，带动当地小微企业发展。

截至目前，从横向比较来看，示范区试点工作取得了卓著的成效：上市公司引领产业集群乃至区域经济发展绩效显著，也有多项指标名列前茅。

而从纵向比较来看，示范区试点工作也是卓有成效：一是上市公司引领产

业集群稳步发展；二是上市公司引领区域经济发展。

1. 上市公司引领产业集群发展效应凸显

以上市公司为代表的领军企业，在多个隐形冠军的紧随下，引领产业集群稳步发展。领军企业有拉长产业链的强烈意愿，能够组织基于产业链细化的专业化分工协作体系，其领军地位带来的巨大业绩给其他企业提供了良好的示范和激励。这样，就形成了“几个领军企业—多个隐形冠军—大批中小微企业”的产业集群架构，上市公司的领军作用也开始凸显。

（1）上市公司领军地位上升，引领全区产业集群协同发展

①经营业绩。2014—2016 年三年期间，为数仅 10 家左右的上市公司却在销售收入和利润总额方面彰显了举足轻重的领军地位：二者占全区企业的比重分别稳定在 33% 和 45% 左右。

②市场地位。从市场份额占有来看，11 家上市公司普遍成为各自行业的领先者，有几家甚至成为龙头企业。浙江龙盛目前境内市场占有率达到 31%，境外达到 21%，是名副其实的世界级企业；晶盛机电的高端晶体生产设备市场占有率排名第一。

③科研创新。其研发经费占全区企业比重 2015 年、2016 年连续两年超过一半（51% 左右）；新产品产值率 2015—2016 年连续三年均高于全区约 8 ~9 个百分点；高新技术企业数占全区比重保持在 15% ~18%；省级企业研究院数占全区比重 2015—2016 年连续三年保持在 45% ~53%；省级企业研发中心数占全区比重连续三年保持在 21% 左右。

④人才引进。2016 年全区引进的唯一“国千”人才，就是由上市公司引进的；2015 年、2016 年两年全区引进的 4 名“省千”人才中，有 3 名是由上市公司引进的。

⑤专利技术。上市公司 2016 年前 10 个月的新增实用新型个数就比 2015 年全年新增个数增长了 76. 72%，且该增长率远远高于全区企业的 18. 91%。

（2）上市公司引领三大产业集群发展绩效突出

2014—2016 年，三大产业集群中的上市公司引领全部企业的产值增长，其产值比重也稳步上升，引领作用明显。同期，三大产业集群中上市公司引领全部企业的销售增长。

2. 上市公司引领区域经济发展效应显著

（1）三名工程

截至当前，上虞拥有省级“三名工程”培育企业 2 家，全部是上市公司；市级“三名工程”培育企业 18 家，其中 8 家是上市公司；“浙江名牌产品”60 个（全市排名第三），其中 10 个属于上市公司；“中国驰名商标”16 个，上虞中国驰名商标拥有量名列绍兴前茅。

（2）本地采购

上市企业通过本地采购或协同制造，为上虞乃至浙江本地企业的发展贡献了大量机会，带动区域经济繁荣发展。上虞上市公司省内采购占营业收入的比重普遍较高，2014—2016 年连续三年达到平均 20% 强，而最大比重甚至高达 43.16%（金盾股份，2016）。

（3）浙江制造

上市公司为全国首个区域型公共品牌——“浙江制造”的打造，发挥了极为令人瞩目的引领作用。截至当前，上虞拥有“浙江制造”产品标准 6 项，排名全市第一，其中有 5 项属于上市公司；“浙江制造”认证证书 4 张，排名全市第一，全部属于上市公司。

（4）贸易出口

2014—2015 年，上市公司与全区企业的出口总额分别增长 3.30% 和 1.18%，上市公司以快出全区平均水平 1.8 倍的速度增长，发挥了非常显著的引领作用。在我国出口当前异常严峻的形势下，这两方面的成绩实属难能可贵。

（5）项目回归落地

上市公司通过项目回归落地为区域经济吸引投资作出重要贡献。2014—2016 年，全区累计回归落地项目 144 个，其中由上市公司贡献 18.75%。同期，全区累计到位省外资金 122.3 亿元，其中由上市公司贡献 15.00%。

3. 上虞成长为世界级“资本控制中心”可期可待

上虞得享浙江优秀的企业家资源。上市公司长期忠诚于主业，秉持工匠精神，得以通过直融、并购和银行贷款掌握巨额的金融资源。这可以称为“以技术促资本”。取得巨额金融资源之后，这些上市公司又将这些金融资源投向全国乃至全世界，这可以称为“以资本促技术”。

政府积极为企业增进自身资本控制能力的活动创造宏观上的条件，在上虞本地形成了有利于发展资本控制的良好制度环境。

（三）示范区试点工作经验总结

1. 上市公司领军，促进产业升级

上市公司具有资金优势、人才优势和信息优势。上虞的企业却能逆大势增长，一个重要的原因就是这些上市公司发挥的领军作用。2015 年上虞全区企业利润减少 1.06%。而接下来的 2016 年，上市公司即带领全区企业奋力实现 1.16% 的利润增长。因此借鉴上虞经验，选准领军企业，发挥其在“三去一降一补”、淘汰落后产能上的领军作用。

2. 依靠跨国并购，实现两头扎根

上市公司需要通过海外并购扎根国外市场，但在目光向外的同时，继续深化扎根于本土也不可或缺。

上市公司通过海外并购参与全球产业分工网络、嵌入当地市场，可以获得更多优质产业资源，在研发设计、技术进步和营销体系上占据更有利位置，反过来会带动本土产业协作分工系统的优化和升级。

3. 上市公司协调，提升产业集群

随着需求饱和及产业技术更新，浙江原有的块状经济暴露出诸多问题。上虞实践的成功经验，即是围绕本土上市公司形成一个“主导产业加更多个隐形冠军”的多产业分布架构，该机制有以下四个优势。

①本土上市公司是产业集群内产业链各环节分工的“组织者”。围绕上市公司的整个产业过程中的各个环节得以细化，研发、设计、生产、销售，提高关联企业间的协作层次和集群效应，推进产业资源的合作共享和配套协作。

②上市公司成为产业知识的“传播者”。现代产业集群的特征就是具备内生的技术学习和吸收能力，上市公司最先识别，最先消化、吸收、应用，最先在产业集群中进行扩散，是连接产业集群外部知识来源和内部知识体系的“桥梁”。

③上市公司是集群内其他企业最直接的“示范者”。可以说集群内对于最新技术和市场机会的识别，对于外部知识来源的识别，领军企业“率先示范”的，并进而促进了其他企业跟进，示范是最好的引导。

④上市公司是高水平竞争的“驱动者”。注意形成产业集群内的“领军企业梯队”，从而强化了集群内的“良性竞争”，而不只是低水平、同质化的竞争。

4. 依靠上市公司，化解两链风险

上市公司对于解决地方融资问题的贡献有三个渠道：第一，利用直接融资解决自身融资问题，客观上将紧张的信贷指标留给本地其他企业；第二，利用“上市”这一强有力的信用等级信号，从银行获得大额贷款，同时激励其他企业努力上市并取得大额贷款；第三，利用手中掌握的大量资金（包括并购专项贷款）实施并购，客观上将资金输入本地困难企业。

5. 政府系统支持，营造制度环境

①构建立体学习培训宣传体系充分发挥已上市挂牌企业的典型引领作用，帮助企业经营者树立资本运作的观念和改制上市的信心，提高资本运作的能力和水平，通过各种宣传渠道，营造推动上市的文化环境。

②构建人才智力支持体系引导和支持上市公司加强内部人力资源建设，设立并购投资部门，引入海外并购、产业链并购高端人才或者智囊团队，建立上市公司企业家咨询委员会，培育一批业务能力强、服务质量高的中介服务机构。

③构建鼓励企业规范化股改和上市挂牌等政策体系，加大财政、项目、土地等方面的支持力度。

④构建政府服务能力提升体系和分阶段目标体系，构建并购重组推进能力、

产业发展引导能力、金融等要素供给能力、体制机制创新能力全方位提升体系。构建上市公司、产业集群、区域经济分阶段的目标体系。

6. 上市公司中介，更新经济系统

在经济转型、产业结构调整的关键时期，地方政府必定要有所作为，而不仅仅是提供制度性和物质性基础设施、研发投入，而是要主动参与经济调整和创新发展。

上市公司具有公共性，有溢出效应，有替代市场的内部效率。上市公司直接感受竞争和价格信号，会更有能力直接配置经济资源。是政府与市场对话的有效（对象）中介，降低了对话成本。上市公司在市场中真刀真枪，有更大的效率，具有企业家精神。地方政府通过对话、沟通、引导和帮助上市公司，合理发挥地方政府政策的外部效应，充分发挥上市公司平台的溢出效应和杠杆效应。

（四）示范区试点工作发展潜力

在取得显著成绩的同时，示范区建设工作也存在几个可进一步发挥潜力的方面。

①上市公司研发经费 GDP 占比 2014—2015 年略微下降；

②上市公司新产品产值率 2015—2016 年略微下降；

③上市公司保有高新企业家数 2015—2016 年略微下降；

④上市公司浙江名牌产品个数及占全区比重 2014—2015 年均略微下降。

这些不足只是从一般意义上讲，从具体企业的角度分析，上市公司和隐形冠军仍然发挥了相当的引领作用。

（五）2017 年发展计划

在即将到来的 2017 年，上市公司引领产业发展示范区建设试点要努力做精做亮省级试点“上虞样本”和实施上市挂牌“赶超计划”，努力成为全省生态金融示范区。

需要着重做好的工作可以从以下四个层面来着手。

①政府层面。上虞的发展战略一直是制造业强区，故可以考虑由政府推动发展类似的制造品交易所，编制和发布类似的“中国 · 上虞制造业指数”，充分发挥这方面的优势。

②企业层面。企业应当充分利用示范区建设提供的各项有利条件，结合自身情况深刻领会并购对于企业发展的意义。并购与被并购绝不是吞并与被吞并，而是双赢。

③体制层面。可以学习上海从朱镕基当市长时就坚持下来的“国际企业家咨询委员会”制度，在上虞建立“上市公司企业家决策咨询”制度，让他们宝贵的经验、意见和建议充分发挥价值，推动决策体制的改革和建设。

④政策层面。这方面仍然可以借鉴张家港国家级境外经贸合作区“埃塞俄比亚东方工业园”的做法，积极申请上级政策支持，依托已在海外占有相当市场份额的领军企业建立境外产业示范区。

四、附录

附录 1　　浙江省 17 个强县 2015 年主要经济指标增长率排名

	地区生产总值	规模以上工业总产值	固定资产投资	工业生产性投资
	增长率（%）	增长率（%）	增长率（%）	增长率（%）
富阳	6.99	0.33	15.35	7.70
温岭	4.66	-6.91	12.09	11.10
永康	5.22	4.50	14.03	-8.66
义乌	7.67	0.10	16.89	1.21
上虞	6.59	7.80	18.60	18.00
诸暨	4.65	-0.32	14.10	22.70
桐乡	6.23	0.10	15.00	11.00
平湖	1.44	-5.74	21.49	16.37
海宁	4.65	1.50	14.80	13.30
乐清	5.81	5.60	14.30	18.20
瑞安	6.45	4.30	14.20	18.03
慈溪	4.07	6.10	13.00	41.00
余姚	4.39	1.40	9.30	35.90
柯桥	5.45	2.50	14.90	11.90
余杭	12.21	-2.00	17.00	4.00
萧山	4.31	1.60	13.20	-17.30
鄞州	4.12	0.30	16.80	11.10

附录 2　　上虞境内上市公司市场地位概况

浙江龙盛	境内份额 31%，境外份额 21%
闰土股份	公司染料产量占全国产量 16% 左右，占世界产量 11% 以上
卧龙电气	电机与控制、输变电、电源电池三大产品链境内份额依次为 5%、9%、8%，境外份额依次为 4%、3%、3%
亚厦股份	连续十一年中国建筑装饰业百强第二，工程平均产值 20.1 亿元，总产值 107 亿元
世纪华通	2014 年行业年鉴汽车塑料配件内外饰件第一位，全省占 70%
晶盛机电	高端晶体生产设备市场占有率第一

续表

盈峰环境	所控股上风高科各项经济指标近 5 年连续名列全国风机行业第一
金盾股份	地铁风机行业第一，市场占有率 60% 以上
阳光照明	市场占有率 3% 左右（LED 灯具/光源）
金科娱乐	全球第四、国内最大 SPC 出口企业，全球份额 10%，出口份额 50% 以上
卧龙地产	2010 中国房地产最具发展潜力企业、2009 浙江省房地产开发企业 20 强

供给侧改革背景下商业银行经营转型研究

中国工商银行浙江省分行课题组*

2015年11月10日，习近平总书记在中央财经领导小组会议上指出“在适度扩大总需求的同时，着力加强供给侧结构性改革，着力加强供给侧体系质量和效率”，进一步明确了我国未来经济、社会发展的重点，以及经济、金融下一步改革方向。作为国内金融体系中最主要的组成部分，商业银行在供给侧改革背景下需要及时调整经营策略，更好地对接实体经济有效需求、服务实体经济。

供给侧改革必将是进一步推动新的客户群体转变和需求升级和新的金融服务渠道替代，对传统银行的服务能力和获客能力带来颠覆式挑战。各商业银行也将面临打开新市场和稳住老客户的双重挑战。“客户”和“资产”相辅相成，客户是资产的来源，资产因客户需求而生，银行在多市场的参与度和对多资产的组织运作能力，实际上反映出对客户的综合服务能力。如何以资产组织经营能力的提升推动获客能力的提升是商业银行在新经济新科技浪潮中转型升级、不退而进的关键。本文从对公市场出发分析：一是在获客来源上，以信贷市场、资本市场为核心强化资产板块的“双轮驱动”，在债券市场、同业市场、票据市场、租赁市场等领域积极拓展资产外延，在参与多市场经营的过程中提升全资产的组织经营能力，拓展获客来源的同时提升获客能力；二是在获客方式上，一方面以互联网平台思维的开放式自主化为导向和手段，改变传统的上门营销、线下服务模式，开发标准化交易产品、完善开放式服务平台，扩大客户覆盖面和客户吸引力。另一方面，继续构建资产交易和流转平台，把握多市场资产的形态变化，实现多资产交易和配置能力；三是在围绕获客能力、“资产立行”战略的机制保障上，从组织架构、业务管理、人才培养、考核激励等方面提出优化设想，真正推动“资产立行”战略的落地，实现商业银行经营转型。

一、从“存款立行”向“资产立行”转变是供给侧改革背景下商业银行经营发展的必然要求

供给侧结构性改革重点在于通过提高供给体系质量、效率和降低企业成本，

---

* 课题主持人：张松财

课题组成员：黄震宇　李　欣　夏富军　熊虎臣　刘　磊　刘志超

改善供给结构，促进经济增长。因此，随着供给侧改革的深入推进，金融市场的深层次发展，融资渠道的日益多元化，以及监管导向发生变化，商业银行需要根据企业融资需求，通过体制机制改革提高以银行为主导的金融供给体系质量和效率，更有效地配置和使用金融资源这一重要生产要素，把依托多个市场的“全资产”获取和经营能力作为提升银行经营发展的根本和核心竞争力。

（一）“存款立行”已不能适应供给侧改革对银行的发展要求

改革开放以来，中国经济经历了近 30 年的高速发展期，在以往企业融资渠道单一、信贷需求大于供给的背景下，存贷利差是银行的主要利润来源，银行通过被动负债实现信贷投放和规模的扩张。为管控社会融资规模，防范资金杠杆率过高而造成风险，监管部门自 1994 年以来设立了“存贷比”核心监管指标，由于银行资金来源单一，为了争取“多存多贷”，商业银行逐渐形成了“存款立行”的经营理念。

然而，随着利率市场化深入推进，金融债券、同业存款、卖出回购、表内理财、大额存单、协议存款等主动负债工具快速发展，银行资金来源呈现多元化趋势。同时，监管导向发生转变，以资本充足率为核心的监管模式逐渐取代原来资产负债比率管理方式，存款规模不再是银行信贷投放和信贷规模的主要限制，银行的资产业务扩张、资产总量增长对存款的依赖度在下降，而主要取决于商业银行是否能够顺应供给侧改革的趋势，以企业金融需求为落脚点来重新打造获取资产、经营资产的能力以及持续保持资产质量的能力。

（二）传统业务“获客”能力下降

随着供给侧改革和金融体制深层次改革不断推进，银行持续获得优质资产难度在加大，获客能力呈现下降态势。以 × × 分行为例，一是贷款增速总体趋缓。二是融资客户数量下降。三是服务实体企业、优质企业的能力下降。反思原因，商业银行获客能力下降既有内部机制产品不配套等原因，也有未能及时根据供给侧改革形势下带来的社会融资结构变化、客户需求变化来调整内部经营战略。

（三）“全资产经营”是银行再造获客能力的必然选择

随着当前经营环境的变化，商业银行在积极研究拓展资产来源，强化在多市场中获取优质资产的能力。以 × × 分行为例，一方面持续拓展资本市场类资产，依托浙江省活跃的资本市场股权投资行为，积极为企业提供定向增发、并购重组、股权融资和结构化证券等资本市场类业务。另一方面积极探索基金模式。在参与省内各大产业基金的筹备、设立以及管理的基础上，依托集团化、综合化优势，引入集团子公司参与省内基金投资。近三年来，非信贷资产快速增长，增速高于信贷资产 13 个百分点。

本文认为，在供给侧改革背景下，利率市场化、金融脱媒化、资产表现形式多样化和优质资产稀缺等银行经营环境发生巨大变化，商业银行只有从“全资产”的视角来对资产进行有效经营，才能推动银行端也进行供给侧改革，确保中收和利润的持续稳定增长。因此，如何获得优质资产是银行未来经营发展亟待解决的问题，这就需要商业银行树立“资产立行”的经营理念，实施“全资产经营”战略，在多市场中主动运营风险相对可控、收益相对较高的优质资产，形成以资产驱动负债发展和收入增长的业务模式，实现在金融新常态下保持持续健康发展。

二、以供给侧改革为主线，提高多市场经营、全资产组织和配置能力

供给侧改革背景下商业银行贯彻资产立行战略，实现商业银行获客能力再造的总体思路是：主动适应供给侧改革趋势下客户需求升级，以提升全资产的组织经营能力为核心，以信贷市场、资本市场为两大基石做深做细、深挖潜力，在债券市场、同业市场、票据市场等领域积极拓展资产外延、开拓“获客”渠道，在交易市场探索多资产交易和配置，加强资产整合、发挥资产协同效应，真正实现经营转型。

（一）强化信贷市场、资本市场“双轮驱动”，深挖市场潜力

传统信贷业务总量大、贡献高，但增速放缓将成为一种长期趋势，而股权融资、资本市场业务快速兴起，成为银行的业务高地，未来支撑银行资产业务持续发展的关键是如何充分构建好信贷市场、资本市场“双轮驱动”。

1. 在信贷市场领域继续做深做稳。要摒弃传统的规模情结，树立供给侧改革经营理念，重点是“练好内功”，不断适应市场变化和需求变化，积极创新产品、提升服务，提升客户的吸引力和“黏性”。

在基建项目板块，重点提升服务能力。项目贷款在商业银行信贷结构调整和业务发展中起着“压舱石”的作用。“十三五”期间全省规划基础设施和城市公共事业领域计划投资 3.3 万亿元，这块市场拓展目标较为明确，未来要紧紧围绕浙江省重大项目和“411”项目清单，以提升项目的对接和服务能力为切入点，加快项目营销和投放力度。一是深化项目全周期服务，为优质项目提供从筹备、建设到运营的全周期金融服务，延长项目服务链。同时，对于已建成、有经营性现金流的优质项目，探索通过期限重排延长贷款期限，缓解企业还贷压力。二是加强分层营销服务。建立完善项目分层营销体系，按照项目落实商业银行不同层级营销责任，提高营销效率，建立快速响应机制，强化项目营销服务的力度，及时解决营销中的问题；开辟项目评审绿色通道，提高项目审批效率。对存在政策障碍的竞争性项目，由前台市场部门会同中后台部门制订政策优化方案。

2. 在优质集团板块，契合金融需求变化特征，挖掘市场潜力。随着优质集团客户的做大做强，对集团统筹性和投资性的资金需求，由于受到监管和政策的限制，传统产品难以有效介入。一是期限上无法满足企业铺底性经营的需求。二是额度上难以及时满足企业因季节性、临时性生产经营扩张的融资需求。三是用途上无法满足权益性、投资性、交易性资金需求。因此，需要从授信体系、产品创新和期限设计上对流贷产品进行改造优化，提升优质企业的服务能力，扩大资产来源。一是总体授信把握上考虑多元化的融资需求。在授信测算上突破日常生产经营的范畴，在授信额度控制上主要基于还款来源和融资适度性（如资产负债率）的考量，控制还款实质风险。二是创新“集团总部融资”品种。以集团合并报表作为授信测算依据，以股票、股权质押等多样化的担保方式，解决集团综合资金需求。贷款用途可主要用于集团内子公司经营周转、集团债务周转置换等。三是合理配置融资期限满足企业实际需求。根据企业的临时性周转需求和铺底性经营需求，为企业配置短期、中期、长期合理搭配的融资结构，增加企业资金供给的稳定性。

3. 在新兴产业板块，重点在研判行业特征的基础上把好客户选择关。随着传统产业结构的调整，逐渐发展起来的新行业、新业态和新模式所带来的机遇，是银行未来几年获取优质资产的重要领域，也是信贷业务增长“动力轮转”的重要一环。我们讲的新兴市场包括技术驱动型、需求驱动型和模式驱动型，市场容量难以估量，据国家信息中心发布报告称，单是分享经济，预计到 2020 年其规模占 GDP 的比重将超过 10%，省内一些银行已经开始加大对细分行业的新市场、新客户拓展力度。对于新兴产业板块，涉及行业、细分子行业众多，盈利和发展模式各不相同，我们的产品、政策难以通过“一刀切”的方式来明确要求、防控风险，关键还是需要逐个行业研究细化，解决客户定位和选择问题，并立足客户的“成长性”和“未来价值”深挖金融需求，创新信贷 + 非信贷、股权 + 债券、境内 + 境外、产业基金等综合化金融服务和产品。以下以两个行业样本为例探索客户选择问题。

①新一代信息网络技术。目前全省新一代信息网络技术市场规模已经达到 1 万亿元，根据浙江省“十三五”规划，到 2020 年产值将达到 3 万亿元，预计未来每年都会有超 24% 的增长率，未来市场广阔。基于该类客户“轻资产、高风险”的特征，在准入上从三个维度相结合判断：一是看股东，是否为央企、国企、上市企业或知名私募、投资方参与投资；二是看经营者，是否为行业专家，是否有“千人计划”“万人计划”“长江学者”“百千万人才工程”等国家级人才计划入选人员；三是看客户群体，比如选择旗下有网站流量排名全球 100 以内或近一年有一款 APP 下载量在细分领域年度排名前 10 位等企业，说明已经有一定的受众客户群体；四是看资质，是否有省级及以上高新资质认定。当然实

施中还将制定更为细化的选择标准。同时，对于成长性的中小客户，重点通过投贷联动、风险池等模式平衡风险。

②新能源汽车板块。“中国制造2025”将新能源汽车列为重点发展的十大领域之一。新能源汽车的发展，将推动未来智能交通网、能源互联网、信息互联网的融合，汽车行业发展将出现巨大变革。根据浙江省“十三五”规划，到2020年产值将达到1 000亿元，培育年产值10亿元以上新能源汽车骨干企业20家。未来在市场的选择上关注以下三个领域：一是着眼于整车制造企业，在传统六大汽车制造商的基础上，加大万向、吉利、众泰等优势民营企业的营销服务；二是着眼于新能源上下游产业链和明确新能源战略的上市、拟上市企业，比如车载能源系统领域的万向A一二三、天能集团、微宏动力等8家企业，驱动系统领域的万里扬、尤奈特电机、方正电机等5家企业，控制系统领域的富特科技、云动智能汽车等6家企业，充电桩领域的浙江万马、中恒电气等4家企业；三是着眼于一批新能源产业基地，杭州、金华、湖州、台州等地区均规划建立产值超百亿元的新能源汽车产业基地，全省要创建和培育“临江新能源智慧小镇”“余杭智能能源小镇”“桐乡新能源汽车智造小镇”等9个合计总投资570亿元的新能源汽车特色小镇，可以关注和挖掘一批有发展潜力的企业。

4. 通过网络化、标准化的产品开发拓宽获客渠道。浙江互联网生态蓬勃发展，互联网金融走在全国前列。从发展趋势来看，便捷、快速、实时的网络融资特征，加上大数据的采集、分析和整合，将极大地提升客户体验，更加契合客户实际需求。同时，发展网络融资业务也是商业银行利用信息科技手段，减少客户经理收放款操作、释放营销能力的内在要求。一方面适应优质客户对资金快速周转使用需求，大力发展网贷通、网信通产品，通过网络化技术体现我行融资产品循环使用功能和便利性，提升对优质客户吸引力；另一方面我们可以进一步优化金融资产质押类融资，将我行发行的非保本理财产品纳入可质押资产，并根据理财产品风险等级设定差异化的质押率；可以尝试基于电子化大宗商品交易开发质押类产品，在商品交易市场中挖掘融资潜力，还可以基于网络大数据分析，对客户作主动的“授信推送”，吸引新客户。

5. 在资本市场股权投资领域做新做强。近年来，随着我国多层次资本市场体系的完善，资本市场股权投资业务成为商业银行新的业务高地。浙江作为资本大省，上市公司众多，资本与产业的结合更加紧密，截至今年10月末，全省上市公司数量（267家，不含宁波）在全国排名第二位，市值（3.48万亿元）排名第五位，近两年全省海外并购业务超过200笔，上市公司定向增发超过100笔，其中涉及借壳、股权收购的超过40笔，市场潜力巨大。未来商业银行应深化与上市公司、投资机构的战略伙伴关系，重点通过资本市场业务、股权投资、政府基金等手段扩大市场参与度，推动投行盈利模式向“即期收入+远期收入”

模式转变。一是在二级市场上抓住当前低估值、去杠杆的周期性机会，重点参与定向增发，持股计划、股东增持、质押回购，尽快做大业务规模。二是在一级市场上，积极开展股权投资，通过 FOF、MOM 等基金模式，择优参与中概股回归、大型企业培育的新兴板块等领域。三是积极与与财政实力较强的地方政府合作，探索以资本金为主要投向的 PPP 和基础设施新基金模式。

（二）在多市场领域拓展资产外延、开拓“获客”渠道

在做稳做强信贷市场、资本市场的同时，商业银行还需要积极参与各类金融市场，不断拓展资产外延，丰富资产的组织形式和来源渠道，通过金融服务供给的多元化服务经济转型升级和银行经营转型。

1. 债券市场上从“重承销”向“承销和投资并重”转变。随着债券市场的日益成熟，未来债券承销业务发展重点通过客户基础、承销品种、平台建设和综合化服务上重点推进。特别是在业务品种上进行多元化债种配置，积极参与资产证券化、公司债、熊猫债、并购债等多类债券，丰富债券配置形式。

2. 在同业市场挖掘潜力，提升盈利贡献。重点是打造金融机构产品超市，重点面向中小银行、信托、消费金融等机构输出资产证券化服务，探索同业业务资金池，吸引同业资金存放，对接中小银行及非银行金融机构同业拆借业务，提高我行资金做市和定价能力，在同业资金融通中创造利润空间。

3. 在票据市场上重点提升票据营销组织和服务能力。浙江是一个贸易大省、票据大省，票据业务总量巨大。要改变传统的将票据业务作为规模调剂手段的理念，切实在票据直贴上做大业务规模，重点提升票据营销组织和服务能力。一是优化营销管理机制。成立专职票据业务营销管理队伍，建立覆盖营销、审批、管理全流程的一体化机制；挖掘重点票据大户的个性化服务需求，切实提升票据大户的服务能力。二是加快票据电子化推广。借助各类平台，加大电票的推广，大幅提升企业票据资金支付、托收、转让效率。三是创新票据质押融资模式，从标的资产、授信核定和定价上提升对优质大客户的票据贴现服务能力。

4. 在融资租赁市场上利用差异化产品丰富资产组合。在经济“去杠杆”和“营改增”落地的背景下，企业通过租赁业务实现降负债、减税负的需求提升，2015 年全国融资租赁业务余额 4.44 万亿元，同比增长 1.24 万亿元，新增投放 6 526亿元，同比增长 21%，高于全国固定资产投资增速 11 个百分点。目前固定资产投资中融资租赁比重仅为 8%，远低于西方国家 18% 平均水平，未来市场增长空间较大，下一步可以客户需求为主导，利用好租赁业务与表内贷款的政策错位，充分发挥直租型产品的增值税抵扣作用，挖掘租赁业务潜力，发挥租赁业务优势提升服务能力，与表内融资业务形成互补。

5. 在交易市场上依托交易服务，做大交易型资产。树立“交易获客、交易

获利”的理念，继续做好账户贵金属、账户原油、外汇等交易服务，研究开发衍生型、指数型交易产品，进一步丰富交易品种，并为大客户的交易活动提供投资策略、资信调查等多方位的服务，在服务客户交易过程中扩大盈利来源。

（三）探索资产的二级市场交易，提升资产组织和配置能力

要真正实现资产立行，不但要求商业银行有较强的一级市场“获客”能力，充分挖掘各类可用资产，同时还应具备在二级市场资产交易的能力，推动资产结构优化和整体效益的提升。资产二级市场交易要以交易盈利、绩效提升为经营核心，重点围绕票据、债券、信贷资产，构建资产交易平台，提升全资产配置能力。通过二级市场转贴现、再贴现、同业买入返售、卖出回购等手段，充分利用行内外票据资源，在买卖交易中提升盈利贡献。建立债券市场承销发行信息跟踪机制，不但做债券的投资交易，还要以商业银行理财资金投资市场上信用风险可控、有合理收益率的债券，拓展投资标的。在现有的政策体系下逐步利用同业信贷资源，提高资产流动性和商业银行盈利能力。

（四）以网络化、平台化进一步扩展获客方式

社交网络开放、自主的交互方式正在颠覆常规的潜在客户开发获取方式，如优步、Airbnb 等，凭借柔性灵活、双向选择的用户体验，随机应变、实时更新的服务平台脱颖而出。随着互联网技术在各个领域的深入应用，要实现资产立行战略下对“全资产”的高效配置，提高获客能力、提升客户黏性，不但需要商业银行将网络化技术与各类资产业务有效融合，提高业务便捷度和客户体验，也需要商业银行打造统一的交易平台，实现资产的高效流动，创造收益空间。

1. 加快资产业务的网络化应用，优化资产组织经营渠道。要充分利用好网络化技术，与各类资产业务有效融合，将网络手段嵌入到信息获取、业务申请、审批等环节，提升业务效率和客户体验，并大幅降低我行营销人员的操作压力。

2. 搭建金融产品交易平台。允许客户之间持有的理财产品、大额存单等标准化金融资产进行相互交易，以客户自发性的交易行为来满足差异化的投资需求，将原本不具备流动性的金融资产转变为可流通、可变现的资产。

以上是本文对下一步推进银行端供给侧改革，拓展有效资产的方向探讨，当然，本文所关注的不仅仅是这些方向能否有效突破，更重要的是通过多市场资产的整合配置，发挥各类资产的协同效应，有效提升客户服务能力和全行“获客”能力。

三、推动经营架构转型，适应资产立行经营逻辑

推进银行端供给侧改革，以“资产立行”战略提升获客能力必然要求有相应的业务经营模式配套，需要以资产业务为核心优化经营管理，保障经营转型

的有效落地。

（一）优化组织架构，围绕全资产经营整合资源和服务

合理的组织架构是战略实施的关键。要真正实现资产立行，需要围绕资产获取和交易来优化组织架构和业务布局：一是建议构建起债权、股权相区别的架构体系，针对股权类业务从营销、审查、决策、投后管理等环节构建专门团队、流程和管理要求，真正以投行的理念和视野融入到资本市场发展浪潮。二是建议构建同业和交易中心，适应不同市场特点、根据市场形势变化进行多市场投资和资产配置，统筹资金来源，真正提升资产组织和经营能力。三是建议构建投研服务和支持体系，专门组织团队开展宏观、行业、商业模式研究分析，为信贷、投资、交易和资产配置提供决策参考。

（二）优化管理机制，树立全资产维度的准入、授信和授权体系

要真正实现以资产为核心的转型，实现对资产的高效配置，需要商业银行适应“资产立行”战略下资产多样化的趋势，打破业务准入、授信审批、授权体系基于单一客户视角的做法，从“全资产”的视角出发，对业务管理机制进行优化。准入上，不但要针对不同资产的特征和实质性风险，制定差异化准入条件。也要针对资产不同的营销阶段，分别针对储备资产、目标资产、现实资产制定不同准入标准，拓宽资产来源和有效把控业务风险。授信上，要根据债权、名股实债、股权类投资等不同类型资产，分别从“以偿定贷”“谁回购、占用谁”、股权投资对企业还贷能力提升等角度合理选择。授权上，建立权责利清晰的分支机构授权机制，扩大商业银行下属机构资产的自主经营范围，提高资产配置能力。

（三）引入风险补偿机制，真正做大客户范围

随着风险防控压力增加，商业银行“慎贷惜贷”问题突出，资产业务主要围绕同业竞争激烈的最优质资产，我们的获客范围和能力受限。商业银行作为经营风险的企业，对资产的多维度、多方向摄取还需要考虑到风险差异化的问题，特别是“新经济”客户的开拓和“高风险高收益”的股权投资业务，可考虑利用额外收益构建“风险池”，在拨备体系之外构建一道风险缓冲带，这样也有利于解决银行在新市场探索过程中“不敢为”的问题。

（四）构建全面评估体系，提升对全资产经营的风险把控能力

资产立行的核心是获取资产的能力，在这个过程中，需要引入评估的理念和技术，打造一支信贷经验丰富、综合素质高、专业能力强的分析师团队，要研究建立不同类型资产的评估体系，要提升行业分析和投研服务能力，用好行内外专家力量加强宏观、行业和商业模式的研究分析，为投融资业务提供决策参考。

（五）完善基于全资产视角的考核激励机制

目前商业银行考核主要以存贷款、中收和综合产品的营销为导向，无法适应以经营资产为核心的转型方向，要有效推动"资产立行"，需要秉承"分类管理、循序渐进、科学有效"的原则，要建立一套基于全资产视角的差异化的考核激励机制，调动业务人员在资产获取、撮合和交易的积极性。一是分类管理。针对各类资产中心自身经营管理和工作职责特点，采用相适应相区别的业绩考核方法，在实施绩效挂钩、部门成本费用及利润贡献、人员配置方面给予较大的弹性空间，强化经营管理效率。二是循序渐进。借鉴不同金融机构先进管理手段结合商业银行实际情况，由点到面，积累经验基础上再进行推广应用。三是科学有效。要选定不同的计量指标和方法，提高考核的合理性和准确性，从而形成真正有效的激励机制。

（六）加强专业队伍建设，提高全资产的组织和经营能力

全资产的运作必须依靠不同的专业队伍来完成，这也是确保资产高效配置，推动资产业务健康持续发展的前提。一是按照资产特征组建专业化团队，提高业务开展效率。要筛选业务能力强、基础好、产品熟悉的人员充实到相关资产业务岗位上，夯实队伍基础。在团队定位上要突出业务和研究能力并重，强化对资产业务发展趋势的预判能力。二是建立制度化的培训与发展体系。整个各类金融机构资源，实施系统化培训，塑造一支高素质的、适应市场竞争需要的从业队伍。三是建立畅通的队伍流动机制。研究制定与资产业务品种、价格、风险、收益等指标相挂钩的从业人员绩效考核机制，实现动态管理、优胜劣汰，充分激发从业人员资产管理和创效能力，为从业人员搭建实现自身价值的平台。四是要培养专业队伍风险防范意识，提高有风险判别、防范的能力，确保业务稳健、持续发展。

总之，随着供给侧改革的逐步推进，新的增长动力和商业模式正在孕育，为商业银行深化经营转型提出了要求、指明了方向，商业银行应抓住机遇推进转型，更有效地配置和使用金融资源这一重要生产要素，以资产和客户的获取为转型突破口，在为供给侧结构性改革提供服务和支持的同时，稳定和提升自身盈利能力，实现可持续发展。

参考文献

[1] 李洋．新监管时代下银行资产负债管理模式浅析［J］．金融视线，2016（7）：76－77.

[2] 牛锡明．论商业银行供给侧改革［J］．银行家，2016（10）：50－56.

[3] 彭纯．以资产驱动促进商业银行转型发展［J］．新金融，2016（8）：4－8.

[4] 邵宇．供给侧改革——新常态下的中国经济增长［J］．新金融，2015

(12)：15－19.

[5] 孙亮，石建勋．中国供给侧改革的相关理论探析 [J]．新疆师范大学学报（哲学社会科学版），2016 (3)：75－82.

[6] 王曼怡，赵婕伶．供给侧改革背景下商业银行转型升级的路径 [J]．国际经济合作，2016 (9)：66－69.

[7] 文建东，宋斌．供给侧结构性改革：经济发展的必然选择 [J]．新疆师范大学学报，2016 (3)：20－27.

[8] 鄢红兵．商业银行供给侧结构性改革下的金融产品新需求与新供给的思考 [J]．武汉金融，2016 (8)：38－43.

[9] 杨吉峰，肖起峰，刘相兵．供给侧改革对商业银行的影响 [J]．青海金融，2016 (9)：27－29.

[10] 杨有振．中国商业银行资产负债管理体制的演进及取向 [J]．山西财经大学学报，2008 (8)：91－95.

银行路在何方：领先银行发展模式演绎和启示

浙商银行课题组*

一、转型期国际商业银行发展模式经验总结

中国银行业正处于利率市场化后的关键转型时期，如何面对转型的挑战和机遇是中国商业银行业面临的重要课题。从发展阶段上看，美国、德国等发达国家的银行业走在我国前面，观察和研究发达国家银行业走过的路有助于我们更深刻地认识银行业发展的内在逻辑，预判中国银行业未来的转型发展路径。当然，中国和这些国家在监管体系、金融市场、信用环境等方面存在较大差异，在借鉴外国经验的同时需要有机结合我国银行业自身的特点开展分析。

（一）美国银行业发展和演化路径

从布雷顿森林体系崩溃（1971 年）至今，美国银行业以 2008 年金融危机为分水岭大致可以分为两个阶段，前一阶段是金融自由化的过程，标志性事件包括 1980 年实施《解除存款机构管制与货币管理法案》、1999 年《金融服务现代化法案》等，这一阶段是美国银行业推进利率市场化和综合化经营的时期。后一阶段是危机后的金融管制的过程，以 2010 年《多德—弗兰克法案》为标志，对混业经营进行了一些限制。下面，我们来具体分析一下美国银行业发展和演化过程中的一些特点。

1. 利率市场化过程中存款在负债中的占比不断下降，负债成本上升

美国在 1929—1933 年大萧条之后开始实施 Q 条例，这一条例的弊端在 20 世纪七八十年代逐渐显现出来，利率管制无法再起到稳定金融市场的作用。在这一背景下，美国正式开启利率市场化进程，计划逐步取消 Q 条例对于存款机构定期和储蓄存款的利率限制。在这一过程中，美国银行业的存款在其负债中的占比开始出现明显下降。如图 1 所示，1971 年美国银行业存款在负债中的占比接近 90%，到 2007 年末这一比例已经下降至 65% 左右。而危机以后，存款占负债的比例又逐渐回升至 70% 以上，可能的原因是美国家庭部门资产负债表修复，储蓄率在金融危机后逐渐提高，同时商业银行更多地回归传统存贷业务。

---

* 课题主持人：殷剑峰
课题组成员：杜　权　杨　跃　庄瑾亮

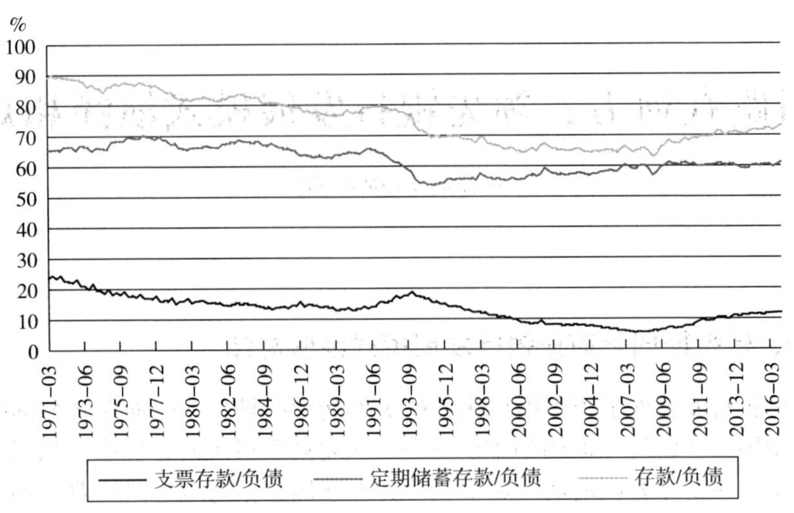

资料来源：CEIC。

图 1 美国私营存款机构（PDI）存款在负债中的占比

由于美国在 20 世纪 90 年代以前不允许商业银行跨州经营，美国的银行多而分散，难以形成价格合谋，这是利率市场化能够快速推进的有利因素之一。利率市场化进程伴随而来的是存款付息成本的上升，从图 1 中可以看到，支票存款在负债中占比的下降速度快于定期储蓄存款，支票存款的付息成本显著低于定期储蓄存款。同时，美国银行还在 20 世纪 70 年代产生了 NOW 账户、MMDA 账户等，使得活期存款的付息成本大幅上升。

2. 金融自由化过程中贷款在商业银行资产中的比重下降，银行综合化经营快速推进

在 1980 年以前，在《格拉斯—斯蒂格尔法》的规定下，美国金融业实行较为严格的分业经营。但随着美国“里根经济学”供给改革的推进以及企业融资需求的多元化，金融分业制度严重影响了美国金融体系特别是商业银行的效率。1987 年，美联储对《格拉斯—斯蒂格尔法》的第 20 条进行了重新解释，允许花旗银行、银行家信托公司和 J. P. 摩根通过建立附属公司的方式开展承销商业票据、某些市政收入债券、抵押担保债券和资产支持证券等业务，但附属公司之间以及与控股母公司之间需要建立严密的“防火墙”，这被认为是美国金融业从“分业经营”走向“混业经营”的开端。1990 年，美联储允许部分银行开展公司股票承销业务，在随后的十年中，美国有几十家金融机构先后开展了证券业务，大大提高了美国商业银行的竞争力和整个金融体系的效率。1999 年，美国国会通过《金融服务现代化法案》，彻底放开了银行、证券和保险业之间的限制，标志着美国金融机构混业经营时代的来临。

因此，20 世纪 80 年代以后，美国商业银行通过金融创新，快速推进综合化经营，美国银行业的贷款在资产中的占比不断下降，如图 2 所示，1980 年比例为 72%左右，2007 年末为 63%，下降近 10 个百分点，虽然在下降的过程中有小周期波动，但总体下降的趋势是不变的。同时，中间业务收入成为商业银行新的利润增长点，据统计，20 世纪 70 年代美国银行业中间业务收入占营业收入的比例为 20%左右，而 1980—2000 年的平均占比已经达到 32%左右，利息收入比重明显下降。2013 年以后，随着银行存贷业务的回归，贷款占比出现了回升，信贷收入中贷款和租赁较证券（如抵押贷款证券）增长得更快，说明对传统业务出现了一定的回归。

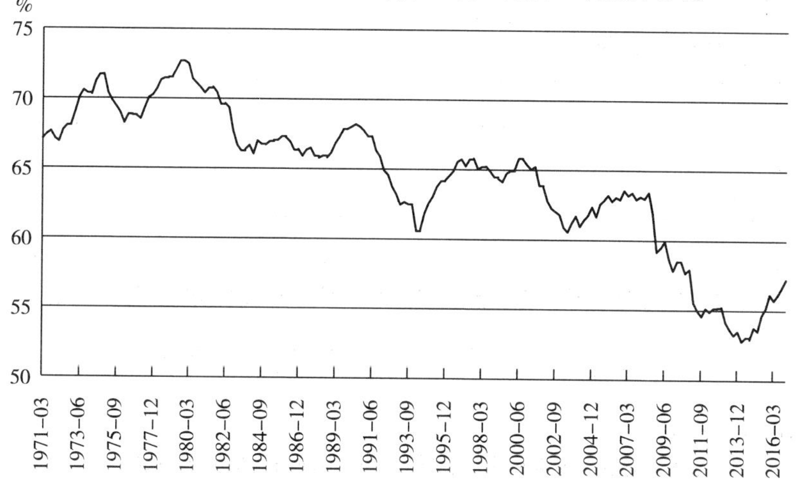

资料来源：CEIC。

图 2 美国私营存款机构（PDI）贷款在资产中的占比

3. 利率市场化过程是商业银行市场地位削弱的过程，也是商业银行重组兼并的过程

在 20 世纪 80 年代利率市场化开始时，美国商业银行在金融机构中的资产占比为 37.2%，随着利率市场化的深入和混业经营的放开，金融市场投资渠道日渐完善，金融工具创新越来越多，传统商业银行的市场地位也被逐渐削弱，到 1990 年，商业银行在金融机构中的资产占比已经下降到 26.8%。取而代之的是养老基金、投资公司、财务公司等，其中养老基金在利率市场化后异军突起。如图 3 和图 4 所示，美国私人养老金在居民和非营利机构金融资产中的占比在 80 年代后快速上升，到 90 年代末已经上升到 30%左右，而通货和存款的占比则不断下降，私人养老金作为美国养老保障体系的第二支柱[①]，其重要性在某种程

① 美国社会保障体系三支柱模式：第一支柱为政府主办的社会保险；第二支柱为雇主资助的私人养老金（还包括其他非营利组织）；第三支柱为个人储蓄。

度上已经超过了第一支柱，这带动了私人养老基金的迅速发展，其投资标的包括公司股票、共同基金、信贷市场工具、证券回购协议、货币市场基金等金融资产，到90年代末已经达到4万亿美元左右的规模，约占养老金四成左右的份额。养老基金不仅加快了市场价格的形成，推动了利率市场化进程，还大幅压缩了商业银行存款市场。

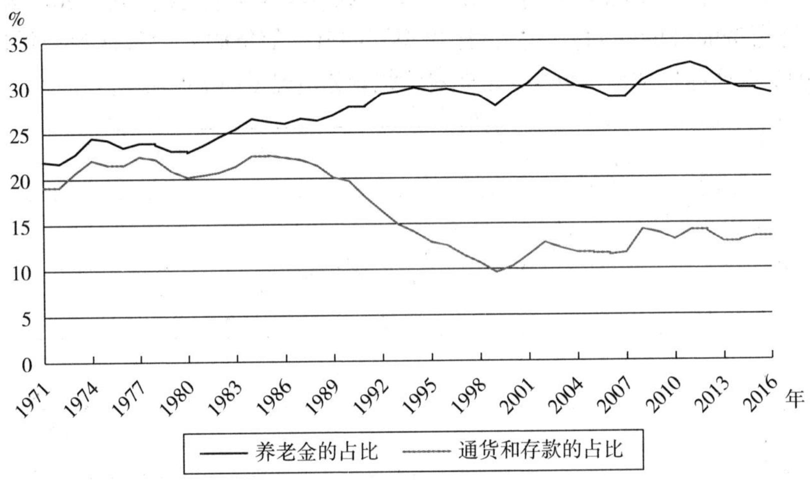

资料来源：Wind。

图3　美国养老金在居民和非营利机构部门金融资产中的占比

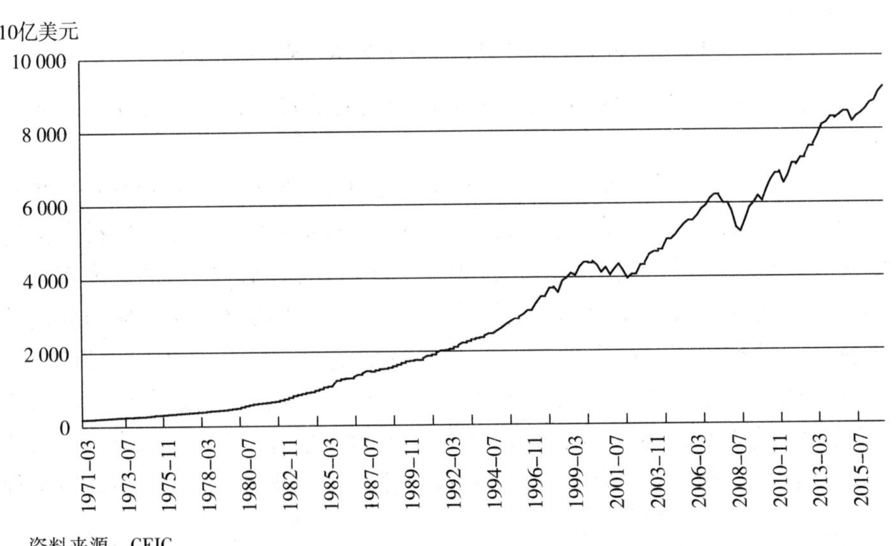

资料来源：CEIC。

图4　美国私人养老基金在20世纪80年代后迅速发展

同时，随着市场竞争加剧，小型银行的生存空间被不断压缩，商业银行重组兼并日趋激烈，通过图 5 坏账率的情况可以看到，这一时期银行坏账率较高且波动剧烈，一个原因就是小型银行经营状况差，坏账率高企，而并购重组则对坏账进行核销。据 FDIC 统计，1980 年，联邦存款保险银行有 14 434 家，之后的 20 年里兼并高达 8 840 起，至 2000 年银行数量降至 8 317 家。如图 6 所示，利率市场化时期是美国商业银行倒闭最为集中的时间段，银行倒闭和救援数量远高于大萧条时期和金融危机时期。也是在这一时期，机构通过并购重组做大做强，完成了自身金融版图布局，例如，国民银行先后并购 Barnett 银行、美洲银行，合并后更名为美国银行；旅行者集团并购花旗公司，合并后更名为花旗集团；富国银行收购克罗尔银行和第一洲际银行。

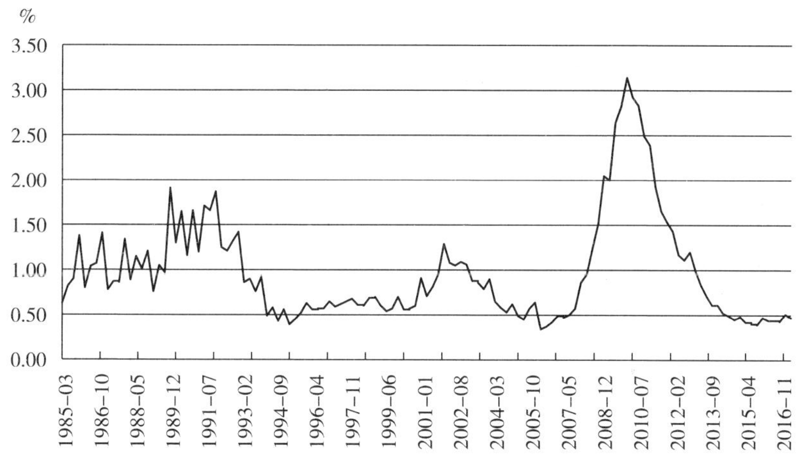

资料来源：CEIC。

图 5　美国商业银行坏账率

4. 危机前美国商业银行从贷款持有机构变为贷款分销机构

危机前，美国房屋抵押贷款在贷款中的占比大幅上升（如图 7 所示），“两房”① 购买商业银行抵押贷款后通过资产证券化（ABS）将其转换为债券在市场上销售，雷曼兄弟等投行购买以后利用金融工程技术再将其进行分割、打包、组合和出售，在这个过程中金融交易链条不断拉长，助长了投机，最终导致了金融危机的爆发。在这期间，美国商业银行的一个显著特征是从贷款持有机构变为贷款分销机构，将贷款从表内转移至表外，表现为贷款 ABS 规模的巨幅增加（如图 8 所示），从表面上看风险转移到了银行体系之外，这使得商业银行忽视了客户和资产风险的把控，不利于自身稳健经营。

① 美国房贷两大巨头——房利美和房地美。

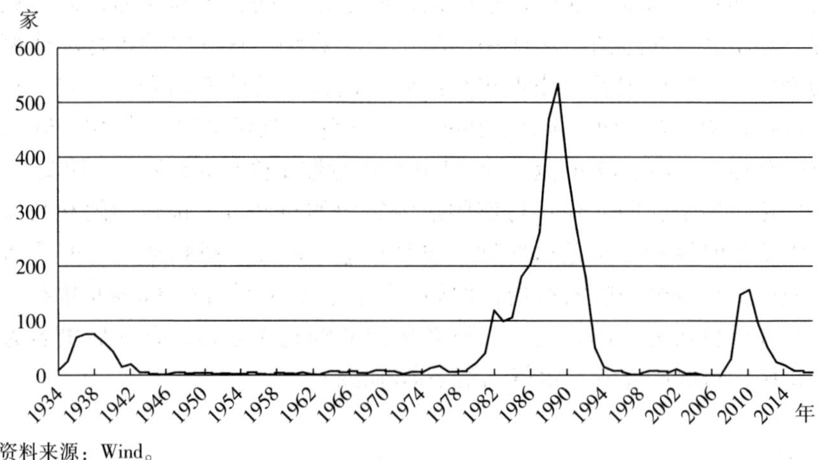

资料来源：Wind。

图 6　美国商业银行倒闭和救援数量

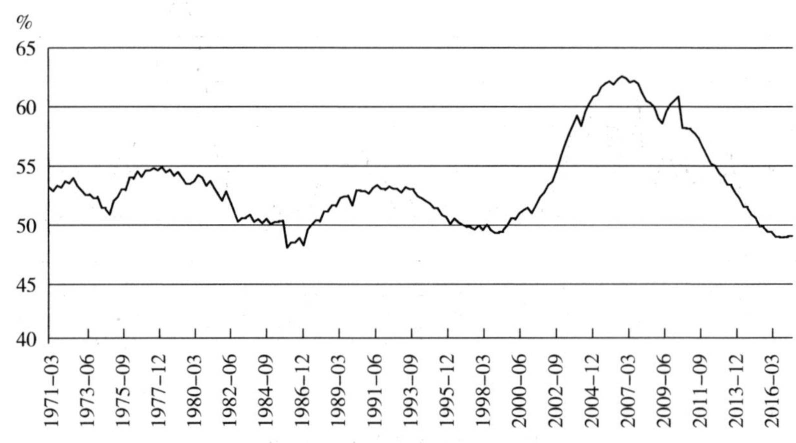

资料来源：CEIC。

图 7　美国银行业抵押贷款在贷款中的占比

5. 危机后美国银行业在一定程度上回归传统业务，富国银行成为转型成功典型

危机后美国银行业在一定程度上回归传统业务（前文述及，危机后存贷款业务占比有所提高），以投行为主的混业模式缩减了交易、证券化、衍生品业务。主要原因是奥巴马政府出台了《多德—弗兰克法案》，其中的《沃尔克法则》禁止银行从事任何形式的自营交易，但是允许其为满足客户需求而从事的做市活动，以及用来减少或转移可识别风险的对冲交易。

我们观察了美国四大银行①在危机后的表现，发现富国银行各项主要经营指

① 花旗银行、美国银行、JP 摩根、富国银行。

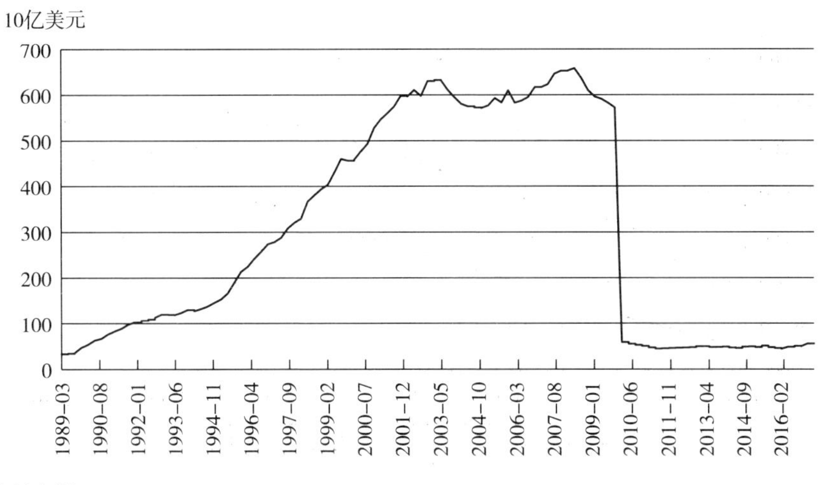

资料来源：CEIC。

图 8　美国消费者信贷 ABS

标显著优于另外三家行。如图 9 所示，富国银行资产规模快速攀升，其信贷资产、投资资产大幅上升，而花旗和美国银行似乎在资产规模上已经达到一个瓶颈，难以向上突破，信贷资产也增长乏力。在负债端，富国银行追赶上了美国银行，直逼摩根，而花旗银行则已掉队（如图 10 所示）。富国银行近三年净利息收入都呈上升态势（见图 11），美国银行和摩根 2016 年开始回升，而花旗近两年则出现下降，主要原因是花旗银行的利息收入在不断下降。手续费及佣金方面，也是富国银行表现相对较好，但四家银行都有下降趋势，其中花旗银行和摩根下降最为明显。

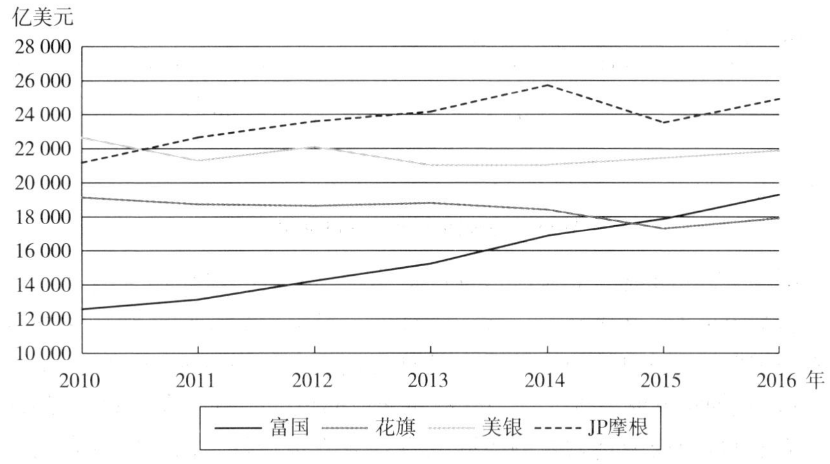

资料来源：CEIC。

图 9　美国四大银行总资产

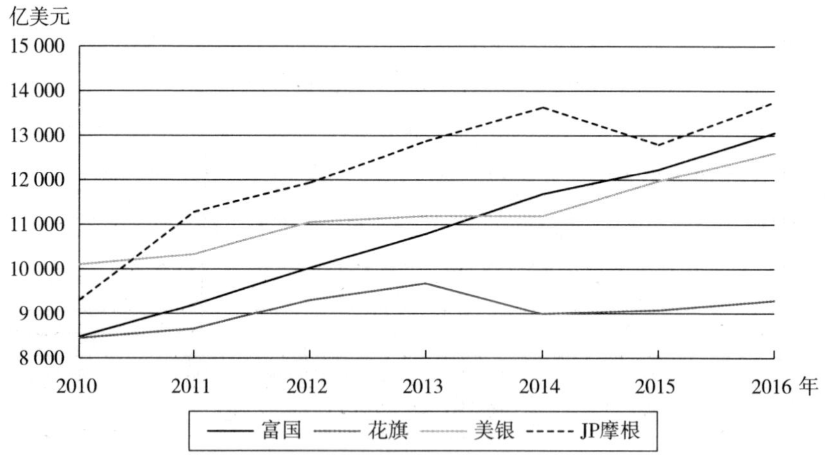

资料来源：CEIC。

图 10　美国四大银行存款

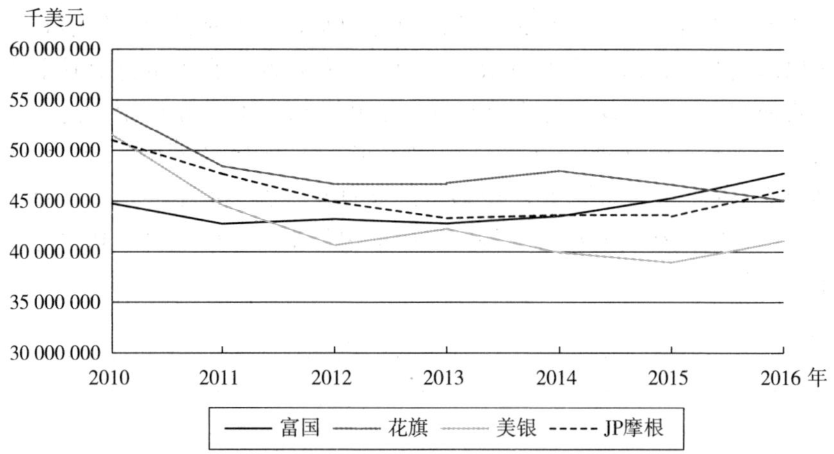

资料来源：CEIC。

图 11　美国四大银行净利息收入

富国银行在四家银行中为什么发展最快？我们认为可以简要概括为以下几点：一是高于同业的盈利能力，富国银行依靠稳定的高净息差和快速发展的非利息收入创造了良好的盈利水平。二是具有核心竞争力的业务，包括小微企业贷款、住房抵押贷款业务等。三是严格而谨慎的风险管理，在 2008 年的次贷危机中，富国银行的抵押贷款余额不降反升，坏账率较低。四是较少介入证券交易业务，富国银行重视综合化经营，但证券交易收入占比显著低于其他三家，因此在危机中受到的影响较小。

（二）德国银行业发展和演化路径

德国的利率市场化进程早于美国，从20世纪60年代开始启动，到1973年以储蓄存款利率放开为标志结束，在利率市场化进程中，德国银行业的存贷利差先收窄、后扩大。由于德国银行业是全能银行体系，因此在利率市场化过程中德国没有涌现出美国那样的大量金融创新，因为德国商业银行可经营包括证券业务在内的各种金融业务，逃避分业监管创新金融工具的必要性不大，也没有出现美国那样的银行集中倒闭，因为各种业务的风险可以互相抵消。利率市场化改革后，德国直接融资规模有所扩大，但银行贷款在企业部门融资中仍居主导地位。住户部门的金融资产结构发生较大变化，银行资产占比从20世纪60年代的56%左右下降至90年代的33%左右，主要转变为保险资产和证券资产。另有一点值得注意的是，德国银行业贷款中的制造业占比在70年代后一直处于下降态势（如图12所示，从1971年的50.6%降至2016年的11.7%），而贷款中金融机构及保险公司占比在2000年后快速上升（从2000年的4.3%上升至14.8%），这反映出德国银行业实际上也存在较为明显的“脱实向虚”现象。

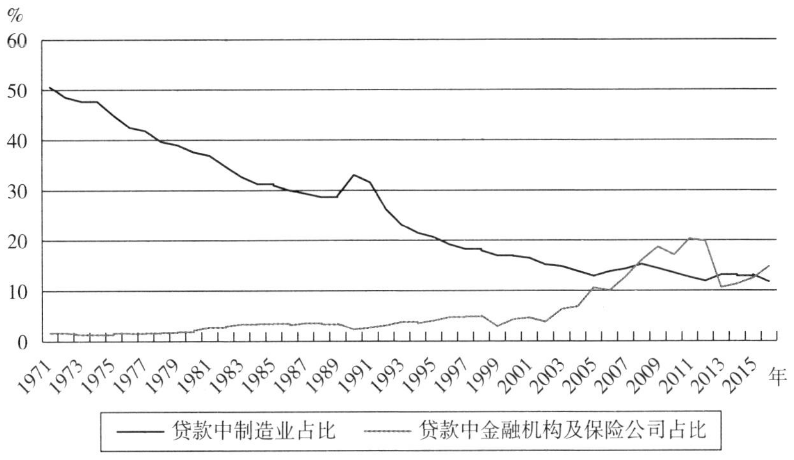

资料来源：CEIC。

图12　德国银行业贷款结构

金融危机后德国银行业呈现以下三方面特征：第一，与美国相反的是，危机后德国的储蓄率不断下降，2007年德国居民定期存款为4 219亿欧元，到2017年第一季度，已大幅下降到2 920亿欧元，主要是两年以内居民定期存款减少。同时，德国非金融企业的定期存款也较危机前有所减少。第二，贷款出现长期化趋势，非金融企业5年以上贷款占比从2007年的64%上升至2016年的 70%。居民 5 年以上住房贷款在个人贷款中的占比从 2007 年的 67% 上升至 2016 年的 71%。第三，如图 13 所示，危机后德国银行业在债券和股权上的配置增速明显放缓。2012 年欧盟“利卡宁报告”不允许存款机构开展自营交易和做市活动，但可以通过持股公司的方式从事自营和风险较高的证券交易。

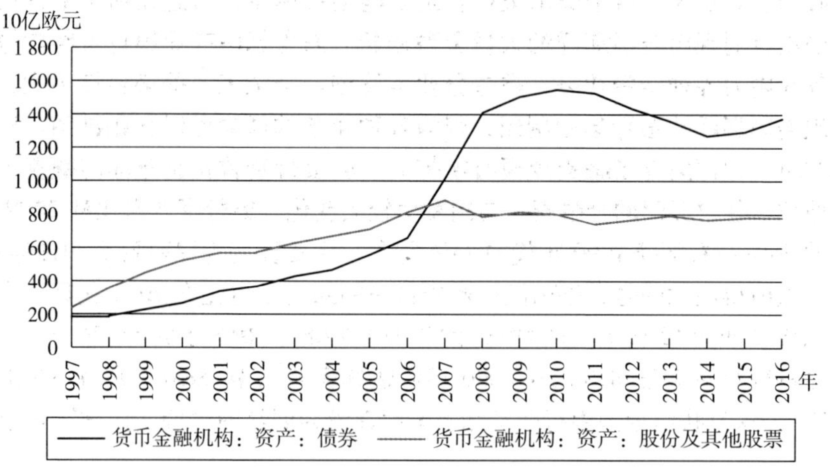

资料来源：CEIC。

图 13　危机后德国银行业在债券和股票的配置上增速明显放缓

（三）美、德银行业发展给中国的启示

比照美、德，当前中国银行业正处于一个什么阶段？中国目前虽然已经在形式上完成了利率市场化，取消了存贷款利率上下限，但基准利率还没有取消，市场公认的收益率曲线还未最终形成，全国性商业银行是利率定价的主要机构并在一定程度上存在价格协商，有时还会受到窗口指导的影响，因此离实质意义上的利率市场化还有一段距离。同时，中国的商业银行既没有像美国一样经历过直接的混业经营时期，也不是像德国一样的全能型银行，之前是经过通道间接参与资本市场业务，而在金融防风险的要求下，通道业务将受到规范有所收敛，银行业务部分回归表内。因此，中国银行业目前处于一个“利率市场化还有最终一段距离，而同时又面临回归主业”的双期叠加阶段。

在这样的背景下，根据上述的分析，中国银行业可以从美、德银行的发展经验中得到如下几点启示：一是从现在到未来利率市场化实质性完成以后的一段时间，银行存贷款利差可能还将继续收窄，这主要由于存款成本还将提高，核心低成本存款对一家银行来说至关重要。二是在回归主业的过程中，投资类资产及其收益不可避免会出现下降，贷款仍是商业银行最重要的资产，但这也不意味着商业银行要忽视综合化经营，而是要更加注意资本市场业务的风险，做好风险隔离。三是利率市场化过程往往伴随着中间业务收入占比上升，而回归主业又使得中间业务收入增长面临下行压力，因此中国银行业在双期叠加的背景下中间业务是增长还是下降取决于两股趋势的拉力和银行自身的中间业务产品服务能力。四是借鉴美国富国银行的成功经验，吸取德意志银行的教训，根据自身资源禀赋强化具有核心竞争力的业务，加强风险管理，避免资产减记和监管处罚。五是中国目前各类银行业机构数量众多，未来可能经历集中兼并重组的过程，这为部分银行快速扩大规模和切入市场提供了机遇。

二、外部冲击下顺周期行业的进攻与防守

（一）过去十年中国银行业发展素描

1. 三个阶段发展呈现发展平台变迁趋势

作为典型的顺周期行业，中国银行业在过去十多年成功经受了国际金融危机的严峻考验，整体实力和抗风险能力显著增强，无论是资产规模、业务模式还是客户服务能力都得到了较快发展。从发展历程看，商业银行可以分为三个发展阶段，处于从“黄金十年”向“白银时代”转变的历史性变迁通道之中。

第一个阶段（2003—2007 年）：入世红利集中爆发。2001 年，中国成功加入世贸组织，银行业伴随着经济起飞得到迅猛发展。

第二个阶段（2008—2012 年）：政策影响下的逆势增长。2008 年，美国次贷危机演变成为国际金融危机，为有效应对危机，中国政府出台包括 4 万亿元在内的一系列经济刺激计划。这为商业银行扩大资产规模提供了巨大的发展机遇。

第三个阶段（2013 年至今）：新常态新探索。2013 年以来，世界经济进入深度调整期，国内 GDP 增速也逐渐放缓，经济进入增速换挡期、结构调整阵痛期、前期刺激政策消化期“三期叠加”阶段。在经济发展进入新常态的背景下，银行既受到经济下行带来的客户质量恶化和“资产荒”困惑，也面临相对严格的监管环境，发展模式转型迫在眉睫。

2. 股份制银行成为中流砥柱

经过近 30 年，特别是近 10 年的快速发展，全国性股份制商业银行市场份额进一步扩大，盈利能力进一步增强，抗风险能力进一步提高，已经成为我国银行体系中充满活力的中坚力量。

从经营指标看，一是经营规模稳步增长，机构建设步伐加快。截至 2016 年末，股份制商业银行资产规模 43. 47 万亿元，占比 18. 72%，同比增长 17. 54%，增速高于银行业金融机构 1. 74 个百分点，营业性网点数从 2013 年末的 7 533 个，增加到 2015 年末的 14 084 个，经营规模稳步增长，地位不断提升。二是收入和利润增长保持平稳。截至 2016 年末，股份制商业银行 ROA0. 98%，高于银行业金融机构 0. 1 个百分点。三是风控能力不断加强，资本充足水平有所提升。

2016 年末，12 家全国性股份制商业银行不良贷款率为 1.72%，拨备覆盖率为 170%，均好于主要商业银行（国有银行和股份制银行）整体水平。四是精细化管理水平持续提升。成本收入比从 2014 年末的 33.23% 降至 2016 年末的 29.23%。

从经营能力看，股份制银行致力培育特色品牌，初步形成差异化发展格局。一是部分全国性股份制商业银行综合化经营取得先行优势。新常态下，实体经济金融服务需求更加丰富多样，商业银行综合化经营趋势明显加快。如兴业银行已基本建成以银行为主体，涵盖信托、金融租赁、基金、消费金融、期货、资产管理等在内的现代综合金融服务集团；平安银行以其“综合金融服务”特色和优势得到市场认可；中信银行依托中信集团金融与实业并举的独特竞争优势，“做深融融”和“做大产融”协同，近两年增资信银投资，成立了中信金融租赁公司和资产管理业务中心，综合金融服务能力显著提升；浦发银行近两年先后设立浦银国际、收购上海信托、上投摩根和国利货币，经营领域已扩展至基金、信托、租赁、境外投行、科技银行、村镇银行、货币经纪等多个金融业态，综合化金融服务能力不断增强；光大银行依托集团金融全牌照优势，搭建对公业务综合金融服务机制，成立综合金融服务暨大资产项目督导协调委员会，积极支持实体经济发展。二是以特色品牌助力实体经济。招商银行的零售业务、中信银行的公司和国际业务、兴业银行的金融市场业务、浙商银行的流动性服务银行业务、浦发聚焦科技成长企业、华夏银行在互联网金融领域的创新和突破、广发银行的信用卡业务、渤海银行良好的风险管控能力等，都在业界形成影响力，12 家股份制商业银行以其各自特色，形成了鲜明的品牌知名度和竞争优势。

（二）客观认识行业“新常态”下的发展挑战

1. 行业经营环境日趋复杂

宏观经济将长期处在新旧动能转换过程中。GDP 增速从高速开始转向为中高速，经济增长动力随之发生变化，由资本密集型、劳动密集型转为创新和科技拉动型。这既带来了客户融资需求和习惯的转变，也对商业银行保持资产质量稳定带来挑战。银行的行业属性决定其发展速度与 GDP 和 M2 等宏观数据增长保持高度正相关。而近两年来 GDP 增速持续保持低位盘整，M2 增速在 2017 年下半年更是下探到个位数创近年来新低。这在一定程度上制约了商业银行继续保持较快增长势头。

金融市场环境更为复杂。随着利率市场化向纵深推进，多层次资本市场加速发展，汇改与人民币国际化开放推进，我国金融市场改革持续推进。稳健中性的货币政策传导出的宏观调控政策框架也进一步约束了金融行业规模自然快速增长的惯性。2017 年监管部门的一系列政策导向更是对商业银行聚焦主业，夯实优质业务与收入结构提出更高要求。

行业竞争持续加剧。金融市场化改革大背景下，银行特色化发展趋势愈加明显，银行间分化加剧。除原有老面孔外，民营银行设立速度加快，并逐步利用股东资源形成差异化定位，对既有银行格局形成新的挑战。同时，金融混业加剧，银行与非银金融机构纷纷纵横拓展。跨界竞争更是异军突起，部分互联网公司利用客户、场景或创新等领域的优势涉足金融业务，未来竞争格局充满不确定性。

2. 传统发展模式不可持续

规模超高速扩张难以维系。2013 年开始，股份制商业银行的规模增速从过去 20% 以上的高速增速下降到 10% ~20% 增速新平台。虽然相比于大型银行增速，股份制商业银行无论是资产还是负债的规模增速都仍保持相对快速增长，但从趋势看已难以回归到过去的超高速增长区间。

以量补价模式难以维系。银行业盈利能力持续下降，股份制商业银行的净利润增速从 2011 年的 47.64% 逐步下滑到 2016 年的 9.39%。同时观察规模扩张和盈利能力，股份制银行的利润增速从 2012 年开始已经从原来的快于资产增速切换到滞后阶段，且剪刀差仍在变大。单看 2015—2016 年的量利关系，其走势和 2008 年国际金融危机初期非常相像。虽然 2016 年有所好转，但仍难以寄希望于宽松货币政策救助再现上轮爆发式增长空间（如图 14 所示）。

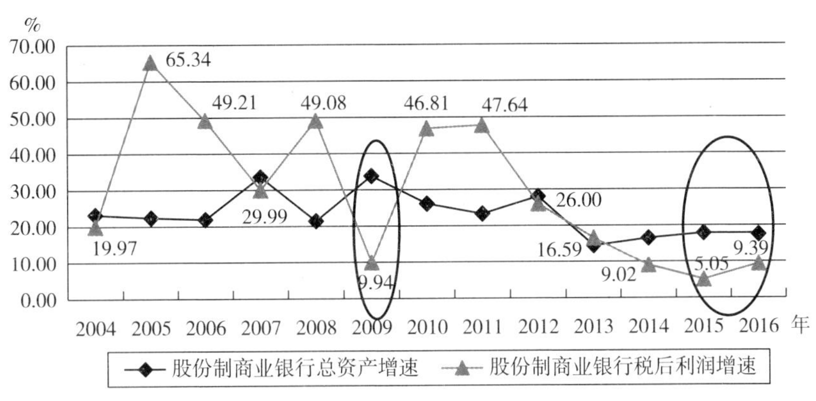

资料来源：CEIC，浙商银行发展规划部。

图 14 股份制商业银行以量补价扩展模式难以维系

银行资产风险压力不减。在有惊无险中度过 2008 年国际金融危机后，商业银行资产质量面临新的考验（如图 15 所示）：信用风险仍未完全释放，银行业不良贷款防控压力整体仍高；二是市场风险显著加剧，在“再通胀”预期、流动性收紧以及监管升级等多重背景下，金融市场的不确定性和波动性恐将加剧；

流动性风险凸显，在全球流动性整体收缩、国内货币政策稳健中性的大背景下，易爆发各类流动性风险。

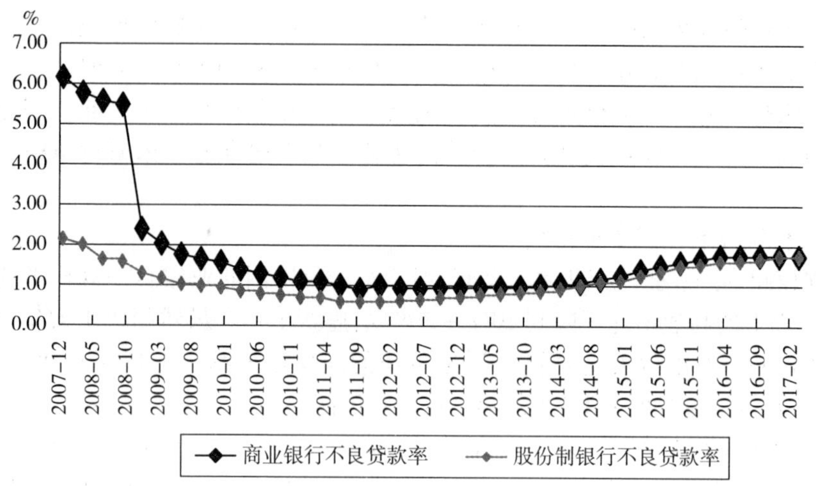

资料来源：CEIC、Wind、浙商银行发展规划部。

图 15　商业银行资产质量未见充分好转

综上所述，经济增速放缓，监管环境趋严，银行业依赖投资和高速货币扩张推动高速发展和高盈利的时代基本告一段落，转变增长预期与方式，追求质量、效益与规模的可持续平衡发展日益重要。从趋势上看，新常态下银行的量（资产规模）、价（息差）、质（资产质量）都不同程度地受到了负面冲击。银行发展“新常态”为市场后期参与者加速超车成为后起之秀提供有利契机，更需要以史为镜观察跟踪先进银行发展路径的经验教训。

三、行业大趋势下的分化与突围

（一）股份制五朵金花独占鳌头

股份制银行中，招商银行、兴业银行、浦发银行、民生银行和中信银行表现尤为突出，无论是规模、效益抑或特色方面都具备显著的比较优势，牢牢坐稳第一梯队。从十年的发展历程看，这五家银行在行业波动中实现了自身地位的巩固，潮起潮落方显英雄本色。

（二）规模领先是成为第一梯队的重要条件

观察从 2008 年至今 12 家股份制商业银行的资产规模变动情况，可以得出五个推论。

1. 规模维度梯队间排名固化明显。近十年跨度内，以五朵金花为代表的前五家银行牢牢把握住第一梯队，且和第二、第三梯队差距有所加大。2008 年，排名第五的兴业银行资产规模为刚刚突破 1 万亿元，排名第六的光大银行为

0.85 万亿元，两者差距不到 2 000 亿元。截至 2016 年底，规模排名第五的浦发银行资产规模为 5.9 万亿元，而紧跟其后的光大银行资产规模刚过 4 万亿元，两者差距扩大到近 2 万亿元。

2. 过去十年内未出现规模维度上的梯队成员迁徙现象。由于存在规模自然增长规律，大区间的规模梯队一旦固化较难打破。可以发现，虽然光大银行在这 8 年期间资产规模增长了 4 倍多，但一直处于历年老六的位置，并未出现跨越式超越。同样第二梯队和第三梯队也保持着相对显著的分隔。

3. 规模维度梯队内排名变动频繁（如表 1 所示）。第一梯队内，除招商银行长期保持领先地位外，其他四家行更替频繁。其中兴业银行从 2008 年的第五名一举位居 2016 年第一名，相反浦发银行由同期的第二名逐渐滑落至第五名。

表 1　　近十年 12 家股份制银行规模排名变动情况

	2008 年		2012 年	2013 年	2014 年	2015 年	2016 年
兴业银行	5		2	3	2	2	1
招商银行	1		1	1	1	1	2
中信银行	3		5	4	4	3	3
民生银行	4		3	5	5	5	4
浦发银行	2		4	2	3	4	5
光大银行	6	……	6	6	6	6	6
平安银行	9		7	7	7	7	7
华夏银行	7		8	8	8	8	8
广发银行	8		9	9	9	9	9
浙商银行	11		12	12	11	11	10
恒丰银行	10		10	10	10	10	11
渤海银行	12		11	11	12	12	12

资料来源：CEIC、Wind、浙商银行发展规划部。

4. 不存在较长期限的逆天规模增长，回归行业价值中枢是长期发展常态。股份制商业银行近 9 年平均资产规模增速为 23.37%，5 家先进银行的平均增速基本与之相同。本质上第一梯队银行资产规模增速仍是围绕股份制银行平均水平变动。

5. 稳健发展是长期取胜的重要前提。从图 16 中可以明显看出，招商银行的规模增速始终和股份制银行的平均增速保持高度正相关，由此获得相对稳健的发展势头。而其他多家银行的增速在不同阶段出现了大幅波动，更容易带来发展的不确定性。我们认为，相对于民生等样本行的大幅成长波动，招商银行的稳健增长更能保持长期优势。

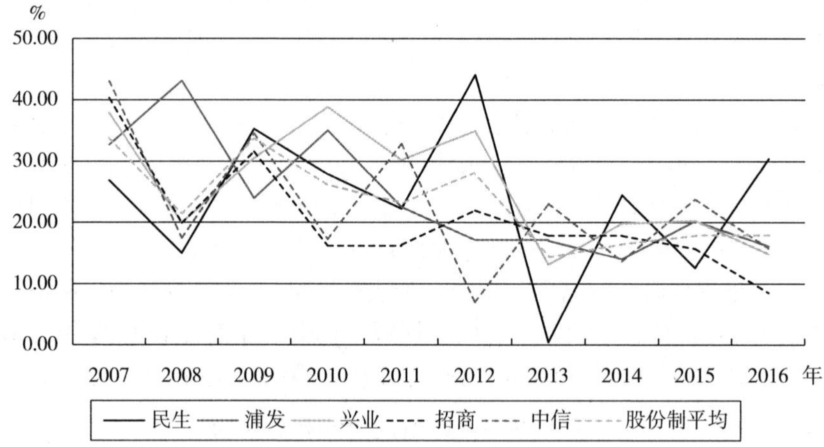

资料来源：CEIC、Wind、浙商银行发展规划部。

图 16　2007—2016 年 5 家银行总资产规模增速

（三）盈利保持稳定体现先进银行持续发展能力

观察从 2008 年至今 12 家股份制商业银行的盈利变动情况，可以得出两个结论。

1. 盈利能力放缓为行业发展趋势，一定规模后逆势变动难度相对较大（如图 17 所示）。受 4 万亿元投放刺激，股份制商业银行平均利润增速在 2007—2012 年达到35%，随后持续下探至 2015 年的5%。2016 年回升至 9. 39%，但基本告别过去的两位数增长水平。

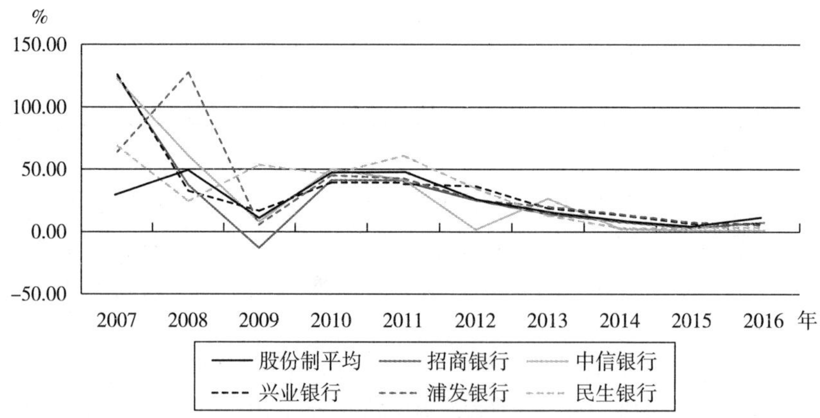

资料来源：CEIC、Wind、浙商银行发展规划部。

图 17　2007—2016 年 5 家银行净利润增速

2. 领先行往往利用规模增速放缓契机主动调整业务结构，推动净利润增速好于营业收入增速。净利润增速和营业收入增速的比值可以反映商业银行在内部管理和资产质量控制方面的掌控能力。背后两大因素驱动：一是推进精细化管理降低营业支出，财务表现为税收筹划和收入成本比下降。二是资产质量相对好转，资产减值损失计提额度降低造成。

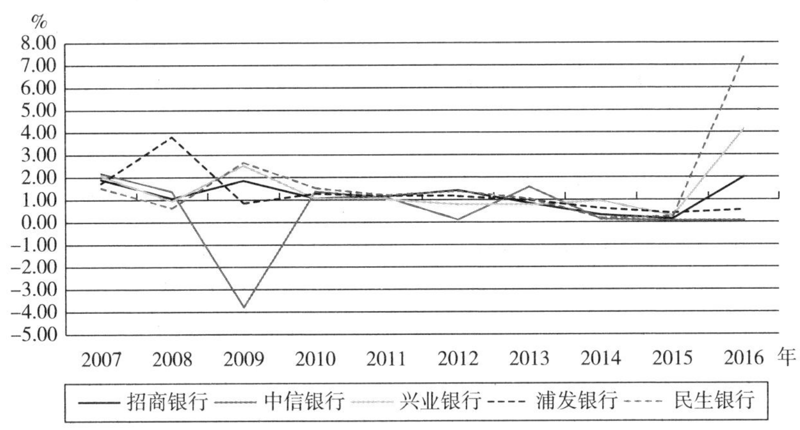

资料来源：CEIC、Wind、浙商银行发展规划部。

图 18　2007—2016 年 5 家银行净利润增速/营业收入增速

（四）有效增长是实现梯队向上突破的取胜关键

在资产规模呈现自然增长惯性，盈利水平下探新台阶的趋势下，规模不再是决定银行梯队的唯一衡量标准。观察 2016 年主要商业银行业绩表现，提质增效成为银行跨越梯队阶层的重要方式。其中招商银行在资产规模低于交通银行近 2.5 万亿元的情况下实现营业收入的反超，成为股份制银行领头羊直逼国有大型银行的急先锋。同样，在股份制银行内部，浙商银行在资产规模不到广发银行 70% 的情况下在净利润指标上实现了反超，打破传统股份行第二、第三梯队的固有层级（如表 2 所示）。浙商银行的最具竞争力股份制商业银行的战略目标符合这一趋势，定位十分清晰。

表 2　提质增效成为银行跨越梯队阶层的重要方式

	所在梯队	银行名称	2016 年资产规模	2016 年营业收入	2016 年净利润
跨越边界案例 1	国有行	交通银行	84 031.66	1 931.29	676.51
	股份制	招商银行	59 423.11	2 090.25	623.80
跨越边界案例 2	第二梯队	广发银行	20 475.91	553.18	95.04
	第三梯队	浙商银行	13 548.54	336.53	101.53

资料来源：CEIC、Wind、浙商银行发展规划部。

四、浙商银行银行启示与策略建议

（一）重视研究，前瞻性谋求长远布局

重视大势的判断和分析。研究的重要性越发突出，要求“前中后台人员主动研究市场”，这也是浙商银行在市场环境日趋复杂行业背景下不断前行进步的重要支撑。一是对宏观大势的把握，这是获知行业整体发展方向和战略定位的重要前提。二是对客户需求的把握，主要是建立中台行业研究体系，要求市场条线对客户的经营情况、商业模式、风险特征、所处行业趋势了如指掌，对客户需求和痛点如数家珍。三是关注浙商银行自身资源禀赋和战术策略的匹配性。不同银行在同样的大势下，应有不同的应对措施。比如现在零售转型是多家银行的重点拓展方向。但不同银行的战略切入点、路径和支撑举措都各不相同，他人的成功并不一定会变为浙商银行的成功。这些思考仅依靠单一业务部门没法从全局上解决。四是要加强研究协同，将散落在不同部门、不同机构的研究成果形成共享和碰撞，真正产生“研究服务业务，研究产生价值”的效果。

（二）以史为镜，辩证看待同业先进经验

商业银行行业性质决定市场后入者能全面借鉴先行同业的发展历程避免弯路。特别是次贷危机后的八年内，在股份制银行群体重要性日益凸显的背景下，本研究关注的五家样本行都是其中最为闪亮的明星。如何更好地对标杆行进行剖析，我们认为需要站在整体层面梳理银行的发展脉络，即要弄清楚样本行多年发展过程中从战略决策到业绩体现的传导路径。这样更容易找出发展秘诀的蕴藏点，是战略的方向正确，还是在战略落地过程中出现了执行偏差，抑或是在资产摆布、产品推动上有过人之处。同时，市场环境快速变化使得同业业务发展经验无法完全复制和借鉴，现有竞争格局下新参与者更需客观评价其他同业发展的得与失。

（三）发挥后发优势，持续培育特色竞争力

经过这两年的快速发展，浙商银行已基本在中型银行梯队中站稳。但与股份制领先银行相比，无论是资产规模、基础客户群建设还是市场影响力仍有一定差距。但与此同时，在行业转型变革、市场环境重塑中，浙商银行灵活多变、轻装上阵的特点在这种“逆周期”环境下优势更为明显，在行业分化格局中有机会奋起直追取得新的突破。相比工商银行巨无霸的发展道路，五家先进股份制银行的特色化发展道路更符合浙商银行发展。流动性服务银行和全价值服务银行已是浙商银行业务金名片。未来应进一步从差异化经营向打造特色品牌深化，在若干个特色领域形成竞争优势，在已有显示领域巩固领先地位，将比较优势充分转化成行业品牌和特色名片。

（四）融合数字化基因，重塑商业模式

战略上，数字化是浙商银行三大发展方向之一。媒体、手机、相机等行业的数字化变革之路还历历在目，胜出者更能勇立潮头。我们认为浙商银行应继续保持和扩大在金融科技道路上的优势，将数字化融入银行发展的基因之中，以更大的魄力和认知重构经营管理的理念、模式和架构。一是要形成战略合力，从全行高度制定宏观数字化发展路线图。二是基于差异化导向推进策略。对部分不确定技术产品可以品牌营销为出发点吸引眼球，求快、求新且要控制创新规模和范围；对浙商银行确认性技术领域则要深耕细作打造拳头产品，不断通过迭代创新提高竞争者业务准入门槛，凝聚特色品牌。三是要客观冷静，基于应用成熟和技术适用性标准把握推进金融科技的节奏，稳扎稳打。重点应关注大数据和人工智能等领域。四是重视客户维度和银行内部管理维度的金融科技技术的共同运用，通过自身经营管理的技术化和数字化去更好地服务客户端。五是聚焦业务生态圈的构建，主动打造场景金融，善于运用第三方合作方的导流平台持续增强客户忠诚度。

参考文献

[1] 朱文生. 金融危机下美国养老金投资管理研究［J］. 中共中央党校学报，2010（6）.

[2] 魏鹏. 对次贷危机十年来美国银行业经营发展的研究与展望［J］. 国际金融，2017（3）.

[3] 瞿亢. 艰难行进的欧洲银行业［J］. 银行家，2016（2）.

[4] 吴晓灵. 金融市场化改革中的商业银行资产负债管理［J］. 金融研究，2013（12）.

[5] 张其海. 我国的社区银行的发展模式的探讨［J］. 经营管理者，2017（1）.

[6] 赛格. 银行未来发展模式的研究［D］. 首都经济贸易大学硕士论文，2006.

[7] 谢平，邹传伟，刘海二. 互联网金融的基础理论［J］. 金融研究，2015（8）.

浙江保险扶贫精准对接及发展研究

中国人寿保险股份有限公司浙江省分公司课题组*

一、保险扶贫发展背景

（一）政策背景

十八大以来，以习近平同志为核心的党中央高瞻远瞩、深谋远虑，把扶贫开发工作提升至治国理政新高度。2015 年 11 月 29 日，《中共中央国务院关于打赢脱贫攻坚战的决定》正式发布，其中对金融扶贫工作提出了 20 条政策举措。2016 年 3 月 16 日，中国人民银行、发展改革委、财政部、银监会、证监会、保监会及国务院扶贫办 7 部委联合下发《关于金融助推脱贫攻坚的实施意见》。2016 年 6 月 3 日，保监会和国务院扶贫办联合下发《关于做好保险业助推脱贫攻坚工作的意见》。2016 年 6 月 17 日，国务院副总理汪洋在金融扶贫电视电话会议上强调，保险扶贫要重视为贫困人口量身打造生产生活、家庭财产、养老医疗、融资增信等保险产品，特别要研究如何借助保险来减少因病因灾返贫，防止"辛苦脱贫奔小康，一场灾病全泡汤"；要注重用保险来守住来之不易的脱贫成果。2017 年 6 月 23 日，习近平总书记在山西太原市主持召开深度贫困地区脱贫攻坚座谈会，强调要以解决突出制约问题为重点，强化支撑体系，加大政策倾斜，聚焦精准发力，攻克坚中之坚，确保深度贫困地区和贫困群众同全国人民一道进入全面小康社会。2017 年 7 月 8 日，"全国保险公众宣传日"主题活动在京举行，活动主题为"远离贫困，从一份保障开始"，全行业深入宣传保险理念、保险扶贫理念，呼吁全社会关注扶贫、参与扶贫，展现了保险业服务脱贫攻坚的责任和担当。2017 年 10 月 18 日，习近平总书记在党的十九大工作报告中强调，坚决打赢脱贫攻坚战，要动员全党全国全社会力量，坚持精准扶贫、精准脱贫，坚持中央统筹省负总责市县抓落实的工作机制，强化党政"一把手"负总责的责任制，坚持大扶贫格局，注重扶贫同扶志、扶智相结合，深入实施东西部扶贫协作，重点攻克深度贫困地区脱贫任务，确保到 2020 年我国现行标准下农村贫困人口实现脱贫，贫困县全部摘帽，解决区域性整体贫困，做到脱

---

* 课题主持人：赵　鹏
课题组成员：孙力扬　李金进

真贫、真脱贫。

（二）现阶段我国贫困人口特点

1. 从分布区域来看，贫困人口分布区域特征依然明显。贫困人口多集中分布于西部、中部地区；西藏、甘肃、新疆、云南、贵州、广西、青海、宁夏等西部少数民族地区，贫困发生率高。2014 个集中连片特困地区为全国扶贫开发主战场。

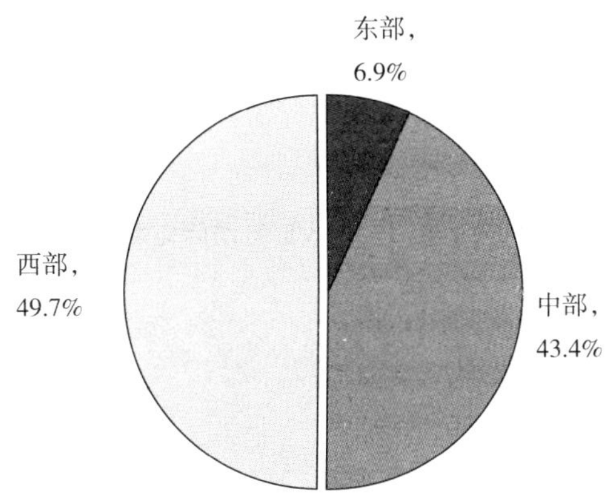

图 1　全国贫困人口东中西部分布

2. 从人员结构来看，老年贫困人口、文盲或半文盲人口、无劳动力和丧失劳动力比例高。贫困人口，老年贫困人口占比，文盲或半文盲占比均高于自然人口比例。无劳动力和丧失劳动力人口占贫困人口总数的 40. 7% 。

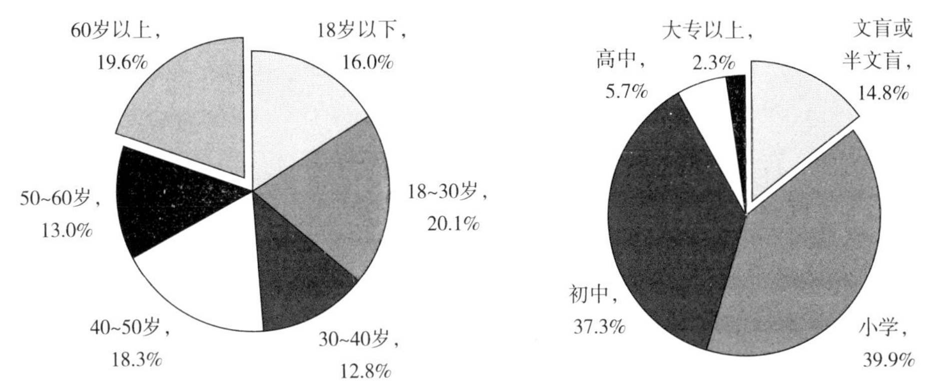

图 2　全国贫困人口年龄结构　　**图 3　全国贫困人口文化程度**

3. 从致贫原因来看，建档立卡贫困户致贫原因复杂多元，其中因病、缺资金、缺技术列致贫原因的前三位。

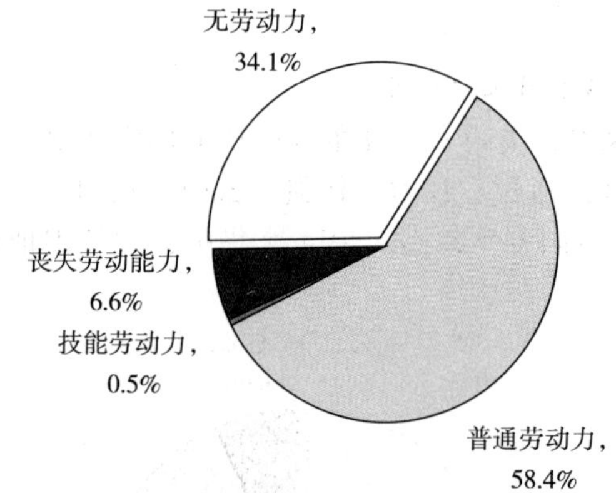

图 4 全国贫困人口劳动能力类型

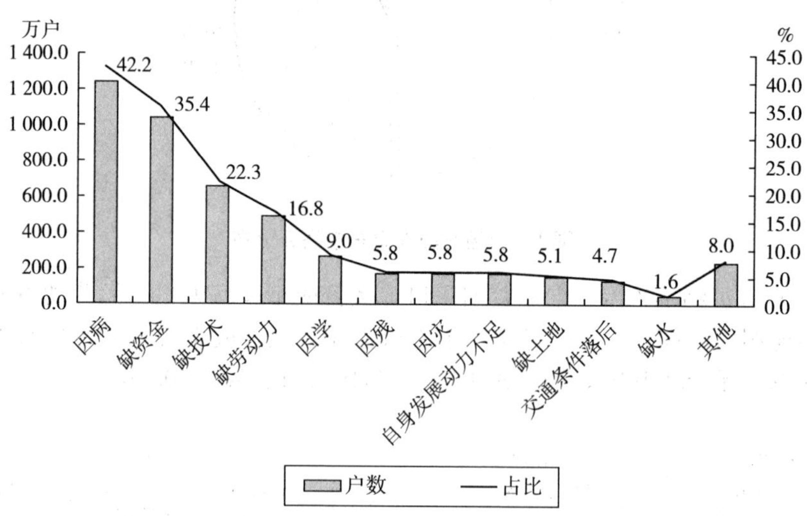

图 5 贫困户数及占比

4. 从致贫原因的区域特点来看，西部地区的致贫原因主要为缺资金、缺技术，中部和东部的致贫原因主要为因病。

表 1 2014 年全国建档立卡贫困户的致贫原因分布比例

地区	自然生产条件			经济社会发展条件					人力资本因素		
	因灾	缺土地	缺水	交通条件	缺技术	缺资金	因学	自身发展	缺劳动力	因病	因残
东部	3. 60%	1. 50%	0. 30%	0. 80%	15. 30%	23. 20%	4. 80%	2. 00%	21. 90%	58. 10%	9. 40%
中部	5. 20%	4. 00%	1. 20%	2. 60%	17. 60%	28. 90%	6. 70%	4. 90%	13. 90%	51. 60%	6. 80%
西部	6. 80%	6. 90%	2. 30%	7. 60%	28. 90%	44. 90%	12. 40%	7. 40%	18. 90%	28. 90%	4. 00%
全国	5. 80%	5. 10%	1. 60%	4. 70%	22. 40%	35. 50%	9. 00%	5. 80%	16. 80%	42. 10%	5. 80%

（三）浙江省扶贫工作基本情况

近年来，浙江省各地坚持以“八八战略”为总纲，按照一张蓝图绘到底、一任接着一任干，一手抓欠发达地区加快发展，一手抓低收入农户增收，构建起了专项扶贫、行业扶贫、社会扶贫相结合的“三位一体”大扶贫格局。2015年全省全面消除家庭年人均收入4 600元以下的贫困现象，成为全国第一个完成脱贫攻坚任务、率先五年打赢脱贫攻坚战的省份；2016年“消除4600”成果得到全面巩固，全省低收入农户人均可支配收入达到10 169元，首次突破万元大关。

虽然浙江省4 600元以下的绝对贫困现象已经全面消除，但是相对贫困现象仍然比较突出，仍有部分群众生活比较困难，扶贫开发仍是一项长期的历史任务。特别是因病、因残、因灾、因突发事件致贫的人员，需要给予特殊的关爱和帮助。26个加快发展县和婺城、兰溪、黄岩3个市、区（统称29县）和省级结对帮扶扶贫重点村，成为浙江省扶贫工作的重点地区。农村经济困难农户，包括“4600”低收入农户巩固扶持对象、最低生活保障对象、最低生活保障边缘对象和其他经济困难农户等组成的低收入农户，成为浙江省重点扶贫对象（预计全省低收入农户总数在200万户以内）。

表2　29县名单及地区分布

杭州市	淳安县
温州市	泰顺县、文成县、永嘉县、苍南县、平阳县
台州市	黄岩区、天台县、仙居县、三门县
金华市	婺城区、兰溪市、武义县、磐安县
衢州市	柯城区、衢江区、龙游县、江山市、常山县、开化县
丽水市	莲都区、龙泉市、青田县、云和县、庆元县、缙云县、遂昌县、松阳县、景宁县

二、保险精准扶贫的需求分析及主要特点

（一）保险精准扶贫的需求分析

浙江省委、省政府提出“十三五”时期的发展目标是高水平全面建成小康社会，强调的不仅是“全面小康”，更重要的是高水平、高标准。根据省委、省政府新时期关于扶贫开发的战略部署，保险业可以也应该在扶贫开发中发挥特殊作用，加强对低收入农户增收的基础保障，有效缓解因病因灾致贫返贫现象，更好地巩固“消除4600”成果，更好地补齐低收入农户增收致富短板。主要从以下几个方面做好对接工作：

1. 对接健康扶贫需求。当前，因病致贫、因病返贫是最主要的致贫返贫原因。习近平总书记指出，健康扶贫是精准扶贫的一个方向，因病致贫、因病返

贫现在是扶贫硬骨头的主攻方向。李克强总理在政府工作报告中明确提出推动健康扶贫。充分发挥保险专业优势，因地制宜给予低收入农户必要的医疗费用补偿，加大对基本医保范围内的赔付比例，研究探索重大疾病保险、医保目录外用药的有效补充。

2. 对接民生服务需求。提高低收入人群的意外伤害保障覆盖率，守住因残、因灾、因突发事件致贫的底线。针对家庭主要劳动力，开发家庭主要劳动力、外出务工人员意外伤害、交通意外伤害等保险产品；针对弱势群体，开发留守儿童、留守妇女、留守老人、失独老人、残疾人等人群的保险产品；对接美丽乡村建设，提供重大自然灾害保险，特色扶贫产业、农家乐等指定场所保险。

3. 对接产业扶贫需求。服务于专项扶贫、行业扶贫、社会扶贫“三位一体”的大扶贫格局，为精准扶贫精准脱贫的十大行动 、十项工程保驾护航；重点为各地结对扶贫帮扶干部，科技、医疗、教育等各行业帮扶人员提供全面保险保障。在浙江省政府签署与中国人寿全面战略合作协议框架内，积极争取保险资金服务于产业扶贫项目。

4. 对接保险业创新发展需求。保险助推扶贫，是一项共赢的制度设计，也是保险业履行社会责任的重要体现。通过扶贫保险，能够增加保险机构主动与地方政府的协作能力，发展农村财产、人身、医疗等保险业务，扩大农村地区保险保障覆盖面，围绕各地产业扶贫的方向和特点，创新发展特色保险产品。

（二）保险扶贫的主要特点

作为人类历史上最古老、最伟大的发明之一，保险生来具有扶危济困的天然属性。4 000 多年前保险的萌芽诞生，就是人们为了应对生老病死残、防止家庭陷入贫困危机而组织起来提供互助救济的组织。火灾保险、意外保险、疾病保险等的起源和发展，无一不是基于保障最广大贫困人口和社会弱势群体的生活品质的需要。特别是人类进入现代社会以来，随着保险功能不断扩大，保险对保障人类生产生活、防止人们致贫返贫发挥着越来越重要的作用。保险日益成为国际扶贫开发体系的重要力量，成为各国政府扶贫开发的重要工具。保险的功能、特点和属性决定了保险业可以而且理应在精准扶贫方面发挥更大的作用。

1. 对象识别的有效性。目前，我国贫困监测采用抽样法，为评估贫困状况，制定扶贫纲要和政策，反映减贫成效提供了科学客观的依据。但受样本数量的限制，贫困户识别会存在偏差。特别是针对每个贫困村、贫困户，具体贫困原因和贫困程度底数不清，容易出现人情扶贫、关系扶贫、扶富不扶穷的现象。保险扶贫在投保时对于符合救助条件的贫困户全覆盖；在出险时，依据保险责任对贫困户进行赔付，有效避免了少保、漏保、给付人情款等情况。实现扶贫对象的有效识别，防止精准扶贫变成缩小版的“大水漫灌”，确保扶贫资金的精准投放。

2. 贫困对象管理的动态性。保险公司可以根据当地的实际情况，一地一策设计保险方案，做到因人因地施策、因贫困原因施策、因贫困类型施策。同样的财政资金，可以根据不同原因、不同类型的贫困，设计不同的保障责任。实现脱贫措施的对症下药、精准滴灌、靶向治疗。同时，政府可以根据上一年度的理赔情况，调整该年度的承保方案；历年的保险理赔数据，也可以成为政府调整扶贫政策的有效依据，实现对扶贫对象、扶贫政策的动态管理。

3. 财政资金投入的稳定性。政府通过购买保险，将一部分扶贫政策通过保险的方式，将风险转移给保险公司。将资金的事后补助性投入，通过保险精算变成每年稳定的资金投入。一方面可以发挥扶贫资金的杠杆作用，放大资金使用效益；另一方面能有效缓解重大灾害、突发事件时财政资金的投入压力。同时，可以通过建立风险调节机制，确保保险公司的保本微利经营，确保项目的长效运行，有利于进一步巩固和扩大政府脱贫成果。

三、浙江省现有扶贫保险开展情况

（一）浙江省各地的探索和实践

1. 探索保险与扶贫相结合的“浙江模式”。2017 年 3 月 17 日，浙江省扶贫办与中国人寿浙江省分公司联合在衢州市举行“携手并进，共享美好”保险精准扶贫合作会议暨签约仪式，共同推进保险精准扶贫工作。浙江省委副秘书长、省农办（扶贫办）主任章文彪等出席会议，省农办副主任孙飞翔与中国人寿浙江省分公司总经理赵鹏共同签署了保险扶贫合作协议书，双方将建立保险扶贫的工作机制，探索保险与扶贫工作相结合的浙江模式；浙江国寿为全省低收入人群开辟绿色通道，提供低廉、优质、快捷、高效的保险及理赔服务；共同开展以大病医疗、大病补充医疗、人身意外及外出务工人员意外等为主的低收入人群保险保障服务；合力开展定点帮扶活动，为重点帮扶家庭提供物质帮扶和精神关爱服务。会上中国人寿定点向衢江区 1 183 户共 2 778 名“4600”巩固对象捐赠涵盖意外身故、意外伤残、意外医疗三大保险责任的“精准扶贫健康补充保险”，保额合计 1.67 亿元。

2. 衢州加强扶贫健康保险工作模式。2016 年，中国人寿衢州分公司与衢州市农办扶贫处对接，商讨助推扶贫脱贫工作，并向市政府提交了《关于助推精准扶贫的工作报告》，2017 年 4 月市政府下发了《关于进一步加强扶贫健康保险工作的意见》（衢政办发〔2017〕18 号），明确了扶贫健康保险是在低收入农户参加城乡居民医疗保险基本上的医疗健康再保险，是城乡居民基本医疗保险制度的有益补充，是精准扶贫帮困的重要举措。同时，将常见重大疾病、意外身故（残疾）、意外伤害医疗费、住院医保报销范围外费用等纳入扶贫健康保险责任范围。截至 2017 年 7 月，全市各县（市、区）均已投保扶贫保险，已承保各类低收入和贫困人口超过 12 万人，累计风险保额超过 66 亿元。

3. 丽水运用保险助推扶贫工作模式。2016 年初，丽水市政府咨询委员会发布《市咨询委关于上报〈商业保险助推扶贫的调研报告〉报告》（丽咨〔2016〕1 号），在 2016 年底完成对贫困人群及大病补充保险的数据测算及方案制订。2017 年 5 月，丽水市人民政府办公室下发《关于运用商业保险助推扶贫工作的实施意见》（丽政办发〔2016〕51 号），要求通过政保合作，运用保险的经济补偿和社会管理功能，开展产品创新、强化服务保险、进行精准扶持、完善扶贫方式。明确要为所有低收入农户提供农村小额保险、补充医疗保险和政策性农房保险等保障性保险，增强抵御风险能力，防范因病或意外事故致贫风险。为有发展意愿、有发展能力和可行性项目的低收入农户提供扶贫贷款保证保险；对扶贫贷款项目补充保险、政策性农业保险保费中农户自行承担的费用进行部分补助，增强低收入农户的“造血”功能和自我发展能力。实施对象为低收入农户，包括“4600”低收入农户巩固扶持对象、最低生活保障对象、最低生活保障边缘对象和其他经济困难户。预计纳入该项目的受益贫困人群约为 11 万~12 万人，政府资金投入超过 3 000 万元。2017 年 6 月 9 日，丽水市召开政保合作会议暨运用商业保险助推扶贫工作动员部署会。

4. 其他县市探索建立各种保险扶贫模式。瑞安市在 2015 年出台了《瑞安市低收入农户大病住院再保障保险实施办法（试行）》，规定在一个自然年度内，低收入农户大病住院所发生的医保合规医疗费用按照城乡居民基本医疗保障和大病保险政策规定报销后，剩余不可报销部分执行分段赔付标准。截至目前共有 7 023 人次受益，理赔金额合计 664.72 万元。云和县开展低收入农户“小额商业保险助推扶贫”工作，政府出资为低收入农户购买疾病、意外伤害、自然灾害等小额商业保险，加大对因病因灾等支出型贫困群体的精准帮扶力度，目前全县 886 人参保。

（二）主要扶贫保险产品方案

1. 自理医疗费用保障方案（含医保目录外费用）

保险责任	保障金额	保险费
医疗费用自理部分 （含医保目录外费用）	5 000 元（含）以内，按 70% 赔付； 5 000 元至 1 万元（含），按 60% 赔付； 1 万元以上，按 50% 赔付； 最高赔付额度为 10 万元	270 元/人·年

2. 意外＋重大疾病保障方案

保险责任	保障金额	保险费
30 种重大疾病（当年新确诊）	20 000 元	120 元/人·年
疾病身故	2 000 元	
意外身故、伤残	10 000 元	
意外医疗 （社保可报费用未报部分）	扣除 100 元免赔额后按 80% 给付， 最高 2 000 元	

3. 防返贫全村统保方案

保险责任	保障金额	保险费
疾病身故	2 000 元	60 元/人·年
意外身故	20 000 元	
重大自然灾害身故	100 000 元	
交通意外身故	飞机 200 000 元； 铁轨、轮船 100 000 元	
意外伤残	18 000 元	
意外医疗（社保可报费用未报部分）	最高 1 000 元	

（三）保险扶贫的特色服务

从目前情况看，保险扶贫对象大多长期处于贫困地区，计划经济思维惯性和小农经济的封闭意识都较为牢固，“等、靠、要”思想较为普遍；文化程度普遍偏低且患病比例较高。这就对扶贫保险的服务提出了更高的要求，在保险服务中，既要确保各项扶贫开发政策得到落实，又要使贫困户得到便捷的保险服务。这就要求扶贫保险服务更加有针对性，提供更加便捷的服务。

1. 探索驻村服务管理机制。对于扶贫保险对象实行网格化管理，建立专业的保险扶贫队伍，通过属地化管理方式，做到“保险服务不出村”，提高管理服务效率，为参保人提供更加高效便捷的服务，不断提高贫困地区保险服务能力。同时，驻村制度也有利于当地政府对扶贫保险服务进行有效的监督，共同做好贫困户的保险扶贫工作。

2. 提高参保对象知情率。针对低收入农户普遍文化程度偏低且存在残疾智障对象的情况，保险公司要将“保险服务不出村”作为规定动作，对保险对象逐户发放保险单、宣传单、明白卡等告知材料，主动上门宣传保险政策、理赔方式，对文化不高或残疾智障对象，组织人员上门宣讲政策、提供理赔服务；同时联合当地农办，对于重点对象一起上门宣导精准扶贫保险政策，努力提高参保对象知情率、受益率，促进扶贫保险的持续、健康、稳定发展。目前，中国人寿对于衢州全市已参保的 12 万低收入农户，均已挨家挨户向参保对象送达参保告知书，对扶贫保险售后服务工作进行了有益的尝试。

3. 简化理赔服务流程。逐步建设一套具有参保人身份认证、赔案理算、客户服务、定点医院管理等多种功能的信息管理系统。一是在现有理赔流程及理赔单证的基础上，进一步简化身份证明、简化关系证明、简化身故证明。重大突发事件中，政府部门对外正式发布的身故人员名单及身份信息。二是针对贫困人口多分布在山区等交通不便的地区，充分利用互联网技术，实现理赔资料的电子化上传，无须人工传递理赔资料，进一步提高理赔时效性。三是探索保险理赔对接社保报销数据。根据省政府“最多跑一次”改革要求，为进一步提高承保群众对于保险工作的满意度，中国人寿在衢州探索保险理赔对接社保报销数据。即将系统理赔系统与社保或主要医院医疗数据对接，对于医保报销余额部分，自动按照扶贫保险理赔额度赔付给被保险人。参保群众只要在指定医院就医，治疗结束后公司系统自动理算保险理赔款，被保险人不必再提交理赔资料。目前，该项目已进入测试阶段，拟在衢州全市扶贫保险对象中全面推广。

4. 建立重大灾情应急机制。对于贫困人口集中地区，当市或县级政府启动应急机制的重大灾情时，保险公司同时启动应急机制，根据政府要求，积极配合政府做好重大灾情处理工作。通过发动公司员工、销售人员和相关渠道人员，主动回访、主动寻找客户。为客户提供销售人员报案、柜面报案、电话报案和当地理赔电话报案服务，并设置现场理赔服务站或报案点等多渠道受理报案。同时，对于居（村）民委员会以上机构出具的身份证明，对于政府或政府授权机构公开发布的遇难者信息，对于提供乡镇及以上政府部门或救治医院出具的身故证明，保险公司即可理赔。

四、保险精准扶贫发展模式及发展方向

保险精准扶贫在浙江省的探索仅仅一年多的时间，举措落实、政策见效、工作开展还需要一个过程，不少困难和问题仍然存在，保险扶贫的任务仍然十分艰巨。需要进一步总结工作方法，进一步将保险优势放大，对扶贫保险进行再认识、再挖掘，建立发展模式、明确发展方向，实现保险扶贫的精准对接，促进保险扶贫的良性发展。

（一）保险精准扶贫的发展模式

1. 政府主导模式。政府出资，解决最困难群众的保障问题，对于已经认定的低收入农户，鼓励政府部门采取委托经办、直接采购等多种方式，由政府出资向保险公司购买保险服务。运用保险机制创新公共服务方式，利用商业保险机构的专业团队，提供效率更高、服务更广的公共服务，推进政府职能转变。

2. 政保合作模式。政府引导或部分出资，通过政保合作提高特殊人群的保障水平。针对家庭主要劳动力的意外伤害保险、外出务工人员意外伤害保险、交通意外伤害保险；对于留守儿童、老年人、残疾人、育龄妇女等特殊人群的保险产品，由政府积极引导，采取“政府资助一点、个人支出一点、保险公司

优惠一点”的模式，提高低收入人群的保障水平。

3. 商业保险模式。保险公司通过向农村地区提供多样化的保险产品，提高农村群众的保障意识，不断提高保障水平。从根本上解决因病、因意外返贫的源头，进一步提高保险深度及广度。当前保险扶贫要做好增品、扩面、提标三篇文章，即增加和丰富产品供给，扩大保险的覆盖范围，进一步提高保险的保障标准。

（二）保险精准扶贫的发展方向

1. 从政治高度深化脱贫攻坚的认识。2017 年是全国精准扶贫全面攻坚的关键一年，也是精准扶贫精准脱贫的深化之年。保险业要坚持精准扶贫精准脱贫基本方略，围绕贫困人口脱贫、贫困县摘帽、解决区域性整体贫困这个中心任务，围绕落实好浙江省委、省政府新时期关于扶贫开发的战略部署，以集中攻坚、稳定脱贫为工作重点，深入实施保险扶贫重点项目，落实保险扶贫攻坚责任制度，强化脱贫攻坚支撑保障体系，全力推进脱贫攻坚。

2. 坚持问题导向抓好扶贫保险落地。坚持以扶贫对象为导向，只要是贫困人口，不管什么原因、什么类型，都纳入保险保障体系，努力让保险保障覆盖全省近 200 万低收入农户，让“4600”低收入巩固扶持对象人人拥有一份保险保障。紧紧围绕扶贫工作重点，提高扶贫保险措施的有效性，提升群众满意度和获得感，帮助贫困群众在享受扶持政策的同时，不断提高保障意识，转变保险观念。同时也要不断提高基层管理干部和保险服务人员开展保险扶贫的能力和水平。

3. 集中力量使保险扶贫更加精准有效。把浙江省“29 县”和省级结对帮扶重点村作为扶贫保险的重点地区，近 200 万低收入农户作为浙江省保险扶贫重点对象，并将低收入农户按致贫原因、年龄结构、医疗保障水平等进一步细分，如针对其中的老年人、残疾人、计生对象、低保户等提供针对性、个性化的保险产品，使保险扶贫更加精准有效；把如何借助保险来减少因病因灾返贫作为重点研究领域，因地制宜将医疗费用补偿、重大疾病医疗费用补偿、医保目录外用药有效补偿作为重点设计产品。围绕各地产业扶贫的方向和特点，创新发展特色保险产品，用保险来守住来之不易的脱贫成果。

4. 总结推广保险扶贫先进经验。在前期各地扶贫项目的基础上，适时开展调研工作，总结一批“立得住、叫得响、能复制”的保险精准扶贫精准脱贫先进经验和成功案例，做到“成熟一个，复制一个，推广一个”。加大宣传推广力度，定期组织开展评选表彰活动，有效处置涉贫事件，正确引导舆论，推动扶贫保险工作在实践中规范完善。

5. 建立完善保险扶贫长效机制。实施项目制管理，对每一个项目实行从审批到实施的全流程追踪。实现财政资金的精准投入，通过建立风险调节机制，确保保险公司的保本微利经营，确保项目的长效运行。对于承诺的服务措施进行有效监督，确保保险措施到位精准，以政府及困难群众的满意度来考核保险扶贫成效。

投资便利化、金融发展与经济增长

——基于“一带一路”沿线18个省（市）数据的分析

宁波市金融学会课题组*

一、引言

2015年发改委、外交部、商务部联合发布了《推动共建丝绸之路经济带和21世纪海上丝绸之路的愿景与行动》，明确投资贸易合作是“一带一路”建设的重点内容，强调了投资贸易便利化是激发合作经济体经济活力的关键因素，其中，投资便利化作为重要组成部分。投资便利化与合作经济体双方的行动策略密切相关，也与宏微观环境如金融发展水平密切相关，金融发展能够为投资双方提供与资本流动相关的金融服务。伴随投资便利化进程逐步深化，其经济效应逐步显现，表现为投资便利化会带来投资的直接增长，逐步消除区域内资本流动的限制等。

伴随全球新一轮投资体制及规则的深刻变迁，投资便利化措施逐渐成为改善投资环境、降低交易成本、提升投资效益的重要路径（卢进勇、冯涌，2006）。狭义上投资便利化是指通过简化和协调投资者参与国际投资活动所涉及的各种程序（OECD，2006；王海燕，2012），而广义上的投资便利化还包括一国在投资领域对外资的开放程度（John Ure，2005）。对投资便利化水平的测度，学术界基本沿用2003年世界银行发布的《营商环境报告》中的指标体系，从市场准入、审批程序、信贷融资、投资保护和争端解决等方面对投资便利化水平进行评价（Kejzar，2011；徐雅雯，2012），也有学者将投资开放度纳入投资便利化的评价体系（Kinoshita Y，Campos N，2004）。国际及地区数据实证分析显示，区域经济的变化、开放程度等会对投资存量、投资便利化造成较大的影响（Levy、Daude等，2003；邱毅敏，2008），而投资便利化能够促进双边直接投资的增长（Perkins F，Horridge M等，2003），也能够带来经济增长和对资源的优化配置（Merette M，Papadaki E等，2008）。此外，投资便利化还具有积极的战略效应，如资本流动带来产业结构的优化、区域经济向一体化方向发展等（陈

---

* 课题主持人：周伟军

课题组成员：周　豪　何振亚　余霞民　俞佳佳　陈　科

宁，2008；徐佳宁，2013）。

综观既有研究，对投资便利化的研究成果较为丰富，但也存在一些不足：一是鲜有对区域（地区）的投资便利化水平进行评价测度和比较分析；二是较少有探讨金融发展对投资便利化的促进作用，以及这种促进作用带来的经济效应；三是缺少在“一带一路”战略框架下投资便利化经济效应的理论成果，尤其是对区域性经济效应的实证分析。有鉴于此，本文立足既有研究，在揭示投资便利化经济效应的机理后，通过对“一带一路”沿线国内18个省（市）① 投资便利化水平的测度，考察投资便利化、金融发展与经济增长之间的影响关系，以期为“一带一路”战略下投资便利化水平提升及其作用的发挥提供建议。

二、投资便利化的经济效应机理分析

投资便利化对经济增长的作用主要有两个渠道。一方面，投资便利化是投资自由化的中间过程，强调通过改善基础设施质量、优化营商环境、降低投资壁垒和障碍、保护投资者权益等可操作性规则，实现双边资本交易成本最小化和投资收益最大化，这将会带动投资增长、经济发展等一系列经济效应。另一方面，金融发展贯穿整个投资便利化进程，是投资活动得以顺利实施的基础，也是投资便利化水平提升的保障，能够强化投资便利化的经济效应（见图1）。

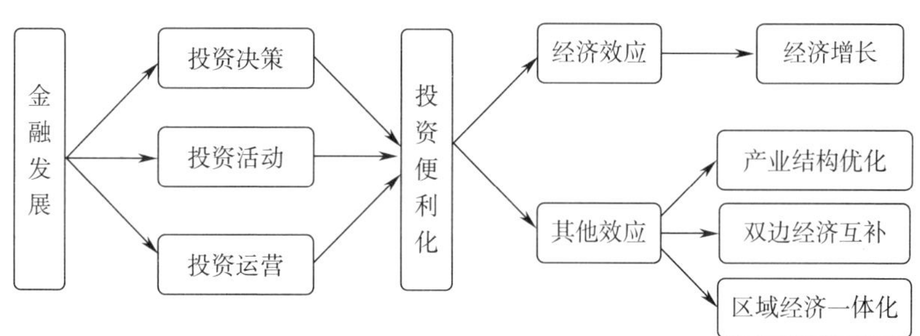

图1 投资便利化影响经济发展的渠道和路径

（一）投资便利化的经济增长效应分析

投资便利化通过消除资本流动的壁垒和障碍，降低资本流动成本，促进要素自由流动和有效配置，带动经济增长。以两国为例来分析，假定A、B两国之间有资本流动，且两国的经济增长与资本呈正向关系。记A、B两国的经济产出分别为 $Y_A(K_A)$ 、$Y_B(K_B)$ ，原始资本分别为 K_{A0} 和 K_{B0} ；$\alpha(0 \leqslant \alpha \leqslant 1)$ 为流动资

① 按照《推动共建丝绸之路经济带和21世纪海上丝绸之路的愿景与行动》，“一带一路”国内规划版图圈定在横贯南北的18个主要省（市），分别是：西北6省（新疆、陕西、甘肃、宁夏、青海、内蒙古）；东北3省（黑龙江、吉林、辽宁）；西南3省（广西、云南、西藏）；东部沿海5省市（上海、福建、广东、浙江、海南）；内陆1省市（重庆）。

本转化率，由投资创造效率、转移效率以及流动成本等因素共同决定；$\beta(0 \leqslant \beta \leqslant 1)$ 为投资便利化带来的经济效应，由投资便利化带来的成本降低、投资创造及转移效应共同决定，该部分会对资本转化率形成强化效应。

1. 资本完全不流动。资本不发生任何流动，A、B 两国的原始资本量不发生变化，两国的经济总量也由各自的原始资本来决定，则有 $Y_0 = Y_A(K_{A0}) + Y_B(K_{B0})$。

2. 资本完全流动。资本流动没有任何障碍，A、B 两国的资本可以自由流动，两国的经济总量则由全部资本来决定，经济总量达到最大，则有 $Y_{\max} = Y_A(K_{A_{\max}}) + Y_B(K_{B_{\max}})$。

3. 资本部分流动。A、B 两国经济总量则由流动资本转化率 α 以及投资便利化强化效应 β 共同决定。（1）当 $K_{At} \geqslant K_{A0}$ 时，B 国资本净流入 A 国，此时两国经济总量为 $Y_t = Y_A[K_{A0} + (\alpha + \beta) \times (K_{At} - K_{A0})] + Y_B(K_{Bt})$；（2）当 $K At \leqslant K_{A0}$ 时，A 国资本净流入 B 国，此时两国经济总量为 $Y_t = Y_A(K_{At}) + Y_A[K_{Bt} + (\alpha + \beta) \times (K_{A0} - K_{At})]$。

上述情况下显示，β 越大，其对 α 的强化效应也越大，最终表现为两国经济总量的增长。由此，一定区域内投资便利化水平的提升，将会提升区域内的投资效率，进而实现区域内经济总量的增长，带动整个区域经济向好发展。

（二）投资便利化的其他经济效应分析

在促进经济增长之外，投资便利化带动直接投资的增长，进而对产业结构优化、双边经济互补以及区域一体化经济形成推动作用，并且这种作用随着投资便利化进程的推进逐步显现。

1. 产业结构优化。基于绝对和相对比较优势理论，投资能够将经济体具有比较劣势的经济形式或产业向外转移，同时获得自身具有比较优势的经济形式和产业的资金支持。投资便利化过程中，投资会形成正向流动，既可以带动经济主体自身的发展，还可以将有限资金进行合理的配置，促进资金资源向具有高附加值的产业转移，带动产业结构调整和企业转型升级。

2. 双边经济互补。不同经济主体的发展水平不同，在要素资源、产业结构等方面也会呈现各自不同的特征，而这些差异能够让不同经济主体之间形成优势互补，比如资本与人力资源的互补、资本与自然资源的互补等。投资便利化则是促进这一互补的重要媒介，一定范围内的资本流动，能够将不同经济主体的优势与资源禀赋有效结合，也能增强各经济主体之间的合作与交流。

3. 区域经济一体化发展。一定区域内的投资便利化，能够促进区域内的经济主体通过合作的方式提升整体的竞争力。以“一带一路”倡议来看，通过政策沟通、设施联通、贸易畅通、资金融通、民心相通等“五通”的合作方式，进一步提升了沿线国家或地区的投资便利化水平，有效促进资本在区域内的自由流动，在产业结构调整和经济增长的同时，也对相对落后经济主体起到带动和辐射作用，促进区域经济一体化发展进程。

三、投资便利化指数测度及对比分析

对投资便利化水平评价，需要综合考虑多个因素的影响，相关的经济理论以及 APEC 的 IFAP 已经为投资便利化的指标体系构建提供了依据和方向。

（一）指标体系

APEC 的《投资便利化行动计划》（IFAP）明确了基于行政管理效率、信息获取的自由度和准确度、投资环境的完善程度、利益相关方的相互关系、技术及人力资源因素、监管评估机制与国际合作等内容的投资便利化工作框架，这与前文投资便利化理论基础中提到的各种影响因素具有相似性。此外，考虑到投资便利化与贸易便利化的紧密联系，在实际指标设计中也会做一些参考。

借鉴安宇（2015）的指标设计思路，将投资便利化的影响因素从国家层面落实到区域层面，重点从经济环境、产业基础以及投资情况等三个维度出发，考虑具有重要影响的各因素，构建“一带一路”沿线国内 18 个省（市）的投资便利化评价指标体系（见表 1）。其中，经济环境包含基础设施、服务体系以及经济发展等内容，虽然没有直接表现出投资数量上的增减，但却对投资有着基础性、决定性的影响，进而也会对投资便利化产生影响；产业因素与投资活动密切相关，尤其是第二产业占据主体地位的产业结构，对投资的需求更加旺盛。

表 1　投资便利化评价的指标体系构成

一级指标	二级指标		说明
环境因素 E	人均 GDP	E1	衡量经济发展水平
	财政支出	E2	政府资源再配置状况
	城镇居民可支配收入	E3	居民生活水平的体现
	人均储蓄余额	E4	潜在的、重要的资金来源
	邮电业务量	E5	衡量信息沟通、交流的程度
	研究与试验发展经费	E6	反映社会科技创新水平
	就业人员总数	E7	衡量社会劳动力资源
	城镇单位就业人员平均工资	E8	社会劳动报酬及成本
产业因素 I	货运量	I1	衡量产业发展的交通运输状况
	工业增加值	I2	衡量产业发展的基础
	工业企业利润总额	I3	衡量产业发展的效益
	能源消费总量①	I4	与产业发展相对的能源指标

续表

一级指标	二级指标		说明
投资因素 K	实际利用外商直接投资	K1	吸引外资和利用外资的水平
	固定资产投资额	K2	投资规模、结构等综合指标
	股票交易额	K3	资本市场的发展状况
	劳动生产率	K4	与投资匹配的劳动力水平

注：①18 个省（市）中西藏缺少能源消费总量的统计数据，以电力消费总量替代。

构建投资便利化指数（IFI）各相关指标原始数据取自 Wind 数据库、各省（市）统计年鉴及统计公报、国家统计局网站、历年全国科技经费投入公报等，数据时段为 2004—2016 年，区域为“一带一路”沿线国内 18 个省（市）。

（二）评价方法

基于投资便利化的系统性概念，以及各变量的计量单位、经济意义、表现形式等各不相同，考虑到指标的可比性，首先需对原始数据进行归一化处理，在此基础上再选择合适方法估算评价。

1. 数据归一化处理。基于本文数据指标的特性，且考虑到分析便利性与实用性，设置基本模型如下：

$$P_i = \frac{X_i - m_i}{M_i - m_i} \qquad i = 1,2,\cdots,N \tag{1}$$

其中，P_i 表示第 i 个指标无量纲化后的测度值，X_i 表示第 i 个评价指标的实际值；M_i 表示第 i 个评价指标的最大值；m_i 表示第 i 个评价指标的最小值。需要说明的是，当 P_i 是正向指标时，采用上式；当 P_i 是反向指标时，上式将被调整为如下形式：

$$P_i = \frac{M_i - X_i}{M_i - m_i} \qquad i = 1,2,\cdots,N \tag{2}$$

2. 评价测度方法。考虑到本文设置变量之间的多重共线性，以及各指标的经济含义，采用主成分分析法对投资便利化水平进行测度。

假定：有 n 个样本，每个样本共有 m 个变量，构成一个 $n \times m$ 阶的数据矩阵：

$$X = \begin{bmatrix} x_{11} & x_{12} & \cdots & x_{1m} \\ x_{21} & x_{22} & \cdots & x_{2m} \\ \vdots & \vdots & \vdots & \vdots \\ x_{n1} & x_{n2} & \cdots & x_{nm} \end{bmatrix} \tag{3}$$

当 m 较大时，在 m 维空间中考察问题就比较麻烦。这就需要进行降维处理，即用较少的几个综合指标来代替原有指标，且这些综合指标既能尽量多地反映原有指标所反映的信息，同时它们之间又彼此独立。

线性组合：记 X_1 、X_2 ，…，X_m 为原变量指标，Z_1 、Z_1 ，…，Z_t（t≤m）为新变量指标（主成分），则其线性组合为：

$$
\begin{cases}
Z_1 = l_{11}X_1 + l_{12}X_2 + \cdots + l_{1m}X_m \\
Z_2 = l_{21}X_1 + l_{22}X_2 + \cdots + l_{2m}X_m \\
\vdots \\
Z_t = l_{t1}X_1 + l_{t2}X_2 + \cdots + l_{tm}X_m
\end{cases}
\tag{4}
$$

Z_1 是 X_1 、X_2 ，…，X_m 的所有线性组合中方差最大者，Z_2 是与 Z_1 不相关的 X_1 、X_2 ，…，X_m 的所有线性组合中方差最大者。则新变量指标 Z_1 、Z_2 ……分别称为原变量指标的第一、第二……个主成分。由此，不难发现，主成分分析法的实质就是确定原变量 X_j（$j=1$，2 ，…，m）在各主成分 Z_i（$i=1$，2，…，t）上的荷载 l_{ij}，并据此测算各主成分得分。

（三）测度结果

运用 SPSS18.0 对 2004—2016 年 18 个省（市）的投资便利化水平进行主成分分析。考虑到时间跨度较长，仅以 2004 年 18 个省（市）投资便利化水平的测度为例，分析具体的检验和测算过程，其他年份数据的具体计算过程将不再赘述，仅提供分析结果。

1. 主成分测度条件判断。主成分分析前提是检验所选指标数据是否适用于该分析方法，相关性是其判断的基础，两个检验可以对其适用性进行判断：相关性系数检验、KMO 和 Bartlett 检验。从相关性系数的测算结果来看，各变量之间的相关性较强，符合主成分分析的基本要求（见表 2）。

表 2　　各指标间的相关系数（2004 年）

	E1	E2	E3	E4	E5	E6	E7	E8	I1	I2	I3	I4	K1	K2	K3	K4
E1	1	0.712	0.879	0.977	0.394	0.759	0.161	0.671	0.524	0.6	0.753	0.487	0.894	0.61	0.977	0.983
E2	0.712	1	0.766	0.758	0.858	0.934	0.753	0.468	0.886	0.931	0.927	0.887	0.875	0.946	0.786	0.668
E3	0.879	0.766	1	0.825	0.599	0.783	0.428	0.781	0.622	0.756	0.795	0.504	0.896	0.743	0.912	0.804
E4	0.977	0.758	0.825	1	0.443	0.826	0.209	0.615	0.544	0.628	0.775	0.541	0.905	0.64	0.976	0.967
E5	0.394	0.858	0.599	0.443	1	0.814	0.847	0.352	0.768	0.949	0.811	0.794	0.711	0.924	0.491	0.33
E6	0.759	0.934	0.783	0.826	0.814	1	0.643	0.550	0.786	0.902	0.894	0.799	0.921	0.908	0.836	0.702
E7	0.161	0.753	0.428	0.209	0.847	0.643	1	0.076	0.810	0.808	0.649	0.773	0.488	0.804	0.309	0.068
E8	0.671	0.468	0.781	0.615	0.352	0.550	0.076	1	0.284	0.473	0.525	0.193	0.651	0.449	0.675	0.611
I1	0.524	0.886	0.622	0.544	0.768	0.786	0.810	0.284	1	0.88	0.825	0.948	0.715	0.917	0.582	0.446
I2	0.600	0.931	0.756	0.628	0.949	0.902	0.808	0.473	0.880	1	0.929	0.861	0.844	0.98	0.677	0.521

续表

	E1	E2	E3	E4	E5	E6	E7	E8	I1	I2	I3	I4	K1	K2	K3	K4
I3	0.753	0.927	0.795	0.775	0.811	0.894	0.649	0.525	0.825	0.929	1	0.794	0.875	0.892	0.803	0.702
I4	0.487	0.887	0.504	0.541	0.794	0.799	0.773	0.193	0.948	0.861	0.794	1	0.711	0.904	0.536	0.441
K1	0.894	0.875	0.896	0.905	0.711	0.921	0.488	0.651	0.715	0.844	0.875	0.711	1	0.835	0.929	0.841
K2	0.610	0.946	0.743	0.640	0.924	0.908	0.804	0.449	0.917	0.98	0.892	0.904	0.835	1	0.678	0.54
K3	0.977	0.786	0.912	0.976	0.491	0.836	0.309	0.675	0.582	0.677	0.803	0.536	0.929	0.678	1	0.941
K4	0.983	0.668	0.804	0.967	0.330	0.702	0.068	0.611	0.446	0.521	0.702	0.441	0.841	0.54	0.941	1

在此基础上，再进行 KMO 和 Bartlett 检验，其中，KMO 检验是判断变量之间的偏相关性，其取值在 0 ~ 1，理论上 KMO 数值越接近 1，则变量间的偏相关性越强，实践中 KMO 值在 0.7 以上时，数据进行主成分分析效果就比较好；Bartlett 检验则是判定相关矩阵是否为单位矩阵，若其值较大且显著性概率（Sig.）小于 1 时，则应拒绝相关矩阵为单位矩阵的零假设，判定各变量间存在较为显著的相关性。KMO 和 Bartlett 的检验结果表明，上述变量适合进行主成分分析（见表 3）。

表 3　　KMO 和 Bartlett 检验（2004 年）

取样足够度的 Kaiser - Meyer - Olkin 度量		0.709
Bartlett 的球形度检验	近似卡方	599.788
	df	120
	Sig.	0.000

2. 主成分分析结果。在主成分测度条件符合的情况下，需要确定主成分的个数，对 2004 年 18 个省（市）的数据做出碎石图，不难发现：从第三个特征根开始，之后的特征根都很低且趋于平衡稳定，这表明只需要提取两个主成分就可以涵盖变量的绝大部分信息（见图 2）。

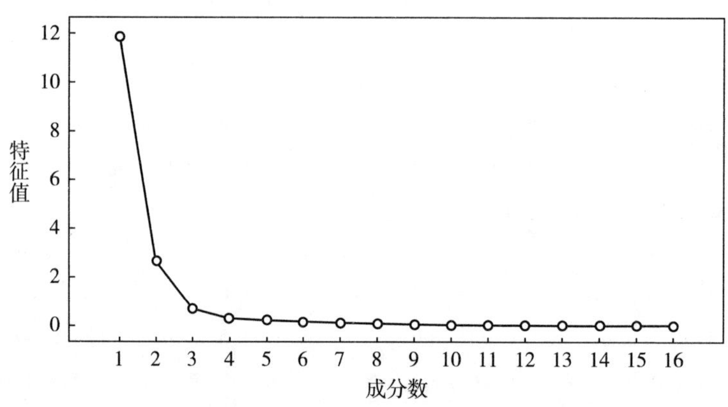

图 2　因子碎石图（2004 年）

与此同时，解释总方差也可以进一步验证主成分的数量，显然二者的结论是一致的，即前两个成分已经解释了绝大部分变量的涵盖信息（90.54%），所以这两个成分就是我们需要选取的主成分（见表4）。此外，解释总方差也表明，第一个主成分的解释度达到73.93%，第二个主成分的解释度为16.61%，这也是后文两个主成分合成的依据。

表4　　解释总方差（2004年）

成分	初始特征值			提取平方和载入			旋转平方和载入		
	合计	方差（%）	累积（%）	合计	方差（%）	累积（%）	合计	方差（%）	累积（%）
1	11.829	73.929	73.929	11.829	73.929	73.929	7.438	46.488	46.488
2	2.658	16.612	90.541	2.658	16.612	90.541	7.049	44.053	90.541
3	0.676	4.224	94.765						
4	0.256	1.601	96.366						
5	0.216	1.350	97.716						
6	0.134	0.839	98.555						
7	0.101	0.634	99.188						
8	0.063	0.394	99.582						
9	0.043	0.270	99.852						
10	0.010	0.061	99.913						
11	0.007	0.044	99.957						
12	0.003	0.022	99.979						
13	0.002	0.012	99.991						
14	0.001	0.007	99.998						
15	0.000	0.001	99.999						
16	8.708E-5	0.001	100.000						

对应两个主成分，可以根据成分得分系数矩阵分别测算对应的值，并按照解释总方差的比重合成主成分F的值（见图3）。总体来看，两个主成分F1、F2和主成分F走势趋于一致，测度结果表明，各省（市）投资便利化水平存在较大的差异。

3. 投资便利化水平测度结果。据2004年计算方法，可以分别对2005—2016年各年份18个省（市）的主成分得分进行计算，由此可以得出各年度“一带一路”沿线国内18个省（市）的投资便利化水平（见表5）。投资便利化水平的测度结果表明，2004—2016年18个省（市）的投资便利化保持相对稳定的水平，并没有呈现明显的大起大落特征，这从侧面反映出“一带一路”沿线省（市）投资便利化水平提升相对较慢，仍存在较大的发展空间。

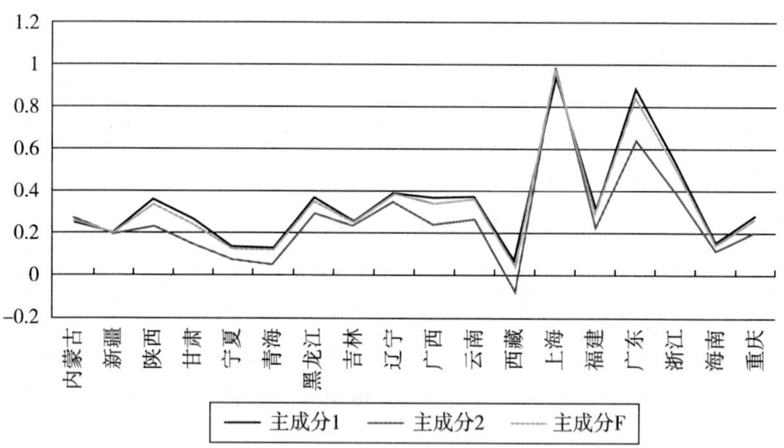

图 3 主成分得分情况（2004 年）

表 5 2004—2016 年 18 个省（市）投资便利化水平（IFI）

省份 \ 年份	2004	2005	2006	2007	2008	2009	2010	2011	2012	2013	2014	2015	2016	均值
内蒙古	0.26	0.27	0.27	0.29	0.29	0.31	0.31	0.34	0.33	0.29	0.26	0.27	0.19	0.28（10）
新疆	0.20	0.21	0.22	0.20	0.20	0.21	0.19	0.21	0.20	0.19	0.20	0.19	0.13	0.19（14）
陕西	0.34	0.33	0.33	0.32	0.32	0.37	0.36	0.38	0.37	0.35	0.36	0.34	0.29	0.34（5）
甘肃	0.24	0.23	0.22	0.21	0.21	0.21	0.21	0.21	0.21	0.20	0.21	0.20	0.16	0.21（13）
宁夏	0.12	0.12	0.10	0.08	0.08	0.10	0.10	0.10	0.10	0.10	0.11	0.11	0.07	0.10（16）
青海	0.12	0.12	0.11	0.09	0.09	0.09	0.10	0.10	0.10	0.09	0.10	0.10	0.07	0.10（17）
黑龙江	0.35	0.37	0.36	0.34	0.34	0.32	0.30	0.30	0.30	0.27	0.26	0.23	0.16	0.30（9）
吉林	0.25	0.26	0.26	0.25	0.26	0.26	0.27	0.26	0.26	0.24	0.25	0.24	0.19	0.25（12）
辽宁	0.38	0.40	0.42	0.43	0.44	0.48	0.50	0.51	0.52	0.48	0.45	0.36	0.20	0.43（4）
广西	0.34	0.33	0.32	0.31	0.31	0.36	0.37	0.38	0.39	0.34	0.36	0.33	0.27	0.34（6）
云南	0.36	0.35	0.34	0.34	0.33	0.31	0.31	0.30	0.32	0.31	0.32	0.29	0.25	0.32（8）
西藏	0.04	0.07	0.06	0.00	0.01	0.04	0.04	0.06	0.07	0.07	0.08	0.02	0.06	0.05（18）
上海	0.97	0.99	0.99	0.99	1.00	0.98	0.98	0.98	0.97	0.96	0.94	0.92	0.91	0.97（1）
福建	0.30	0.30	0.30	0.32	0.32	0.31	0.31	0.33	0.34	0.33	0.35	0.36	0.29	0.32（7）
广东	0.84	0.85	0.86	0.86	0.87	0.87	0.87	0.88	0.88	0.88	0.88	0.87	0.93	0.87（2）
浙江	0.52	0.55	0.54	0.52	0.53	0.51	0.50	0.53	0.52	0.47	0.49	0.50	0.43	0.51（3）
海南	0.15	0.15	0.14	0.14	0.13	0.14	0.13	0.12	0.13	0.11	0.12	0.11	0.08	0.13（15）
重庆	0.27	0.26	0.25	0.25	0.25	0.27	0.27	0.29	0.27	0.25	0.27	0.28	0.21	0.26（11）

从省（市）间的比较来看，上海、广东、浙江的投资便利化水平居前 3 位，

且领先其他省（市）的优势较为明显，而西藏、青海、宁夏等省（市）的投资便利化水平则相对较低，各省（市）的投资便利化水平表现出较为明显的区域差异性（见图4）。

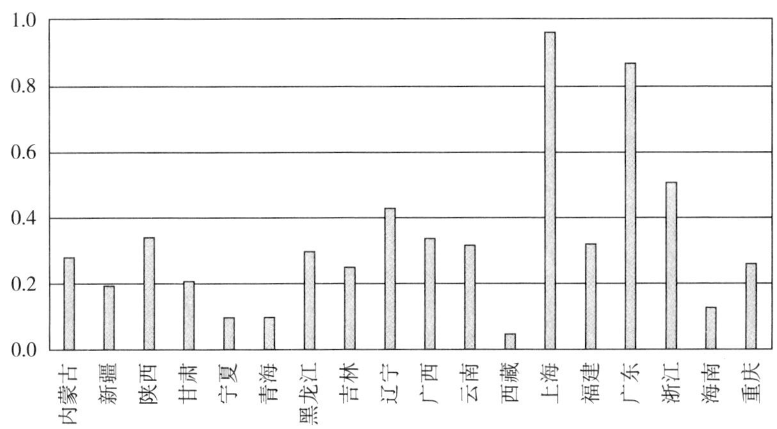

图4　2004—2016 年 18 个省（市）投资便利化水平的均值

投资便利化水平提升相对缓慢与经济发展模式固化、政策及制度软环境效能没有充分发挥等有关，“一带一路”战略实施则是破除这一局面的重要方式，将会助推全面开放新格局的形成和现代化经济体系的构建。而区域间的差异主要是由经济发展水平、区域地理位置、政策及制度软环境的差异共同决定的，这也是导致上海、广东、浙江等地投资便利化水平较高的重要原因。一方面，相较其他省（市），上海、广东、浙江等地的经济发展水平较高，对外开放时间和程度更长更高，再加上相对优越的政策环境、完备的基础设施和配套服务系统、人力与产业资源优势、区位环境等，极大地便利资本间的流动。另一方面，政策上优势使得上海、广东、浙江等较早地成为自贸区先行先试区，在投资和贸易领域都逐步实现标准化管理，并逐渐形成与国际通行规则相对接的基本制度框架，同时，配套的金融创新和改革为投资活动提供优质的服务和制度软环境，这些也都更加便利投资活动的开展（见表6）。

表6　　2004—2016 年上海、广东、浙江实际利用外商直接投资

年份	上海（亿美元）	广东（亿美元）	浙江（亿美元）
2004	116. 91	100. 12	66. 81
2005	138. 33	123. 64	77. 23
2006	145. 74	145. 11	88. 89
2007	148. 69	171. 26	103. 66
2008	171. 12	191. 67	100. 73

续表

年份	上海（亿美元）	广东（亿美元）	浙江（亿美元）
2009	133.01	195.35	99.40
2010	153.07	202.61	110.02
2011	201.03	217.98	116.66
2012	223.38	235.49	130.69
2013	246.30	249.52	141.59
2014	316.09	268.71	158.00
2015	589.43	268.75	170.00
2016	509.78	233.49	176.00

四、投资便利化的经济效应实证分析

（一）模型构建

基于新古典经济增长理论，并综合考虑投资便利化水平、金融发展等因素对经济增长的影响，设置基本产出模型如下：

$$LnY_{it} = LnA + \alpha_1 LnL_{it} + \alpha_2 LnK_{it} + \alpha_3 IFI_{it} + \alpha_4 LnFD_{it} + \alpha_5 IFI_{it} \times FD_{it} + \mu_{it} \quad (5)$$

其中，Y_{it} 为总产出，A 为全要素生产率，L_{it} 为劳动力投入，K_{it} 为资本投入，IFI_{it} 为投资便利化水平，FD_{it} 为金融发展。同时，以 $IFI_{it} \times FD_{it}$ 作为投资便利化与金融发展的交互项，μ_{it} 为残差项。考虑到投资便利化已经综合技术因素的影响，且从便利计算的角度，假定全要素生产率为常数，则式（5）可以进一步简化为：

$$LnY_{it} = C + \alpha_1 LnL_{it} + \alpha_2 LnK_{it} + \alpha_3 IFI_{it} + \alpha_4 LnFD_{it} + \alpha_5 IFI_{it} \times FD_{it} + \mu_{it} \quad (6)$$

其中，C 为常数项。同时，对式（6）两边投资便利化水平 IFI_{it} 求偏导数，则有：

$$\frac{dLnY_{it}}{dIFI_{it}} = \alpha_3 + \alpha_5 \times FD_{it} \quad (7)$$

式（7）表明，投资便利化会对经济增长产生直接的效应（α_3），同时金融发展会进一步强化投资便利化的经济效应，对经济增长产生间接的效应（$\alpha_5 \times FD_{it}$），显然，投资便利化对经济增长的总效应将由 α_3、α_5 的符号来共同决定。从前文分析来看，这里的 α_3、α_5 符号都应该为正，即投资便利化对经济增长具有正向促进作用，且这种促进作用伴随金融发展水平的提升将会更加明显。

（二）指标体系

立足本文研究目标，基于经济产出模型，设置指标体系如下：一是经济产出。以 GDP 作为衡量经济产出的指标，记为 GDP。二是投资便利化。以前文计算的投资便利化指数作为衡量投资便利化水平的指标，记为 IFI。三是金融发展水平。选择以“存贷款/GDP”作为衡量金融发展的指标，记为 FIR。四是其他控制变量。在经济增长模型里，劳动力和资本投入是基础也是最为重要的变量，为此，选择以人口数量作为劳动力投入的替代变量，记为 LDL；选择以固定资产投资作为资本投入的替代变量，记为 GDK。

在数据来源上，用于对“一带一路”沿线国内 18 个省（市）产出模型分析的数据时段为 2004—2016 年，除了前文计算的投资便利化指数（IFI）以外，其他指标数据均取自 Wind 数据库、各省（市）统计年鉴、国家统计局网站等。

（三）实证结果

依据前文分析以及本文研究目的，基于面板数据平稳性检验，并根据极大似然估计、Hausman 检验对混合模型、个体固定效应模型、个体随机效应模型进行选择，在此基础上，依次构建仅包含控制变量、包含部分主解释变量、包含全部解释变量的四个计量模型。从模型（1）至模型（4）来看，模型拟合优度较高，各变量的系数、符号较为稳定，且变量的检验较为显著，表明模型的稳定性较好（见表 7）。

表 7 回归模型估计结果

解释变量	被解释变量：GDP（取对数）			
	（1）	（2）	（3）	（4）
资本投入 GDK（取对数）	0. 684 * （29. 388）	0. 667 * （46. 484）	0. 691 * （59. 983）	0. 685 * （59. 737）
劳动力投入 LDL（取对数）	0. 490 * （15. 448）	0. 310 * （14. 368）	0. 256 * （11. 807）	0. 312 * （14. 464）
投资便利化水平 IFI		1. 184 * （19. 482）	1. 215 * （18. 863）	0. 332 ** （2. 53）
金融发展 FIR（取对数）			－0. 152 * （－3. 740）	－0. 307 * （－6. 492）
交叉项				0. 215 * （7. 438）
截距项 C	－0. 673 * （－4. 008）	0. 471 * （3. 967）	0. 816 * （6. 134）	0. 673 * （5. 425）
R^2	0. 943979	0. 978862	0. 988032	0. 991246
F 值	1 946. 245	3 550. 210	4 726. 403	5 163. 287

注：1. 回归系数中的 * 、 ** 分别表示 1% 、5% 显著性水平下的检验值；2. 括号对应的值表示 t 检验值。

基于上述面板数据的回归模型的结果，初步形成如下结论：

一是投资便利化对经济增长具有显著的正向促进作用。在控制变量稳定的情况下，投资便利化对经济增长始终保持正向效应，这一效应在金融发展、交叉项因素加入模型后依然保持正向，且变量系数显著通过检验。在不包括交叉项因素时，1 单位投资便利化水平的提升，能带来超过 1 个单位的经济增长；在包含交叉项因素时，1 单位投资便利化水平的提升，对经济增长的贡献率为 0. 332 个单位，这一效应降低的原因在于交叉项（金融发展、投资便利化综合因素）对投资便利化经济效应的分摊。

二是金融发展利于提升投资便利化的经济效应。伴随金融深化发展，投资便利化对经济增长的作用更加显著。在不包括交叉项因素时，1 单位投资便利化水平的提升，能带来超过 1. 184 个单位经济增长效应，而在包含金融发展因素时，该效应提升到 1. 215 个单位；在包含交叉项因素时，投资便利化、交叉项系数（α_3 、α_5 ）均为正，1 单位投资便利化水平、交叉项（金融发展、投资便利化综合因素）的提升，分别带来 0. 332 个、0. 215 个单位的经济增长。

五、主要结论及对策建议

（一）主要结论

1. “一带一路”沿线省（市）投资便利化水平区域差异明显，仍存在较大提升空间。受经济环境、区位环境、政策环境等因素的影响，“一带一路”沿线 18 个省（市）的投资便利化水平区域差异较为明显，东部沿海省（市）如上海（0. 97）、广东（0. 87）、浙江（0. 51）等的投资便利化水平显著高于中西部省（市）。同时，近十年来各省（市）的投资便利化水平提升并不明显，仍存在较大的发展空间，“一带一路”战略实施为投资便利化水平提升带来了良好的机遇。

2. 投资便利化对经济增长具有正向促进作用，提升投资便利化是稳增长、调结构的重要方式。投资便利化的经济效应显著，能够带动区域经济增长，促进产业结构优化，实证结果也表明投资便利化对经济增长的正向促进作用（如不含交叉项时，投资便利化水平 1 单位的提升能带来近 1. 2 个单位的经济增长）。由此，在“一带一路”战略框架下，持续提升投资便利化水平，有利于对外开放新格局的形成，成为经济新常态下稳增长、调结构的重要方式。

3. 金融发展有利于提升投资便利化的经济效应，金融发展在提升投资便利化中的作用更加突出。透过金融发展，投资便利化对经济增长产生正向效应，且这种效应伴随金融发展水平的提升更加显著，表现为单一投资便利化水平及综合金融因素的投资便利化水平都会对经济增长带来促进作用。显然，相较于其他因素，金融在投资便利化水平提升中的作用更加突出。

（二）对策建议

1. 完善制度，配套服务，优化投资便利环境。一是完善法律法规制度建设。对接“一带一路”战略框架，参照国际法律体系，改革境外投资管理制度、商事登记制度等，完善税法制度建设，填补投资领域的法律空白，保障投资者的合法权益，增强投资者的信心。贯彻落实依法行政理念，通过负面清单制定和压缩，框定政府的工作职能、范围，降低事前监管职能，加强事中、事后管理，提升行政审批效率。同时，提升企业法律意识，主动适应法制改革要求，遵守新的法律法规，保障投资活动的合法性和有效性。二是建立健全金融体制机制。在保持传统金融行业平稳发展的基础上，围绕利率市场化、外汇管理体制、离岸金融中心建设、人民币资本项目可兑换、跨境人民币使用、跨境结算支付等方面，分层推进相关金融改革创新，发挥金融发展对投资便利化的提升作用。同时，按照投资便利化服务实体经济的核心要求，重点开展直接投资、产业基金、股权投资等服务性制度创新，强化跨国投资机构合作的制度设计，搭建开放式服务合作平台，完善金融服务机制和风险管理制度。三是完善配套服务机制建设。扩大对外开放领域，构建投资便利化的配套服务体系。加快政府职能转变，探索投资管理新模式，着力发展为投资创新服务的现代服务业，提升行政透明度和服务效率，为投资便利化提供支持保障。此外，促进投资便利化相关配套制度、政策设计以及基础设施建设，创新税收政策模式，发展投资中介服务业，引进高端投资业务机构，培育高端投资人才，并逐步完善地方投资活动监管体系，营造良好的投资便利环境。

2. 创新业务，强化合作，提升投资服务效率。一是完善金融服务体系，促进投资发展。积极探索银行业务创新和服务创新，充分发挥开发性金融和政策性金融的作用，建立健全投融资服务体系，积极支持资本“走出去”和“引进来”，促进投资业务发展。依托出口信用保险，积极开发新型险种，扩大承保范围和额度，为对外投资企业和来华投资企业提供保障。抓住债券市场发展契机，以债市“一体化”思路降低国别因素对投资效率的影响，增强资本在区域间的流动性，为投资便利化提供新思路、新方向。二是加强双边金融合作，提升投资便利性。分步推进多层次金融市场体系建设，逐步扩大金融市场对外开放程度，强化双边、多边金融合作，提升投资便利性。进一步扩大与沿线国家双边本币互换协议，在加大人民币经常项目自由可兑换和结算使用范围的前提下，积极探索实现人民币资本项目可兑换的多种途径，推动境内银行为境外项目提供人民币贷款业务，扩大跨境人民币结算应用范围。支持沿线国家金融机构互设，通过业务代理、结算支付、信息交流等方式，进一步加强金融机构之间的跨境合作和业务往来。三是防范金融风险，维护区域金融稳定。强化与沿线国家监管部门的沟通与协调，建立跨境监管合作机制和信息共享机制，加强市场准入、审慎监管、金融稳定等方面的协调配合，推动跨境资金流动监测和信息披露机制。建立风险评估和预警长效机制，推动信用评级机构开展沿线国家的风险研究，强化国别风险管理和跨境金融风险监测评估，健全稳健性评估和重大风险事件报告制度，完善风险应对和危机处理制度安排。构建常态化、制度化的监管合作体系，加大对跨境非法集资、洗钱、恐怖融资等犯罪活动的打击力度。

3. 科学定位，主动转型，扩大投资聚集效应。一是错位竞争策略拉动投资。考虑到各省（市）资源禀赋的差异，可以采取错位竞争策略，通过差异化的定位提升投资动力，为投资便利化发展提供不同的方向。充分利用各省（市）在自然资源、产业资源、要素资源、文化资源等方面的优势，通过将各种资源与资本市场对接，积极寻找可利用的投资增长点，同时，注重区域间的协同发展，形成经济领域、金融领域的优势互补，提升区域间整体投资环境。二是产业结构优化吸引投资。国际产业结构转换经验表明，产业发展是影响投资便利化进程的重要因素，资本流动就是产业结构变动与调整的过程。在工业化进程中，注重产业特色和联动需要，通过提升微笑曲线两端的产业比重来提高生产率，进而实现产业结构转型升级，并以此来促进资本自由流动以及便利投资行为的实施。此外，在产业结构优化和调整中，要充分发挥市场机制作用，并关注市场对资本在产业间流动可能带来的负面影响。三是贸易转型拉动投资增长。投资便利化往往与贸易便利化相伴相随，在推动投资便利化过程中，要依托贸易便利化的条件和基础，争取在技术、品牌、质量、服务等国际贸易业务突破发展的同时，带动资本的跨境流动。同时，通过消除贸易便利化的壁垒，改善制度环境，以行政手段配合市场行为激发投资活力。

参考文献

[1] 卢进勇，冯涌．国际直接投资便利化的动因、形式与效益分析［J］．国际贸易，2006（9）：51－54.

[2] 邱毅敏．亚太经济合作、投资便利化与中国技术进步［J］．福建论坛（社科教育版），2008（2）：33－36.

[3] 潘功胜．外汇管理助力“一带一路”建设［J］．中国金融，2017（9）：9－11.

[4] 安宇．天津投资便利化水平评价研究［D］．天津财经大学硕士学位论文，2015.

[5] 徐雅雯．上海合作组织贸易投资便利化问题研究［D］．东北财经大学博士学位论文，2012.

[6] 徐佳宁．中国—东盟直接投资便利化研究［D］．广西大学硕士学位论

文，2013.

[7] 陈宁. 中国—东盟直接投资便利化的金融对策研究 [D]. 广西大学硕士学位论文，2008.

[8] 国家发展改革委、外交部、商务部. 推动共建丝绸之路经济带和21世纪海上丝绸之路的愿景与行动，2015.

[9] OECD. "Policy Framework for Investment: A Review of Good Practices", 2006, OECD Publishing.

[10] John Ure. "ICT Sector Development in Five Central Asian Economies: A Policy Framework for Effective Investment Promotion and Facilitation" [J]. *A Paper for UN ESCAP*, Vol. 9, 2005.

[11] Kejzar, K. Z. "Investment Liberalisation and Firm Selection Process: A Welfare Analysis From a Host - Country Perspective" [J]. *Journal of International Trade & Economic Development*, Vol. 20, 2011.

[12] Kinoshita Y, Campos N. "Estimating the Determinants of Foreign Direct Investment Inflows: How Important are Sampling and Omitted Variable Biases?" [J]. *CEPR: WDI Transition Conference*, 2004.

[13] Levy, Stei, Daude. "The FTA and the Location of FDI" [J]. *IDB Working Paper*, Vol. 413, 2003.

[14] Mai Yinhua, Horridge M, Perkins F, et a1. "Estimating the Effects of China's Accession to the World Trade Organization" [J]. *Center of Policy Studies/Impact Center Working Papers*, 2003.

[15] Merette M, Papadaki E, HernandezJ, et al. "Foreign Direct Investment Liberalization between Canada and the USA: ACGE Investigation" [J]. *Atlantic Economic Journal*, Vol. 36, 2008.

衡量金融支持实体经济的真实水平

——基于区域社会融资规模视角

台州市金融学会课题组*

一、社会融资规模衡量金融支持实体经济的优势

（一）涵盖面广、结构多样，能较全面刻画金融支持实体经济状况

当前，我国的社会融资规模统计指标包含了人民币贷款、外币贷款、委托贷款、信托贷款、未贴现银行承兑汇票、企业债券、非金融企业境内股票融资、保险公司赔偿、投资性房地产、其他融资 10 大类，基本涵盖了整个金融体系。而且，社会融资规模不但有总量数据，还有丰富的分结构数据，可以分全国和地区统计，分银行和非银行统计，分银行表内和表外统计，分直接融资和间接融资统计，分不同市场（债券市场、股票市场）统计等，通过这些分项数据可以全面了解金融对实体经济的支持状况。

（二）从资金供给角度反映金融对实体经济的支持情况，与货币供应量互为补充成为货币政策调控指标

社会融资规模从金融机构资产方和金融市场发行方进行统计，从全社会资金供给的角度反映了金融对实体经济的支持，与从金融机构负债方统计的货币供应量正好相反，两者互为补充和印证，分别从不同方面反映了货币政策传导的过程。2016 年《政府工作报告》中第一次在国家层面提出社会融资规模增长目标，由此社会融资规模与广义货币供应量一起共同作为货币政策的调控指标。

（三）成为从金融角度反映供给侧结构性改革的重要指标

如过剩产能贷款增长情况、房地产贷款结构变化、社会融资规模增量与 GDP 的比例变动、直接融资占比上升，以及新产业、新业态、小微、“三农”等短板领域融资增长情况等，都能够有效地反映出“三去一降一补”的供给侧结构性改革的变动情况。

---

* 课题主持人：肖宗富
课题组成员：王立平　赵敏慧　魏博文　潘松权　丁林荣

二、社会融资规模统计存在的问题

当前社会融资规模统计坚持了居民原则、金融原则、合并原则、计值原则和可得性原则，十大指标反映金融支持实体经济的全面性、真实性相当高，但也仍存在统计指标“已纳却不实”“应纳却未纳”等问题。

（一）统计指标中存在“已纳不实”的问题

一是社会普遍且高度关注的资金“脱实向虚”。根据对台州市金融监管部门、银行机构的座谈走访，以及对贷款、直接融资运行的深入分析，当期社会融资规模脱实向虚的途径主要有如下几种：

1. 资金投向向虚，以钱炒钱追求资金利差。即将融得的资金用于证券交易、存放民间融资机构、购买理财产品等非实体经济领域，是脱实向虚最直接的一个途径。从间接融资看，如个人消费性贷款中除住房贷款、汽车贷款、助学贷款外的“其他消费贷款”中的循环授信产品，以及个人经营性贷款中没有明确用途的循环授信贷款，虽名为消费贷款，但实际用途极难把控；部分上市公司的控股股东、实际控制人等用股权去质押融资，但用于定增购买股票，推升股价从中获利。从直接融资看，上市公司、发债企业通过股市、债市低利率融得资金，用于理财、委托贷款等，赚取利差；或偏离主业，投向房地产、金融行业等。

2. 为寻求更高信贷额度，贷款—票据空转。主要存在于企业贷款中，指企业获取贷款后转为存款用于银行承兑汇票保证金或质押担保，是企业贷款脱实向虚的一个重要途径。据监管部门执法检查发现，台州 A 企业于 2015 年 6 月 30 日向一家银行贷款 600 万元，7 月 1 日由银行受托支付至 A 企业交易对手账户，再由交易对手账户经几转转回至 A 企业账户，A 企业最后转出 900 万元至保证金账户，为 2015 年 7 月 1 日办理的 1 800 万元银行承兑汇票业务提供 50% 的保证金，实际 A 企业用 600 万元贷款最终获得了 1 800 万元的银行承兑汇票额度。

3. 银行为完成考核，推动贷款年末冲量。贷款增量是银行业绩考核最重要的指标之一，迫于考核压力，银行不得不想方设法做大贷款规模。部分银行机构要求贷款客户协助月末、季末尤其是年末临时冲量，这部分发放出去的贷款实为“虚假”贷款。据了解，贷款冲量具有“时间短，年末贷出，下年初即还回；办理的银行机构一致”等特征。

二是未贴现银行承兑汇票保证金。当前社会融资规模统计口径中，未贴现银行承兑汇票统计的是企业签发的全部银行承兑汇票扣减已在银行表内贴现的部分，但实际中银行签发银票时需要缴纳一定比例的保证金，最终只有敞口部分才真正进入实体经济。调查了解，当前银行机构的承兑汇票保证金比例低则 50%，高至 100%，且越来越多银行倾向于收取 100% 的保证金，因而这部分高占比的保证金需要在统计中扣除。

（二）统计口径上存在“应纳未纳”的问题

一是银行机构的部分业务需要考虑纳入或还原。一方面国内信用证、融资性保函等业务需要增补进来。信用证指其他存款性公司向出口商出具的一种付款承诺，承诺在符合信用证所规定的各项条款时，向出口商履行付款责任，与银行承兑汇票性质相似，交易方可以通过押汇、议付和打包贷款等方式获得银行短期资金融通，按照居民原则仅统计国内信用证敞口部分。融资性保函以资金融通为目的，金融机构为合约关系一方当事人（担保申请人）向合约关系的另一方当事人（担保受益人）开立，当担保申请人出现违约时由金融机构承担偿还资金债务、还款担保责任，是一种等同于贷款的授信业务。另一方面资产证券化、不良贷款处置等业务需要还原进来。金融机构通过资产证券化将贷款打包转让，将贷款规模移至表外，导致表内贷款减少，在社会融资规模中应予以还原；不良贷款处置直接减少了金融机构的贷款规模，但贷款资金却真实沉淀在金融机构曾经支持过的企业，应在社会融资规模中予以还原。

二是典当行、私募股权基金、对冲基金等融资业务需要增补。典当行虽然还不是真正意义上的金融机构，但其业务是以财产作抵押进行限期有偿的借贷行为，属于金融业务。私募股权基金、对冲基金由于之前机构规模和数量都较小，在社会融资规模指标编制时考虑统计可得性原则暂未将其纳入，但随着基金市场的不断发展，在合适时机应将其纳入。

三是全国与地方的统计差异导致异地贷款未纳入。随着金融市场的不断发展，当前金融机构的业务呈现跨区域经营的特点，区域之间的金融活动相互渗透、交叉，资金跨区域流动的特点越来越明显，从社会融资规模统计看虽然在全国层面不受此影响，但会造成区域融资规模统计数据的偏差。如异地贷款，区域外金融机构向本地实体经济发放贷款，或者本地金融机构向区域外实体经济发放贷款，在统计地区社会融资规模中，应增补前者，剔除后者，以真实反映实际投放于该区域的融资情况。

表 1　社会融资规模统计口径调整项目表

	调整指标	调整原因
核减项（-）	银行贷款“脱实向虚”	已纳不实
	直接融资“脱实向虚”	
	未贴现银行承兑汇票保证金	
增补项（+）	国内信用证敞口、融资性保函敞口	应纳未纳
	资产证券化	
	不良贷款处置	
	异地贷款净流入	
	典当行、私募股权基金等	

三、区域社会融资规模视角下金融支持实体经济真实水平测算

（一）约6.3%、366.9亿元的银行信贷“脱实向虚”

一是约4.8%的贷款存在投向向虚、以钱炒钱问题。从企业贷款看，由于都是受托支付，以及台州制造业为主的经济结构，银行机构反映至少95%以上用于支持实体经济，而那些自身没有实体经营职能的投资公司、控股公司、集团公司等，贷款流向非实体领域的比例相对会较大。以台州44家上市公司为例，有26家在2016年进行过股权质押融资，金额57.17亿元；另据银行机构问卷调查，25.7%的银行认为股权质押贷款中流向非实体经济领域的比例在30%以上，有2家甚至预计在50%～70%。考虑到此类敏感问题选择占比高的真实性更大，预计股权质押贷款流向非实体经济领域的比例在30%～50%，涉及金额约17亿～28亿元，占全部企业贷款的比重在0.7%～1.2%。结合其他潜在途径，整体预计企业贷款用途向虚的比例在2%左右。从个人贷款看，一方面个人循环消费贷款50%左右用于非消费用途。400份匿名网络调查问卷中，关于贷款用途只选择了“投资”或“其他”项的比例为47%，隐含“家庭收入能满足家庭支出，但又长期需要消费贷款”等矛盾的客户占比14%，这些都极有可能将资金使用到非消费领域。上述相加有47%～61%的客户将贷款全部用于非消费，取相对保守中值，预计有50%左右的个人循环消费贷款“脱实向虚”，2016年末规模在100亿元左右。另一方面，个人循环经营贷款20%左右用途向虚。336份调查问卷显示，14.88%的客户贷款用途为“投资”或“其他”，隐含矛盾的客户占比为9.2%，综上预计有20%左右的个人循环经营性贷款出现了“脱实向虚”情况，2016年底规模约为130亿元。结合个人消费性贷款和经营性贷款，2016年末约230亿元用途向虚，占个人贷款比重约8%。

综合企业贷款、个人贷款，2016年末存在投向向虚、以钱炒钱的资金规模约280亿元，占全市所有贷款的比重在4.8%左右。

二是约1.3%的贷款存在贷款—票据空转问题。通过征信系统随意选取台州辖内350家企业的贷款与票据信息，设置“业务办理时间相近，贷款合同生效日与汇票承兑日在7天以内；贷款金额≤汇票金额”这两个条件来自动比对，2016年有41家企业存在贷款—票据空转的可能，涉及金额3.76亿元。走访调查了解到，贷款—票据空转中的金额配对特征较为明显，尤其是贷款金额是汇票金额的一半或者相等，因为一般承兑汇票保证金为50%，质押担保为100%。为进一步提高估算准确度，将符合“贷款合同生效日与汇票承兑日在3天以内；贷款金额是汇票金额的一半或相等”的贷款直接认定为存在贷款—票据空转，而剩下的其他符合初步条件的贷款则按照50%的比例来认定。细化比对后测算，样本企业2016年存在贷款—票据空转问题的贷款金额约3亿元，占样本企业贷

款金额的 2.4% 左右。2015 年度按此标准测算，比重为 3.1%。综合预计，3% 左右的贷款是企业为寻求更高的信贷额度，而用来在办理承兑汇票中提供保证金或质押担保，2016 年末涉及企业贷款金额约 75 亿元，占全部贷款比重约 1.3%。

三是约 0.2% 的贷款存在年末冲量问题。从企业贷款看，受信贷考核及规模制约，已基本不存在贷款年末冲量问题。根据比对，350 家样本企业中，没有企业符合“时间短，贷款年末 3 天贷出、下年初 3 天即收回；银行机构一致”的筛选条件。银行机构调查也反映，在 MPA、偏离度考核等政策引导以及信贷规模较紧张等影响下，2016 年以来已基本不存在贷款年末冲量的问题。从个人贷款看，存在 5% 左右的“虚假”个人循环消费贷款。调查显示，23.75% 的个人客户参与过相关银行的冲量活动，以平均四个季度中有一个季度参与的保守情况看，该比例为 5% ~6%，这一部分虚增的贷款为 10 亿元左右，占个人贷款的比重为 0.34%。综合企业贷款、个人贷款，年末冲量基本体现在个人贷款中的循环消费贷款，2016 年末规模约 10 亿元，占全部贷款的比重为 0.2% 左右。

综上测算，台州市银行贷款中通过以钱炒钱、票据空转、年末冲量等途径“脱实向虚”的比例在 6.3% 左右，涉及“脱实向虚”金额为 365 亿元。

表 2　　台州市银行贷款“脱实向虚”构成表

	投向向虚、以钱炒钱	贷款—票据空转	年末冲量	合计
企业贷款	50 亿元，占企业贷款的 2%	75 亿元，占企业贷款的 3%	—	125 亿元，占企业贷款的 5%
个人贷款	230 亿元，占个人贷款的 8%	—	10 亿元，占个人贷款的 0.3%	240 亿元，占个人贷款的 8.3%
合计	280 亿元，占全部贷款的 4.8%	75 亿元，占全部贷款的 1.3%	10 亿元，占全部贷款的 0.2%	365 亿元，占全部贷款的 6.3%

（二）约 4%、41 亿元的直接融资“脱实向虚”

一是约 4% 的资金用于委托理财，赚取利差。从股票融资看，上市公司用募集的闲置资金用于委托理财的现象越来越明显，2016 年台州市 44 家上市公司中有 15 家有购买短期理财产品的行为，发生额为 83.08 亿元，家数和金额分别比 2015 年增长 66.7%、67.8%。主要是因为：第一，闲置资金多。由于受投资项目进度影响以及宏观经济不景气，前期募集的大额资金无法及时使用导致暂时闲置，为提高资金使用效率，上市公司倾向于将闲置资金购买银行短期理财产品。2016 年全市 19 家进行了融资的上市公司中，闲置资金为 38.09 亿元，占比

29.1%。第二，利差空间大。上市公司在股票市场基本为零成本融资，而理财年化收益率多数可达到3%以上，有的甚至高达8%之多，如爱仕达的“利多多对公结构性存款”年化收益率为8.61%。第三，投资风险小。从台州市上市公司委托理财情况看，多为购买银行机构、证券公司、保险公司发行的保本型、短期限理财产品，风险较低，期限180天以内居多。上市公司将闲置资金委托理财虽提高了资金使用效率和收益率，但却是资金“脱实向虚”的表现。2016年末，台州上市公司委托理财余额为30.33亿元，占社会融资规模中非金融企业境内股票融资余额①的3.85%。从债券融资看，通过对台州市监管部门、部分银行机构的调查了解，不同于股票融资，债券融资是有成本的，利率基本在4%以上，而且每笔债券融资的金额也较小，基本在10亿元以下，因而企业债券融资缺乏投向理财的资金空间和获利动机，基本没有此类情况，但也不排除个别存在的可能性。因此，综合股票和债券融资，预计台州市直接融资中投向理财、赚取利差的资金比例在4%左右，2016年末余额为41.5亿元。

二是投向房地产、金融业务是以往个案行为，当前基本不存在此类状况。据对台州市上市公司多年来的公告查询，以及对银行机构、监管部门的调查了解，前几年存在投向房地产、金融业务的个别行为，如利欧集团股份有限公司、浙江钱江摩托股份有限公司和爱仕达集团股份有限公司三家上市公司共同出资1亿元投资房地产，中捷资源股份有限公司在主业缝纫机行业受市场需求下降影响下开始投资深圳市前海理想金融控股有限公司、中辉期货经纪有限公司等金融业务，这些投资不但“脱实向虚”，而且对公司产生了不小的负面影响，由于房地产投资期限长以及市场不景气，利欧集团和钱江摩托两家公司在2013年开始出现了资金周转紧张问题，中捷资源股份有限公司则在2014年9月开始进入重大资产重组阶段。近年来，台州上市公司募集资金使用情况则基本合理规范，从2016年融资情况来看，除了29.1%的资金闲置外，融得的资金中有66.23亿元用于投资具体的主业项目，占比50.6%，另外18.9%用于补充流动性，1.4%用于置换银行贷款，没有资金投向房地产、金融业务。

（三）约889亿元应纳未纳部分需要增补还原

一是国内信用证、融资性保函敞口约40亿元。据辖内44家银行机构调查，有16家开展了国内信用证、融资性保函业务。2016年12月末，国内信用证敞口、融资性保函敞口余额分别为28.96亿元、11.25亿元，合计40.21亿元，余额分别同比下降了28.3%、16.1%。银行机构反映，国内信用证业务下降，主要是因为融资成本的提高，因为国内信用证主要是福费廷业务（远期信用证买断业务），近两年利率逐渐高于贷款基准利率，而以往是低于贷款基准利率的，

① 台州股票融资余额、债券融资余额数据均来自于Wind数据库。

因而客户也越来越不愿意做此项业务。

二是资产证券化约 15 亿元。44 家银行机构中，有 10 家在 2016 年推行过资产证券化，2016 年末余额为 15.04 亿元，同比增长了 94%。其中有 6 家是在 2016 年新增此项业务，涉及余额 8.88 亿元。

三是不良贷款处置约 82 亿元。多年来台州市信贷资产一直位居全省前列，不良贷款下降较为明显。2016 年 12 月末，全市不良贷款余额 77.05 亿元，较 2015 年末减少 10.19 亿元；不良贷款率 1.32%，较 2015 年末下降 0.26 个百分点。不良贷款的下降，除了本身资产质量提高外，也在于不良资产的集中处置和核销，尤其是随着近年来监管部门加大银行信贷风险监管力度，银行对不良贷款处置的力度不断加大。2016 年台州市累计处置不良贷款 103.47 亿元，同比增长 14.3%；扣除 21.53 亿元的现金清收外，其余的 81.94 亿元实际上仍沉淀在实体经济中，但却已不在贷款统计中。

四是流入的净异地贷款约 748 亿元。据征信系统数据统计，2016 年 12 月末，台州市本地借款人向异地金融机构融得的贷款余额为 843.87 亿元，同比增长 5.2%；本地金融机构向异地借款人发放的贷款余额为 95.85 亿元，同比增长 13.6%；异地贷款净流入余额为 748.02 亿元，同比增长 4.3%。

五是典当行融资约 4 亿元。截至 2016 年末，台州市共有典当公司 39 家，典当余额 4.12 亿元，同比下降 6.6%。以动产质押、房产抵押为主，占比 90% 左右。调查还显示，台州大部分典当公司盈利能力较弱，2016 年实现净利润 296 万元，同比下降 12.9%；其中市区 18 家典当公司中有 9 家公司亏损，亏损额共 158.4 万元。

就台州市来看，私募股权基金虽有，但规模和数额均较小；对冲基金则还未发展。因而，根据社会融资规模统计的可得性原则，这两项指标暂不考虑。

（四）社会融资规模测算结果与原有统计数据的比较与评判

一是真实社会融资规模高于现有统计规模，二者差异率不大但金融支持实体经济力度被低估。据以上分析测算，扣减以“脱实向虚”为主的已纳不实部分，增补以异地贷款净流入为主的应纳未纳部分，2016 年末台州市社会融资规模真实存量应为 7 688.93 亿元，比当前统计口径计算的存量规模多了 323.23 亿元，二者差异率[①]为 4.4%，相对不大，但也从侧面反映了当前台州市金融支持实体经济的力度被低估。

① 差异率 =（真实估算规模 - 现有统计规模）/现有统计规模。

表 3　　台州市社会融资规模余额统计调整前后比较

<table>
<tr><th colspan="3">指标口径</th><th>余额（亿元）</th></tr>
<tr><td colspan="3">当前统计口径①</td><td>7 365.7</td></tr>
<tr><td colspan="3">调整后统计口径</td><td>7 688.93</td></tr>
<tr><td rowspan="8">其中</td><td rowspan="3">核减项（-）</td><td>银行贷款“脱实向虚”</td><td>365</td></tr>
<tr><td>直接融资“脱实向虚”</td><td>41.5</td></tr>
<tr><td>未贴现银行承兑汇票保证金</td><td>159.6</td></tr>
<tr><td rowspan="5">增补项（+）</td><td>国内信用证敞口、融资性保函敞口</td><td>40.21</td></tr>
<tr><td>资产证券化</td><td>15.04</td></tr>
<tr><td>不良贷款处置</td><td>81.94</td></tr>
<tr><td>异地贷款净流入</td><td>748.02</td></tr>
<tr><td>典当行</td><td>4.12</td></tr>
</table>

注：①由于保险公司赔付难统计余额数据，故未包含在存量统计中，其金额较小，影响不大。

二是异地贷款是造成差异的首要因素，对区域社会融资规模统计影响重大。数据显示，2016 年末台州市异地贷款净流入余额高达 748.02 亿元，在所有增补项余额中占比 84.1%，是造成区域社会融资规模真实存量水平高于现有统计口径存量规模的首要因素。虽然，异地贷款对全国社会融资规模统计不造成影响，但在区域统计中影响重大，亟须考虑纳入。

三是“脱实向虚”是造成差异的第二大原因，其中个人循环贷款较易“脱实向虚”且存在明显的负外部效应。调查测算可知，2016 年末台州市银行贷款、直接融资中“脱实向虚”的资金约有 406.5 亿元，在社会融资规模存量中的占比为 5.5%。就占比看，相对不高，因为近年来台州金融业做到了始终坚持服务实体经济这条主线，大力推进小微金改试验区建设，夯实经济发展基础，台州经济在危机中实现平稳发展，2016 年台州 GDP 增长 7.7%，同比提高 1.2 个百分点，比全省平均水平高出 0.2 个百分点，位居全省第 4 位。但对社会融资规模真实水平的影响而言，是造成差异的第二大原因，其中个人循环贷款“脱实向虚”极其需要引起关注。台州测算得知，企业贷款、直接融资的“脱实向虚”占比较小，分别为 5%、4%，风险总体可控；而个人贷款中“脱实向虚”的比重为 8.3% 左右，个人循环授信消费贷款“脱实向虚”更是高达 50%，该类贷款由于金额小且主要面向公务员等收入稳定群体，不良率低，但负外部效应明显的特征使得其发展动力十足且隐含着极大的风险：第一，大量个人消费性循环贷款出现了“脱实向虚”的现象，对拉动实际消费的作用不大；第二，贷款炒股、贷款参与民间借贷、贷款首付等行为造成了我国银行业、资本市场、楼市等的虚假繁荣，其隐含影响不言而喻；第三，对个人的过度授信会使得缺乏风险意识的投资者由于高杠杆而“破产”，影响面扩大甚至会影响社会稳定。

四是银行承兑汇票保证金比例高，影响社会融资规模统计真实性和稳定性。2016 年末台州市银行承兑汇票保证金余额为 159.6 亿元，占未贴现银行承兑汇票余额的 65.3%，在社会融资规模测算核减项中占比 38.3%，对社会融资规模真实水平的测算影响较大。尤其是近年来，受票据融资风险管控和信贷规模调控影响，未贴现银行承兑汇票金额波动很大，扣除掉未进入实体经济的高占比保证金，除了能提升社会融资规模真实性外，还能减缓其波动性。

四、政策建议

（一）逐步完善社会融资规模统计

一是合理调整社会融资规模统计口径，进一步提升真实性、准确度。我国当前统计口径计算的社会融资规模在衡量金融支持实体经济上是最有效的指标，但此次调查了解到，随着金融市场的不断发展变化，该指标的构成也应是适度动态的，可合理调整的。建议尽快调整统计口径，并遵循以下调整原则，第一是由简至难，先从当前可掌握、数据易得的部分开始，如未贴现银行承兑汇票敞口、不良贷款处置、异地贷款流动、典当行，以及信用证、保函业务敞口等，这些都是监管部门已在统计或可直接掌握的；“脱实向虚”、私募股权基金、对冲基金等，可在建立较为合理的监测体系、能较为稳定地获取数据后，再考虑纳入。第二是由点及面，可先从金融市场发展较为完善、金融活动较为活跃的区域先行试点，待成熟后再逐渐扩展至全国范围。

二是强化资金“脱实向虚”监测分析，防范区域金融风险。台州作为我国实体经济基础较好的地区之一，其 5.7% 左右的资金存在“脱实向虚”的情况，全国或者说部分经济“脱实向虚”情况较为严重的地区该类资金的比例应更大，因此应加强对个人循环贷款业务、票据业务的统计监测，加强对上市公司、发债企业的资金使用情况的跟进了解，全面掌握资金“脱实向虚”的规模变动、趋势走向，将其负外部性特性降至最小，便于及时反映区域资金“脱实向虚”现状和苗头性、倾向性问题，为防范区域风险、调整政策等提供参考。

（二）持续引导金融支持实体经济

一是加强政策导向作用，推动资金流向支持实体经济。监管部门要充分发挥政策的导向作用，引导金融机构以服务实体经济为出发点，盘活存量、用好增量、优化投向，主动扶持新兴产业发展，着力加大对先进制造业、战略性新兴产业、现代信息技术产业、节能环保产业等领域的信贷支持，让银行信贷、直接融资等回归支持实体经济发展的正轨上来。

二是完善考核激励机制，引导资金真实支持实体经济。要进一步完善对金融机构的考核、激励机制，引导金融机构不断规范贷款业务流程，对信贷资金的支付和流向进行严格管控，强化贷后管理，从源头上防范信贷资金被挪用，确保信贷资金用于真实的生产和贸易活动，真正进入实体经济，实现货币经济与实体经济的良性活动。要进一步加大对金融机构的监管督导力度，力促金融机构转变业务经营和风险管理理念，促进各项业务均衡发展，防止信贷资金投向过度集中于房地产、个人循环贷款等领域。

参考文献

[1] 盛松成，阮健弘，张文红. 社会融资规模理论与实践［M］. 北京：中国金融出版社，2016.

[2] 王立平. 浙、粤、苏三省社会融资规模变化的比较与评判［J］. 浙江金融，2016（12）.

[3] 牛润盛. 地区社会融资规模比较分析与实证研究［J］. 金融发展研究，2016（12）.

信托行业区块链应用及其发展建议

万向信托有限公司课题组*

一、研究的背景和意义

（一）研究背景

区块链（Blockchain）技术起源于中本聪（Satoshi Nakamoto）在2008年发表的奠基性论文《比特币：一种点对点电子现金系统》。区块链是指通过去中心化和去信任的方式集体维护一个可靠数据库的技术方案。该技术方案让参与系统中的任意多个节点，把一段时间系统内全部信息交流的数据，通过密码学算法计算和记录到一个数据区块（Block），并且生成该数据块的指纹用于链接（Chain）到下个数据块进行校验，系统所有参与节点来共同认定记录是否为真。

区块链是分布式数据存储、点对点传输、共识机制、加密算法等多种计算机技术的集成创新。它的技术本质是分布式结构的数据存储、传输和证明的方法，用数据区块取代了目前互联网对中心服务器的依赖，使所有数据信息都被记录在一个分布式系统之上。可以从以下三个维度来理解区块链的概念：区块链采用“区块” + “链”的数据结构，完整、可追溯的存储数据；其采用开源、去中心化的P2P协议，用于构建民主网络；其利用共识机制，通过求解与上个区块相关的难以计算但容易验证的哈希问题，依靠大量外部的计算能力确保网络安全运行，维护一致性、稳定性和不可篡改性。

作为一种全新的分布式基础架构与计算范式，区块链技术可以带来诸多优秀特性，包括分布式、去信任化、透明、不可篡改、可追踪、加密安全性、隐私保护等。

区块链的核心思想是分布式记录、分布式储存、分布式传播，数据的传输不再依赖单个中心节点，而是P2P的直接传输。它基于密码学原理而非信用，全网络的每个节点都依据共识开源协议，自由安全地传输数据。所有交易记录是对全网络公开的，整个网络没有单一中心化的硬件或者管理机构，任意节点之间的权利和义务都是均等的，每个节点都负责数据的记录、储存，一个节点

---

* 课题主持人：王永刚
课题组成员：李元龙　谭　蕾　褚庆鑫

出现问题，其他节点会继续数据的更新和存储，维持系统的稳定运行和信息的完整可靠。

参与整个系统中的每个节点之间进行数据交换是无须互相信任的，整个系统的运作规则是透明的，所有的数据内容也是公开的，因此在系统指定的规则范围和时间范围内，节点之间不能也无法欺骗其他节点。

区块链的不可篡改性由共识机制来保证，最长的链条才被全网公认。整个系统将通过分数据库的形式，让每个参与节点都能获得一份完整数据库的拷贝。一旦被记录，信息就不能被随意篡改，若要篡改，链条会出现分支，除非能够同时控制整个系统中超过51%的节点，否则单个节点上对数据库的修改是无效的，也无法影响其他节点上的数据内容。因此参与系统中的节点越多和计算能力越强，该系统中的数据安全性越高。

当一个用户想要进行历史交易的验证时，可以通过一系列基于密码学与结构学的运算追踪交易所属的区块，从而完成验证。区块链的可追溯性使得数据从采集、交易、流通，以及计算分析的每一步记录都可以留存在区块链上，使得数据的质量获得前所未有的强信任背书，也保证了数据分析结果的正确性和数据挖掘的效果。

区块链通过数学方法解决了信任问题，依靠非对称加密和可靠数据库完成了信用背书，从而不需要借助第三方机构来进行担保验证，只需信任共同算法即可建立互信。非对称加密是通过利用公钥与私钥的配合来实现的。每个参与者都可用公钥来加密一段信息，而要解密时只有信息的拥有者才能用对应的私钥来接收。私钥的接收使用电子签名来验证，确保信息为真正的持有人发出。非对称加密将交换摩擦边界降到最低，保护个人隐私，确保加密安全。

（二）研究意义

1. 区块链的应用价值

区块链最大的特性在于重构信任机制。2015年英国《经济学人》杂志封面文章中把区块链比作信任的机器。区块链给了我们一个重构信任关系的工具，当人与人之间的信任、机器与机器之间的信任、人与机器之间的信任可以用另一个几乎是零边际成本的方法重新构建的时候，所有的交易都会改变，包括金融交易。所有金融交易的基础就是信任。在以前的熟人关系社会中，信任关系的构建只需要对借款人本身以及他的父母祖辈的了解，而后随着人员的流动和工业经济的发展，逐渐需要信贷员和各种风控体系的把控。现在区块链的出现成为了一种新的构建信任的工具，在以前构建信任的方式被改变之后，所有的金融交易模式在未来也一定会被重构。

2. 区块链与信托的契合性

信托（Trust）既是一种特殊的财产管理制度和法律行为，又是一种金融制度。由于信托的信任基础、多元主体、中低频交易等特点与区块链本身的特性有着高度契合性。

(1) 共同的价值基础

从产业发展的角度来讲，信托凭借跨领域的制度优势、灵活的业务模式及充满创新的内生活力，通过对金融资源的有效配置，实现企业及产业链价值的不断增长，对于优化我国长期以来在资源配置上的低效问题有积极的推进作用。其通过拓展创新路径，强调产业链集成、价值链延伸与风险管理，积极拓展上下游相关产业，实现价值链延伸，进而创造更多的价值附加。

而区块链作为价值互联网，纵向打通了产业上下游的通道，横向打破了产业与产业之间的隔阂，实现全网的价值传递，提升产业空间的优化布局，与信托具有同样的价值基础。

(2) 增强信任机制

信托是一种社会行为，应牢固地建立在信托当事人互相信任的基础上。委托人基于对受托人的信任，将其合法拥有的财产委托给受托人，而受托人需按照契约的规定条件和范围，为受益人的利益或者特定的目的，管理、使用信托财产，并将信托收益交给受益人。如果作为信托关系中关键环节的受托人不被其他两方当事人所信任，则不可能有信托的存在。

另一方面，区块链最大的颠覆性也在于信用机制的重构。区块链系统本身能产生信用，这种信用的产品不是来自第三方，而是来自程序（算法），因为区块链记录信息的产生是需要全网络节点确认的，一旦生成将永久记录，无法篡改。区块链实现了数据传输中的数据自我证明，降低了全球信用的建立成本。

(3) 信托共有制与区块链多方协作

共有制是一种多元化产权主体、边界清晰的新型所有制模式，而信托作为一个有序兼容的共有制架构，通过集金融、财产管理及法律行为于一体的制度设置，实现金融资源的有效配置。受托人一方面在资金端对接委托人的保值增值需求，另一方面在资产端满足被投资人的融资需求，同时信托公司还需要与银行、基金公司、其他信托公司等其他金融服务机构开展资金存管或者其他业务合作。

信托的多元主体与共有制和区块链的多方协作要求具有一定的契合性。区块链能够解决的痛点之一就在于提高多方协作场景的合作效率。区块链作为一本“共享账本”，能够及时地将账本现状及其更新情况分享并发布到一个封闭或公开的参与小组。其上搭建的智能合约能够自动执行链条上的环节，技术代替中介可以极大地降低管理成本，提高合作效率。

(4) 信托满足区块链的中低频应用要求

区块链的核心技术包括共识算法，加密算法，智能合约。目前这三个底层技术还没有真正实现突破，仅适用于低流量低频次的交易环境，比如比特币交易，比特币交易每秒最快不超过十次。然而在其他金融场景中，比如说外汇交易和股票交易，每秒可能几千笔甚至上万笔交易频次，这种情况下区块链初期的分布式结构还不足以应用于大规模高频交易环境。

而信托因其特有的制度和交易流程，恰好能满足区块链对于低频次低流量的应用环境要求。一个完整的信托项目基本流程包括项目立项、项目尽调与决策、项目实施、项目管理与项目清算五个阶段，因此信托项目往往具有期限较长、低流量、低频次的特点，能够使得区块链技术在信托领域中的应用不受到并发性和拓展性不足导致的技术限制。

二、区块链的应用实例

（一）资产托管

中国邮政储蓄银行与 IBM 推出基于区块链的资产托管系统，是中国银行业将区块链技术应用于银行核心业务系统的首次实践。资金托管业务需要跨多个机构和多个部门，单笔交易巨大，业内参与机构众多，以往通过电话、传真、邮件等手段反复进行信用校验，费时费力。邮储银行推出的区块链解决方案实现了信息的多方实时共享，免去了重复信用校验的过程，将原有业务环节缩短了约 60% ~80%。

（二）资金清算

微众银行与华瑞银行联合开发了一套区块链应用系统，用于两家银行微粒贷联合贷款的结算、清算业务。作为一家没有物理网点的互联网银行，微众银行 80% 资金来自其他银行，合作方式是联合放贷。在这样的合作模式下，对微众银行来说，其与 20 多家合作银行之间的资金清算显得非常重要。应用区块链技术，业务交易过程中可同时完成清算步骤，而不必像传统那样需要在特定的时间段进行清算，节省了大量时间和人力成本。

（三）供应链金融

传统供应链运行过程中，各类信息分散保存在各个环节中，供应商的货物信息存储在供应商的仓储信息中，发货信息掌握在物流公司手里，信息孤岛现象严重影响整个链条的效率，最终也导致整个供应链信用体系难以建立。因此，目前的供应链金融模式基本上都是金融机构、保理公司依托一家核心企业信用，来为供应链上超过 80% 的中小企业提供服务。但是这种模式下核心企业所承担的潜在风险较多，往往缺少积极性。

使用区块链技术可帮助中小企业累计信用数据，贷款方可以通过合同、物流、仓单等不可篡改数据的追溯，能更准确地评价企业的真实经营状况，低成本高效地做出放贷决策，优质的企业可以获得较高的信用评级以便获得优惠利率的贷款。对于核心企业来说，则可以更好地管理供应链上的中小企业以及相关服务。

例如美的金融开展的区块链票据项目，能够实现供需撮合、信用评级、分布式监管、数据存证和智能交易等功能，其业务构架如图 1 所示。

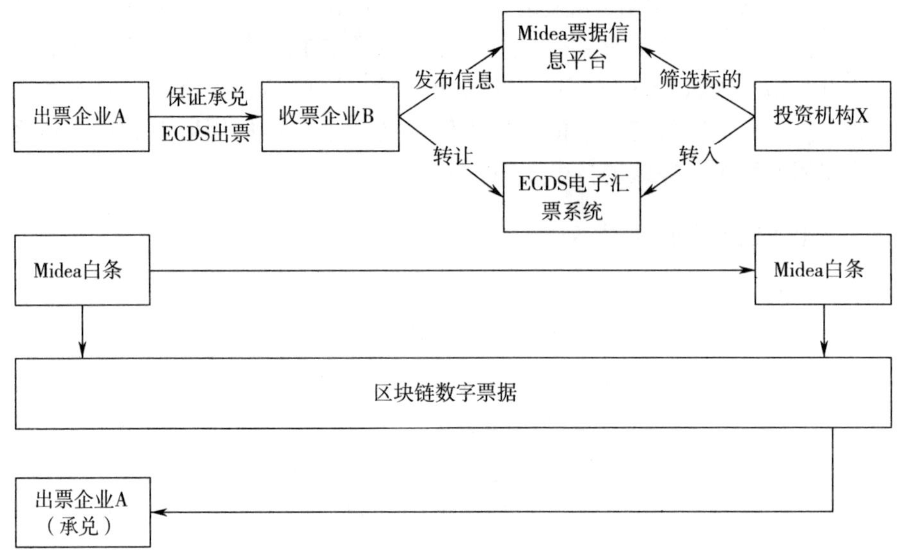

图 1 美的区块链票据业务构架

三、信托行业中的区块链应用场景

在借鉴国内外区块链应用经验的基础上，针对我国信托行业的特点，我们从资产管理、财富管理、风险管理和监管科技四个方面探讨区块链的应用场景。

（一）资产管理

随着知识经济的兴起，知识产权已成为市场竞争力的核心要素，其商业变现价值也越发凸显。将信托引入知识产权领域，可以有效拓宽知识产权商品化和产业化的渠道，知识产权信托是指知识产权所有者因为时间、精力、经验的限制，将其所拥有的知识产权委托给具有专业理财能力的信托机构，由信托机构进行管理或者处分，以实现知识产权价值的一种信托业务。与有形财产相比，知识产权其无形性的特征使其管理更加复杂化、专业化，也正因为如此，目前知识产权信托仍处于起步阶段。

知识产权信托管理过程往往涉及确权、用权、维权三个阶段。传统的版权登记需要去专门的注册机构审批，确权环节成本高、耗时长，根本无法满足网络时代作品“产量多、传播快”的特点。同时在用权方面也存在变现难、供需不匹配的问题。区块链技术的引入将极大地提升知识产权服务业的运行效率，有效解决产业链冗长繁杂的问题。区块链的两个独特性能带来了知识产权管理的潜力。其一，区块链拒绝数据修改及破坏，区块链数据不可以追溯性修改。其二，区块链每一环可以对合同要点进行编程，实现自动执行。

利用区块链技术，可以通过时间戳、哈希算法对作品进行快速确权，证明一段文字、视频、音频等存在性、真实性和唯一性，同时对版权的时间顺序性做了认定。权利确认在政府登记环节之外，理论上做到了即时确认，增加了确权效率。另外，只要许可证到期，区块链和智能合约可以使电脑自动取消许可证进行知识产权交易。而在知识产权信托的用权阶段，信托公司可以利用智能合约更有效地实现知识产权的变现、交易、增值等，同时保证数字内容的价值转移过程的可信度、透明度以及可审计性。从维权角度来看，可以把相关的证据电子化上传到区块链中，通过一系列技术的组合实现电子数据的唯一性与真实性的保证，保证侵权内容的不可篡改，极大地提高了取证和维权效率。

此外，区块链还可与司法鉴定机构、公证处、在线仲裁机构、律师事务所等权威第三方机构一起，共同缔造一个集合不可篡改、集体维护、分布式储存等多重优势于一体的全新电子文件存储模式，从而获得权威的司法保护，获得服务优势。

（二）财富管理

1. 家族信托业务

家族信托是以家庭财富的管理、传承和保护为目的的信托，能够更好地帮助高净值人群规划“财富传承”，近年来被越来越多的中国高净值人士所认可。

将新兴的区块链技术应用于传统的家族信托业务领域是家族信托业务发展及信息化的尝试和创新。第一，可以将家族信托业务场景中出现的法律文件，包括信托合同、委托人意愿书等都一一记录到区块链这本不可更改的公开分布式账本中。因为区块链中没有单一的中心机构，区块链上存放的也仅仅是文件所对应的密码学哈希值，因此文件数据是隐私的，人们可以在不揭露数据内容的情况下公开证明某个文件或信息属于某人。另外，区块链上除了能记录存储文件的哈希值外，还能记录该文件的哈希值提交至链中的时间信息，因此我们可以利用区块链技术对各类法律文件盖上不可篡改的时间戳，证明信托成立的时间在风险实际发生之前，使信托真正起到风险隔离的作用。同时，如果委托人先后出具了多份意愿书，区块链的存证可记录信托意愿的先后顺序，避免纠纷的发生。

第二，区块链可实现信托财产的存证，与信托法律文本的存证相结合，形成更为完整的记录。随着家族信托业务的发展，信托财产的类型也将日益丰富，包括股权、债券、票据、房产、珠宝玉石、古董收藏等各种类型的财产均可被整合进区块链中，成为链上数字资产。对于本身就有权属登记的财产，例如委托人将房产作为信托财产，则可将房产证及相关信息记录在区块链中。而对于无法进行权属登记的财产，例如珠宝，如果能在区块链上进行存证，则可以进一步明确信托财产，以更好地发挥信托的财产保护功能。

第三，区块链还可对信托公司事务管理过程和信托财产的管理、使用情况进行存证，证明信托公司在信托财产管理运用过程中的勤勉尽职行为。这一类型的存证主体不仅局限于信托公司，还包括资金托管方、信托公司委托代管财产的第三方机构等。例如信托公司委托第三方代为进行管理委托人在异地的房屋，第三方可通过客户端上传项目图文数据，实现实时存证，以此让委托人实时掌握信托财产的全部管理过程。

2. 公益/慈善信托业务

慈善信托是以实现社会慈善事业为目的，并以全社会或部分社会公众为受益人的信托。目前在公益慈善领域存在的问题除了捐赠转移的低效率和高成本外，最重要的是缺乏透明度和可追溯性。

而区块链上存储的数据，账目公开且不可篡改，适用于公益慈善领域。既可以将具体公益流程中的相关信息，如捐赠项目、募集明细、资金流向、受助人反馈等存证于区块链上，也可以将信托公司进行慈善信托事务管理的整个过程存储在链上，保证信息不可篡改且永久保存，所有过程都可以追踪，如果有人作假，可以倒查到每一步，重塑慈善事业的公信力。

资金流向和事务管理过程的存证仅是区块链在慈善信托领域最基础的场景应用，有些公益场景略复杂，实际参与方不仅限于委托人（捐赠人）、受托人、受益人（受捐人），信托公司还可能与慈善公益组织、律师事务所、会计师事务所、基金公司、资金托管银行等实体机构合作，同时还需受到公益事业管理机构、媒体的监管。如果将上述多个参与方都纳入同一个联盟链中，同时将慈善信托的相关数据存入该联盟链平台，则可以实现数据在多个参与方之间的共享、授权访问以及法律依据追溯，提高产品设计的效率，节约不必要的沟通成本，加强实时监督效果。

（三）风险管理

在传统投融资信托业务中，信托项目所涉及的尽职调查、增强担保措施以及期间管理都是信托公司进行项目风险管理的重要环节。

一般来说，信托公司尽职调查的内容要在受托职责范围内尽可能系统全面，充分揭示或规避各种潜在风险。然而，在实际工作中，尽职调查过程中的项目资料存在被篡改的风险，而信托业务人员是否完全按照法律和信托公司要求的风险管理办法去核查每一项资料也未可知。此时，如果应用区块链对信托项目在尽职调查和期间管理过程中所收集、整理和撰写的资料进行存证，可保证资料内容不被篡改，同时也为信托公司所尽的受托人职责提供证明，提升风险管理的规范性和实效性。

增强担保措施也是信托公司防控项目风险的有效手段之一。目前可以采用的担保措施主要有不动产抵押、动产抵押、权利质押和第三人保证等。其中，因动产抵押措施中的受抵押物可移动、易损毁、重复抵押、产权造假等因素的影响，以车抵为代表的动产抵押贷款产品发展受限。鉴于此，在线分布式账本能够让参与者更加容易追踪特定资产的所有权。以汽车为例，汽车厂商可以基于区块链技术为所有出厂汽车建立零部件信息专用系统和汽车流转专用系统，从根本上解决汽车的估值、追踪和确权难题，大幅降低汽车抵押贷款产品的业务门槛和运营成本。

在信托项目存续期间，信托公司需要对信托项目进行期间管理，对信托资金的使用进行监管，跟踪所投资项目的完成进度。由于所有相关资料都已及时上链存证，风控或业务部门可以通过区块链平台查询交易对手及关联企业，以及信托资金具体流向。基于借款人申请材料、多平台借贷记录、支付结算等信息构建多维度图谱模型，有效识别团伙欺诈、资金挪用等高风险行为，如果发现异常情况，则通知信托经理和风控经理，及时进行核查，从而实现基于客户行为的贷后风险监控体系，为业务发展保驾护航。

（四）监管科技

尽管金融科技在提高金融服务能力与效率以及降低金融交易成本等方面产生了革命性意义，同时也加快了传统金融的升级转型步伐，并不断刷新着金融结构与组织业态，但与此同时这种“创造性破坏”所制造出的外溢风险也给金融安全带来了全新和严峻的挑战，甚至风险组合最终也可能灼伤到实体经济。首先，FinTech 可能助长金融“脱媒”风险。其次，FinTech 也极有可能酿成数据风险和金融网络安全风险。在这种情况下，金融监管必须突破传统模式与手段，更多植入新型技术因素，RegTech（RegulationTechnology，即监管科技）由此走向前台。

1. KYC & AML 在信托监管中的应用

在 AML 领域，通过构建统一的联盟链区块链平台，各信托公司将各自收集及经过验证的客户信息以统一的接口标准上传至区块链网络，联盟链各参与方通过共识机制对区块链网络中的数据真实性进行验证和存储。客户作为金融交易实体，由信托公司为其提供专属的电子身份证明信息，电子身份证明信息相当于客户的私钥，并在区块链网络上建立客户电子身份证明信息与链上客户地址的强关联关系，任何交易的发生都需要经过客户电子身份证明和信托公司的验证，实现区块链上交易的可追溯性。这种模式可实现机构在区块链上的交易信息共享，任意一个交易和环节都可以被监管，提升了洗钱犯罪活动的成本和难度，有效遏制洗钱等金融犯罪行为的发生。

在 KYC 领域，信托公司借助于统一的区块链网络平台，第一，实现了客户信息的有限共享，数据、信息的使用受到一定的访问权限控制，有效保护客户数据隐私；第二，减少同一客户在不同信托公司重复 KYC 的过程，降低信托公司的合规成本；第三，区块链网络可以确保 KYC 信息从采集到每次变更的可追溯和可验证；第四，基于区块链技术的网络可以确保网络节点的安全稳定和容错机制，保证了 KYC 信息的安全存储，无单节点故障；第五，在 KYC 过程中挖掘客户潜力、基于共享的数据有针对性地构建客户画像，识别业务机会、降低客户交易风险。

2. “上帝节点”在信托监管中的应用

在区块链中，每个节点都保留有一份不可自行篡改的完全统一的账本，即使其中某个节点作假或者崩溃，也不会影响真实账本的记录。因此，监管机构可以以特殊的角色和身份加入区块链网络，部署“上帝节点”或“观察节点”，监管机构以“上帝视角”可以审视、监督、稽核链上发生的所有交易活动，识别异常的交易行为和交易客户，提升数据透明度，便于监管机构进行高效的事中监管和事后监管，最终实现穿透式监管。

3. 监管沙盒在信托监管中的应用

监管沙盒的概念最初由英国金融行为监管局提出，意在通过金融科技的手段模拟一个准真实的金融市场环境，并在这个环境中鼓励创新性金融科技机构对创新产品进行测试，防范对金融市场产生巨大的影响。监管沙盒打破了传统的监管思维，通过弹性化的差异监管设计，向市场中的参与主体提供便利，使创新在监管的特殊许可下低成本快速试错和实验，同时，通过监管沙盒监管机构可以鉴别出哪些监管规定、政策已经不合时宜、需要进行调整以及如何进行调整，以此建立监管机构和创新参与者之间的良性关系和合作机制。

沙盒监管对于我国的监管来说并不是一个陌生的概念。在我国过去所实行的改革措施中，沙盒监管很多方面相似的理念实际上已经在我国的改革试点中有所体现。同时，沙盒监管与改革试点也存在几个方面的差异：一是沙盒监管更多是针对在线的区域和主体来开展创新探索，而我国改革试点的做法主要是在线下的环境中完成的；二是沙盒监管重在进行多方、同步、一体化构建，而我国的改革试点大多是在相对隔离的地方或行业；三是沙盒监管基于互联网及大数据等新技术实现实时动态检测和互动，而改革试点通常是运行一段相对长的时间后再进行评估和修正。这三个方面的差别也正是我国需要借鉴沙盒监管来推动区块链的探索和应用的原因，因为区块链正是一种在线的、多方参与的、发展迅速的金融科技，运用沙盒监管能有效保障其安全运行。

四、区块链应用发展建议

（一）认清区块链的能力边界

1. 分布式的普适性

凭借着分布式的技术设计，区块链被赋予了高效智能的优越性，概念直指传统结构中的具体弊端，包括交易中的中介特权、行政监管权过度集中的中心化寻租、货币发行权垄断等。尽管分布式有诸多好处，但是也可能会造成更多的问题，甚至比它能够解决的问题还要多。新的问题包括：

（1）安全性问题：如果你把一辆汽车存储在区块链上作为智能财产，一旦丢失私钥，那么意味着这辆汽车就不再属于你，它从此变成了一件没有价值的东西，你再也无法找回本该属于你的这部分智能财产。安全性是人类本身的问题，远远高出科技能解决的范畴。

（2）缺乏法律保障：这是分布式的整体问题。分布式的确可以让一切事务都能以更高效、更平稳的方式运作起来，而如果一旦出现问题，就难以寻找权威机构帮助解决，纠纷调解变得非常复杂，同时由于分布式结构下主体不明确，监管也难以对主体进行调整。

分布式并不代表完全没有中心，而是分散化或者多中心化。一方面，分布式是区块链在技术上的特征，而区块链平台的建设离不开中心化，实际上，区块链本身的规范、框架和整个平台的设计就是一个中心，或者是带有中心意义特征功能。另一方面，就目前来讲，无论是国内的政治环境，还是经济金融环境，都需要具有权威力量的中心监管来进行保障其稳定性和安全性。

2. 智能合约的可行性

智能合约的特点是，无须彼此信任即可以就彼此之间同意或不同意做某事达成一致，因为智能合约不但是由代码进行定义的，也是由代码（强制）执行的，完全自动而无法干预。智能合约具有极高的便利性和时效性，但是在实际应用过程中会面临各种困难，包括自然语言到代码的转化、与目前法律体系之间的协调等。

智能合约依赖于人工智能的发展，由于目前人工智能的发展水平仍然较低，智能合约尚且无法完全代替自然语言的法律，尤其在涉及人类表现或者是一些需要人为主观判断的场景。

即使是能完全用代码语言自动执行的合约也需要参考法律条文以及合约双方权利的概念。这些没有获得法律认可的智能合约，一旦出现问题，合约双方将不具有法律追索权。一旦完全脱离了法律的约束，智能合约还有可能成为犯罪行为的完美载体，因为它要在难以达成信任的情况下创造出信任。

应用智能合约，最终的目标将不是没有法律或者无政府状态，而是让法律框架能够根据具体情况更加精细化和个性化。对于律师来说，智能合约并不会取代他们的职能，而是简化其编写合同的烦琐工作，提高效率。合约各方也可以通过协商来选择某个法律框架来建立一个合同然后将它写入代码中，然后根据大家都已知的、审核过的原有法律框架，类似于创作共用许可证，这样用户就可以选择某个法律框架作为智能合约的框架。

3. 大规模应用的可行性

虽然区块链是一项创新且具有广泛的应用前景的技术，但是距离大规模应用还有较长的时间。任何新兴技术从开始到成熟都需要一个不停试错和改进错误的阶段，而区块链技术在这个阶段的探索还需要解决技术缺陷和立法监管等问题。

区块链技术作为一种新兴技术，目前面临着诸如安全性威胁、隐私保护风险、工作效率问题等缺陷。

（1）安全性威胁：由于区块链的监管依靠网络中所有的节点共同完成，因此从理论上说，如果掌握全网超过 51% 的算力就有能力成功篡改和伪造区块链数据。即使是没有掌握 51% 的算力，黑客也可能利用区块链现有的漏洞进行攻击。

（2）隐私保护风险：在区块链系统上，隐私的话题同样备受关注。例如在股票市场上，每个人的交易信息既隐藏了身份又隐藏了交易内容，但在区块链系统上，只是匿名，信息均是公开透明的，各大机构的操作路径即便经过技术处理仍有迹可寻；此外，用户的个人信息也可能随着反匿名身份甄别技术的发展而面临隐私的泄露。

（3）工作效率问题：由于采用的是分布式存储技术，区块链内的每个节点均需保存一份数据库，并且网络中发生的任何一笔交易其他节点均需进行认证并做记录，系统的工作效率较低，尤其在一些数据交换发生频繁的场景下区块链的应用性能会受限。因此目前区块链技术只适用于交易流量较低、交易频次较少的场景。如果想大规模推广并应用区块链技术，如何解决系统工作效率也将成为一个问题。

（二）推进基础设施建设

来自不同领域的人正在广泛而深入地探索区块链的应用，这无疑推动了区块链的高速发展，但同时也使得区块链的发展呈现碎片化的趋势，行业应用存在一定的盲目性。技术标准是区块链应用中最为重要的基础设施。《区块链和分布式账本技术参考架构》，作为首个政府指导下的国内区块链基础标准，统一对区块链的认识，促进区块链关键技术问题的解决，规范和指导区块链在各行业的应用有着重要意义。但这一标准是一个基础框架，对于信托行业而言，仍然需要更为具体的行业技术标准作为区块链应用的指导。同时，区块链在信托中的应用需要生态环境的支持。信托公司作为金融枢纽，其资金来源和资金用途都较为广泛，具有跨行业、多主体的特点，形成一个各参与方认可、技术中立、厂商无关、行业包容、开放共享的共识机制是十分必要的。因此，制定区块链在信托行业的技术标准，对基本术语、功能、用户、技术架构和质量测评等进行规范，在行业内打造有利于区块链健康发展的生态环境。

（三）形成应用与业务实践的沙盒监管机制

近年来，我国金融科技异军突起，区块链发展迅猛，很多业态尚未形成稳定的模式。区块链在信托中的应用，在风险方面既包含金融自身的风险特征，又有创新科技的风险特征。因此，建议对于区块链在信托中的应用监管也采用沙盒监管机制，既充分发挥信托与区块链相结合的优势，又保证合理的监管制度。

参考文献

[1] 中本聪. 比特币白皮书：一种点对点的电子现金系统，2008.

[2] 蒋润祥，魏长江. 区块链的应用进展与价值探讨 [J]. 甘肃金融，2016（2）.

[3] 梅兰妮·斯万. 区块链：新经济蓝图及导读 [M]. 北京：新星出版社，2016.

[4] 龚鸣. 区块链社会 [M]. 北京：中信出版社，2016.

[5] 唐塔普斯科特，亚力克斯·塔普斯科特. 区块链革命：比特币底层技术如何改变货币、商业和世界 [M]. 北京：中信出版集团，2016.

[6] 伊莉. 工信部发布中国首个区块链标准 [J]. http：//www. doit. com. cn/p/274630. html.

[7] 张波. 国外区块链技术的运用情况及相关启示 [J]. 金融科技时代，2016（5）.

[8] 袁勇，王飞跃. 区块链技术发展现状与展望 [J]. 自动化学报，2016（42）.

[9] 孙建钢. 区块链技术发展前瞻 [J]. 中国金融，2016（8）.

[10] Back A，Corallo M，Dashjr L，et al.：Enabling blockchain innovations with pegged sidechains. URL：http：//www. opensciencereview. com/papers/123/enablingblockchain - innovations - with - pegged - sidechains，2014.

浙江金融小镇发展状况研究与不良资产处置合作模式探索

中国信达资产管理股份有限公司浙江省分公司课题组*

一、前言

金融小镇是我国在经济新常态下区别于以各类金融中心为代表的传统金融业发展路径的新探索。近年来，杭州、宁波等城市顺应浙江省委省政府关于特色小镇建设发展的号召，因地制宜、依托自身资源优势，打造各具特色的基金小镇、金融小镇，实现了金融要素的集聚，极大地提高了市场运行的效率。

脱胎于金融小镇，不良资产小镇是中国信达浙江分公司在 2017 年 6 月 6 日举办的 2017 年不良资产高峰论坛上提出的新概念，是针对新形势下不良资产经营模式的创新，也是在传统金融小镇的基础上互联网化的延伸。

回顾过去几年，经济下行和结构调整形成了万亿级规模的不良资产市场。从银监会公布的数据来看，虽然不良贷款率有所下降，但不良贷款余额仍在增长。在推进供给侧改革、淘汰落后产能的宏观战略要求下，如何高效处置和经营传统不良资产已成为金融资产管理公司的重点任务。

本文旨在借鉴金融小镇的运行模式，整合不良资产经营主体及其外延的服务机构，利用互联网突破传统地域限制，打破传统不良资产处置分散化、非标化的困境，提高市场透明度、参与度，充分发现、挖掘资产价值，推动不良资产市场健康良性发展。

二、浙江省金融小镇建设实践

（一）特色小镇的发展历程

金融小镇是特色小镇的一种实践形态。2015 年 1 月 21 日，时任浙江省省长的李强同志在《浙江省政府工作报告》中提出要重点关注“以新理念、新机制、新载体推进产业集聚、产业创新和产业升级”，旋即，“加快规划建设一批特色小镇”的工作目标被列入浙江省政府“2015 年重点工作”。

---

* 课题主持人：胡　德
课题组成员：杨文奇　叶　玲　洪　韵　董芳芳　罗震宇

2015 年 6 月，浙江省特色小镇规划建设工作联席会议办公室正式公布省内 37 个第一批省级特色小镇创建名单。根据浙江省审计厅公布的数据，全省首批特色小镇发展态势良好，在特色产业发展和高端要素集聚方面显现了显著的平台效应。2015 年当年就引进投资主体 241 个，产业投资额合计 287.95 亿元，实现税收收入 53.09 亿元。

2016 年年初，浙江省第二批 42 个省级特色小镇创建名单、51 个培育名单公布。第二批特色小镇在地域分布上打破实现了省内十一个地级市的全覆盖。在政府主导的基础上融入了政商结合和政学结合的元素，例如省农发集团和上虞区合作打造了杭州湾花田小镇。中国美院、浙江音乐学院和西湖区共创了西湖艺创小镇。新的参与主体为特色小镇建设工作增添了活力，也加大了社会资本的投入力度。

（二）金融特色小镇的发展

在浙江省已经公布的 79 个省级特色小镇中，金融小镇共有 6 个，此外还有 2 个小镇被列入第二批省级特色小镇培育名单。金融小镇目前整体发展态势良好，园区规划建设和招商引资工作逐步得到推进。根据浙江特色小镇官网提供的数据，2017 年第一季度，拱墅运河财富小镇投资额为 11.7 亿元，梅山海洋金融小镇投资额为 8.2 亿元，在所有特色小镇中名列前茅。

表 1　　浙江省金融小镇一览

批次	名称	位置	亮点
首批省级	玉皇山南基金小镇	杭州	杭州山南国际金融产业园区，目前已集聚了 51 家私募、股权投资企业，到位资金 56 亿元，管理资产规模 200 多亿元，成为杭州私募股权投资企业最多、管理资产规模最大的区块。
	梅山海洋金融小镇	宁波	“海洋金融小镇”总规划面积约 3.5 平方公里，将围绕构建多层次的海洋金融支持体系，重点发展航运基金、航运保险、船舶租赁以及航运价格衍生品等航运金融业务。
	南湖基金小镇	嘉兴	作为首批省级金融创新示范区核心项目，南湖“基金小镇”已然成为浙江省金融改革创新的前沿要地。
	义乌丝路基金小镇	金华	义乌是国务院批准的国际贸易综合改革试点城市。义乌金融商务区地处城市中心区，紧挨国际商贸城市场，距旧城中心 4.5 公里，与机场、火车站、杭金衢高速相接驳，交通便利。
第二批省级（创建）	拱墅运河财富小镇	杭州	拱墅区计划总投入 115 亿元，在运河边打造一个以运河商贸文化和“水循环”特色为基础，以“金融产业链”为核心，开拓创新型交易平台，促进区域生活、生产、生态、商贸、文化可持续发展的全生态财富小镇。

续表

批次	名称	位置	亮点
第二批省级（创建）	鄞州四明金融小镇	宁波	站在浙江省宁波市鄞州金融大厦10楼，映入眼帘的是即将完工的宁波鄞州公园，这里被视为整个城市的“绿肺”。沿着“绿肺”向东西两侧延伸，就是规划占地面积3.2平方公里的鄞州四明金融小镇。
第二批省级（培育）	西溪谷互联网金融小镇	杭州	西溪谷互联网金融小镇规划东起浙大玉泉校区，西至花坞路，南至老和山麓，北至天目山路，规划用地面积3.1平方公里。围绕杭州市打造全国互联网金融创新中心的目标，依托大项目、大平台，形成互联网金融上下游产业链，产生集聚和辐射效应，使小镇成为长三角南翼区域金融中心主引擎，国内互联网金融产业集聚区、示范区。
	海曙月湖金汇小镇	宁波	月湖金汇小镇着眼于服务宁波及长三角地区的实体经济，以新金融产业为核心、文化旅游为基础、众创产业为补充，形成金融、文化、旅游“三位一体”融合发展格局，努力打造长三角南翼具有一定影响力的高端金融集聚中心、金融创新产业培育中心、互联网金融示范中心。

（三）金融小镇发展特点

金融小镇给浙江省的经济发展和社会进步带来了新动力。通过对金融小镇数量、层级、规模、区域、亮点等相关信息的分析，我们认为目前浙江省省级特色金融小镇呈现如下旗帜鲜明的发展态势。

1. 集中于经济领先区域

从发展梯度上看，以上8个金融小镇分布在浙江省4个不同的行政区划内，又以杭州、宁波两地最为集中。金融业作为典型的资本、智力、信息密集型产业，其发展本身需要一定基础产业和资源支持。

2. 定位明确、主题鲜明

浙江省金融小镇能够充分融合地方优势资源要素，主攻最有基础、最有优势的特色产业，实现城、景、产、人、物的充分融合，形成独具特色的小镇名片。

3. 政府主导、政策现行

浙江省人民政府、浙江省特色小镇规划建设工作联席会议办公室、浙江省住房和城乡建设厅、浙江省旅游局先后颁布相关文件，从不同决策层级对小镇建设工作进行统筹规划，在土地、财政、税收、资金等资源方面给予小镇政策优惠。

表 2　　金融小镇相关政策支持

支持项目	内容	文件	发布机构
土地	确需新增建设用地的，由各地先行办理农用地转用及供地手续，对如期完成年度规划目标任务的，省里按实际使用指标的 50% 给予配套奖励，其中信息经济、环保、高端装备制造等产业类特色小镇按 60% 给予配套奖励。	浙政发〔2015〕8 号	省政府
	对在全省具有示范性的特色小镇，省政府给予一定的用地指标奖励。	浙政办发〔2016〕30 号	省政府办公厅
资金	省产业基金及区域基金要积极与相关市县合作设立专项子基金给予支持。	浙政办发〔2016〕30 号	省政府办公厅
	鼓励和引导规模企业和民间资本投资特色小镇文化产业。	浙文法〔2016〕7 号	省文化厅
税收	特色小镇在创建期间及验收命名后，其规划空间范围内的新增财政收入上交省财政部分，前 3 年全额返还、后 2 年返还一半给当地财政。	浙政发〔2015〕8 号	省政府
技术	市县科技部门要结合特色小镇建设的产业定位，谋划建设专业网上技术市场或分市场。	浙科发高〔2016〕90 号	省科技厅
公共服务	建立省、市工商局（市场监管局）和特色小镇三方会商协调机制，第一时间研究解决小镇发展中遇到的新情况新问题。	浙工商企〔2015〕8 号	省工商局

现阶段浙江省金融小镇主要采取政府主导的发展模式，小镇的孕育和成长目前还需要以强有力的政府政策和投融资支持为依托，一方面政府是顶层设计、制度搭建、资源投入的主要推力；另一方面政府又要做好“守夜人”，在公共资源供给领域勾勒服务框架、协调整合不同资源要素，厘清市场与政府的边界，让市场成为资源调配和运作主体，逐步完善小镇自我造血功能。未来的发展阶段，政府在一段时间内仍将进一步承担金融小镇建设的主推作用，如何妥善协调好两种职能之间的关系、杜绝政府的过度参与也将成为小镇长远、健康发展的重要议题。

（四）金融小镇发展意义

金融小镇有力推进了新常态下区域特色经济发展和经济转型升级，促进了金融要素的优化流动和共享，为金融资本助力实体经济发展搭建了桥梁。

1. 推动金融要素聚集

金融小镇的特点之一是资本密度高，即在小规模空间范围内大幅聚集各类金融要素，不同金融业态之间不断产生交流和碰撞，促进了金融资源的优化配置和实践创新。以玉皇山南基金小镇为例，通过集团化招商和专业化运营提升了小镇引资引智工作的针对性，各类私募证券基金、对冲基金、私募股权基金、金融投资企业等高端要素快速聚集，促进了产业链、资本链、创新链和人才链的耦合。

2. 助力实体经济发展

金融小镇通过搭建资本与产业合作平台，初步形成金融产业助推实体经济、实体经济反哺金融产业的双赢共进格局，已经成为助力当地经济社会发展的一项重要抓手。小镇在聚集金融要素的基础上打通资本和实体产业之间的连接，通过吸引基金、股权投资、债权投资等方式有效引导资本流入当地重点发展产业，改善地区投融资环境，完善企业与多层次的资本市场之间的对接渠道。

（五）对不良资产行业的启示

如前所述，金融小镇的运作模式有助于推动行业要素聚集，促进产业结构转型，形成产业链企业共同成长的良好态势。对于不良资产行业而言，目前虽然市场化程度逐渐提高，但尚未形成统一有序的市场，我们认为，组建以不良资产为核心的金融小镇是推动该行业发展的有效手段。

第一，不良资产产业链已基本形成，具备组建金融小镇的条件。

在不良资产行业市场化之前，市场运行主体为银行、资产管理公司以及少数的投资者。在市场化之后，随着关注度的提高，越来越多的投资者涌入市场，更多的服务机构应运而生。目前已基本形成了以银行、资产管理公司为供应商，评估机构、配资公司以及各大交易平台为主要服务商，大量的机构和个人投资者为消费者的产业链。由此，基于不良资产的产业链已基本形成。

第二，不良资产行业与实体经济密切相关，组建不良资产小镇有利于促进产业结构调整。

从银行剥离的不良资产大多以企业的土地、厂房或商铺等作为抵押物，而以上抵押物为实体经济的重要生产要素。因此，如何处置或经营不良资产与实体经济密切相关。组建不良资产小镇有利于进一步提高市场流动性和活跃度，从而对生产要素进行重新配置，促进产业结构的调整。

三、不良资产现状分析

2017 年 3 月 5 日，国务院总理李克强在第十二届全国人民代表大会第五次会议上作政府工作报告时提出，要将扎实有效去产能、有效处置“僵尸企业”作为今年的重点工作任务，对不良资产、债券违约、影子银行、互联网金融等累积风险要高度警惕。

（一）市场规模

1. 不良贷款余额和不良贷款率

根据中国银监会的统计数据，截至 2017 年 6 月 30 日，我国商业银行不良贷款余额 16 358 亿元，较上季度末增加 563 亿元；不良贷款率 1.74%，与上季度末持平。分析近几年的不良贷款数据可以看出，自2012年以来，不良贷款余额持续上升，尤以2014—2016年增长最为迅速，平均年增长率达36.79%。

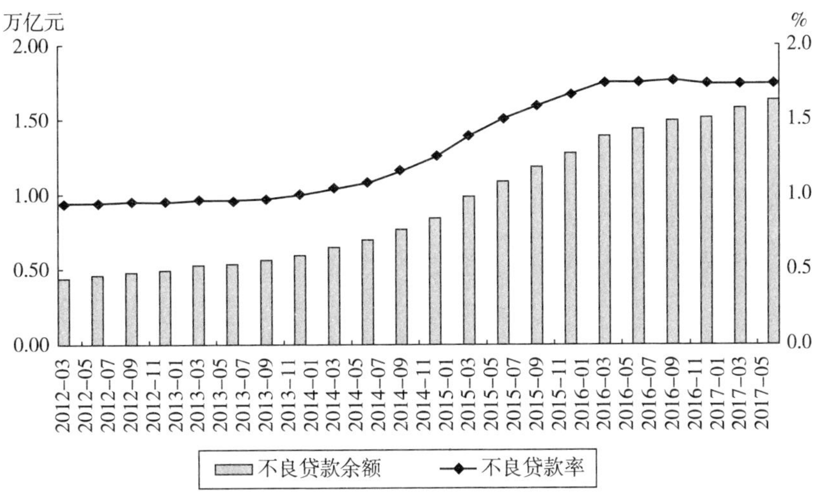

资料来源：中国银监会网站 http：//www. cbrc. gov. cn/index. html。

图1　我国商业银行不良贷款余额和不良贷款率

根据Wind金融资讯提供的数据，截至2016年12月31日，浙江省商业银行不良贷款余额1 568. 1亿元，比年初减少32. 6亿元；不良贷款率2. 26%，比年初下降0. 24%。不良贷款余额和不良贷款率实现2012年以来首次“双降”，但从绝对量来看，浙江省不良贷款规模依然较大，占全国商业银行不良贷款余额的10. 37%，不良贷款率也高于全国平均水平。

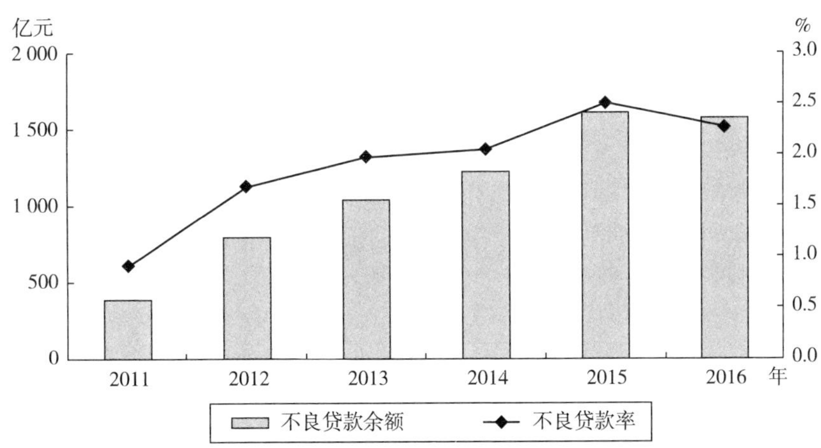

资料来源：Wind 数据库。

图2　浙江省不良贷款余额和不良贷款率

2. 监管要求

2016 年 3 月 30 日，银监会《关于规范金融资产管理公司不良资产收购业务的通知》（银监办发〔2016〕56 号）提出，金融机构不良资产收购业务要求遵守真实性、洁净性和整体性原则，实现资产和风险的真实、完全转移。不得与转让方在转让合同等正式法律文件之外签订或达成影响资产和风险真实性完全转移的改变交易结构、风险承担主体及相关权益转移过程等的协议或约定，不得设置任何显性或隐性的回购条款，不得违规进行利益输送，不得为银行业金融机构规避资产质量监管提供通道。

2016 年 4 月 28 日，银监会《关于规范银行业金融机构信贷资产收益权转让业务的通知》（银监办发〔2016〕82 号），对银行信贷资产收益权转让业务提出了要求，主要包括（1）信贷资产收益权转让后按照原信贷资产全额计提资本；（2）不得通过收益权转让的形式藏匿不良资产；（3）不得以任何方式承担显性或者隐性回购义务；（4）资金来源实行穿透原则，收益权受让方不能直接或间接为个人投资者。

此前，银行出表信贷资产，常见的有两种交易结构，即买断卖断式和收益权转让式。买断卖断式结构实行一次性风险转移，收益权转让式往往最终由出让方银行承担资产风险。56 号文和 82 号文的发布，直指银行资产收益权转让的不合理性，也对银行不良资产实质性出表提出了要求。在这样的政策背景下，银行买断式出表需求进一步增加。

根据中国信达浙江分公司的统计，最近几年浙江省的买断性资产包情况如图 3 所示。截至 2017 年 9 月统计时点，市场买断式出包已接近 2016 年全年水平。

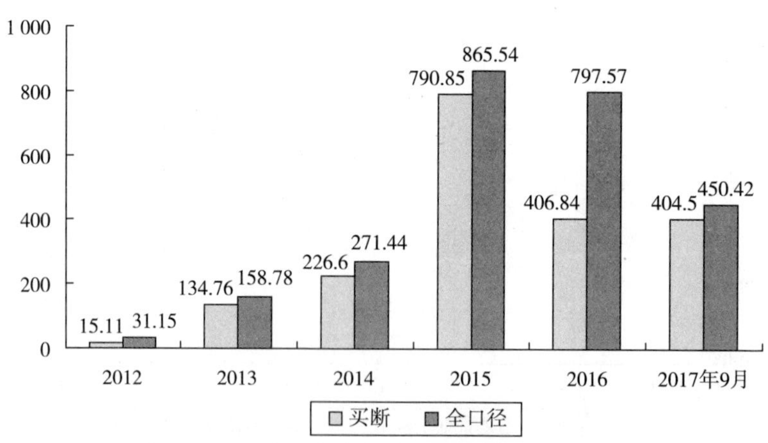

资料来源：中国信达浙江分公司。

图 3 浙江省商业银行出包情况统计

（二）处置模式

1. 诉讼执行

诉讼执行是资产管理公司维护国家金融债权最常用的手段，是指债权人向法院提起诉讼后取得生效的法律文书，并通过法院强制执行债务人、抵押人、保证人名下资产实现债权的过程。债权人在实现抵押权时，一般需先由法院指定评估机构对抵押物进行评估，而后以评估价值为基础确定价格，进行公开拍卖，拍卖价款扣除必要的费用后在抵押额内对债务进行清偿。

2. 债权转让

债权转让是指资产公司与合法第三方签订合同，将对债务人、保证人及抵质押物的权利进行转让的过程，常见的转让方式有公开拍卖、公开竞价及协议转让。公开拍卖一般需委托拍卖机构进行操作，主要流程包括公告招商和现场拍卖，参与拍卖的投资者需在拍卖现场举牌，由出价最高的投资者成交。公开竞价是基于网络的拍卖，投资者只需在网上完成注册报名，在规定时间内参与出价，价高者得。相比于公开拍卖，公开竞价具有公开性高、流程简单且参与度广的特点，已成为债权转让的主要方式。协议转让的限制条件较高，标的物一般为政府重点关注的对社会影响较大的债权资产，为维护社会稳定，履行金融资产公司的社会责任，在政府明确的指令要求下，可以不经过公开程序完成债权转让。

3. 债务重组

债务重组是指在债务人无法按时履约时，债权人与债务人达成一致对原债务偿还条款进行修改，此后按照新协议履约的过程。对于有偿债能力和意愿的企业或个人，资产公司一般可以通过延长还款期限、减免部分本金或利息的方式，降低企业短期内偿付压力，从而帮助企业渡过难关。

4. 其他

上述资产处置手段都是通过让渡资产公司的债权或抵押物方式获得债权清偿，除此之外，资产公司还可通过企业重整、债转股、抵押物租赁、资产证券化等方式进行债权处置。

（三）处置现状

1. 小众市场，债权真实价值难以实现

根据上文的数据分析可以看出，浙江省范围内不良资产余额和不良贷款率仍然处于较高的水平，且受银行业政策影响，预计中短期内银行出表需求依然旺盛，整个市场规模空前庞大。而不良资产长期以来一直为小众行业，从业人员较少而业务量巨大，因此以债权转让和诉讼执行的方式占了绝大部分，处置模式相对单一。

不论是诉讼执行还是债权转让，债权价值的实现均需经过公开拍卖，而目前由于从事不良资产投资的客户群体较小，市场活跃度不高，公开拍卖价格难以反映债权真实价值。对于债权人而言，如何打破信息不对称，将更全面、更完整的信息展示给更多的社会投资人，最终实现资产价值最大化回收，是目前亟待解决的问题。

2. “4 +2 +1” 格局形成，处置理念向经营理念转变

四大金融资产管理公司一直是处置银行不良资产的主力。自 2013 年至今，浙江省政府陆续设立浙商资产、光大金瓯资产以及宁波金融资产公司。后三家作为地方性资产管理公司，也可参与银行批量债权的转让。其中，宁波金融资产公司的批量债权收购处置业务仅限于宁波市。由此，浙江省“4 +2 +1”的格局已经形成。

三家地方性资产管理公司的设立，进一步推动了不良资产业务市场化。在收购端，资产公司需进行更详细的尽职调查，充分挖掘不良资产的价值，为报价提供决策依据；在处置端，由于充分竞争下收购资产包价格较高，简单诉讼推进、债权转让或债务重组已无法满足资产公司自身营利性的需求，而如何创新思维，由资产处置理念向经营理念转变已成为资产公司在新格局下的战略任务。

四、关于构建网络不良资产小镇的设想

不良资产作为一个独特的行业，随着商业化的运行，市场对其认可度也在逐年提高。目前以浙江地区为主的不良资产存量仍然很大，由不良资产衍生的资产评估、法律服务、税费测算、交易配资等服务已初步形成较完整的产业链。而由于不良资产的非标属性，上述涉及的服务相对来说具有小而散的特点，并未形成有序的市场。借鉴浙江省金融小镇的发展，本文认为可以组建不良资产小镇，针对不良资产的服务商，对其进行统一纳入和整合，组建一个有序且标准化的市场。

不良资产小镇有两种存在形式，即实体小镇和网络小镇。实体小镇即定位于不良资产行业的特色小镇，需在特定地理位置上实现相关企业的聚集；而网络小镇是基于网络技术组建的虚拟小镇，相关企业只需在网络上注册，具体业务仍在线下进行。下文将对上述两种形态的小镇进行比较，并对现有的网络交易平台进行介绍，最后提出全面建设网络小镇的设想。

（一）实体小镇和网络小镇的选择

1. 组建流程比较

一般来说，组建实体小镇需要经过以下几个流程。

在实际运行中，从获取土地到完成基础建设需要较大的资金和时间投入，主要经济成本为土地出让金和工程建设款。

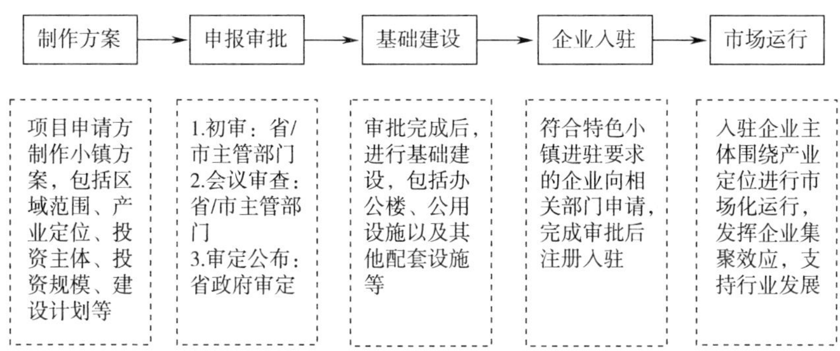

图4　实体小镇组建流程

网络小镇的基本流程为：建设平台→企业注册入驻→市场运行。其中平台的建设是组建网络小镇的核心，需由专业人员完成网络平台的设计和开发，主要的经济成本为网络平台建设资金。

2. 效果分析

实体小镇和网络小镇都属于特色小镇，在功能上都能服务于不良资产行业，实现企业集聚效应，促进产业结构调整。不同的是，实体小镇受区位影响，带动的是特定地域的发展。而网络小镇则不受地域限制，能全方位带动供应商、服务商以及投资者的转型升级。

以中国信达浙江分公司为例，自2015年首次触网以来，截至2017年8月31日，信达公司累计通过互联网平台成功进行253户债权资产的竞价转让，累计处置债权本金170.653亿元，实现债权回收78.69亿元，实现资产溢价5.26亿元，吸引关注234万人次。两年多的触网运作，不仅帮助资产公司实现了资产溢价，还培育了大量的不良资产投资者，市场对网购不良资产的接受度逐步提高。互联网技术对接了卖方不良资产与海量资产买方，在招商效果和公开性上优于传统线下拍卖，极大提高了交易效率，债权资产价值得到更充分的挖掘。

网络小镇是传统实体小镇的衍生和发展，该种创新处置方式具有信息覆盖面广、招商力度大、交易过程公开透明、交易成本低、自主性强等优势，是不良资产行业把握金融信息化发展、拥抱互联网金融、拓宽资产处置渠道的新尝试。

综合比较小镇组建成本及效果，我们认为网络小镇更具备组建可行性和符合行业发展趋势。因此，我们将主要对网络不良资产小镇进行设想和展望。

（二）已有交易平台介绍

事实上，在互联网不良资产小镇的组建方向上，中国信达浙江分公司与阿里巴巴公司已作出了初步的探索。目前，阿里巴巴公司持股的淘宝网资产交易平台已成功引入多家 AMC 和相关配套的服务机构，初步实现了不良资产小镇的概念。

淘宝网下设三个资产交易平台，分别为网络司法拍卖、资产交易以及闲鱼拍卖。其中，网络司法拍卖主要对接各级法院，为法院强制执行的资产变现提供交易平台；资产交易平台对接政府机关、银行、AMC、交易所、拍卖行等，拍卖标的包括房产、土地、债权、股权等；闲鱼拍卖则主要对接个人和有资质的企业，主要拍卖标的为艺术品。目前，不良资产处置程序中主要涉及网络司法拍卖和资产交易平台。

1. 网络司法拍卖平台

淘宝网下设的网络司法拍卖平台是司法拍卖的一种形式，是指人民法院将查封、扣押、冻结的被执行人财产，在被执行人逾期不履行义务时，依法以公开竞价的方式卖与出价最高的竞买人，并用所得金额清偿债务的执行行为，是人民法院执行中的一种强制处分措施。

目前，全国各地的法院大多数均已入驻该网络司法拍卖平台，相比较传统的拍卖行拍卖，网络司法拍卖具有公开性强、受众面广的特点。2016 年 8 月 2 日，最高人民法院发布《最高人民法院关于人民法院网络司法拍卖若干问题的规定》，提出“人民法院以拍卖方式处置财产的，应当采取网络司法拍卖方式，但法律、行政法规和司法解释规定必须通过其他途径处置，或者不宜采用网络拍卖方式处置的除外”。一般情况下，司法拍卖必须以网络司法拍卖方式进行，淘宝网作为最高院的试点网络拍卖平台，大多数司法拍卖都经由此平台进行。

2. 资产交易平台

不同于司法拍卖平台，资产交易平台资产的供应者不仅对接法院，而加入了更多有资质的机构，除了四大 AMC 外，还包括地方 AMC、银行、政府机关、交易所、拍卖行等，交易标的包括房产、土地、债权、股权等。平台对入驻机构进行严格的资格审查，具备资质的机构注册账户后，可在资产交易平台上发布标的资产的拍卖信息。

2015 年 3 月，中国信达浙江分公司拥抱“互联网 +”的浪潮，与阿里巴巴公司率先合作，在淘宝网新推出的资产交易平台上，成功竞价拍卖两笔债权。这是自淘宝网 2014 年 11 月推出资产处置平台以来，不良资产竞拍成交的首例。

3. 交易模式

不管是司法拍卖还是资产交易平台，一个完整的交易包括公告、报名、竞价、成交四个阶段。以债权转让为例，首先由债权人向平台申请挂网，随即平台对交易标的信息进行公告和招商，一般为 7 个工作日以上；在公告期和竞价期，投资者可以在网上报名，并缴纳一定的保证金；竞价期间，投资者对标的资产出价；竞价期满，由出价最高的投资者成交（需满足高于保留价等条件），平台宣布成交信息。

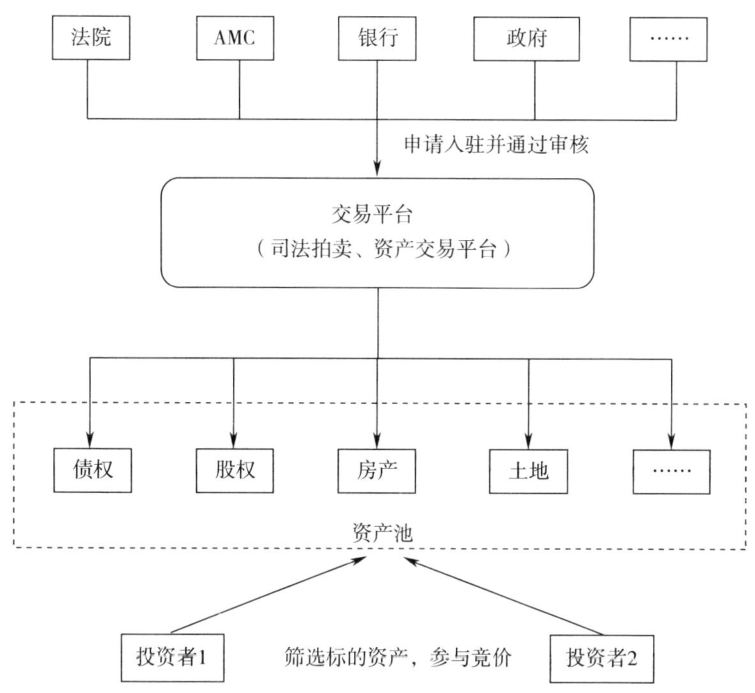

图5 淘宝交易平台运作示意图

（三）组建网络不良资产小镇的构想

网络不良资产小镇核心即“不良资产+网络技术”，因此可由资产公司联合互联网公司共同设立一家合资公司，或者并购一家具有金融资产交易牌照的公司作为持有交易平台的合资公司，合资公司按照市场化原则运作，负责交易平台的运营，为平台的资产交易提供各种服务与技术支持。

1. 参与主体

不良资产供应商：包括银行、四大资产管理公司、地方资产管理公司、民间资产管理公司、银行、证券、信托、保险等金融机构及各级人民法院、政府、海关，各类交易所、交易中心，大型企业等。建立供应商甄别与准入机制，降低交易风险。

服务提供商：指不良资产交易中各类服务提供商，包括评估机构，为交易提供定价支持；银行、有资质的小额贷款公司等，为交易提供融资支持；各类保险机构，满足交易中可能存在的保险需求；各类私募基金，进行不良资产证券化，发行理财产品；各类律师事务所，为投资者资产收购和处置提供法律服务。为建立不良资产交易的标准化流程，提高交易效率，在对不良资产提供翔实信息的基础上，上述服务均提供线上服务。

投资者：主要指对不良资产债权或债权衍生产品有相关需求的客户，包括机构投资者以及个人投资者。

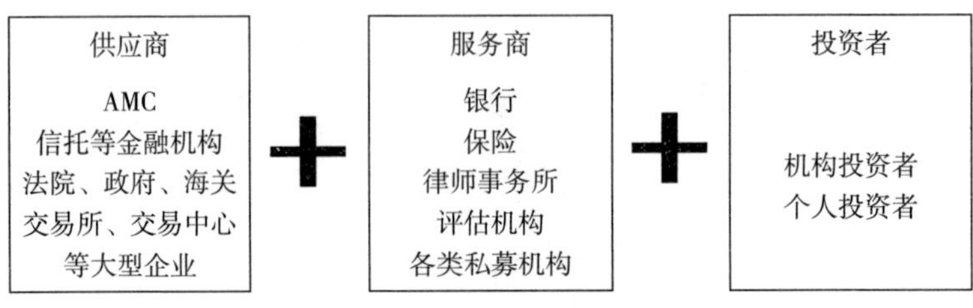

图 6 不良资产小镇参与主体

通过引入各类不良资产供应商、各类服务提供商，投资者可以在网络不良资产小镇进行不良资产查询、选择、报价等，并可直接在网络平台选择对应的配套服务，完成不良资产投资的所有流程。

2. 资产交易和服务

（1）资产交易

网络不良资产小镇最主要的服务仍然是交易支持，定位于以金融不良资产、法院司法拍卖等大类不良资产交易为核心，并围绕资产交易提供全方位、综合性服务的全国性、专业化、开放性的互联网资产交易平台。

（2）服务支持

目前，已经形成由不良资产处置而衍生的资产评估、法律服务、税费测算、交易配资等服务，且现阶段此类机构已能满足资产管理公司需求。但随着不良资产经营理念的转变，资产处置的水平不断提高，在合法、合规的前提下建立、完善不良资产产业链，构筑不良资产“一站式”服务需求将更加强烈。资产处置流程中存在的服务需求列举如表 3 所示：

表 3 主要服务商

服务类型	服务内容	服务提供方
全程服务	为买家提供一站式服务，包括但不限于拍卖咨询，标的的尽职调查、税费测算、评估鉴定，代为实地看样、过户办证，提供交易保障、金融贷款等服务内容	律师事务所、拍卖机构、资产管理公司
拍卖咨询	为买家提供竞拍规则指引、拍卖流程解答服务	律师事务所、评估机构、拍卖机构、其他资产交易服务公司等具备服务资质和服务能力的机构

续表

服务类型	服务内容	服务提供方
尽职调查	为买家提供一系列资产标的情况的调查，包括房产、土地、对外投资、负债、现场经营情况等调查内容	律师事务所
税费测算	为买家提供公司税务、标的物税费测算等服务	税务师事务所、会计师事务所
评估鉴定	为买家提供项目评估、可行性研究、土地招投标和房地产投资咨询、评估审核等评估服务	由国家相关评估行业主管部门或评估行业协会评定具备评估资质的服务机构
实地看样	接受买家的委托前往标的现场实地看样，以文字、图片、视频等形式提供标的信息供买家参考	律师事务所、评估机构、拍卖机构、其他资产交易服务公司等具备服务资质和服务能力的机构
过户办证	协助买家取得拍卖成交法律文书，为买家提供房产、机动车等过户服务	律师事务所、评估机构、拍卖机构、其他资产交易服务公司等具备服务资质和服务能力的机构
交易保障	为资产交易提供保险服务	保险公司、保险代理公司或保险经纪公司
金融贷款	为买家提供贷款服务	商业银行、小额贷款公司、资金中介服务机构

3. 资产经营

浙江地区不良资产价格自 2015 年以来一路攀升，无论是从银行出包的价格，还是二级市场处置的价格。但不良资产是有上限的，每户债权本息即是上限，且从银行五级分类来看，剥离给资产管理公司“次级、可疑、损失类”资产都是面临损失风险的资产，是预期无法收回本息的资产。在普遍高价拿包，行业利润大幅度缩水的情况下，单纯的诉讼或者债权转让已经无法满足资产公司收益的要求。在这种情况下，资产公司亟待从处置理念走向经营理念。

资产经营不同于资产处置，经营理念强调中长期运作和精耕细作。由于不良资产体量大，而从业人员相对较少，不良资产行业长期以来以“粗放式”经营为主，部分债权因长期搁置或缺乏合适的处置方式而被动贬值。资产经营理念则要求对每一户债权进行精细化方案制作和管理，发挥各级主体和服务机构的能动性，实现债权价值的最大化。

（1）推广抵押物租赁

一般来说，对于有抵押物担保的债权，资产公司可通过推进诉讼流程，拍卖抵押物来实现债权。而部分抵押物因存在瑕疵或定价过高的原因，无法通过司法拍卖成交变现，在管理上这部分拍卖未成交的抵押物常被搁置。在资产经营的理念下，资产公司可通过以物抵债的方式由债权持有者转变为物权持有者，以合适的价格对抵押房产进行出租，一方面可弥补债权收购款的时间成本，另一方面也有利于对抵押物进行日常管理和维护。

网络不良资产小镇将开辟抵押物租赁的短板，开设专属的租赁板块，借助网络的力量寻求合适的承租者，充分挖掘抵押物价值。

（2）结构化产品设计

不良资产是一个信息严重不对称的行业，债权价值取决于对债务人、保证人等情况的了解程度。资产公司无法时刻掌握债权信息，而社会投资者在获取信息方面有天然的优势。

为每笔债权引入社会资本，进行结构化操作，可以充分共享社会投资者的信息，并且维护资产公司的利益。区别于传统的债权转让，网络小镇可以开设相关板块，每一个结构化产品由资产公司给定资产交易结构，社会资本参与竞价取得。该种模式充分利用了资产公司的平台优势和社会资本的信息优势，为社会资本投资单户或资产包提供了途径，能更大程度实现资产公司和社会资本的共赢。

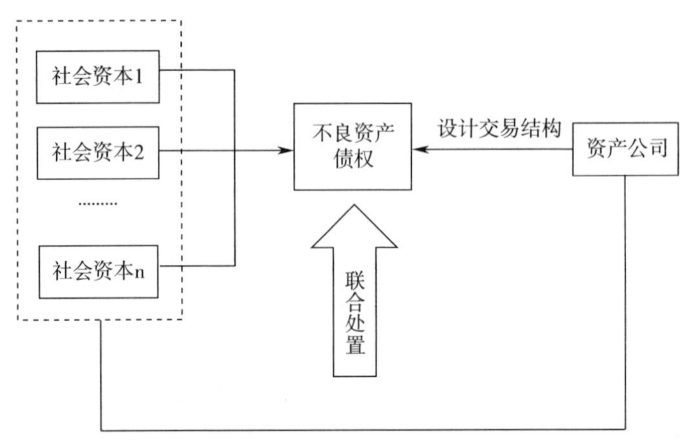

图 7 结构化产品案例

（3）其他

精细化耕作要求差异化经营，根据每一户债权的具体方案设计不同的处置和经营方案，如针对短期内无偿债能力但长期向好的企业可以为其量身定制债务重组方案；对于纯保证类资产则需警惕冰棍效应，在收购的第一时间内对其进行快速处置方案设计；对于预期进展缓慢的项目，则可以通过发行资产证券化产品快速实现回现，减少短期内资产公司资金压力。

（四）组建网络不良资产小镇的意义

1. 调整资源配置，促进产业结构升级

如前所述，基于网络的交易具有信息覆盖面广、招商力度大，流程公开透明、自主性强的特点。组建网络不良资产小镇把互联网的优势引入到金融行业，使得资源配置更加高效，引导生产要素向需求方流动，进一步促进了产业结构升级。

2. 盘活存量资产，维护浙江省金融稳定

网络不良资产小镇在坚持以资产交易为核心业务的同时，尝试以租赁、结构化产品设计等多种创新手段对不良资产进行处置和经营，以投行思维对不良资产进行差异化方案设计，以创新交易模式的方法迎合和培育更多的投资者，从而最大化盘活存量资产，引导金融业务服务于实体经济，为维护浙江省金融稳定作出贡献。

五、小结

近几年，我们见证了不良资产行业的快速发展，国际和国内各级资本的涌入为行业带来了新的机遇和挑战。市场竞争的加剧不仅对单个资产公司提出了经营效率的要求，也推动整个行业自我创新和发展。借鉴金融小镇运作模式，拥抱“互联网 +”，设立网络不良资产小镇是在供给侧结构改革大背景下不良资产行业的主动进步，也是由资产处置到资产经营理念转变的重要探索。